Libro interactivo del es

miVisión

LECTURA

Savvas Learning Company LLC, 15 East Midland Avenue, Paramus, NJ 07652

Cover: Fer Gregory/Shutterstock; TJ Brown/Shutterstock; Nathapol Kongseang/Shutterstock; Surachai/Shutterstock; Jim Parkin/123RF; Eric Isselee/Shutterstock; Amy Harris/REX/Shutterstock; Iakov Filimonov/Shutterstock; Aslysun/Shutterstock; Art Collection 3/Alamy Stock Photo; Igor Kyrlytsya/Shutterstock; Robert_S/Shutterstock; Africa Rising/Shutterstock; LouieLea/Shutterstock; Jixin Yu/Shutterstock; Pingvin_house/Shutterstock

ISBN-13: 978-0-13-490809-0
ISBN-10: 0-134-90809-0
6 22

María G. Arreguín-Anderson, Ed. D.

Richard Gómez Jr., Ph. D.

UNIDAD 3

CONTENIDO

La diversidad

UNIDAD 4

CONTENIDO

Los impactos

CONTENIDO

Las características

SEMANA 1

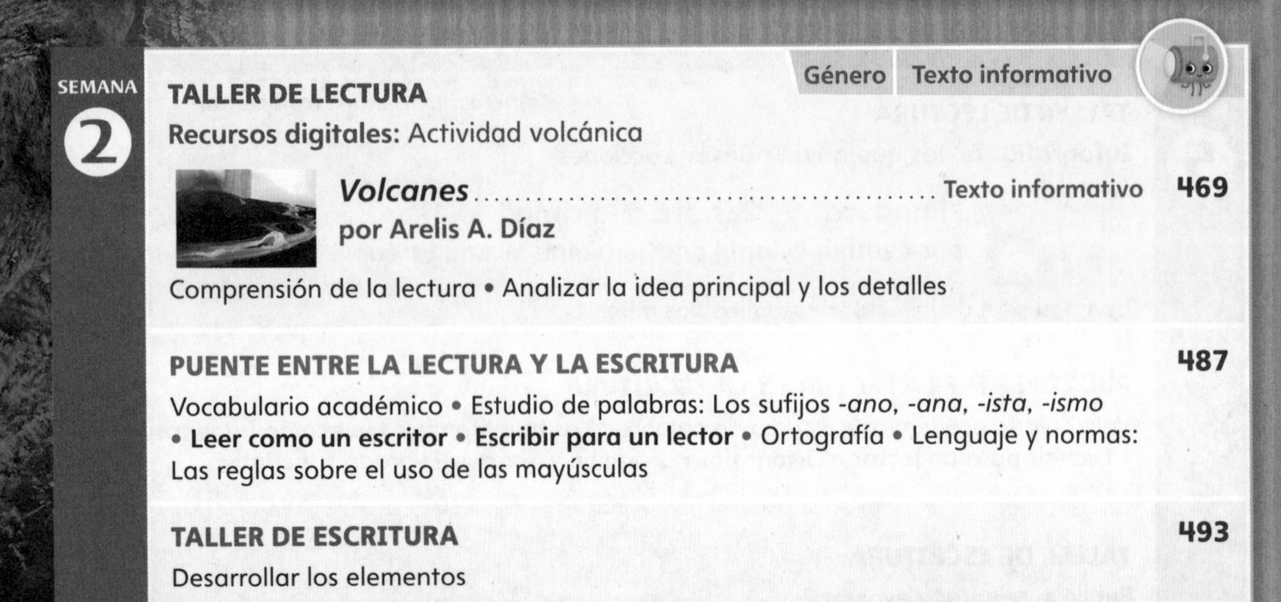

SEMANA 2

SEMANA 3

UNIDAD 3

La diversidad

Pregunta esencial

¿Cómo podemos alcanzar nuevos entendimientos al explorar la diversidad?

Mira

"Un mundo de diferencias"

INTERCAMBIAR ideas

¿Cómo definirías la diversidad?

SAVVAS realize™

Puedes hallar todas las lecciones EN LíNEA.

- VIDEO
- AUDIO
- INTERACTIVIDAD
- JUEGO
- ANOTAR
- LIBRO
- INVESTIGACIÓN

Enfoque en la ficción realista

TALLER DE LECTURA

PUENTE ENTRE LECTURA Y ESCRITURA

- Vocabulario académico • Estudio de palabras
- **Leer como un escritor** • **Escribir para un lector**
- Ortografía • Lenguaje y normas

TALLER DE ESCRITURA

Ficción realista

• Introducción e inmersión • Desarrollar los elementos • Desarrollar la estructura • La técnica del escritor • Publicar, celebrar y evaluar

PROYECTO DE INDAGACIÓN

• Indagar • Investigar • Colaborar

Lectura independiente

En esta unidad leerás con tu maestro. También leerás por tu cuenta. Para aprovechar al máximo tu lectura independiente, elige un texto del género que más te interese.

Los siguientes pasos te ayudarán a seleccionar un libro que disfrutarás leyendo por tu cuenta durante un período sostenido de tiempo. Te convertirás en un mejor lector a medida que leas más.

Establece objetivos de lectura para aumentar el tiempo que lees. Anota cuánto tiempo lees.

Paso 1 Identifica tu propósito de lectura. Decide cuál es el género que mejor se adapta a tu propósito.

- Quiero leer algo del género ______________________ .

Paso 2 Elige un libro y examínalo. Si no coincide con el género que escogiste, sigue buscando. Si coincide, ¡empieza a leer!

El tema de este libro es ______________________ .

En general, los libros que tratan este tema son del género ____________ .

El diseño y las imágenes que aparecen en la portada de este libro me indican que ______________________ .

Este libro tiene muchos/as (diálogos / elementos del texto / ____________).

Este libro es (realista / imaginario).

Este autor (ha escrito / no ha escrito) otros libros que conozca.

Este autor escribe libros que son ______________________ .

El género de este libro es ______________________ .

Registro de lectura independiente

Fecha	Libro	Género	Páginas leídas	Minutos de lectura	Cuánto me gusta
					☆☆☆☆☆

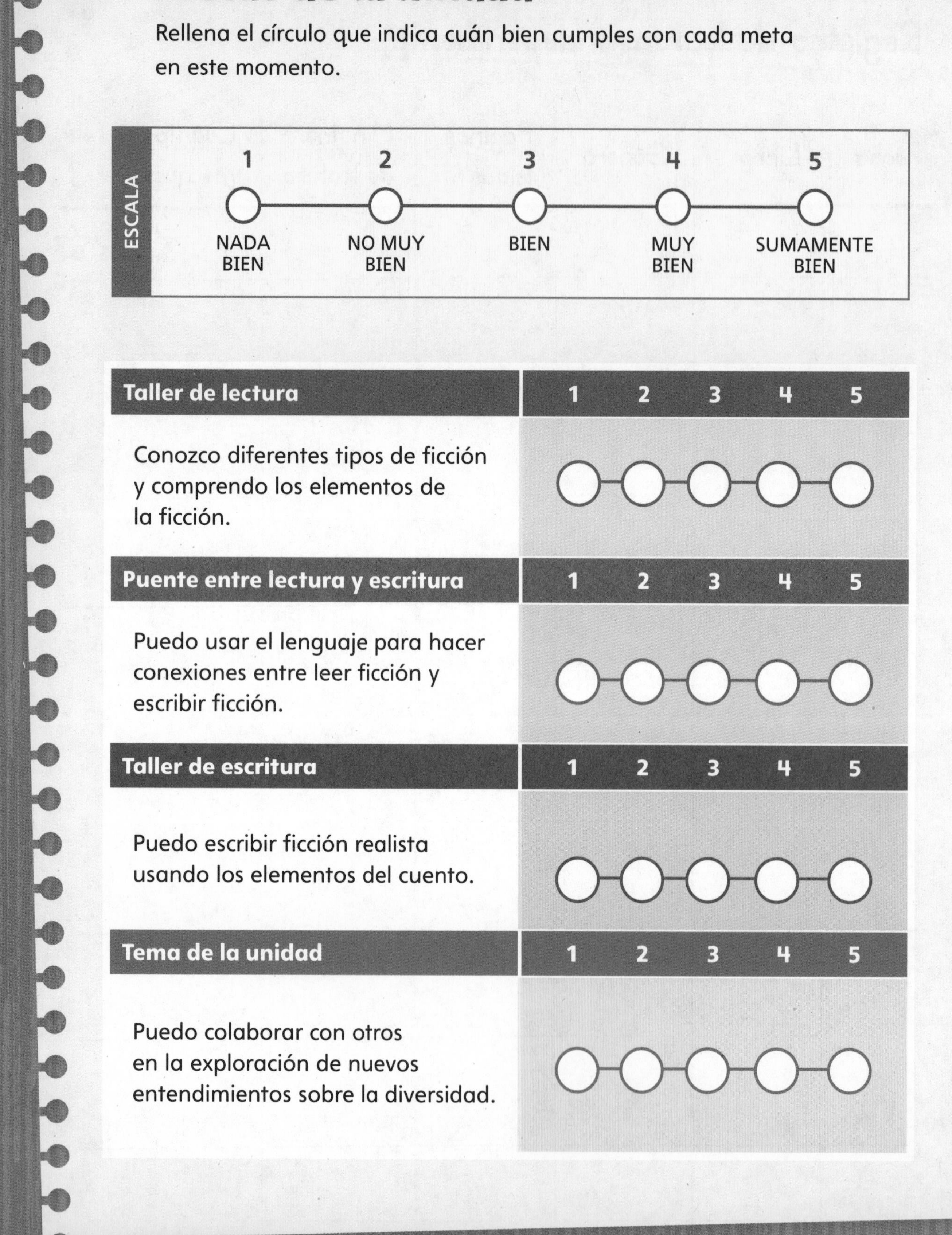

Metas de la unidad

Rellena el círculo que indica cuán bien cumples con cada meta en este momento.

ESCALA

1	2	3	4	5
NADA BIEN	NO MUY BIEN	BIEN	MUY BIEN	SUMAMENTE BIEN

Taller de lectura	1	2	3	4	5
Conozco diferentes tipos de ficción y comprendo los elementos de la ficción.	○	○	○	○	○

Puente entre lectura y escritura	1	2	3	4	5
Puedo usar el lenguaje para hacer conexiones entre leer ficción y escribir ficción.	○	○	○	○	○

Taller de escritura	1	2	3	4	5
Puedo escribir ficción realista usando los elementos del cuento.	○	○	○	○	○

Tema de la unidad	1	2	3	4	5
Puedo colaborar con otros en la exploración de nuevos entendimientos sobre la diversidad.	○	○	○	○	○

Vocabulario académico

Usa las siguientes palabras para hablar y escribir sobre *La diversidad*, el tema de esta unidad: *lograr, expandir, conflicto, desafío* y *participar.*

INTERCAMBIAR ideas Repasa las cinco palabras de vocabulario académico con un compañero. Pregúntale: *¿Dónde oíste o viste esta palabra antes? ¿Qué significa para ti? ¿Qué otras palabras se relacionan con ella?* Finalmente, comenta cómo se relaciona la palabra con la diversidad. Durante la conversación, toma notas usando un organizador gráfico como este.

Palabra de vocabulario académico

La oí o la leí	Significado y palabras relacionadas	Cómo se relaciona la palabra con la diversidad

DIVERSAS formas en que nos comunicamos

LENGUAJE DE SEÑAS Las personas sordas o que oyen muy poco usan el lenguaje de señas para comunicarse. Los movimientos de las manos representan palabras, frases o conceptos. Existen más de 250 lenguajes de señas en el mundo.

Este gesto significa "¿por qué?".

LAS PALOMAS MENSAJERAS encuentran siempre el camino de vuelta. Las usaron durante las dos guerras mundiales. Los soldados escribían mensajes y los ataban a una pata o al cuerpo de la paloma. Como el enemigo podía interceptar las transmisiones de radio, las palomas eran otra manera de enviar mensajes.

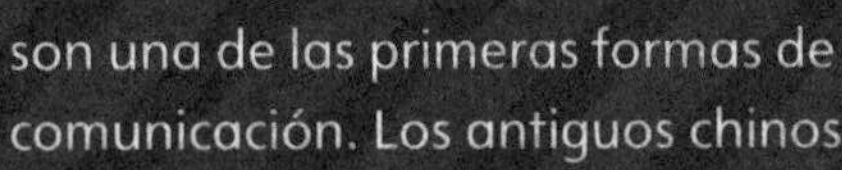

LAS SEÑALES DE HUMO son una de las primeras formas de comunicación. Los antiguos chinos, los griegos, los indígenas norteamericanos y muchos otros usaban las señales de humo para enviar mensajes a grandes distancias. Colocaban antorchas o pilas de vegetación sobre cumbres altas y les prendían fuego. El humo de estas fogatas podía verse desde muy lejos.

BRAILLE Louis Braille quedó ciego cuando era muy joven. Cuando tenía 11 años, decidió crear una técnica para que los ciegos pudieran comunicarse. Entonces, modificó el alfabeto conocido como "de escritura nocturna". Era un sistema alfabético de protuberancias inventado por Charles Barbier en el siglo XIX.

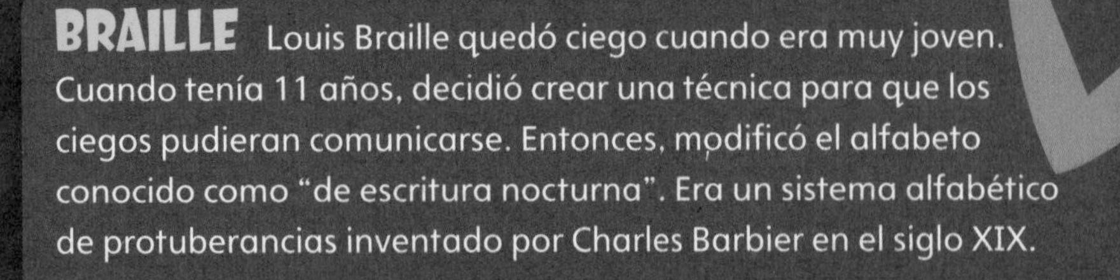

Cartel de referencia: Ficción realista

* Entretener o contar una historia

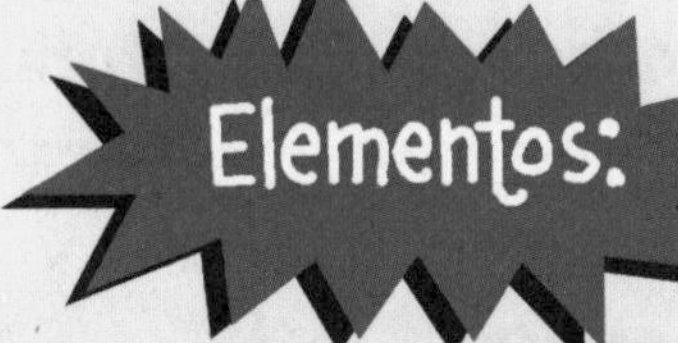

Ambiente: ¿cuándo? ¿dónde?

* Parece real

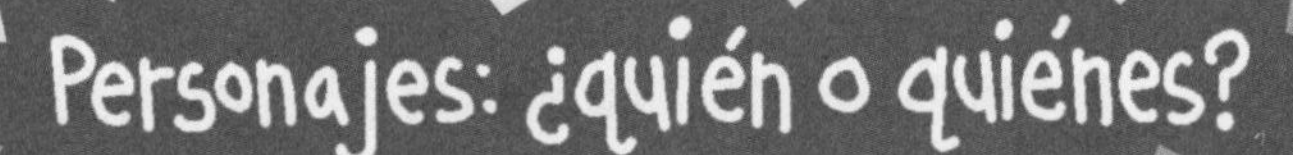

* Comportamientos reales
* Cambian durante el relato

Argumento: ¿qué?

* Sucesos posibles en la vida real

* Un mensaje que trate un tema importante
* No dicho en el relato
* Lo interpreta el lector

Conoce a la autora

Sharon M. Draper se ha preguntado con frecuencia qué sucede en la mente de las personas que no pueden expresar sus pensamientos. La pregunta tiene un significado especial para ella porque su propia hija tiene una discapacidad. Es la autora de *Double Dutch*.

de

Fuera de mí

Primer vistazo al vocabulario

A medida que lees el fragmento de la novela *Fuera de mí*, presta atención a estas palabras de vocabulario. Fíjate cómo ofrecen claves acerca de los personajes y ayudan a entender la historia.

frustrado **confundida**

preocuparse **fabuloso** **irritable**

Lectura

Antes de comenzar a leer el texto asignado, establece un propósito. Los lectores de **ficción realista** siguen estas estrategias cuando leen un texto por primera vez.

Primera lectura

Nota	**Genera preguntas**
quién es la persona sobre la que trata el cuento y qué sucede.	antes, durante y después de leer para entender mejor y reunir información.
Conecta	**Responde**
las ideas presentadas en la selección con lo que ya sabes y has leído.	marcando las partes que encuentres interesantes o sorprendentes.

de Fuera de mí

por Sharon M. Draper

CONTEXTO

Melody tiene una discapacidad física conocida como parálisis cerebral. No puede caminar ni hablar y tiene muy poco control de su cuerpo. A pesar de esto, Melody es una de las estudiantes más inteligentes de su escuela. En este fragmento de la novela, Melody describe algunas de sus experiencias.

AUDIO

ANOTAR

LECTURA ATENTA

Analizar a los personajes

Subraya los detalles que describen las dificultades que enfrenta Melody.

1 Sin embargo, cuando empecé la escuela, descubrí que tenía un problema mucho más grande que simplemente caerme de la silla. Necesitaba palabras. ¿Cómo se suponía que iba a aprender algo si no podía hablar? ¿Cómo se suponía que iba a responder a las preguntas? ¿O a hacer preguntas?

2 Sabía un montón de palabras, pero no podía leer un libro. Tenía un millón de pensamientos en mi cabeza, pero no podía comentarlos con nadie. Para colmo, en verdad nadie espera que los niños de H-5 aprendan gran cosa. ¡Me estaba volviendo loca!

3 No debía de haber tenido mucho más de seis años cuando la señora V descubrió lo que yo necesitaba. Una tarde, después de la escuela, luego de darme como merienda un helado con salsa de caramelo, se puso a cambiar los canales de televisión por cable hasta detenerse en un documental sobre alguien llamado Stephen Hawking.

4 Desde luego, a mí me interesa casi cualquier cosa que tenga que ver con una silla de ruedas. ¡Obvio! ¡Hasta me gusta el teletón de Jerry Lewis! Resulta que Stephen Hawking tiene algo que se llama ELA y no puede caminar ni hablar, y es probablemente el hombre más inteligente del mundo, ¡y todo el mundo lo sabe! Eso es genial.

frustrado disgustado o contrariado por ser incapaz de cambiar algo

5 Apuesto que a veces se siente realmente frustrado.

6 Después de que terminó el programa, me quedé muy callada.

7 —Él es como tú, en cierto modo, ¿verdad? —preguntó la señora V.

8 Señalé **sí** en mi tablero y luego, señalé **no**.

9 —No te entiendo —dijo rascándose la cabeza.

10 Señalé **necesitar** en mi tablero, luego, **leer. Necesitar/leer. Necesitar/leer.**

LECTURA ATENTA

Hacer inferencias sobre los personajes

Resalta evidencias en el texto que te ayuden a hacer inferencias sobre lo que piensa y quiere el personaje Melody.

11 —Sé que puedes leer un montón de palabras, Melody —dijo la señora V.

12 Señalé de nuevo. **Más.** Sentí que me iba a poner a llorar. **Más. Más. Más.**

13 —Melody, si pudieras elegir, ¿qué preferirías ser capaz de hacer? ¿Caminar o hablar?

14 **Hablar.** Señalé mi tablero. Golpeé la palabra una y otra vez. **Hablar. Hablar. Hablar.**

15 Tengo tanto que decir.

16 Fue así que la señora V se puso como nueva misión darme un lenguaje. Quitó todas las palabras de mi tablero de comunicación y empezó de cero. Hizo las palabras nuevas más pequeñas para que cupieran más. Cada lugar de mi tablero se llenó de nombres y fotos de las personas que había en mi vida, preguntas que podría necesitar hacer y una gran variedad de sustantivos y verbos y adjetivos, ¡para que pudiera componer algo parecido a una oración! Podía preguntar: "¿Dónde está mi mochila?" o decir: "Feliz cumpleaños, mamá" solo con señalar con el dedo pulgar.

17 A propósito, tengo pulgares mágicos. Funcionan a la perfección. El resto de mi cuerpo es como una especie de abrigo con los botones metidos en los ojales equivocados. Pero mis pulgares salieron sin defectos, sin fallas. Solamente mis pulgares. Háganse una idea.

saldrá volando el blanco pato

LECTURA ATENTA

Hacer inferencias sobre los personajes

Resalta evidencia que te ayude a hacer inferencias sobre Melody.

fabuloso extraordinario, maravilloso

18 Cada vez que la señora V añadía palabras nuevas, yo las aprendía rápidamente, las utilizaba en oraciones y me quedaba con ganas de más. ¡Quería LEER!

19 Así que hizo fichas.

20 Rosadas para los sustantivos.

21 Azules para los verbos.

22 Verdes para los adjetivos.

23 Aprendí a leer montones y montones de palabras. Palabras pequeñas, como *gato*, *pato* y *plato*. Me gustan las palabras que riman: son fáciles de recordar. Son como una oferta de "compre uno y lleve dos" en el centro comercial.

24 Aprendí palabras largas, como *mariposa* y *libélula*, y palabras que siguen reglas locas, como *psicología* y *gnomo*. Aprendí los nombres de todos los días de la semana, los meses del año, de todos los planetas, los océanos y los continentes. Cada día aprendía palabras nuevas. Las saboreaba y engullía como si fueran el pastel de cerezas de la señora V.

25 Luego, ella dispersaba las tarjetas por el suelo, me colocaba sobre un almohadón grande para que pudiera alcanzarlas, y yo empujaba las tarjetas con mis puños para formar oraciones. Era como ensartar una a una las cuentas de un collar para hacer algo realmente fabuloso.

26 Me gustaba hacerla reír, así que a veces ordenaba las palabras de manera descabellada.

27 *Saldrá volando el blanco pato. No quiere terminar como paté en plato.*

28 También me enseñó las palabras para nombrar toda la música que escuchaba en casa. Aprendí a distinguir entre Beethoven y Bach, entre una sonata y un concierto. Ella elegía una selección grabada en un CD y luego, me preguntaba quién era el compositor.

29 **Mozart.** Yo señalaba la tarjeta correcta entre las opciones que tenía enfrente. Luego, señalaba el color azul en mi tablero.

30 —¿Cómo? —preguntaba ella.

31 Cuando ponía una selección de Bach, yo señalaba al compositor correcto y, a continuación, tocaba de nuevo el color azul en mi tablero. También tocaba el color morado.

32 Ella parecía confundida. Busqué las palabras adecuadas para explicar lo que quería decir. Deseaba que ella entendiera que para mí la música era muy colorida. Finalmente, me di cuenta de que ni siquiera la señora V podía entender todo lo que había en mi cabeza. Continuamos.

33 A veces ponía música *hip-hop;* a veces, éxitos viejos. La música y los colores que producía flotaban a su alrededor con la misma facilidad que su ropa.

34 La señora V me llevaba afuera sin importar qué tiempo hiciera. De hecho, un día me dejó sentada afuera, bajo la lluvia. Era un día de calor insoportable y yo me sentía pegajosa e irritable.

LECTURA ATENTA

Analizar a los personajes

Subraya los detalles que cuentan cómo Melody experimenta la música.

confundida que no entiende o está desorientada

irritable que se enoja o se molesta fácilmente

no quiere terminar como paté en plato

LECTURA ATENTA

Analizar a los personajes

Subraya detalles que te ayuden a entender cómo interactúa Melody con la señora V.

preocuparse prestarle atención o inquietarse

35 Afuera hacía unos noventa grados. Estábamos sentadas en su porche, mirando cómo se reunían las nubes de tormenta. Me dijo los nombres de todas las nubes e inventó historias sobre ellas. Yo sabía que más tarde me escribiría los nombres de cada tipo de nube en tarjetas de palabras.

36 —Allá arriba, el viejo y gran Nimbo es gris y poderoso, y, con sus soplidos, puede echar del cielo a todas las demás nubes. Quiere casarse con la señorita Cúmulo, pero ella es demasiado suave y bonita como para preocuparse por alguien tan aterrador. Así que él se enoja y produce las tormentas —me dijo.

37 Finalmente, el viejo Nimbo se salió con la suya y la lluvia comenzó a caer sobre mí y la señora V. Llovió tanto que no se podía ver más allá del porche. Soplaba el viento y la frescura húmeda de la lluvia caía sobre nosotras. ¡Se sentía tan bien! Una pequeña gotera en el porche de la señora V hizo que unas cuantas gotas de lluvia cayeran sobre mi cabeza. Me reí a carcajadas.

38 La señora V me miró con expresión divertida y luego, se puso de pie de un salto. —¿Quieres sentir todo eso? —preguntó.

39 Asentí con la cabeza. *Sí, sí, sí.*

40 Me bajó por la rampa que papá había construido y, cada segundo que pasaba, nos mojábamos un poco más. Se detuvo cuando llegamos al césped y dejamos que la lluvia nos empapara. Mi cabello, mi ropa, mis ojos, brazos y manos. Mojados. Mojados. Mojados. Fue impresionante. La lluvia era cálida, casi como el agua de la tina. Reí y reí.

41 Después de un rato, la señora V me subió por la rampa y entramos a la casa, donde me secó, cambió mi ropa y me dio una taza de leche con chocolate. Secó mi silla y, cuando papá vino a recogerme, la lluvia había cesado y todo estaba seco nuevamente.

42 Soñé con nubes de chocolate toda la noche.

LECTURA ATENTA

Vocabulario en contexto

Las **claves del contexto** son palabras y oraciones que están cerca de una palabra poco conocida y ayudan a los lectores a comprenderla.

Usa claves del contexto para hallar el significado de *empapara*. Subraya las claves del contexto que apoyan tu definición.

Desarrollar el vocabulario

En la ficción realista, los autores usan palabras precisas para crear descripciones específicas. Estas palabras ayudan al lector a visualizar a los personajes y los eventos, y a relacionarse con ellos.

Mi TURNO Añade una palabra de vocabulario del banco de palabras para completar el sándwich de sinónimos. Luego, elige el personaje u objeto que mejor coincida con la palabra y escribe una oración de ejemplo.

Banco de palabras

fabuloso **preocuparse** **irritable** **confundida** **frustrado**

Sándwich de sinónimos	Quién o qué es...	Mi oración de ejemplo
desalentado __________ molesto		
desorientada __________ perpleja		
enojada __________ exasperada		
inquietarse __________ agitarse		
extraordinario __________ maravilloso		

Verificar la comprensión

MI TURNO Vuelve al texto para responder a las preguntas.

1. Nombra tres detalles del texto que indican que es una ficción realista.

2. ¿Por qué crees que la autora usó letras negritas para algunas palabras?

3. ¿Qué puedes observar en el personaje de la señora V?

4. Explica cómo la señora V cambia su perspectiva sobre las necesidades de comunicación de Melody por la reacción de la niña al ver un documental.

Analizar a los personajes

Los lectores pueden aprender acerca de un **personaje** a través de sus pensamientos, sentimientos, acciones e interacciones con otros personajes. Para aprender más sobre un personaje, observa los detalles que el autor decide incluir. Estudia las interacciones del personaje con otros. Luego, usa esos detalles para analizar y explicar cómo se desarrollan los personajes en una historia.

1. **Mi TURNO** Vuelve a las notas de Lectura atenta de *Fuera de mí* y subraya las partes que te ayuden a entender a Melody, sus características como personaje y los cambios por los que pasa.

2. **Evidencia del texto** Usa las partes subrayadas para completar la tabla.

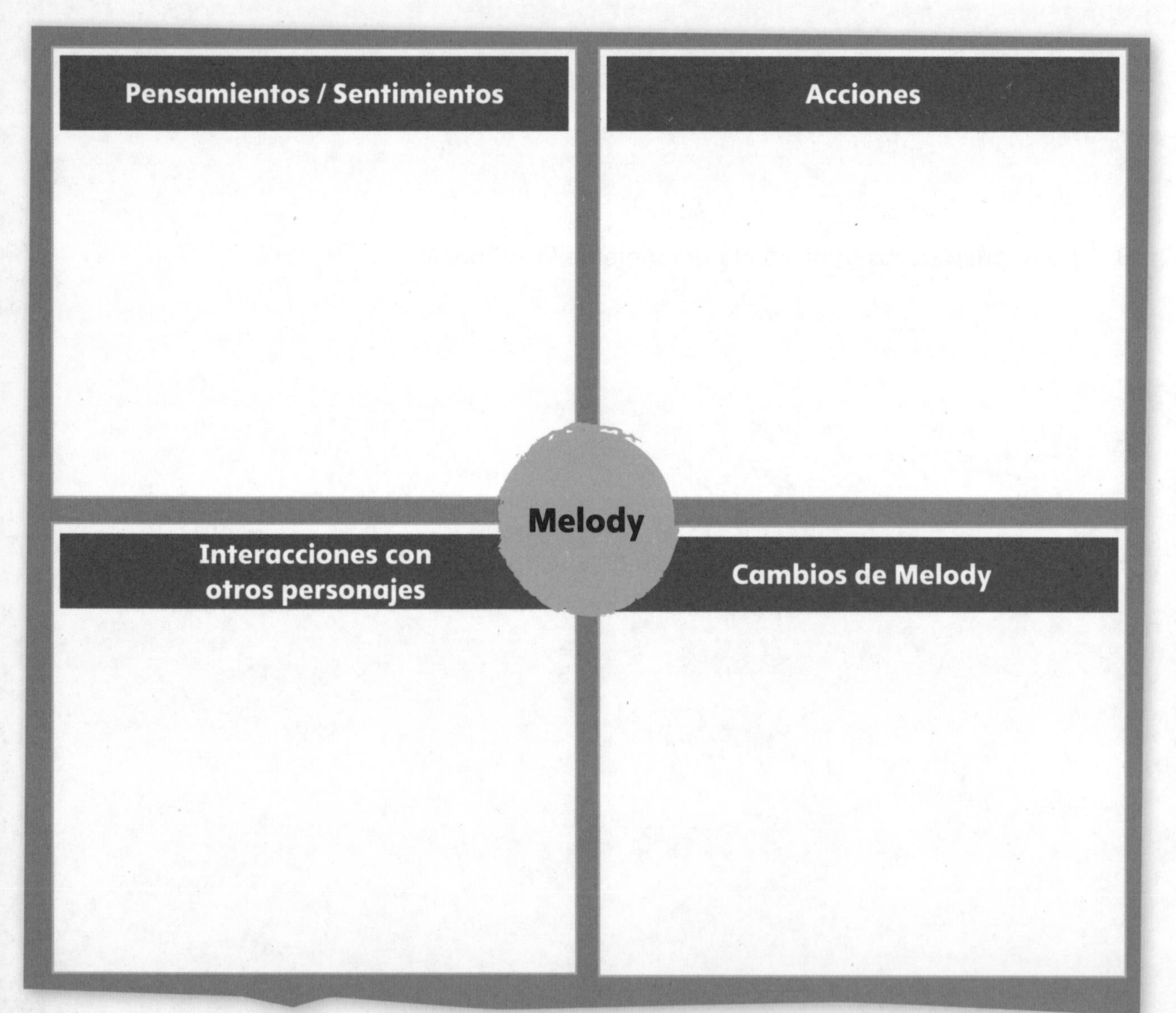

Hacer inferencias sobre los personajes

Mientras lees, puedes hacer **inferencias**, o descubrir información que no está enunciada directamente. Para hacer una inferencia, combina lo que lees en el texto con lo que ya sabes de tu propia vida o de otros textos que hayas leído. Al relacionar esta información, entiendes mejor el texto.

1. **MI TURNO** Vuelve a las notas de Lectura atenta y resalta las evidencias que te ayuden a hacer inferencias sobre Melody.
2. **Evidencia del texto** Usa el texto resaltado para hacer tus inferencias y usa evidencia para apoyar tu comprensión del texto.

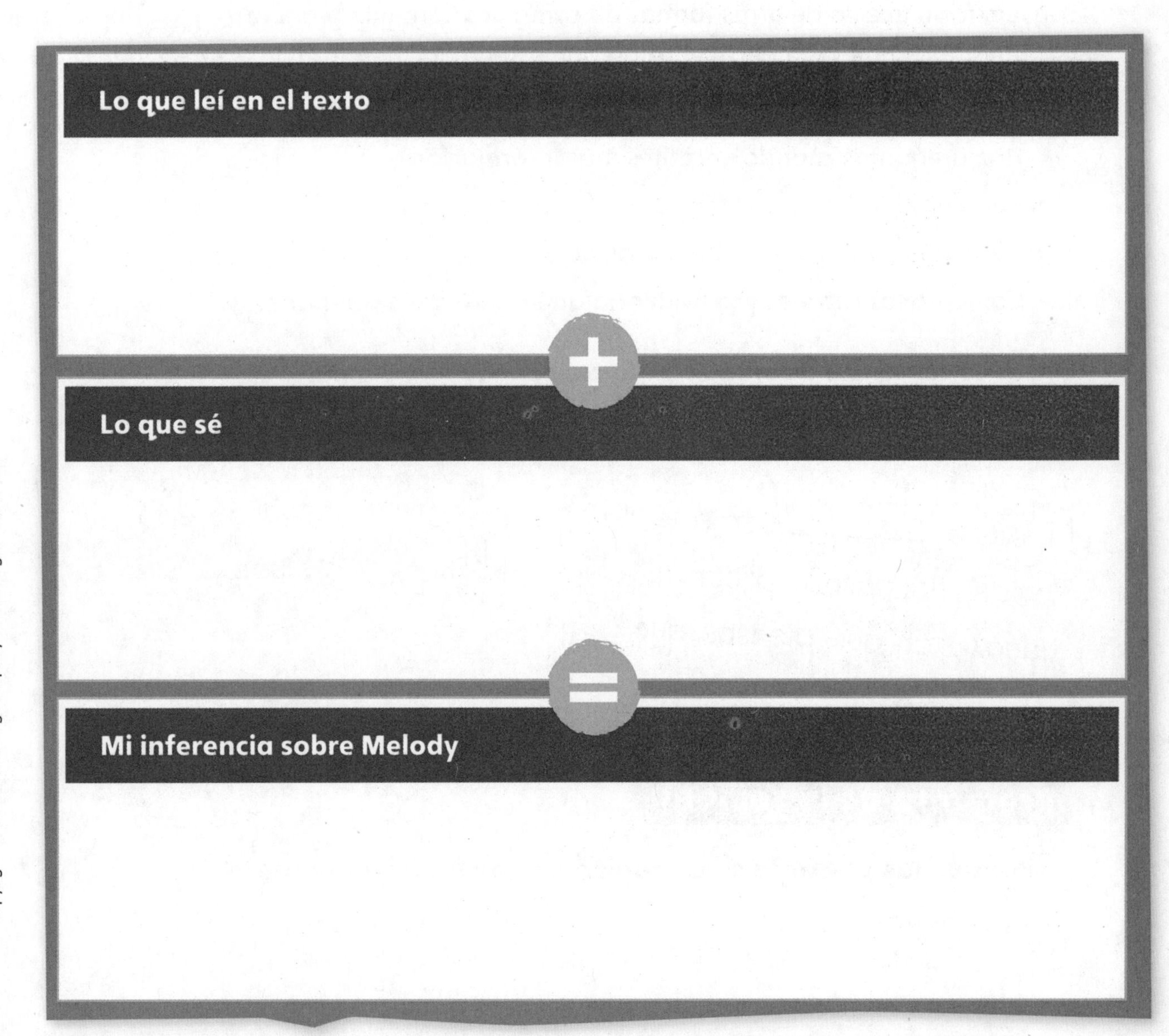

Reflexionar y comentar

En tus palabras La señora V ayudó a Melody a superar su problema de comunicación enseñándole palabras nuevas en su tablero. ¿Qué otras formas de comunicación sobre las que leíste esta semana podrían haber ayudado a Melody a comunicarse? Usa ejemplos del texto para apoyar tu respuesta.

Hacer preguntas y comentarios pertinentes Durante la conversación acerca de otras formas de comunicación, haz preguntas y comentarios que sean pertinentes, o que estén relacionados con el tema.

- Haz preguntas cuando necesites más información.
- Comenta ideas sobre el tema.
- Desarrolla las ideas y comentarios de otros.
- Comenta las razones y la evidencia que brinden tus compañeros.

Usa estos comienzos de oración como guía en tus comentarios.

Usaste ______ como evidencia para explicar tu idea. ¿Por qué piensas que...?

Estoy de acuerdo con lo que dices sobre...

Pregunta de la semana

¿Por qué las personas se comunican de distintas maneras?

Vocabulario académico

Las **palabras relacionadas** son palabras que comparten raíces o partes de palabra, pero que pueden tener diferentes significados según el uso que se le dé y la clase de palabra a la que pertenezca. Por ejemplo, *persona*, *personajes* o *personificación*.

Meta de aprendizaje

Puedo desarrollar mi conocimiento sobre el lenguaje para hacer conexiones entre la lectura y la escritura.

Mi TURNO En cada una de las siguientes oraciones:

1. **Usa** recursos impresos o digitales, como un diccionario regular o un diccionario de sinónimos y antónimos para hallar palabras relacionadas.
2. **Añade** otra palabra relacionada en la casilla.
3. **Escoge** la forma correcta de la palabra para completar la oración.

Palabra	Palabras relacionadas	Forma correcta de la palabra
conflicto	**conflictivos** **conflictual** __________	Los años de la Segunda Guerra Mundial fueron años __________.
lograr	**logrado** **lograble** __________	El autor debe __________ desarrollar el personaje mediante detalles descriptivos.
expandir	**expandible** **expansivo** __________	¿Podrías __________ un poco más tu explicación?
desafío	**desafiante** **desafiado** __________	El retador saludó a su contrincante con una sonrisa __________.
participar	**participación** **participante** __________	Todos pidieron __________ en la obra de teatro de la escuela.

Las palabras relacionadas

Las **palabras relacionadas** son palabras que comparten la raíz u otra parte de palabra. Comparten una parte del significado, pero cada una tiene un significado propio diferente, según como esté formada. Recuerda que las palabras plurales también son palabras relacionadas que comparten la raíz, pero la terminación cambia.

La palabra *componer*, que aparece en el párrafo 16 de *Fuera de mí*, significa "crear". Si sabes qué significa *componer*, puedes deducir el significado de la palabra *composición*. Una *composición* es una "agrupación de palabras" o "una creación de obras musicales".

Mi TURNO Lee las palabras de vocabulario y otras adicionales de la tabla. Luego, completa la tabla usando una palabra relacionada de *Fuera de mí* o de otros textos que hayas leído.

Palabra	Palabra relacionada
seleccionar	
frustración	
perfeccionar	
comunicar	
veloz	
escoger	
lápiz	

Leer como un escritor

Los autores usan el lenguaje figurado para hacer que su escritura sea interesante y para desarrollar a los personajes. Una forma de lenguaje figurado es la repetición. Los escritores usan la repetición cuando repiten palabras y frases dentro de un texto.

¡Demuéstralo! Lee este pasaje de *Fuera de mí*.

> Mojados. Mojados. Mojados. Fue impresionante. La lluvia era cálida, casi como el agua de la tina. Reí y reí.

palabras repetidas

1. **Identificar** Sharon Draper repite *mojados* y *reí*.
2. **Preguntar** ¿De qué manera me ayuda la repetición a comprender a Melody?
3. **Sacar conclusiones** La repetición de *mojados* y *reí* enfatiza dos ideas importantes: Melody se está empapando y la lluvia la hace feliz.

Lee el pasaje.

> Aprendí a leer montones y montones de palabras. Palabras pequeñas, como *gato*, *pato* y *plato*. Me gustan las palabras que riman: son fáciles de recordar.

MI TURNO Sigue los pasos para analizar el pasaje. Describe cómo la autora usa la repetición.

1. **Identificar** Sharon Draper repite ______________________.
2. **Preguntar** ¿De qué manera me ayuda la repetición a comprender a Melody?
3. **Sacar conclusiones** La repetición de ______________________ enfatiza

____

____

____

Escribir para un lector

Los escritores usan elementos técnicos para desarrollar una idea interesante con detalles relevantes. Al repetir palabras o frases, los escritores les indican a los lectores que un suceso o una idea es importante.

Mi TURNO Piensa en cómo te afecta a ti como lector la manera en que Sharon Draper usa la repetición en *Fuera de mí*. Ahora identifica cómo puedes usar la repetición para influir a tus propios lectores desarrollando una idea con detalles relevantes.

1. Si estuvieras tratando de mostrar que un personaje está entusiasmado, ¿qué palabras o expresiones podrías repetir?

2. Escribe un pasaje de ficción sobre un personaje imaginario. Usa la repetición para enfatizar el entusiasmo de tu personaje.

Escribir palabras relacionadas

Las **palabras relacionadas** tienen la misma raíz o comienzo de palabra, que en cada palabra relacionada está unida a otras sílabas o terminaciones. Por ejemplo, las palabras *compositor* y *composición* comparten las primeras tres sílabas.

Mi TURNO Lee las palabras y busca los pares de palabras relacionadas. Escribe los pares de palabras uno al lado del otro.

PALABRAS DE ORTOGRAFÍA

producto	sanidad	aire	composición
aéreo	rascar	imágenes	rascacielos
imagen	sano	producción	necesidad
necesitaría	reúne	facilidad	reunión
fácil	cámara	compositor	camarógrafo

producto producción

Las preposiciones y las frases preposicionales

Una **preposición** es una palabra que establece una relación entre palabras o frases. Una **frase preposicional** es un grupo de palabras que comienza con una preposición, a la que le sigue una palabra o frase.

Tipo	Preposición	Frases preposicionales
Lugar y dirección	*en, sobre, bajo, contra, desde, hacia, hasta, por*	Se sentó **en** el porche. Viven **por** aquí.
Tiempo	*de, desde, hasta, durante*	Estuvo allí **desde** la mañana.
Descripción	*con, de, según, sin*	La señora V era la que estaba **sin** abrigo.

Mi TURNO Corrige el borrador reemplazando las preposiciones usadas de manera incorrecta con las que consideres correctas.

Hay mucha actividad ante mi vecindario. Los niños y las niñas juegan básquetbol según las canchas que están al lado hasta la escuela. Los perros corren durante el campo. Todo esto sucede bajo mi casa.

Entender la ficción realista

La **ficción realista** usa la imaginación, pero incluye personajes, lugares y sucesos verosímiles.

Meta de aprendizaje

Puedo usar los elementos de la escritura narrativa para escribir un cuento de ficción realista.

MI TURNO Utilizando un cuento que hayas leído, completa las siguientes casillas.

Los **personajes** son las personas o los animales de un cuento.

¿Qué observas sobre los personajes del cuento?

El **ambiente** es el tiempo y el lugar en que sucede el cuento.

¿Qué palabras utiliza el autor para describir el ambiente?

El **argumento** es la serie de sucesos.

¿Cuáles son los sucesos o acontecimientos más importantes del cuento?

Identificar las partes del argumento

Un **argumento** de ficción es una serie de sucesos verosímiles. Los escritores usan un **conflicto**, o problema principal, para construir un argumento. Las partes de un argumento incluyen una introducción del conflicto, una complicación, un clímax o punto de inflexión, un desenlace y una solución. La **solución** ofrece una resolución al conflicto.

Mi TURNO Piensa en un cuento que ya hayas leído. Lee sobre el conflicto y la resolución. Completa las casillas basándote en el cuento que leíste.

El **conflicto** es el problema principal del cuento.

¿Cuál es el primer obstáculo que enfrentan los personajes?

La **resolución** es cómo se soluciona el problema.

¿Cómo superan el obstáculo los personajes?

Reconocer los elementos de la ficción

Tal como aprendiste, la ficción realista incluye **personajes** realistas, un **ambiente** que es un lugar real o está basado en un lugar real y un **argumento** verosímil. Un texto de ficción realista incluye además un **conflicto**, o problema que está en el centro de la historia, y una **solución** del conflicto.

Mi TURNO Trabaja con un compañero. Lee un cuento nuevo de la biblioteca del salón de clase. Di qué evidencias hay en el texto que lo hacen una ficción realista.

Ficción realista	
Personajes	
Ambiente	
Argumento	
Conflicto	
Resolución	

Hacer una lluvia de ideas sobre un tema

Los autores piensan en ideas antes de empezar a escribir el borrador de un cuento. El proceso de generar ideas se llama **lluvia de ideas.** Cuando lo hagas, escribe todas las ideas que se te ocurran. Luego, usa la lista de comprobación para evaluar tus opciones y elegir un tema.

Mi TURNO Completa las siguientes oraciones para generar una lluvia de ideas sobre un tema para tu cuento de ficción realista.

Mi cuento podría ser sobre los juegos que me gusta jugar, tales como ______________________________________.

Mi cuento podría ser acerca de los lugares a los que he ido, tales como ______________________________________.

Mi cuento podría ser parecido al de los libros que he leído, tales como ______________________________________.

LIMITA EL TEMA:

- ☐ A mi público le interesará este tema.
- ☐ La idea de este cuento no es ni muy complicada ni muy simple.
- ☐ Los personajes, el ambiente y el argumento son verosímiles y emocionantes.
- ☐ Disfrutaré escribir sobre este tema.

Planificar tu cuento de ficción realista

Los escritores hacen esquemas de sus ideas cuando planifican sus cuentos. Contarlos en voz alta antes de escribirlos pone de relieve los detalles en los que puedes enfocarte al escribir tu borrador.

MI TURNO Piensa en el tema de tu cuento. Usa el organizador para esquematizar tu cuento de ficción realista. Comparte tu cuento con tu Club de escritura, utilizando tu esquema para organizar los sucesos y detalles. Aprovecha los comentarios de tus compañeros para revisar tu plan de escritura.

PERSONAJES

Para empezar a planificar tu cuento, piensa en tus **personajes.**

- ¿Cuáles son las acciones de los personajes que te ayudarán a contar tu cuento?
- ¿Cómo cambian los personajes durante el cuento?

AMBIENTE

Tu cuento puede tener un **ambiente** específico, o tendrás que decidir un ambiente.

- ¿Qué efecto tiene el ambiente en tu cuento?
- ¿Te puedes imaginar a tus personajes en ese lugar?

CONFLICTO

El **conflicto** suele ser el punto central del cuento.

- ¿Cuál es el problema que los personajes están tratando de resolver?
- ¿Cuáles son los obstáculos que los personajes enfrentan para superar el conflicto?

SOLUCIÓN

El final del cuento describe cómo se **soluciona** el conflicto.

- ¿Cuál es la solución que los personajes encuentran para el conflicto?
- ¿Cómo cambia el cuento después de que el conflicto se resuelve?

La rosa blanca

por José Martí

Cultivo una rosa blanca,
en julio como en enero,
para el amigo sincero
que me da su mano franca.
Y para el cruel que me arranca
el corazón con que vivo,
cardo ni ortiga cultivo;
cultivo una rosa blanca.

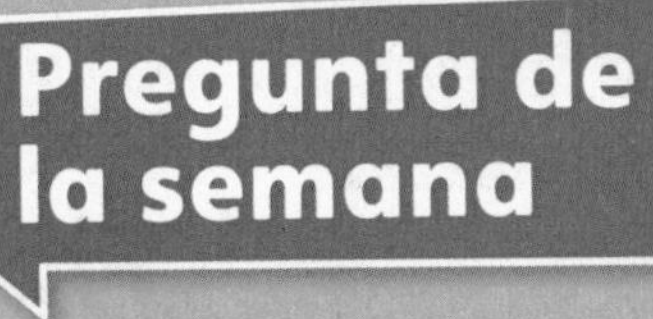

¿Cómo nos ayudan nuestras experiencias a ver el mundo de una manera diferente?

Ilustrar y describir Escribe un párrafo descriptivo acerca de una costumbre sobre la que hayas aprendido recientemente o que te gustaría enseñar a un amigo. Luego, ilústralo.

Meta de aprendizaje

Puedo aprender sobre la ficción analizando el argumento y el ambiente.

Enfoque en el género

Ficción realista

En la ficción realista, el **argumento**, o serie de sucesos, es creíble. A medida que lees, utiliza el Cartel de referencia para el argumento. Identifica y analiza sus elementos:

- **Introducción**
- **Acción creciente**
- **Clímax**
- **Acción decreciente**
- **Desenlace**

Establecer un propósito Un **propósito** para leer un texto de ficción realista es entretenerse. También podrías leer un texto de ficción para determinar de qué manera el ambiente, o la ubicación, de la historia influye en los sucesos.

¿Hay un suceso que muestra un punto de inflexión para el personaje? ¡Ese es el clímax de la historia!

INTERCAMBIAR ideas Con un compañero, establece un propósito para leer *La ventana de mamá*. Por ejemplo, podrías averiguar cómo el autor genera la tensión o cómo los personajes encuentran desafíos y responden a ellos. Haz un plan para leer con este propósito en mente.

Mi PROPÓSITO ______

______

______

______

Cartel de referencia: Argumento

Clímax
Punto de giro del conflicto

Acción creciente
Desarrolla el conflicto

Acción decreciente
Los sucesos posteriores al clímax

Introducción
Presenta a los personajes, el ambiente y el conflicto

Desenlace
Conclusión o solución del conflicto

Conoce a la autora

Lynn Rubright ha ganado premios por su manera de contar cuentos. Conocida por su estilo de interpretación energético y gracioso, Lynn Rubright también es educadora y cofundadora de un teatro para niños.

de

La ventana de mamá

Primer vistazo al vocabulario

A medida que lees *La ventana de mamá*, presta atención a estas palabras de vocabulario. Fíjate cómo te ayudan a entender mejor el argumento.

inauguración	**contradictorias**	
impulsivamente	**trance**	**rencor**

Lectura

Echa un vistazo a *La ventana de mamá* y usa lo que sabes acerca del género para hacer predicciones sobre lo que sucederá. Escribe tus predicciones. A medida que lees, usa las claves del género, como el ambiente y el argumento, para confirmar o corregir tus predicciones. Sigue estas estrategas cuando leas este texto de **ficción realista**.

Primera lectura

Nota	**Genera preguntas**
el argumento y la estructura a medida que confirmas o corriges predicciones.	a medida que lees anotando las partes confusas.
Conecta	**Responde**
ideas de la selección con ideas de otros textos que hayas leído.	comentando tus pensamientos acerca del texto a medida que lees.

Género Ficción realista

de

LA VENTANA DE MAMÁ

por Lynn Rubright

AUDIO

ANOTAR

CONTEXTO

Después de que su mamá fallece, a Sugar lo envían a vivir con su tío. Viven cerca de un pantano en el Delta del Misisipi. La mamá de Sugar había ahorrado el dinero suficiente para pagar una ventana hermosa para su iglesia. Sugar se molesta al enterarse de que el dinero para la ventana de su mamá no se usará para eso, sino para comprar ladrillos.

LECTURA ATENTA

Analizar el argumento

El conflicto, o problema principal, es parte de la acción creciente de un cuento. Subraya palabras o frases que te ayuden a identificar un conflicto entre los personajes a medida que se desarrolla el argumento.

1 Furioso con la gente de la iglesia y enojado con su tío, Sugar se quedó parado en el muelle mirando al tío Free que se iba del pantano empujándose en el bote con un palo y se metía en el *bayou*. Luego, Sugar regresó a la casa hecho una tempestad. Se dejó caer en su catre y se puso a toquetear la red de pesca deshilachada.

2 Después de unos minutos, se levantó y miró adentro de la caja con ropa. "Ropa como la que mamá hubiera comprado para Navidad o Pascua", pensó. Sus ojos se llenaron de lágrimas. Con un movimiento repentino del brazo, Sugar tiró la caja al piso. Camiseta, pantalones, zapatos, calcetines y ropa interior; todo salió volando. Sugar se desplomó en su catre y se puso a llorar.

3 "Estás actuando como un bebé", se dijo a sí mismo. "Y no sientes más que lástima por ti". Levantó la ropa del piso y la colocó sobre el catre. Luego, caminó hasta la vieja pileta de plomo, se quitó el overol y comenzó a bombear agua helada de manantial sobre su cabeza.

4 —¡Uf! —dijo Sugar, tiritando. Se restregó el pelo, la cara, las orejas, el cuello y los brazos con el jabón de lejía del tío Free. Se restregó hasta secarse, apurado por sentir calor.

5 Rápidamente, Sugar se puso su ropa interior, su camiseta y su pantalón nuevos. Echó una mirada en el espejo mientras se peinaba con el cepillo. El tío Free había insistido en cortarle el pelo a Sugar unos días antes.

6 —¿Por qué tienes un problema con mi pelo? —se había quejado Sugar—. A nadie le importa si está largo.

7 —A mí me importa —había dicho el tío Free.

8 —Entonces por eso es que el tío Free quiere cortarme el pelo —dijo Sugar—. Para que se vea bien para la inauguración.

9 Sugar agarró sus zapatos nuevos y, hundiendo los calcetines en la punta, salió corriendo por la puerta. Colocó los zapatos en la proa de su bote, donde no iban a mojarse. Velozmente desamarró el bote del muelle y subió a la popa. Salió empujándose con su palo en el agua, cuidando de no salpicar su ropa nueva.

10 Sugar no estaba seguro de por qué se había vestido y estaba yendo de prisa hacia Cypress Grove. No quería ir a la inauguración de la nueva Iglesia del Dulce Reino. En su interior, se mezclaban emociones contradictorias. Aun así, se empujó en su bote hacia adelante rápidamente y con suavidad.

11 A medida que se acercaba a Cypress Grove, Sugar podía ver la iglesia nueva de ladrillos enclavada en medio de los árboles. "Quizá el tío Free tiene razón de pensar que mamá hubiese estado de acuerdo con el consejo de administración", pensó Sugar.

LECTURA ATENTA

Confirmar o corregir las predicciones

Resalta frases y oraciones que puedas usar para confirmar una predicción que hiciste sobre un suceso del argumento.

inauguración una ceremonia oficial para algo creado para un propósito especial

contradictorias que chocan o están en desacuerdo

LECTURA ATENTA

Vocabulario en contexto

Las **claves del contexto** pueden ayudarte a determinar el significado de las palabras. Algunas claves del contexto tienen el mismo significado que una palabra poco común. Las palabras que tienen el mismo significado se llaman **sinónimos**.

Busca palabras que describan la acción o el comportamiento de la multitud de personas que entran a la iglesia. Subraya dos sinónimos de *marcha* en los párrafos 12 a 15.

12 Doblando por la curva, Sugar vio a la multitud reunida cerca de la orilla del lago Sun Lake. Estaban preparándose para ir en desfile por el sendero hasta el interior de la iglesia para el sermón y la parte cantada de la ceremonia.

13 Parecía que nadie notaba que Sugar había entrado a la caleta y se había escabullido por debajo de las ramas del sauce llorón. Sugar se acercó con el bote del tío Free y se enrolló las mangas del pantalón para no mojárselas cuando bajara al agua poco profunda. Jaló de la proa del bote, lo llevó hasta el pasto, se acomodó la ropa y se puso sus calcetines y sus zapatos nuevos.

14 —¡Ay! —dijo Sugar cuando se puso de pie—. El tío Free hizo todo bien menos con los zapatos. Muy ajustados.

15 Sugar miró a la procesión de gente con su ropa de domingo desde detrás de las frondas del sauce. "Al menos, estoy vestido con la ropa que mamá hubiera querido, si estuviera yendo a la inauguración", pensó, "pero no estoy yendo".

16 El pastor Williams iba como guía adelante de todo, seguido por el coro, vestido con sus túnicas sueltas de color rojo escarlata, cantando "Yendo por el camino del rey": "El himno favorito de mamá", pensó Sugar.

17 Después venían los miembros de la iglesia, acompañando al coro en el canto. Las niñas con vestidos almidonados y con volados, calcetines blancos y zapatos de domingo, y los niños con camisas y pantalones bien planchados, y zapatos recién lustrados, marchaban orgullosamente con sus padres. En la parte de atrás, iban el Sr. Pearson y los miembros del consejo de administración, seguidos por la Sra. Pearson, escoltada por Stewie.

18 Sugar alcanzó a ver al tío Free que iba rezagado atrás, rengueando lentamente pero con buen aspecto con su ropa nueva comprada en la tienda, a pesar de su cuerpo inclinado. "El tío Free no es una rata de pantano", pensó, "sin importar lo que diga Stewie Pearson".

19 Sugar vio a los últimos de la procesión entrar a la iglesia antes de salir disparado de abajo de las ramas del sauce y correr por el sendero. Pasó rapidísimo por al lado de su tío y dio la vuelta hacia el frente de la iglesia donde debería haber estado el vitral.

20 Impulsivamente, Sugar se agachó y agarró una piedra. Sus zapatos nuevos le pellizcaban, pero apenas se daba cuenta. Llevó con fuerza su brazo hacia atrás y apuntó al centro de la ventana.

LECTURA ATENTA

Confirmar o corregir las predicciones

Resalta algo que hace Sugar en esta página que confirme o corrija una predicción que hiciste sobre el argumento.

impulsivamente hecho de repente sin pensar con cuidado en las consecuencias

LECTURA ATENTA

Confirmar o corregir las predicciones

Resalta texto en los párrafos 21 a 26 que diga qué le ocurre a Sugar como resultado de su acción. Determina si esta evidencia confirma tu predicción.

21 Luego, abruptamente, Sugar dejó caer la piedra. Giró y casi se chocó con el tío Free, que había corrido detrás de él, con su pierna mala y todo. El tío Free agarró a Sugar con su brazo bueno.

22 —Fue mamá —dijo llorando Sugar, apretando la cara contra el hombro del tío Free—. Quería romper esa simple ventana de vidrio sin nada, pero mamá no me dejaba hacerlo.

23 El tío Free sostuvo cerca al niño tembloroso. —Eso no me sorprende, hijo —dijo el tío Free—. Te dije que a ella le hubiera gustado que fueras a la inauguración, no que rompas la ventana de la iglesia, aunque sea una simple ventana de vidrio.

24 El tío Free sacó su pañuelo del bolsillo y le secó la cara a Sugar. —Veo que hiciste un buen trabajo lavándote, pero ahora tu cara está toda manchada con lágrimas —dijo el tío Free, examinando a Sugar—. La ropa nueva te queda bien. Te ves bien también. Vayamos adentro.

25 —Pero, tío Free, no quiero ir a la inauguración. ¿No podemos volver a casa? —suplicó Sugar—. Por favor.

26 El tío Free tomó a Sugar del brazo, suavemente, pero con firmeza, y lo llevó hacia la puerta de adelante de la iglesia. —A veces, tenemos que hacer cosas que no queremos hacer, James Earle. Esta de aquí es una de esas cosas —no se discutía con el tío Free cuando hablaba con ese tono de voz.

27 Sugar y el tío Free entraron por las pesadas puertas de roble que enmarcaban la entrada a la nueva Iglesia del Dulce Reino. El coro y la congregación cantaban en armonía la última estrofa de "¡Gran día!, ¡Gran día! Los honrados van marchando, ¡gran día!".

28 El pastor Williams levantó la mirada de su púlpito recientemente barnizado y vio a Free McBride y a Sugar parados detrás del último banco. Les hizo señas para que se acercaran al frente. Sugar, mirando fijamente la cortina negra delante de la ventana, estaba congelado en su lugar.

29 El tío Free apretó a Sugar del brazo y le dio un empujoncito suave para que se moviera, pero Sugar se resistió y trató de apartarse. El tío Free se inclinó y le susurró: —James Earle, vamos al frente de la iglesia. Sé que no quieres, pero no tienes ninguna opción.

30 No había manera de liberarse del tío Free. Juntos, fueron caminando por el pasillo.

LECTURA ATENTA

Analizar el ambiente

Subraya detalles descriptivos que sean importantes para el ambiente.

LECTURA ATENTA

Analizar el ambiente

Subraya detalles que te ayuden a entender cómo se sienten los personajes acerca del lugar donde vive Sugar.

Explica cómo los ambientes culturales de la iglesia y el pantano tienen influencia sobre el argumento.

trance estado mental parecido al de un sueño

31 —¡Las ratas del pantano! —murmuró sigilosamente Stewie, encajado entre su mamá y su papá.

32 —¡Shhh, niño! —la voz de la Sra. Pearson era tan sagaz como la lengua de una víbora.

33 El tío Free apretó sus dedos alrededor del brazo de Sugar. —Ignora eso, hijo —susurró—. Sugar no se dio vuelta. Siguió caminando como si estuviera en trance.

34 Había dos sillas vacías en la hilera del frente donde se sentaban los diáconos. El pastor Williams les hizo un gesto para que fueran a los asientos de honor. Sugar no tenía ganas de que lo honraran. Lo único que quería era escaparse de regreso a la cabaña del tío Free en el pantano.

35 "Stewie tiene razón", pensó Sugar. "Soy una rata de pantano. No merezco estar en una iglesia elegante como esta. Quizá cuando mamá estaba viva, pero ya no. No importa que tenga ropa linda y nueva. No soy más que una rata de pantano, como el tío Free".

36 Sugar estaba tan perdido en sus pensamientos que apenas oyó el sermón del pastor Williams, que era sobre entenderse y amarse unos a otros, y sobre la importancia de tener sueños.

37 Luego, el pastor llamó al Sr. Pearson para que pasara al frente y dijera algunas palabras. Mientras se dirigía al púlpito, dirigió una mirada amistosa hacia donde estaba Sugar. Sugar miró para otro lado; no quería ver de frente al Sr. Pearson.

38 —James Earle —dijo el Sr. Pearson, mirando directamente a Sugar—, tu mamá, Ida Mae Martin, tenía un sueño.

39 "Sí", pensó Sugar, "¡y todos ustedes se lo robaron!". Y se quedó mirando fijamente la cortina negra colgada delante de donde debería haber estado la ventana de mamá.

40 —Pero fue el hijo de Ida Mae, James Earle, quien mantuvo vivo el sueño de su mamá de que hubiera un vitral cuando el resto de nosotros lo perdió de vista —continuó el Sr. Pearson—. James Earle, ¿podrías, por favor, acercarte?

41 "¿Qué es toda esta charla sobre los sueños?" —estaba pensando Sugar cuando el tío Free le dio un empujoncito.
—Párate, hijo —susurró el tío Free—. El Sr. Pearson te está llamando al frente.
Sintiéndose adormecido, Sugar caminó hacia el púlpito.

42 —James Earle —dijo el Sr. Pearson—, ¿tirarías por favor de esta cuerda?

43 El pastor Williams puso en la palma de la mano de Sugar una soga fina que estaba unida a la cortina negra con una polea. El Sr. Pearson y el pastor Williams asintieron con la cabeza y Sugar tiró con fuerza.

LECTURA ATENTA

Confirmar o corregir las predicciones

Resalta detalles que incluye Lynn Rubright para generar suspenso y detalles de un suceso que lleve al clímax. Determina si esos detalles confirman o corrigen tu predicción.

LECTURA ATENTA

Analizar el argumento

Subraya la oración que muestre el clímax del argumento. ¿Por qué es el punto de giro?

44 De repente la cortina cayó al piso y reveló una ventana con el sol brillando a través de un vitral con colores rojo, rosado, morado, verde, amarillo y azul. Unos ángeles negros flotaban para arriba y para abajo por una escalera resplandeciente que llegaba hasta un cielo con nubes azules y blancas.

45 Entre los miembros de la congregación, se oían suspiros a medida que las personas se paraban de un salto y estallaban en aplausos. Sugar no podía quitar los ojos de la hermosa ventana. Tropezando, regresó a su asiento al lado del tío Free.

46 Cuando la gente se calmó, el Sr. Pearson continuó. Sugar apenas estaba escuchando.

47 —Fue la fe de James Earl en el sueño de Ida Mae, con un poco de ayuda de un donante anónimo, que llevó a que se instalara el vitral a tiempo para esta inauguración —dijo el Sr. Pearson.

48 De golpe, Sugar prestó atención. "¿Donante anónimo? ¿Quién será?", se preguntó. "Y ¿por qué quieren mantener un secreto?".

49 —El consejo de administración sabía qué era lo mejor para nuestro bienestar físico al construir una iglesia de ladrillos —dijo el Sr. Pearson—. Pero fue Ida Mae quien sabía qué era lo mejor para nuestra alma. James Earle también lo sabía. James Earle incluso estaba dispuesto a luchar para conseguirlo —. Luego, el Sr. Pearson dirigió a la congregación en una nueva ronda de aplausos espolvoreada con gritos fuertes y alegres de "Amén", "Gloria a Dios" y "Alabado sea el Señor".

50 El pastor Williams asintió con la cabeza y el coro empezó a cantar "¡Gloria aleluya!, ¡Se acerca un día grandioso!". La congregación comenzó a cantar el coro del Amén. Lo único que podía hacer Sugar era quedarse mirando la ventana de mamá.

51 Antes de que pudiera reaccionar, a Sugar lo llevaron para afuera, al jardín con el tío Free y con gente de la congregación. Las mujeres de la iglesia les servían a todos bandejas con pollo frito, costillas asadas, verduras, ensalada de papas, ensalada de col, porotos en salsa de tomate, rebanadas de sandía, pasteles de manzana recién horneados y jarras de limonada y té helado. Los viejos amigos de mamá consentían a Sugar como si fuera una especie de héroe.

52 Mientras los adultos hablaban, los niños corrían y jugaban a las estatuas y al pilla pilla. Sugar se les unió. Pero Stewie se quedó atrás.

53 —Eh Stewie —gritó Sugar—, ven.

54 A regañadientes, Stewie se unió a los juegos. Sugar actuaba como si no hubiese pasado nada entre ellos. Sabía que este no era un momento para guardar rencor.

55 Cada tanto, Sugar oía al tío Free que se reía por sobre el bullicio de la multitud. Y eso le recordaba cómo solían reírse juntos el tío Free y mamá.

LECTURA ATENTA

Analizar el argumento

Subraya los detalles que muestren cómo responde el personaje principal a medida que la acción decreciente del argumento avanza hacia una resolución.

rencor un sentimiento fuerte de desagrado hacia alguien que te trató mal

LECTURA ATENTA

Analizar el argumento y el ambiente

Subraya el cambio que ve el tío Free en Sugar a medida que el desenlace avanza hacia una resolución.

56 Finalmente, el tío Free se acercó y llamó a Sugar: —Tenemos que volver antes de que se ponga oscuro, hijo. Se alejaron de la multitud y dijeron adiós con la mano.

57 —Eh Sugar —lo llamó uno de los niños—, nos prometiste un paseo en tu bote.

58 —Uno de estos días, pronto —respondió Sugar.

59 El tío Free y Sugar se escabulleron por debajo del gran sauce llorón. Se quitaron los zapatos y los calcetines, caminaron por el agua poco profunda y saltaron al bote.

60 Sugar guiaba el bote por el lago Sun Lake. Mientras maniobraba para entrar al *bayou*, Sugar gritó: —¡Mira tío Free! Están creciendo lianas de pantano allí, en ese ciprés.

61 —Es verdad, Sugar. —dijo en voz alta el tío Free—. Estás prestando atención a un montón de cosas en las que nunca te fijabas antes.

62 Era verdad. Sugar señaló a una gran garza azul que caminaba delicadamente de puntillas por el borde del agua. Luego, alzó la vista y, a través de las frondas de los cipreses, vio a un águila volando en círculos, bien alto. Sugar también notó cómo el sol que brillaba a través de los musgos colgantes formaba delicados patrones sobre el agua y cómo el agua centelleaba en la luz moteada.

63 Sugar siguió remando en silencio. Después de un rato, dijo, como desafiando: —¡Tío Free! Hay algo más que noté. Creo que sabes por qué el vitral estaba en su lugar para la inauguración.

64 —Bueno —dijo el tío Free—, sé lo que tú sabes. Un donador anónimo pagó la ventana para que la pongan en la iglesia. Eso era todo.

65 —Eso no era todo y tú lo sabes.

66 —Quizá alguien solo quería que fuera un secreto —dijo el tío Free.

67 —Ese alguien ¡eres *tú*! —exclamó Sugar.

68 El tío Free no dijo ni una palabra.

69 —Mamá sabía muy bien lo que hacía cuando me envió a vivir contigo, ¿no, tío Free? —dijo Sugar.

70 —Seguro que lo sabía, hijo. Sabía exactamente lo que hacía. Mucho más de lo que yo sabía. El tío Free lanzó una carcajada con un eco que se oyó todo el camino hasta Cypress Grove. Sugar también rio, de la misma manera que el tío Free.

71 A medida que el sol se ponía sobre el pantano, la cabaña aparecía a la vista. —Ya casi llegamos, tío Free —dijo Sugar—. Ya casi estamos en casa.

LECTURA ATENTA

Analizar el argumento y el ambiente

Subraya palabras y frases que muestren cómo el ambiente es una parte importante de la solución del argumento.

Desarrollar el vocabulario

En la ficción realista, los autores usan palabras precisas para desarrollar el argumento de un cuento. Estas palabras ayudan al lector a conectarse con la complicación y con el desenlace.

Mi TURNO Usa un diccionario impreso o en línea para determinar el significado de las palabras subrayadas. Luego, explica cómo te ayudan estas palabras a entender mejor el argumento de *La ventana de mamá*.

Complicación

"Impulsivamente, Sugar se agachó y agarró una piedra".

Definición:

¿Cómo levantó la piedra Sugar?

Desenlace

"[Sugar] Sabía que este no era un momento para guardar rencor".

Definición:

¿Qué *no* le iba a hacer Sugar a Stewie?

Verificar la comprensión

MI TURNO Vuelve a mirar el texto para responder a las preguntas.

1. ¿Cuáles son los dos elementos del cuento que más te ayudan a identificarlo como una ficción realista?

2. ¿De qué manera la selección de palabras de Lynn Rubright desarrolla tu comprensión de los personajes?

3. Explica cómo uno de los ambientes culturales, ya sea la iglesia o el pantano, tiene influencia en el argumento.

4. Compara cómo se siente Sugar respecto de su vida con el tío Free sintetizando evidencia del texto de dos o más escenas del cuento.

Analizar el argumento y el ambiente

El **argumento** es la estructura de los sucesos de un cuento. El argumento incluye una **complicación**, un **conflicto**, un **clímax**, un **desenlace** y una **solución**, o conclusión. El **ambiente** de un cuento es la ubicación y el momento en los que ocurren los sucesos. El ambiente puede influir en el argumento porque afecta cómo viven los personajes y dónde ocurre la acción.

1. **Mi TURNO** Vuelve a las notas de Lectura atenta de *La ventana de mamá* y subraya las partes que te ayuden a analizar los elementos del argumento y del ambiente.

2. **Evidencia del texto** Usa la evidencia para completar el diagrama.

	Suceso	Ambiente
Conflicto	Sugar está "furioso con la gente de la iglesia y enojado con su tío".	• La cabaña del tío Free en el pantano • Iglesia del Dulce Reino
Clímax		
Solución		

Cómo influye el ambiente en el argumento

Confirmar o corregir las predicciones

Puedes usar lo que conoces acerca de la ficción realista para hacer predicciones sobre el argumento. Por ejemplo, los personajes usualmente enfrentan un conflicto que debe ser resuelto. A medida que leas, puedes hallar evidencia para corregir o confirmar tus predicciones.

1. **Mi TURNO** Vuelve a las notas de Lectura atenta. Resalta evidencia del argumento, los personajes o el ambiente que te ayude a confirmar o corregir predicciones.

2. **Evidencia del texto** Usa el texto resaltado para completar la tabla. Agrega una marca de verificación si confirmaste tu predicción. Agrega una X si corregiste tu predicción.

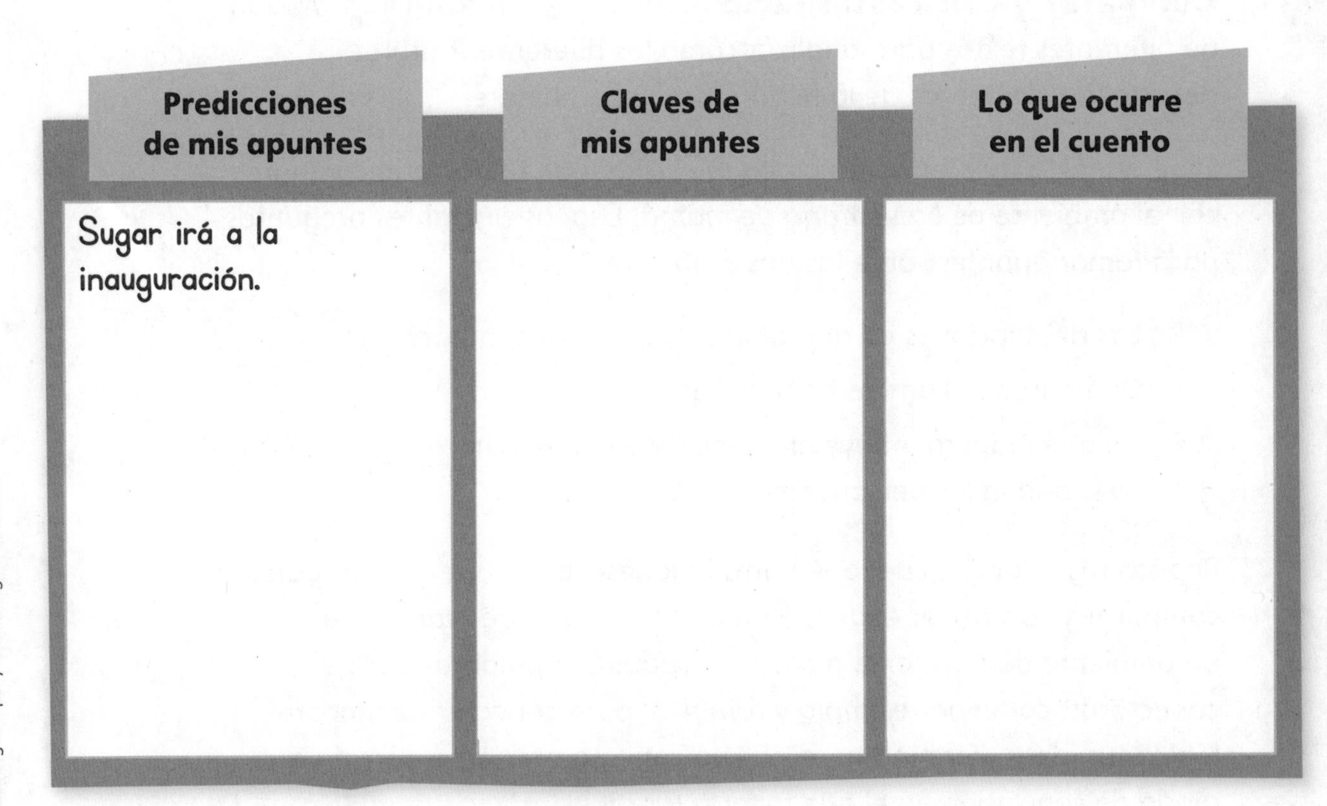

Predicciones de mis apuntes	Claves de mis apuntes	Lo que ocurre en el cuento
Sugar irá a la inauguración.		

3. Con un compañero, habla sobre una predicción que no se haya confirmado con los sucesos del cuento. ¿Cómo podrías usar evidencia del texto para corregir o revisar la predicción?

Reflexionar y comentar

Escribir basándose en las fuentes

En *La ventana de mamá*, leíste acerca de sucesos sobre los que el ambiente del cuento influía directamente. Recuerda textos que hayas leído esta semana. ¿Acerca de qué ambientes leíste? ¿Cómo respondían los personajes a esos ambientes? Usa el siguiente proceso para comparar y contrastar el ambiente de *La ventana de mamá* con el ambiente de otro texto que hayas leído.

Comparar y contrastar ideas Compara y contrasta información de diferentes textos para analizar cómo los diferentes autores desarrollan elementos de la ficción como el ambiente.

Elige un texto que tenga un ambiente vívido que te gustaría comparar con el ambiente de *La ventana de mamá*. Usa las siguientes preguntas para tomar apuntes sobre los dos ambientes.

- ¿Las descripciones de qué ambientes incluye el autor?
- ¿Qué agrega el ambiente al cuento?
- ¿De qué manera influye el ambiente en la manera en que actúan o responden los personajes?

Repasa tus apuntes. Luego, en otra hoja, escribe una respuesta para comparar y contrastar el ambiente de *La ventana de mamá* con un ambiente de otro texto que hayas leído. Usa palabras y frases conectoras, como *por ejemplo* y *también*, para conectar de manera lógica tus ideas. Termina tu respuesta con una oración o párrafo a modo de conclusión en el que reiteres tus ideas.

Pregunta de la semana

¿Cómo nos ayudan nuestras experiencias a ver el mundo de una manera diferente?

Vocabulario académico

Meta de aprendizaje

Puedo desarrollar conocimiento sobre el lenguaje para hacer conexiones entre la lectura y la escritura.

Un **sinónimo** es una palabra que tiene el mismo o casi el mismo significado que otra palabra. Un **antónimo** es una palabra que significa lo contrario a otra palabra. Si tienes dudas, puedes usar un diccionario de sinónimos.

Mi TURNO En cada ejemplo de entrada de un diccionario de sinónimos y antónimos:

1. **Define** la palabra de la entrada.
2. **Escoge** dos sinónimos y dos antónimos para cada palabra.
3. **Confirma** tus definiciones, sinónimos y antónimos con un diccionario, o un diccionario de sinónimos, impreso o digital.

Entradas del diccionario de sinónimos y antónimos

desafío, ***sustantivo*** algo que requiere destreza o razonamiento

Sinónimos: problema ________ ________

Antónimos: respuesta ________ ________

expandir, ***verbo*** ________

Sinónimos: ________ ________

Antónimos: ________ ________

conflicto, ***sustantivo*** ________

Sinónimos: ________ ________

Antónimos: ________ ________

La acentuación de las palabras agudas y graves

Para decodificar palabras agudas y graves, recuerda estas reglas: Las **palabras agudas** se pronuncian con más fuerza en la última sílaba. Si una palabra aguda termina en *n*, *s* o *vocal*, lleva acento escrito. Las **palabras graves** se pronuncian con más fuerza en la penúltima sílaba. Si una palabra grave termina en una letra distinta de *n*, *s* o *vocal*, lleva acento escrito.

Por ejemplo, la palabra *subió* en el párrafo 9 de *La ventana de mamá* es una palabra aguda porque se acentúa en la última sílaba y lleva acento escrito porque termina en vocal.

Mi TURNO Aplica tu conocimiento para completar la tabla con palabras agudas y palabras graves tomadas de *La ventana de mamá* o de otros textos que hayas leído. Cuenta las sílabas de cada palabra y nombra la que lleva el acento como ayuda. Según la letra en que termina la palabra, colócale el acento o no. Luego, decodifica las palabras, o léelas en voz alta.

Palabras agudas	Palabras graves
regresó	cómo

Leer como un escritor

Los lectores pueden identificar la voz de un autor evaluando cómo él o ella crea la atmósfera y el tono. El sentimiento general de una historia de ficción es su **atmósfera**, por ejemplo, *alegre* o *de susto*. El **tono**, como el tono de voz, muestra cómo se siente un autor hacia los personajes y los sucesos. Los autores establecen la atmósfera y el tono a través del ambiente, la estructura de las oraciones, la elección de palabras y las imágenes literarias.

¡Demuéstralo!

Relee el párrafo 10 de *La ventana de mamá*.

1. **Identificar** Lynn Rubright usa la selección de palabras para crear una atmósfera y un tono.
2. **Preguntar** ¿Qué tono crean estas palabras? ¿Cuál es la atmósfera en esta sección?
3. **Sacar conclusiones** El tono hacia Sugar es empático y la atmósfera es de tensión y preocupación.

Relee los párrafos 60 a 62.

MI TURNO Sigue los pasos para analizar el texto. Describe cómo la autora crea el tono y la atmósfera.

1. **Identificar** Lynn Rubright usa imágenes literarias como ______________________

____

____

2. **Preguntar** ¿Qué tono crean estas palabras? ¿Cuál es la atmósfera en esta sección?
3. **Sacar conclusiones** El tono hacia Sugar es ____________________ y la atmósfera es ______________________________

Escribir para un lector

Las palabras que eliges crean el tono y la atmósfera. ¡Elige con inteligencia!

El ambiente y los detalles descriptivos crean un sentimiento general, o **atmósfera**, en los cuentos. La elección de las palabras y las imágenes literarias crean un **tono** para mostrar cómo se siente un autor acerca de los personajes y los sucesos.

Mi TURNO Piensa en cómo la manera en que Lynn Rubright usa el lenguaje figurado crea una atmósfera y un tono. Ahora identifica cómo puedes establecer una atmósfera y un tono específicos en tu escritura.

1. ¿Qué lenguaje figurado podrías usar para crear un tono positivo acerca de un personaje que te guste o con el que te identifiques fuertemente?

2. Escribe un pasaje de ficción sobre un personaje que te guste o con el que te identifiques fuertemente. Elige detalles descriptivos para crear una atmósfera alegre. Incluye algunos ejemplos de lenguaje figurado que hayas escrito en la respuesta anterior para crear un tono positivo.

La acentuación de las palabras agudas y graves

Las **palabras agudas** se acentúan en la última sílaba y llevan acento escrito cuando terminan en *n*, *s* o vocal, por ejemplo: *ja-más*. Las **palabras graves** se acentúan en la penúltima sílaba y llevan acento escrito cuando terminan en una letra que no sea *s*, *n* ni *vocal*, por ejemplo: *di-fí-cil*.

Mi TURNO Lee las palabras y sepáralas en sílabas. Cuenta el número de sílabas como ayuda para categorizarlas como palabras agudas o graves. Nombra la sílaba que lleva el acento y escribe las palabras en la columna que corresponda.

PALABRAS DE ORTOGRAFÍA

Panamá	guaraná	chimpancé	comité
jamás	ajonjolí	colibrí	conclusión
acción	algodón	además	débil
árbol	fútbol	césped	hábil
difícil	lápiz	azúcar	póster

palabras agudas

palabras graves

El pretérito, el copretérito y el condicional

Para hablar del pasado, podemos usar el **pretérito** cuando se trata de una acción única en un momento específico (*Nací en 1998*) o el **copretérito** o pretérito imperfecto cuando hablamos de una acción repetida, duradera o en progreso en el pasado (*Solíamos visitar a mi abuela los sábados*). Cuando hablamos de cosas posibles o potenciales, usamos el **condicional**, como en *Podríamos ir a ver una película*.

Persona	Condicional	Pretérito	Copretérito
Yo	**amaría** **temería** **partiría**	**amé** **temí** **partí**	**amaba** **temía** **partía**
Tú	**amarías** **temerías** **partirías**	**amaste** **temiste** **partiste**	**amabas** **temías** **partías**
Él / Ella	**amaría** **temería** **partiría**	**amó** **temió** **partió**	**amaba** **temía** **partía**
Nosotros	**amaríamos** **temeríamos** **partiríamos**	**amamos** **temimos** **partimos**	**amábamos** **temíamos** **partíamos**
Ustedes	**amarían** **temerían** **partirían**	**amaron** **temieron** **partieron**	**amaban** **temían** **partían**
Ellos / Ellas	**amarían** **temerían** **partirían**	**amaron** **temieron** **partieron**	**amaban** **temían** **partían**

Mi TURNO Corrige en este borrador el uso de los tiempos verbales.

Cuando fuimos pequeños, mis hermanos y yo jugaron a menudo a la rayuela. Pero un día, mi hermana se caía y se lastimó la rodilla. Ese día, nuestros padres se enfadarían y nos dijeron que no hubo postre si seguíamos jugando a la rayuela. Desde ese día, nos cuidamos mucho para no volver a lastimarnos.

Componer la descripción de un personaje: la descripción externa

Meta de aprendizaje

Puedo usar elementos de la escritura narrativa para escribir un cuento de ficción realista.

Describe a los personajes de un cuento usando imágenes sensoriales que transmitan cómo se ve, suena y huele un personaje. Además, describe las acciones y las palabras de cada personaje.

Mi TURNO Lee el párrafo y completa la tabla. Luego, completa la oración para componer otra descripción.

Ana se puso de pie y se estiró. Bostezó. "¡Necesito moverme!", dijo. Dando saltitos en una pierna al lado de la ventana, añadió: "Ha estado lloviendo dos días enteros". Rita, que había estado leyendo, también se puso de pie. "Podríamos hacer saltos de tijera", sugirió con una sonrisa.

Personaje	Acciones	Palabras
Ana		
Rita		

Ana respondió con un/una ______________________________

____

____

Mi TURNO Incluye detalles sensoriales para describir a los personajes a medida que compones tu cuento de ficción realista.

Componer la descripción de un personaje: la descripción interna

Crea narradores que revelen los pensamientos y sentimientos que tiene un personaje:

- Si el narrador es un personaje del cuento, él o ella pueden revelar pensamientos y sentimientos personales a través de un monólogo interno.
- Si el narrador está fuera del cuento, él o ella pueden revelar los pensamientos y sentimientos de un personaje a través de descripciones y a través de las acciones y palabras del personaje.

Mi TURNO Lee el primer párrafo. Observa las palabras y frases subrayadas que revelan los pensamientos y sentimientos de Beth. Luego, escribe un párrafo que revele los pensamientos y sentimientos de un personaje que esté con Beth. La primera oración se da como ejemplo.

Beth recobró el aliento. El poni dio un resoplido y comenzó a retroceder. <u>"¿Qué es ese susurro en las hojas?", se preguntó Beth</u>. Su corazón empezó a latir más y más rápido. Le dio una palmada al poni en el cuello y se obligó a empezar a respirar de nuevo. <u>"Estoy segura de que no es nada", pensó</u>.

Me sorprendió ver al poni de Beth que retrocedía.

Mi TURNO Cuando escribas el borrador de tu cuento de ficción realista en tu cuaderno de escritura, usa monólogos internos para describir a tus personajes.

Componer información sobre el ambiente

El **ambiente** de un cuento de ficción realista consiste en un **tiempo** y un **lugar** reales en que ocurren los sucesos. Puedes revelar características del ambiente mientras escribes acerca de los personajes y los sucesos.

Lakeesha dejó la puerta de su dormitorio abierta para poder escuchar la música. Sus padres estaban lavando los platos [1] y cantando canciones del musical que todos habían visto la semana anterior. Oír la música de nuevo, aquí en su casa en El Paso [2], la llevó de regreso al fabuloso viaje de vacaciones de primavera que había hecho la familia [3].

[1] El personaje está en su dormitorio después de una comida.

[2] El personaje vive en El Paso.

[3] La escena tiene lugar una semana después de las vacaciones de primavera.

Mi TURNO Piensa en cómo convertirías un lugar que conoces bien en el ambiente de un cuento de ficción realista. Escribe detalles del ambiente en las siguientes líneas.

Vistas

Sonidos

Aromas

Época del año

Mi TURNO Incluye detalles que revelen el momento y el lugar de tu cuento de ficción realista cuando compongas un borrador en tu cuaderno de escritura.

Componer un argumento: Desarrollar un problema

Al comienzo de un cuento de ficción realista, el personaje principal enfrenta un problema. Podría ser un conflicto con otro personaje. Podría ser un problema dentro del personaje. El personaje responde a este problema a través de los sucesos del cuento.

Mi TURNO Lee el primer párrafo. Observa las oraciones subrayadas acerca del problema que tiene Lynn. Luego, completa un nuevo párrafo que desarrolle el problema y la respuesta de Lynn.

Lynn buscaba entre los suministros que había en el taller. Había mucho cartón, cinta adhesiva y pegamento. Sin embargo, Lynn necesitaba madera. Quería que el techo y las paredes del modelo fueran de madera. <u>¿Dónde podría Lynn encontrar suministros a esta hora, tan tarde? ¿Por qué había esperado para completar el proyecto hasta la noche anterior a la fecha de entrega?</u>	**Lynn podía ver el modelo en su mente, pero no podía hacerlo de la manera que había planeado.**

Mi TURNO Desarrolla un problema y la respuesta de un personaje a ese problema cuando hagas el borrador de un cuento de ficción realista en tu cuaderno de escritura.

Ayuda a los lectores a imaginar cómo se siente tener el problema del personaje principal.

Componer un argumento: Desarrollar una solución

La **solución** es cómo se resuelve un problema al final de un cuento.

Mi TURNO Lee el problema y las respuestas en las dos primeras casillas. En la tercera casilla, completa la conclusión con la solución del problema.

Problema

Tai y Silvio les prometen a los Smith ayudarlos a limpiar su garaje el sábado por la tarde. Luego, Sapra los invita a su fiesta de cumpleaños a la misma hora.

Cómo responden los personajes

Tai dice: "Tenemos que decirles a los Smith que necesitamos ir el sábado siguiente". Silvio responde: "No; ya les dijimos que los ayudaríamos este sábado, así que tenemos que decirle 'no' a Sapra".

Cómo se resuelve el problema

Mi TURNO Desarrolla una solución a medida que escribes el borrador de la conclusión de un cuento de ficción realista en tu cuaderno de escritura. Comenta tu borrador con tu Club de escritura. Da detalles sobre el problema y la solución que escribiste.

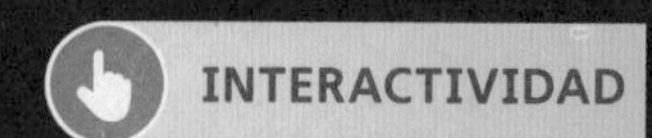

HACIENDO MÚSICA juntos

La música es un lenguaje universal que une a las personas de todo el mundo. Con la música, podemos aprender acerca de muchas culturas y costumbres. Mira el video, observa las imágenes y lee las leyendas. ¿Cómo atraen a las personas los distintos estilos de música?

Mira

La mayor inspiración del músico Troy Andrews es la música de las bandas de bronces de su ciudad natal: Nueva Orleáns, Luisiana.

Los músicos de *hip-hop* convocan a multitudes con su destreza musical y ritmos bailables.

La música y el baile de la samba son la principal atracción del carnaval de Brasil, que convoca a más de dos millones de personas todos los años.

SEMANA 3

Pregunta de la semana

¿Cómo une la música a las personas?

Tomar apuntes Mientras miras los recursos digitales y repasas el texto, anota tus respuestas en una hoja aparte. Describe lo que ves y oyes, y conecta los recursos digitales con tus experiencias personales.

Violines, trompetas y guitarras son los ingredientes de una banda versátil de mariachis.

Meta de aprendizaje

Puedo aprender más acerca del tema *Diversidad* analizando el propósito del autor de una autobiografía.

Autobiografía

Una **autobiografía** es un tipo de **no ficción narrativa.** Las narraciones narran sucesos, cuentan una historia y usan elementos literarios. La no ficción se basa en hechos, y relata sucesos que ocurrieron realmente. Una **autobiografía** es una historia verdadera acerca de la vida de una persona real, escrita por esa persona.

- Está escrita desde el **punto de vista de la primera persona.**
- La **secuencia de sucesos,** o de acontecimientos, por lo general está en orden cronológico, u ordenada en el tiempo.
- El autor incluye **hechos** y **detalles** para crear un retrato de su vida.
- El autor describe **pensamientos**, **sentimientos** y **reacciones personales** acerca de las experiencias.

INTERCAMBIAR ideas Di a tu compañero en qué se parecen y en qué se diferencian una autobiografía y un cuento de ficción realista. Usa detalles del Cartel de referencia para comparar y contrastar. Toma apuntes de tu conversación.

Mis APUNTES

Cartel de referencia: Autobiografía

Diario

Autobiografía

- Pronombres y adjetivos: yo, me, mi, mío, nosotros, nos, nuestro
- Palabras clave: primero, el (fecha), en (lugar), cuando, hasta, antes, después, primero, segundo, luego, finalmente, por último
- Sucesos y personas importantes en la vida del autor

Biografía

Conoce  autor

Troy "Trombone Shorty" Andrews comenzó a tocar el trombón a la edad de cuatro años. Practicaba constantemente y ¡estuvo al frente de su propia banda cuando tenía solo ocho años! Hoy, él y su excelente banda, Orleans Avenue, se presentan ante públicos de todo el mundo. Dice Andrew: "Mi trombón es mi pasaporte".

Trombone Shorty

Primer vistazo al vocabulario

A medida que lees "Trombone Shorty", presta atención a estas palabras de vocabulario. Fíjate cómo añaden detalles a la historia de vida de Troy Andrews.

inspiración **crear** **herencia**
festival **presentación**

Lectura

Antes de leer, da un vistazo previo al texto y al arte de "Trombone Shorty". Establece un **propósito** de lectura basándote en el vistazo previo. Luego, sigue estas estrategias a medida que lees la **autobiografía**.

Primera lectura

Nota
detalles sobre las experiencias de vida de Troy Andrews.

Genera preguntas
que te ayudarán a evaluar la verdad de los enunciados.

Conecta
lo que lees acerca de las experiencias de Troy Andrews con tus propias experiencias.

Responde
diciéndole a un compañero qué te gustó y qué no te gustó del texto.

Género Autobiografía

TROMBONE SHORTY

por
TROY "TROMBONE SHORTY" ANDREWS
ilustrado por el ganador del Caldecott Honor
BRYAN COLLIER

AUDIO

ANOTAR

Explicar el propósito del autor

Subraya una o más oraciones que muestren por qué Troy Andrews escribe este texto.

1 ¿DÓNDE ESTÁS?

2 ¿DÓNDE ESTÁS?

3 Tenemos nuestra propia manera de vivir aquí en el sur, en Nueva Orleáns, y nuestra propia manera de hablar, también. Y eso es lo que nos gusta decir cuando queremos decirle hola a un amigo.

4 Entonces, ¿DÓNDE ESTÁS?

5 Muchos niños tienen un apodo, pero quiero contarles la historia de cómo yo recibí el mío. Igual que cuando escuchas tu canción favorita, comencemos por el principio. Porque esta es una historia sobre música.

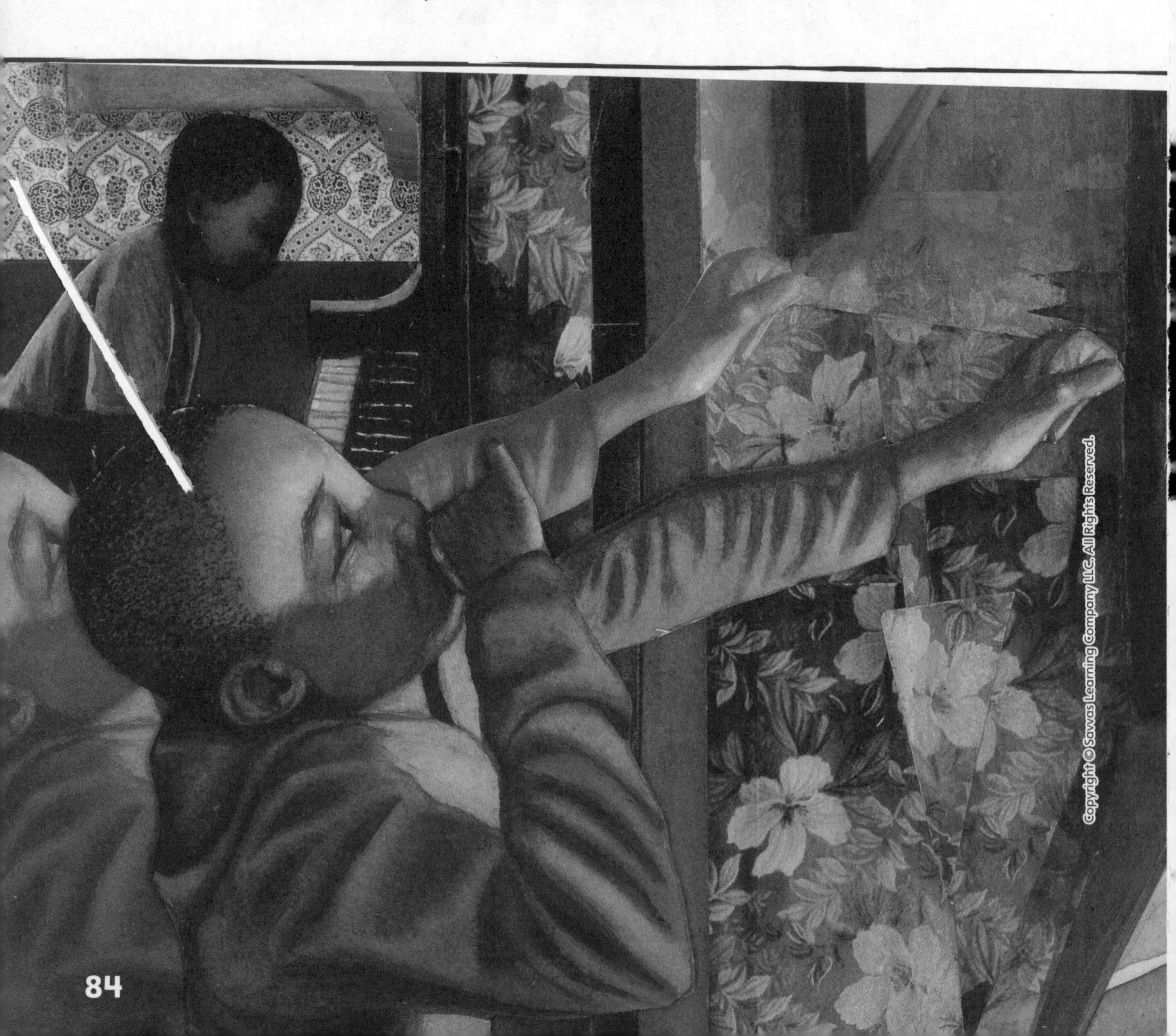

6 Pero antes de que puedan entender cuánto significa la música para mí, deben saber cuán importante es mi ciudad natal, mi mayor inspiración.

7 Crecí en un vecindario de Nueva Orleáns llamado Tremé. En cualquier momento del día o de la noche, se podía oír música flotando en el aire.

8 Y había música en mi casa también. Mi hermano mayor, James, tocaba la trompeta tan alto que ¡lo podías oír al otro lado de la ciudad! Era el líder de su propia banda y mis amigos y yo hacíamos de cuenta de que también estábamos en la banda.

9 "SÍGANME", decía James.

LECTURA ATENTA

Explicar el propósito del autor

Subraya el detalle que Troy Andrews quiere que los lectores entiendan primero acerca de su vida.

inspiración algo que da a alguien el deseo de hacer algo

LECTURA ATENTA

Hacer conexiones

Resalta un detalle que puedas relacionar, o conectar, con tu propia vida.

10 Hay un momento cada año que es más emocionante que cualquier otro: ¡Mardi Gras! Las calles se llenan de desfiles y se lanzan collares de cuentas por el aire a la multitud.

11 Me encantaban las bandas de bronces, con sus propias trompetas, trombones, saxofones y el instrumento de metal más grande de todos: la tuba, apoyada sobre la cabeza del músico ¡como la trompa de un elefante!

12 ¿DÓNDE ESTÁS?

13 "¿DÓNDE ESTÁS?", decían en voz alta los músicos.

14 Durante todo el día podía ver a las bandas de bronces desfilar por mi casa mientras mis vecinos bailaban al compás de la música. Me encantaban esos desfiles durante Mardi Gras porque hacían que todos se olvidaran de sus problemas por un rato. Las personas no tenían mucho dinero en Tremé, pero siempre teníamos mucha música.

LECTURA ATENTA

Explicar el propósito del autor

Subraya una oración que dé información importante sobre Tremé.

Vocabulario en contexto

Las **claves del contexto** son palabras y frases que puedes usar para determinar el significado de palabras poco comunes. Estas claves pueden aparecer en la misma oración o en oraciones cercanas.

Define la palabra *gumbo*. Luego, subraya las claves del contexto que apoyen tu definición de *gumbo*.

crear hacer o producir algo

15 Escuchaba todos esos sonidos y los mezclaba, como cuando preparamos la comida. Tomamos una olla grande y agregamos salchichas, cangrejo, camarones, pollo, verduras, arroz —lo que haya en la cocina— y revolvemos todo y lo dejamos cocinar. Cuando está listo, es el sabor más delicioso que alguna vez hayas probado. Nosotros le decimos *gumbo*, y es así cómo quería que sonara mi música: ¡diferentes estilos combinados para crear mi propio *gumbo* musical"!

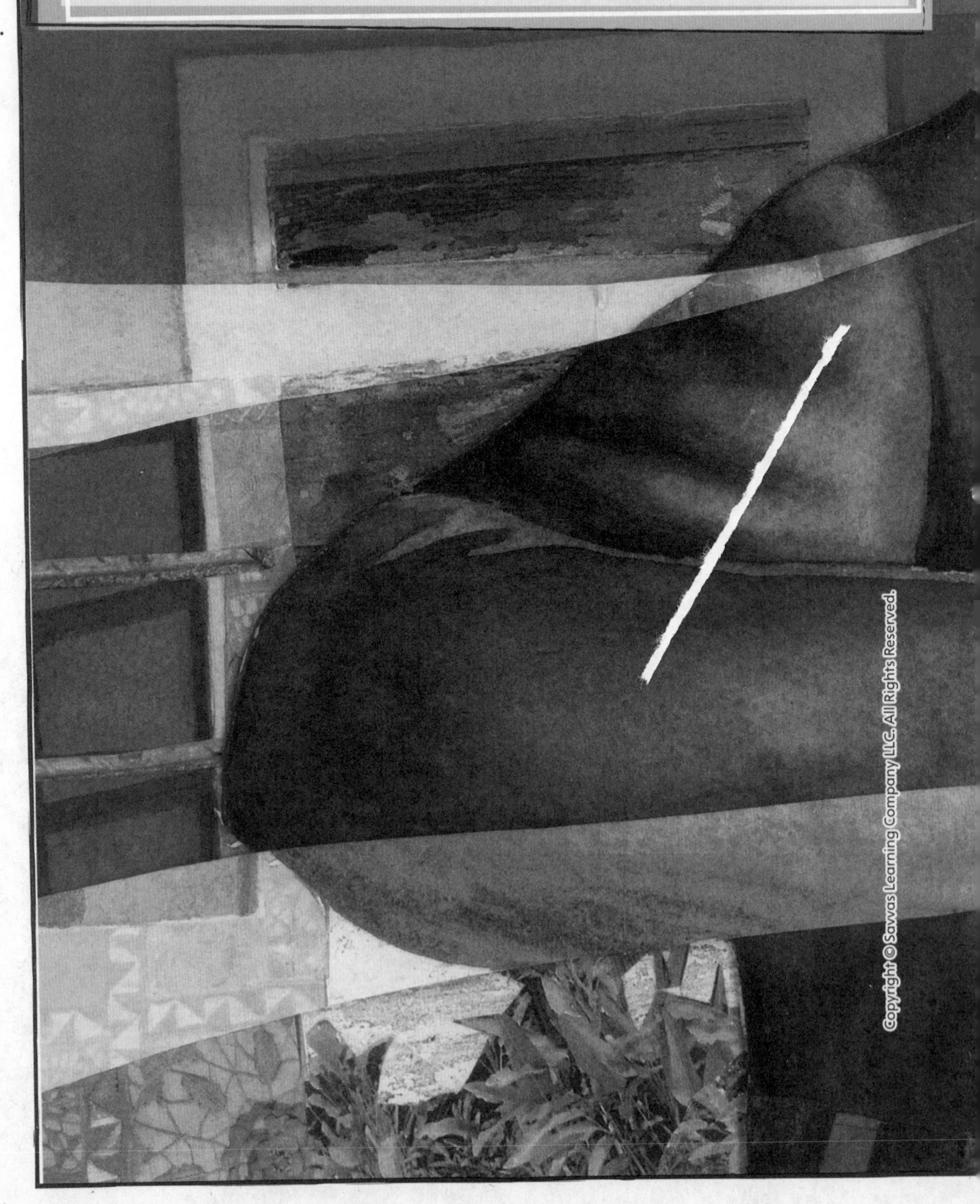

Hacer conexiones

Resalta detalles que puedas relacionar, o conectar, con tu propia vida.

Explicar el propósito del autor

Subraya la oración que dice cómo recibió su apodo Troy Andrews.

16 Pero primero necesitaba un instrumento. Lo grandioso de la música es que ni siquiera necesitas un instrumento de verdad para tocar. Así que mis amigos y yo decidimos hacer nuestros propios instrumentos.

17 Es posible que sonáramos distinto de las bandas de bronces de verdad, pero nos sentíamos los mejores músicos de Tremé. Estábamos haciendo música, y eso era lo único que importaba.

18 Luego, un día, encontré un trombón roto que se veía muy golpeado como para seguir haciendo música. No sonaba perfecto, pero con un instrumento de verdad finalmente en mis manos, estaba listo para tocar.

19 La vez siguiente que el desfile pasó por mi casa, agarré ese trombón y salí a la calle. Mi hermano James se dio cuenta de que yo también estaba tocando y sonrió con orgullo.

20 "¡TROMBONE SHORTY!", dijo gritando, porque ¡el instrumento era el doble de mi tamaño!

21 ¿DÓNDE ESTÁS?

LECTURA ATENTA

Hacer conexiones

Resalta detalles que puedas usar para hacer conexiones con tus propias experiencias.

22 Desde ese día, ¡todos me llamaron Trombone Shorty! Llevaba ese trombón a todas partes y nunca dejaba de tocar. Yo era tan pequeño que a veces me caía al suelo porque el trombón era muy pesado. Pero siempre me volvía a parar y aprendí a sostenerlo bien arriba.

23 Escuchaba a mi hermano tocar canciones una y otra vez, y también me enseñaba a mí mismo esas canciones. Practicaba día y noche, y, a veces, me quedaba dormido con el trombón en mis manos.

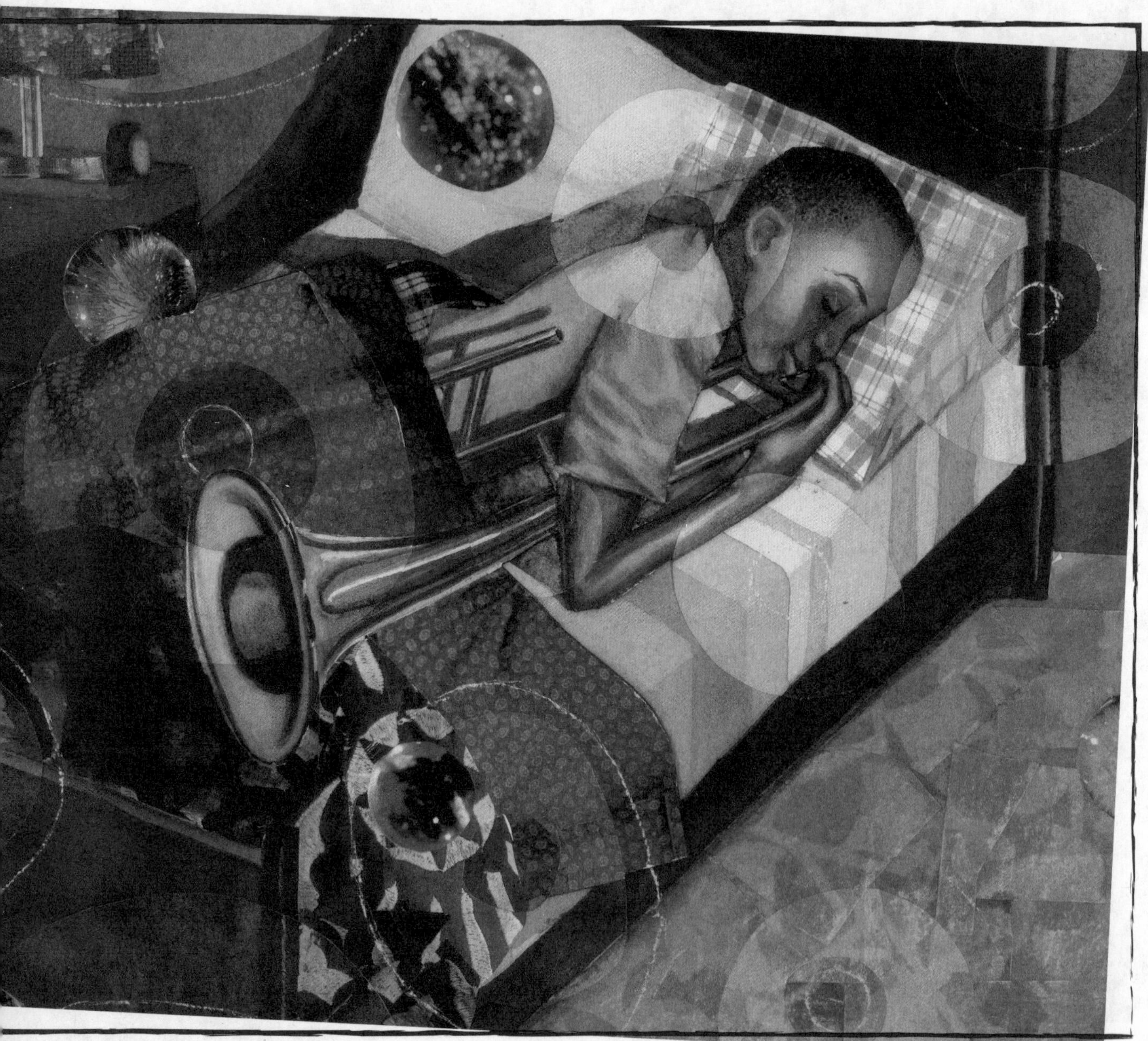

24 Un día mi mamá me sorprendió con entradas para el Festival de Jazz y Herencia de Nueva Orleáns, el mejor festival de la ciudad y el más grande. Fuimos a ver a Bo Diddley, quien, según mi mamá, era uno de los músicos más importantes de todos los tiempos. Mientras lo miraba en el escenario, llevé mi trombón a mis labios y empecé a tocar también. Bo Diddley paró a su banda en el medio de una canción y preguntó a la multitud: "¿Quién es el que está tocando allí?".

LECTURA ATENTA

Explicar el propósito del autor

Subraya detalles que te digan más acerca de por qué el festival de música era importante para Troy Andrews.

herencia relacionado con tradiciones importantes del pasado

festival serie organizada de sucesos y presentaciones especiales

25 Todos empezaron a señalar, pero Bo Diddley no podía verme porque ¡yo era el más pequeño del lugar! Así que mi mamá me sostuvo arriba en el aire y dijo:

26 —Es mi hijo. ¡Trombone Shorty!

27 —Bueno, TROMBONE SHORTY, ¡ven aquí arriba! — dijo Bo Diddley.

28 La multitud me pasó por arriba de las cabezas hasta que me paré en el escenario ¡al lado del mismo Bo Diddley! Caminé hasta el micrófono y sostuve mi trombón bien alto, listo para soplar.

29 —¿Qué quieres tocar? —preguntó Bo Diddley.

30 —SÍGUEME —dije yo.

LECTURA ATENTA

Explicar el propósito del autor

Subraya oraciones que te digan por qué este suceso fue importante en la vida de Troy Andrews.

LECTURA ATENTA

Hacer conexiones

Resalta enunciados en los párrafos 31 y 32 que puedas relacionar con tus propias experiencias con amigos o con actividades después de la escuela.

31 Después de que toqué con Bo Diddley, sabía que estaba listo para tener mi propia banda. Reuní a mis amigos y nos llamamos la Banda de las 5 en punto, porque a esa hora salíamos a jugar todos los días después de terminar la tarea.

32 Tocábamos por todo Nueva Orleáns. Yo practicaba y practicaba, y al poco tiempo mi hermano James me pidió que me uniera a su banda. Cuando las personas se preguntaban quién era el niño de su banda, él decía orgullosamente: "¡Es mi hermanito, TROMBONE SHORTY!".

33 ¿DÓNDE ESTÁS?

LECTURA ATENTA

Explicar el propósito del autor

Subraya detalles que Troy Andrews repite con el fin de apoyar su propósito para escribir.

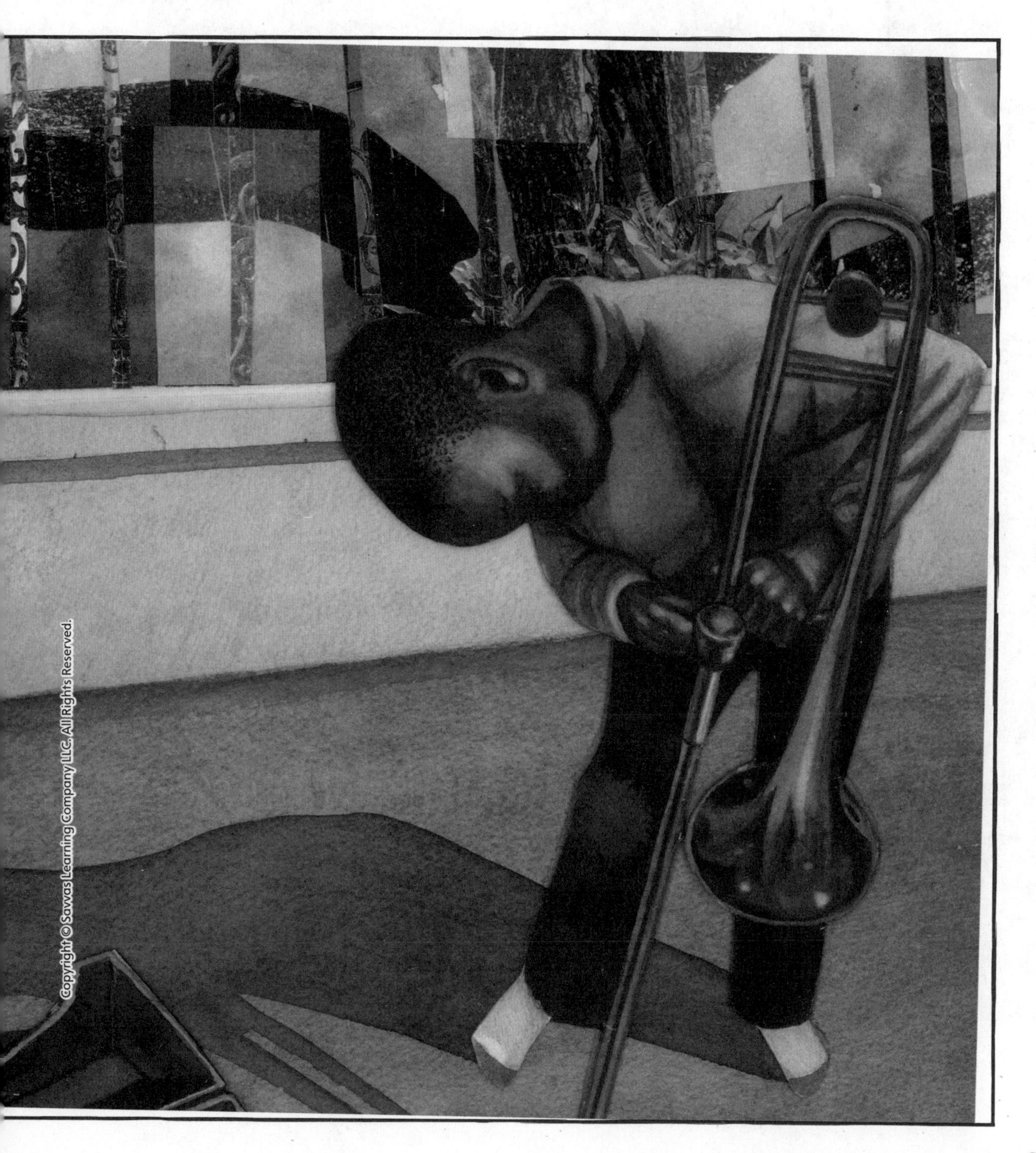

34 Y ahora tengo mi propia banda, que se llama Trombone Shorty & Orleans Avenue, y que lleva ese nombre por una calle de Tremé. He tocado en todo el mundo, pero siempre regreso a Nueva Orleáns. Y, cuando estoy en casa, me aseguro de ir a ver a los músicos jóvenes de la ciudad y ayudarlos, como hizo mi hermano conmigo.

LECTURA ATENTA

Explicar el propósito del autor

Subraya detalles que se relacionen con la información que Troy Andrews presentó al principio del texto.

¿DÓNDE

35 Hoy toco en el mismo festival de jazz de Nueva Orleáns donde una vez toqué con Bo Diddley. Y cuando la presentación termina, voy al frente de un desfile de músicos, como solía hacer en las calles de Tremé con mis amigos.

36 ¿DÓNDE ESTÁS? ¿DÓNDE ESTÁS?

37 Todavía sigo con el trombón entre mis manos y nunca dejaré que se vaya.

LECTURA ATENTA

Explicar el propósito del autor

Subraya detalles que incluye Troy Andrews para mostrar a los lectores una conexión entre su vida actual y sus experiencias de la niñez.

presentación actuación pública para entretener a un público

Desarrollar el vocabulario

En las autobiografías, los autores usan lenguaje preciso y detalles vívidos para describir la historia de su vida y captar el interés de los lectores.

Mi TURNO Completa las oraciones para demostrar el significado de las palabras. Haz conexiones entre los pares de palabras que te ayudan a visualizar los sucesos biográficos que se describen en *Trombone Shorty*.

Herencia y **festival** están conectadas porque

Festival y **presentación** están conectadas porque

Inspiración y **crear** están conectadas porque

Herencia e **inspiración** están conectadas porque

Verificar la comprensión

Mi TURNO Vuelve a mirar los textos para responder a las preguntas.

1. ¿En qué se diferencian la autobiografía y la ficción realista? Usa *Trombone Shorty* y *Fuera de mí* como ejemplos en tu respuesta.

2. ¿Por qué compara Troy Andrews la música de Tremé con un *gumbo*?

3. ¿En qué se parece la estructura de este texto a la estructura de una canción? Cita evidencia del texto para apoyar tu respuesta.

4. ¿Crees que la repetición es una técnica literaria eficaz para una autobiografía? Apoya tu evaluación con detalles de *Trombone Shorty*.

Explicar el propósito del autor

El **propósito del autor**, o la razón para escribir, puede ser informar, entretener, persuadir o expresar ideas y sentimientos. Los autores a menudo tienen más de un propósito para escribir.

1. **MI TURNO** Vuelve a las notas de Lectura atenta de *Trombone Shorty*. Subraya las partes que te ayuden a explicar el propósito del autor.

2. **Evidencia del texto** Usa las partes que subrayaste para completar la tabla y explicar el propósito del autor.

Identifica el propósito del autor

Evidencia del texto	Evidencia del texto	Evidencia del texto

Explica de qué manera apoya el propósito del autor la evidencia del texto que escogiste.

Hacer conexiones

Puedes hacer conexiones cuando lees un texto identificando detalles que se relacionan con tu propia vida o con ideas de otros textos que has leído. Hacer estas conexiones puede ayudarte a identificar el **mensaje del autor**, o la idea central que el autor quiere que los lectores entiendan. El mensaje se comunica a través de detalles del texto.

1. **MI TURNO** Vuelve a las notas de Lectura atenta y resalta las partes con las que hiciste conexiones personales.

2. **Evidencia del texto** Usa la evidencia del texto que resaltaste para completar la tabla y para explicar el mensaje del autor.

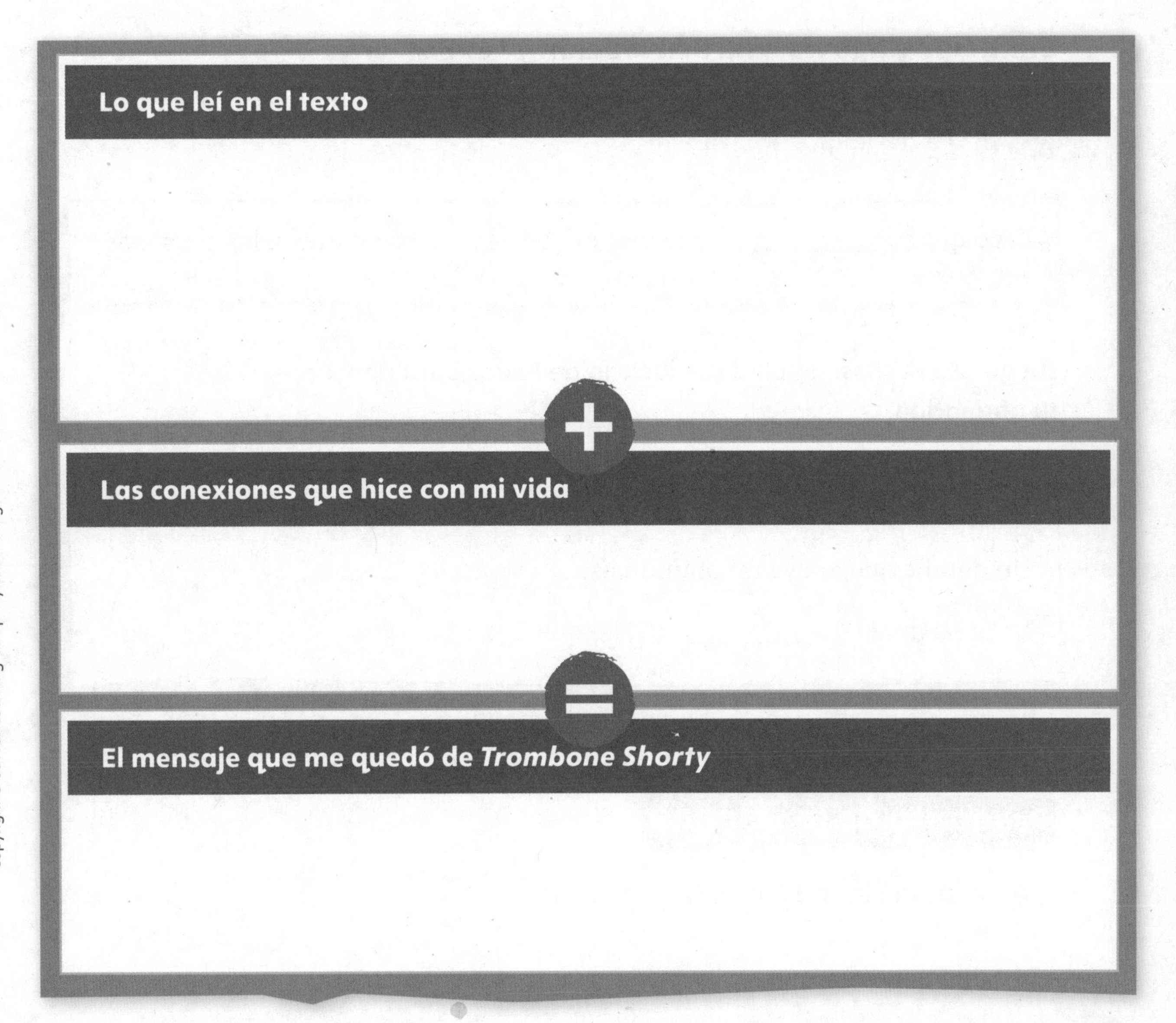

Reflexionar y comentar

Escribir basándose en las fuentes

En *Trombone Shorty*, gracias a la música, los artistas se unen en las bandas; las personas que la escuchan, se unen en los desfiles; y los estudiantes y las leyendas del jazz, se unen en los escenarios. ¿Qué otros textos has leído que describen algo que une a las personas? En una hoja aparte, escribe una opinión acerca de los beneficios de unir a las personas. Usa ejemplos de más de un texto para apoyar tu respuesta.

Enunciar y apoyar una afirmación Al escribir un texto argumentativo, comienza identificando la opinión, o afirmación, que apoyarás.

Creo que ________________ es uno de los beneficios de unir a las personas.

Luego usa hechos, detalles y evidencia de textos para apoyar tu afirmación.

El texto dice...

Un detalle que apoya mi opinión es...

En la página ________________ , leí que...

Pregunta de la semana

¿Cómo une la música a las personas?

Vocabulario académico

Meta de aprendizaje

Puedo aprender sobre el lenguaje para hacer conexiones entre la lectura y la escritura.

Las **claves del contexto** son palabras y frases de una oración o de oraciones cercanas que te ayudan a determinar el significado de palabras poco comunes.

MI TURNO En cada una de las siguientes oraciones:

1. **Subraya** la palabra de vocabulario académico.
2. **Resalta** la clave o las claves del contexto.
3. **Escribe** un sinónimo de la palabra basándote en las claves.

El entrenador hizo rotar a los jugadores durante el juego para que todos tuvieran oportunidad de participar.

Sinónimo: ______________________________.

A medida que aumentó la cantidad de usuarios, la red social pudo expandir su alcance a más lugares.

Sinónimo: ______________________________.

Durante el debate, cada parte presentó su argumento. Las diferencias fueron notorias y no lograron ponerse de acuerdo. El conflicto se agravó en los meses posteriores.

Sinónimo: ______________________________.

En una autobiografía, el autor a menudo cuenta desafíos que tuvo que enfrentar durante su vida para alcanzar sus objetivos y cumplir sus sueños.

Sinónimo: ______________________________.

Después de ganar el concurso de cuentos, María supo que así podría lograr que publicaran su libro.

Sinónimo: ______________________________.

Los sufijos *-ción* y *-sión*

Las palabras terminadas en *-ción* y *-sión* son palabras agudas que terminan en *n*, por eso siempre llevan acento escrito. Además, todas son palabras de género femenino. Las terminaciones *-ción* y *-sión* son sufijos, es decir, partes de palabra que se agregan a una raíz o palabra. Estos sufijos generalmente convierten a una palabra en sustantivo. Por ejemplo: *preparar -preparación*. Usa este conocimiento para decodificar sustantivos con estas terminaciones.

La palabra *canción* en el párrafo 5 de *Trombone Shorty* termina con el sufijo *-ción*. Si tomamos el verbo *cantar* y le añadimos el sufijo *-ción* formamos el sustantivo *canción*. La palabra *presentación* en el párrafo 35 es el sustantivo que se forma a partir del verbo *presentar*.

Aplica este conocimiento a verbos base para formar sustantivos usando sufijos.

Mi TURNO Lee en voz alta las palabras. Luego, completa la tabla con el verbo base que se usó para formar los sustantivos terminados en *-ción* o *sión*.

Palabras con sufijo *-ción, -sión*	Verbo base
aprobación	aprobar
decisión	
agresión	
posesión	
revisión	
reparación	

Leer como un escritor

Los escritores incluyen elementos gráficos, como las ilustraciones, para transmitir información de una manera visual. Las ilustraciones pueden apoyar detalles del texto, aclarar ideas complejas o contribuir al significado y a la belleza de un texto.

¡Demuéstralo! Vuelve a leer el párrafo 17 de *Trombone Shorty* y mira la ilustración que lo acompaña.

1. **Identificar** La ilustración muestra a *Trombone Shorty* y a sus amigos con coronas imaginarias en la cabeza.
2. **Preguntar** ¿Cómo me ayuda la ilustración a entender por qué este suceso es importante?
3. **Sacar conclusiones** La ilustración me ayuda a entender que crear música hacía que Trombone Shorty y sus amigos sintieran orgullo y confianza, como si fueran reyes.

Vuelve a leer el párrafo 34 y mira la ilustración que lo rodea.

Mi TURNO Sigue los pasos para leer con atención el texto. Luego, analiza cómo usa los elementos gráficos Troy Andrews.

1. **Identificar** La ilustración muestra ______________________________

____
2. **Preguntar** ¿Cómo me ayuda la ilustración a entender por qué este suceso es importante?
3. **Sacar conclusiones** La ilustración me ayuda a entender ______________________________

____

____

Escribir para un lector

Los autores añaden elementos gráficos a un texto para captar el interés de los lectores, para expresar información visualmente y para añadir significado. Las ilustraciones a menudo complementan las ideas y los sucesos de un texto, lo cual les permite a los lectores tener una comprensión más profunda que si solo leyeran las palabras.

Mi TURNO Piensa cómo las ilustraciones de *Trombone Shorty* apoyan el significado de los sucesos. Ahora identifica cómo podrías usar ilustraciones para mostrar significado en tu propia escritura.

1. Si escribieras acerca de un momento de orgullo en tu vida, ¿qué ilustraciones podrías incluir para ayudar al lector a entender cómo te sentías?

____

____

2. Crea una ilustración de un momento de orgullo en tu vida. Luego, escribe acerca de ese momento.

____

____

____

____

Escribir palabras con los sufijos *-ción*, *-sión*

Las palabras terminadas en *-ción*, *-sión*, son palabras agudas que terminan en *n*, por eso siempre llevan acento escrito. Además, todas son palabras de género femenino.

Mi TURNO Decodifica, o lee en voz alta, las palabras. Luego, aplica tu conocimiento y clasifícalas en la columna que corresponda y sepáralas en sílabas. Si se trata de un sustantivo relacionado con un verbo, escribe el verbo entre paréntesis.

PALABRAS DE ORTOGRAFÍA

reacción	misión	canción	ilusión
confusión	dedicación	porción	división
tensión	fusión	presión	protección
mansión	profesión	posición	dirección
emoción	loción	diversión	estación

-ción

____
____
____
____
____
____
____
____
____
____
____

-sión

____
____
____
____
____
____
____
____
____
____
____

Los verbos irregulares

Los verbos regulares, como *beber*, mantienen su raíz en las diferentes conjugaciones. Por ejemplo, *bebo*, *bebí*. En cambio, los **verbos irregulares**, como *hacer*, tienen cambios en su raíz en las diferentes conjugaciones. Por ejemplo, *hago*, *hice*. Entre los más comunes están los verbos terminados en *-zar*, *-car* y *-gar*, que cambian la *a* por la *e* y la *z* por la *c* (*analizar/analice*); la *c* por la *qu* (*educar/eduque*); y la *g* por *gu* (*pagar/pague*). Puedes usar un diccionario para saber cómo se conjuga un verbo irregular.

Verbos irregulares
Ir Presente: voy, vas, va, vamos, van. Pretérito: fui, fuiste, fue, fuimos, fueron.
Poner Presente: pongo, pones, pone, ponemos, ponen. Pretérito: puse, pusiste, puso, pusimos, pusieron.
Tener Presente: tengo, tienes, tiene, tenemos, tienen. Pretérito: tuve, tuviste, tuvo, tuvimos, tuvieron.

Mi TURNO Corrige los verbos en pretérito en este borrador y escríbelos en su forma correcta. Verifica también su acentuación.

Desde muy pequeño, Trombone Shorty sabió que quería tocar en una banda. Un día, encontró un trombón viejo y lo reparó. Él y sus amigos se ponieron a practicar hasta que una tarde salieron a la calle y toquen su música. Trombone Shorty inmediatamente sentió una gran emoción por presentarse ante las personas. Trombone Shorty y su banda seguieron haciendo presentaciones en su ciudad. Con el correr de los años, iron por todo el mundo tocando para diferentes públicos y tenieron mucho éxito. Entonces, sabieron que iran a hacer eso el resto de su vida.

Escribir desde un punto de vista

Meta de aprendizaje

Puedo usar elementos de la escritura narrativa para escribir un cuento de ficción realista.

Un narrador que narra un cuento desde el punto de vista de la primera persona es uno de los personajes del cuento. Ese narrador usa pronombres y adjetivos de la primera persona: *yo, me, mi, mis, mío, míos, mía, mías, nosotros, nosotras, nuestro, nuestra, nuestros, nuestras.*

Un narrador que no es un personaje del cuento habla desde el punto de vista de la tercera persona. Ese narrador se refiere a los personajes usando pronombres y adjetivos de la tercera persona: *él, ella, su, se, suyo, suya, le, ellos, ellas, sus, suyos, suyas, les.*

Mi TURNO Si una oración está escrita desde el punto de vista de la primera persona, vuelve a escribirla desde el punto de vista de la tercera persona. Si está escrita desde el punto de vista de la tercera persona, vuelve a escribirla desde el punto de vista de la primera persona.

1. Le dije a mi amiga que debíamos comprar sombreros. ______

2. Bobby y Ray se dieron la mano antes del partido. ______

3. Nos sentamos en nuestros asientos. ______

4. Los participantes tomaron sus puestos. ______

Mi TURNO Escribe siempre desde un mismo punto de vista cuando escribas el borrador de un cuento de ficción realista en tu cuaderno de escritura.

Crear una secuencia de sucesos

Los sucesos de un cuento de ficción realista ocurren uno después del otro, en una secuencia natural y creíble. Usa palabras y frases de transición, o de enlace, para que la secuencia sea clara.

Ejemplos de palabras de transición		Ejemplos de frases de transición	
primero	entonces	además de	debido a
después	consecuentemente	al principio	por ejemplo
luego	porque	al final	en respuesta

Mi TURNO Lee los siguientes sucesos y determina una secuencia natural. En tu cuaderno de escritura, vuelve a escribir los sucesos en orden usando palabras y frases de transición.

1 Ariel y Mina necesitan un proyecto para la feria de ciencias.

___ Ariel y Mina deciden usar un cactus y una planta de tomate.

___ Le piden a su maestra que las ayude a planificar el experimento.

___ Deciden hacer un experimento sobre las plantas y el agua.

___ La maestra sugiere darles a dos plantas diferentes la misma cantidad de agua.

Mi TURNO Crea una secuencia natural de sucesos cuando escribas el borrador de un cuento de ficción realista en tu cuaderno de escritura.

Escribir un diálogo

Un **diálogo** es una conversación escrita entre personas. Se escribe usando el guion largo, o raya de diálogo. Las personas se turnan para hablar. Cuando cambia la persona que habla, el diálogo comienza en un renglón nuevo.

—¿Dónde puedo ver a los tigres? —preguntó Lael.

—En el edificio de felinos grandes —respondió el guardián del zoológico.

Los personajes pueden expresar sus propios pensamientos a través de un monólogo interno, que se escribe usando comillas.

Lael se preguntó: "¿Cuándo podré ver a los tigres?".

Mi TURNO Vuelve a escribir el texto como diálogo. Sigue el ejemplo de los dos primeros renglones.

Sin diálogo	Con diálogo
Ike le pidió a Ije que le pasara las papas. Ije preguntó si podía servirse algunas primero. Ike dijo que no, pero luego Papá le dijo a Ike que dejara que Ije se sirviera algunas. Ike se quejó de que Ije siempre se servía muchas papas. Mamá levantó el bol de papas de la mesa y dijo que iba a poner una cantidad justa en el plato de cada niño.	–Ije, ¿podrías pasarme las papas, por favor? –dijo Ike. –Solo después de que yo me sirva algunas –respondió Ije.

Mi TURNO Escribe un diálogo a medida que escribes el borrador de un cuento de ficción realista en tu cuaderno de escritura.

Planificar las ilustraciones

Los cuentos de ficción realista pueden incluir ilustraciones que ayudan a los lectores a visualizar a los personajes, los ambientes y los sucesos. A menudo, las ilustraciones desarrollan descripciones específicas que hay en el texto.

MI TURNO Lee el párrafo. En el recuadro, dibuja o describe una ilustración que refleje el texto y lo desarrolle.

Deshawn se preguntó cómo podía hacer para que sus hermanas y hermanos pequeños entraran en los dos carritos rojos. Deshawn necesitaba llevar no solo a los niños a la biblioteca. También tenía que llevar sus mantas en caso de que tuvieran frío, sus meriendas en caso de que tuvieran hambre, su jugo en caso de que tuvieran sed y ¡sus peluches en caso de que se cansaran!

MI TURNO Desarrolla descripciones específicas del texto cuando planifiques ilustraciones para el borrador de un cuento de ficción realista en tu cuaderno de escritura.

Elegir un género

Los escritores pueden elegir un género para escribir acerca del tema que eligieron. También consideran el propósito y su público para planificar un primer borrador. Por ejemplo, puedes escribir una reseña de un libro para que tus compañeros de clase aprendan más sobre ese libro que leíste. Una lluvia de ideas o un organizador gráfico te pueden ayudar a decidir el tema, el propósito y el público. Los escritores pueden escoger entre muchos géneros. Cada uno tiene además muchos subgéneros. La tabla siguiente muestra solo algunos.

Poesía	Narración		Opinión	Texto informativo
Verso libre	Ficción	No ficción	Argumentación	Ensayo
Poesía narrativa	Ficción realista	Biografía	Ensayo persuasivo	Artículo de primera plana
Quintilla humorística	Fábulas y cuentos folclóricos	Autobiografía	Discurso persuasivo	Artículo de noticias
Soneto	Mitos y leyendas	Narración personal	Reseña de un libro	Reseña de un libro
Canción	Ficción histórica	No ficción narrativa	Carta al editor	Informe de investigación
Poesía lírica	Ciencia ficción	Reflexión personal	Editorial	Ensayo de instrucciones

Mi TURNO Identifica un tema, un propósito y un público. Luego, selecciona cualquier género y planifica un borrador escribiendo libremente tus ideas en tu cuaderno de escritura.

OTROS LUGARES influyen en lo que comemos

CÓMO OBTENEMOS NUESTROS ALIMENTOS

MERCADOS INTERNACIONALES El comercio entre países nos permite tener alimentos que no se consiguen localmente. Aproximadamente, el 15 por ciento de nuestro suministro de alimentos es importado.

CONCENTRACIÓN Tres cuartos de la producción de alimentos del mundo proviene de una docena de plantas y cinco especies de animales.

IR DETRÁS DEL CULTIVO La agricultura en los Estados Unidos depende en gran medida de los trabajadores migrantes temporales. Estos trabajadores se mudan de un lugar a otro, a medida que diferentes productos agrícolas están listos para cosechar.

¿Cómo se llama la planta que se usa como leña, almuerzo o champú? ¿O aquella que se usa para escribir una carta, manejar un barco o hacer una camisa? Muchas culturas han plantado cultivos de múltiples usos como estos.

En diferentes climas, se cultivan diferentes alimentos. En la zona tropical de Brasil, se cultiva caña de azúcar y café, y gran parte del arroz del mundo proviene de las regiones templadas y húmedas de China. Se necesitan bajas temperaturas para cultivar la mayor parte del trigo que crece en los Estados Unidos.

Pregunta de la semana

¿Cómo influyen en las personas los lugares nuevos?

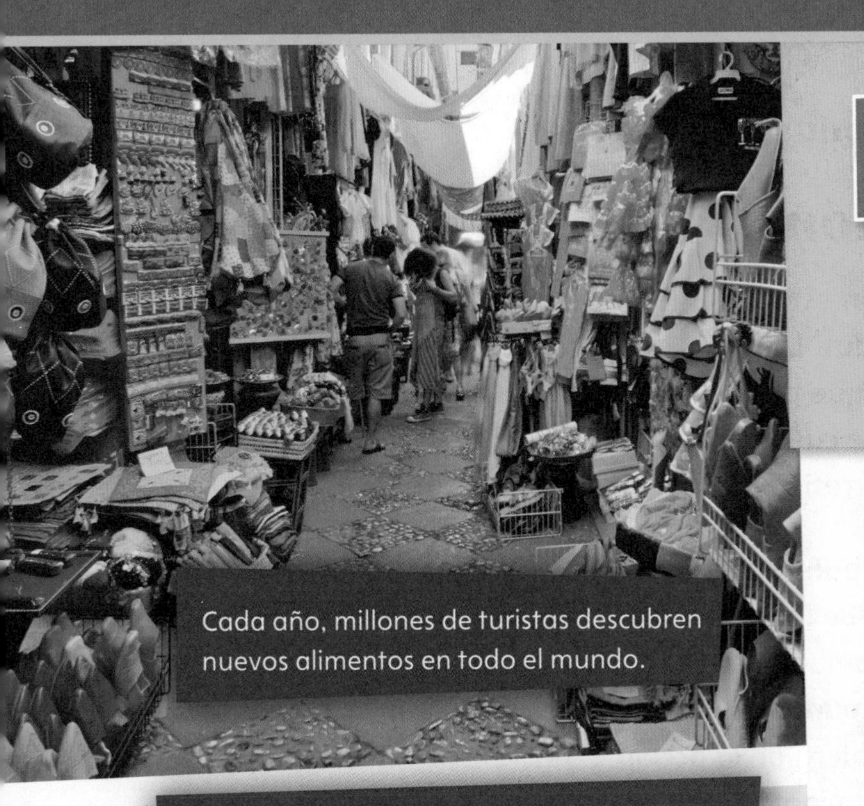

Cada año, millones de turistas descubren nuevos alimentos en todo el mundo.

En los Estados Unidos, está en aumento la demanda de cocineros y jefes de cocina calificados. Estos profesionales combinan ingredientes de todas partes del mundo para lograr creaciones únicas y deliciosas.

INTERCAMBIAR ideas

¿Qué países crees que participan en la producción de los alimentos que comes todos los días? ¿Cómo cambiaría tu dieta si todas las comidas provinieran de tu propia región?

Meta de aprendizaje

Puedo aprender sobre ficción al comparar y contrastar puntos de vista.

Enfoque en el género

Ficción y ficción realista

La **ficción** es un cuento que incluye personajes y sucesos inventados. La **ficción realista** describe personajes y sucesos que podrían ser reales. La perspectiva desde la cual se cuenta un cuento de ficción es el **punto de vista** narrativo.

- En el **punto de vista en primera persona**, el narrador describe los sucesos desde su perspectiva y usa pronombres como *yo, me, nosotros, nosotras* y *nos*.
- En el **punto de vista en tercera persona**, el narrador está fuera de la acción y describe los sucesos, los pensamientos y sentimientos de los personajes con pronombres como *él, ella, ellos* y *ellas*.
- La **voz** del narrador, desarrollada a través de la elección de palabras del autor, le da a la historia un "sonido" único.

INTERCAMBIAR ideas Con un compañero, comenta diferentes propósitos para leer *Weslandia* y *Cajas de cartón*. Por ejemplo, es posible que quieras comparar los efectos de los puntos de vista de los narradores. Establece tu propósito para leer estos textos.

Mi PROPÓSITO ______________________________

____

____

TERCERA PERSONA

	PRIMERA PERSONA	TERCERA PERSONA
NARRADOR	Un personaje dentro del relato que participa de la acción	Una persona que está fuera del relato y no participa del argumento
EFECTOS DEL PUNTO DE VISTA	* Limita la información a la visión de una persona. * Permite a los lectores vincularse de manera más cercana con el narrador. * Requiere que los lectores determinen si el narrador es confiable.	* Ofrece información de uno o varios personajes. * Permite a los lectores comprender las conductas y motivaciones de uno o varios personajes.

Conoce  autor

Paul Fleischman tiene fascinación por la historia. De hecho, vivió por un tiempo en una casa con calefacción a leña, sin electricidad ni teléfono. Le gusta aprender datos históricos sobre la manera en que se vestían, comían y trabajaban las personas. Con frecuencia, incluye este tipo de datos en sus relatos.

Weslandia

Primer vistazo al vocabulario

A medida que lees *Weslandia*, presta atención a estas palabras de vocabulario. Fíjate cómo el narrador las usa para describir los pensamientos y sentimientos de los personajes.

miserable	**emocionante**

Lectura

Para leer con un **propósito**, pregúntate: "¿Cómo puedo identificar el punto de vista en este texto?". Antes de leer, da un vistazo a *Weslandia*. Luego, sigue estas estrategias a medida que leas.

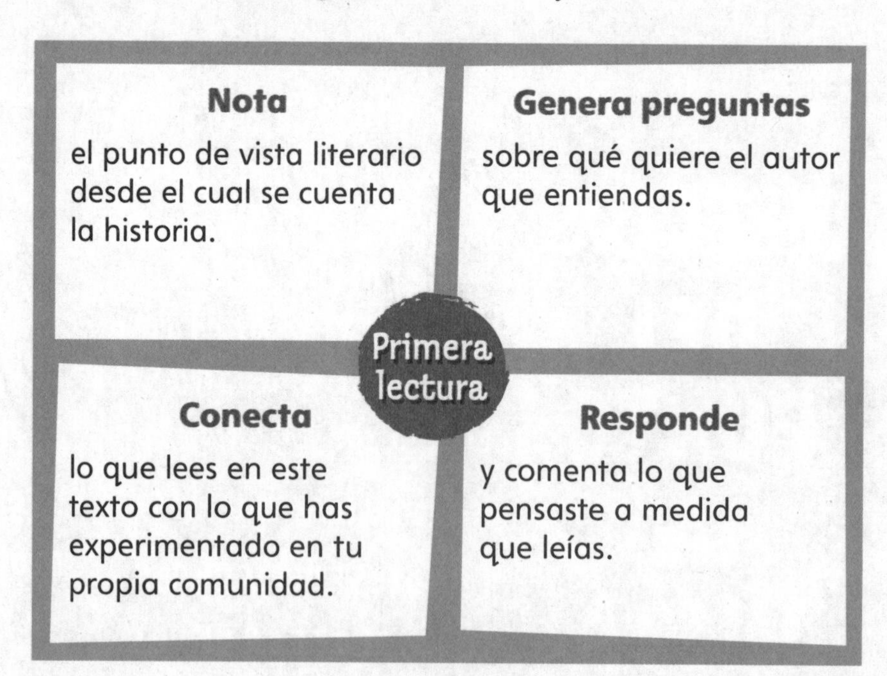

Género Ficción

Weslandia

por PAUL FLEISCHMAN

AUDIO

ANOTAR

LECTURA ATENTA

Comparar y contrastar puntos de vista

Subraya pronombres que te ayuden a identificar el punto de vista del narrador.

miserable
profundamente infeliz o incómodo

1 —Por supuesto que se siente miserable —protestó la madre de Wesley—. No encuadra.

2 —Como una nariz grande —dijo bruscamente su padre.

3 Wesley los escuchaba por la ventilación de la calefacción y sabía que tenían razón. Era un marginado de la civilización que lo rodeaba.

4 En su pueblo, él era el único al que no le gustaban la pizza y las gaseosas, lo que alarmaba a su madre y a la enfermera de la escuela. El fútbol profesional le parecía estúpido. A pesar de los cinco dólares de soborno que le ofrecía su padre, Wesley se negaba a afeitarse mitad de la cabeza y así llevar el peinado que usaban todos los otros niños.

5 Al pasar por los dos estilos de casas de su vecindario —garaje a la izquierda y garaje a la derecha—, Wesley solo soñaba con formas de refugio más divertidas. No tenía amigos, pero sí innumerables “torturadores”.

6 Huir de ellos era el único deporte para el que era bueno.

7 Todas las tardes su madre le preguntaba qué había aprendido en la escuela ese día.

8 —Que el viento transporta las semillas a grandes distancias —contestó el miércoles.

9 —Que cada civilización tiene su propio cultivo como alimento básico —contestó el jueves.

10 —Que la escuela terminó y debería hallar un buen proyecto para el verano —contestó el viernes.

11 Como siempre, su padre farfulló:
—Estoy seguro de que todo ese conocimiento te servirá en algún momento.

LECTURA ATENTA

Hacer preguntas

Resalta un detalle que te permita formular una pregunta sobre la diferencia entre el narrador del cuento y el personaje principal.

LECTURA ATENTA

Comparar y contrastar puntos de vista

Subraya oraciones que muestren cómo el narrador revela los pensamientos internos de Wesley.

12 De repente, los pensamientos de Wesley comenzaron a disparar chispas. Sus ojos se encendieron. ¡Su padre tenía razón! Realmente podía usar lo que había aprendido esa semana para un proyecto de verano que superaría a todos los demás. Cultivaría su propio alimento... ¡y fundaría su propia civilización!

13 A la mañana siguiente, removió una porción de tierra de su jardín. Esa noche sopló un viento del oeste que agitaba los árboles y provocaba un chasquido en sus cortinas. Wesley se mantuvo despierto, escuchando. Su terreno estaba siendo plantado.

14 Cinco días más tarde aparecieron los primeros brotes. —Tendrás un tremendo problema si no quitas esas malas hierbas —le advirtió su vecino.

15 —En realidad, esos son mis cultivos —respondió Wesley—. En este tipo de huertas no hay hierbas malas.

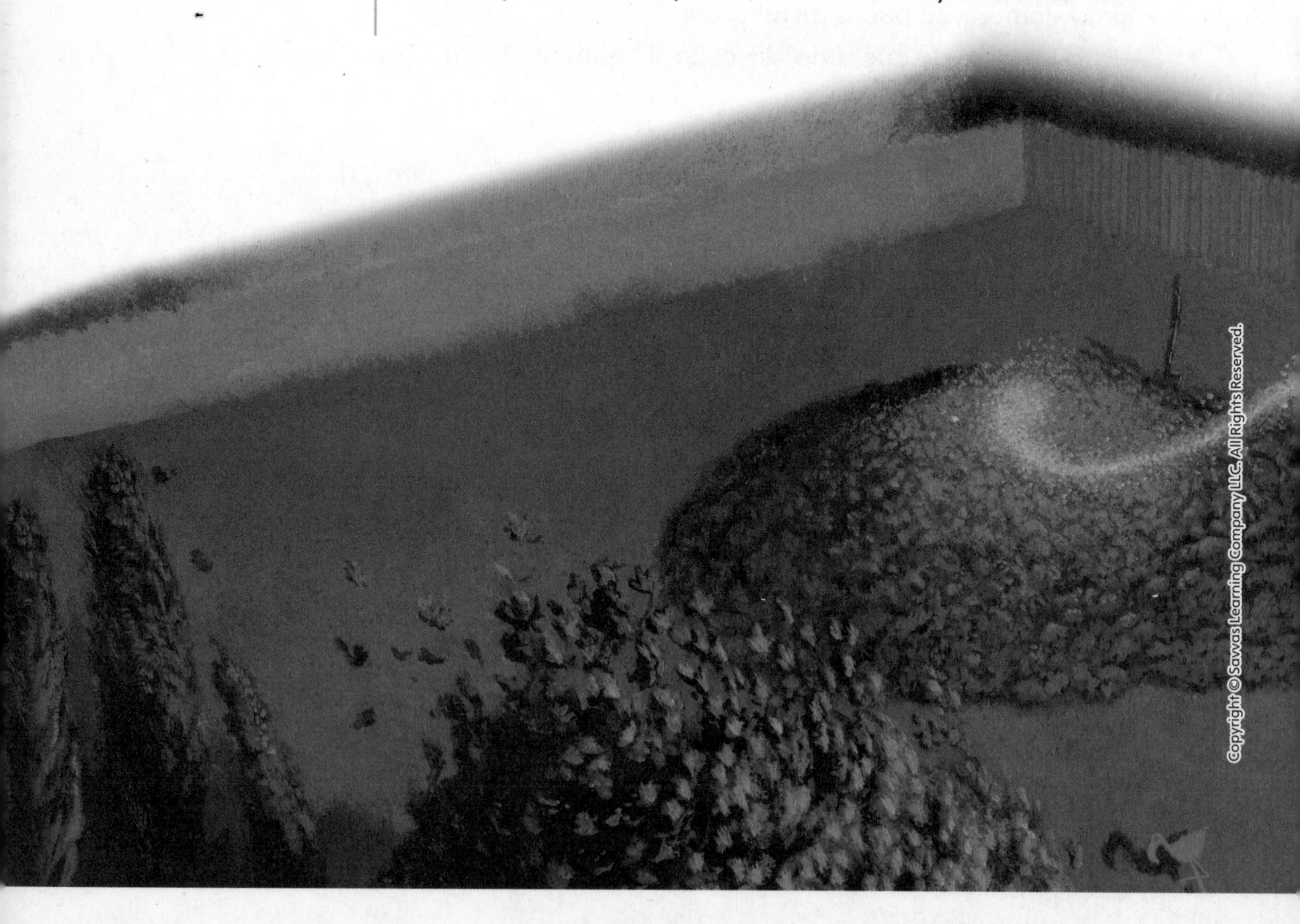

16 Siguiendo la antigua tradición, los colegas jardineros de Wesley cultivaban tomates, frijoles, coles de Bruselas y nada más. A Wesley le parecía emocionante dejar su terreno abierto al azar; invitar a lo nuevo y desconocido.

17 Las plantas se alzaron por encima de sus rodillas; luego, de su cintura. Parecían ser todas del mismo tipo. Wesley no las podía encontrar en ningún libro sobre plantas.

18 —¿Son tomates, frijoles o coles de Bruselas? —preguntó el vecino de Wesley.

19 —Ninguno de esos —contestó Wesley.

LECTURA ATENTA

Comparar y contrastar puntos de vista

Subraya evidencia del texto sobre cómo el narrador contrasta a Wesley con otros.

emocionante
interesante y placentero

Comparar y contrastar puntos de vista

Subraya detalles del texto que te permitan comprender los pensamientos y las respuestas de Wesley.

20 Los frutos aparecieron, amarillos en un principio y magenta, después. Wesley tomó uno y lo cortó, atravesando la cáscara hasta el jugoso centro morado. Le dio un mordisco y descubrió en el sabor una mezcla de durazno, fresa, pastel de calabaza y otros gustos para los cuales no tenía nombres.

21 Ignorando el estante de cereales de la cocina, Wesley decidió desayunar con el fruto. Dejó secar la mitad de una cáscara para usarla como taza, construyó con sus propias manos un dispositivo para exprimir y bebió el jugo del fruto durante todo el día.

22 Al arrancar una planta, descubrió grandes tubérculos en las raíces. Los hirvió, frio o asó en la parrilla de la familia y los condimentó con una pizca de las increíblemente aromáticas hojas de la planta.

23 Era un trabajo extenuante ocuparse de su cultivo. Para protegerse del sol, Wesley se tejió un sombrero con cintas que obtuvo de la leñosa corteza de la planta. Su éxito con el sombrero lo inspiró a inventar una rueca y un telar con los cuales tejió una toga holgada, usando las suaves fibras internas de los tallos.

24 A diferencia de los *jeans*, que le parecían ásperos y pesados, la toga era cómoda, reflejaba el sol y ofrecía miles de oportunidades para añadir bolsillos.

LECTURA ATENTA

Hacer preguntas

Resalta palabras que puedas usar para hacer o responder a preguntas sobre el punto de vista narrativo.

LECTURA ATENTA

Hacer preguntas

Resalta detalles que te permitan hacer o responder a preguntas sobre cómo se lleva Wesley con otras personas.

25 Al principio, sus compañeros de la escuela se mostraban despreciativos; luego, curiosos. Aunque reticente, Wesley les permitía usar su mortero durante diez minutos a cada uno y machacar las semillas de la planta para extraer el aceite.

26 El aceite tenía un aroma penetrante y le servía como loción de protección solar y repelente de mosquitos. Lo frotaba en su cara todas las mañanas y lo vendía en pequeñas cantidades, a sus antiguos torturadores, a un precio de diez dólares la botella.

27 —¿Qué le ocurrió a tu reloj? —preguntó su madre un día.

28 Wesley admitió que ya no lo usaba. Podía saber la hora gracias al tallo, que cumplía la función de reloj de sol, y había dividido el día en ocho segmentos, la cantidad de pétalos que tenían las flores de la planta.

29 Además, había adoptado un nuevo sistema de conteo, basado también en el número ocho. Su dominio, cuna de varias de esas innovaciones, fue bautizado "Weslandia".

LECTURA ATENTA

Hacer preguntas

Resalta evidencia del texto que puedas usar para hacer o responder a preguntas sobre cómo el narrador revela los pensamientos y sentimientos de la madre de Wesley.

LECTURA ATENTA

Comparar y contrastar puntos de vista

¿De qué manera el narrador ayuda al lector a entender la motivación de Wesley? Subraya evidencia del texto.

30 Ante su falta de interés por los deportes tradicionales, Wesley inventó uno propio. Estaba pensado para un único jugador y utilizaba muchas partes diferentes de la planta. Sus espectadores lo observaban con envidia.

31 Al darse cuenta de que incorporar más jugadores le permitiría ampliar sus posibilidades, Wesley ideó otros juegos que incluían a compañeros de la escuela; juegos llenos de estrategia y sistemas de puntuación complejos. Intentaba ser paciente con los errores de los otros jugadores.

32 Ese agosto fue excepcionalmente caluroso. Wesley se construyó una plataforma y decidió dormir en el medio de Weslandia. Pasaba las tardes tocando una flauta que había creado con un tallo o mirando detenidamente hacia el cielo, dándoles nuevos nombres a las constelaciones.

33 Sus padres notaron que el ánimo de Wesley había mejorado. “Es la primera vez en años que lo veo tan feliz”, pensó su madre.

34 Wesley les mostró cada rincón de Weslandia.

35 —¿Cómo llamas a esta planta? —preguntó su padre. Al no saber su nombre, Wesley había comenzado a llamarla “suist”, por el sonido que hacían sus hojas cuando se movían con la brisa.

36 De manera similar, dio nombres a sus telas, juegos y alimentos, hasta llegar a crear un idioma completo.

37 Tras mezclar el aceite de la planta con hollín, Wesley consiguió una tinta aceptable. Para darle un final triunfal a su proyecto de verano, utilizó esa tinta y su propio alfabeto de ocho letras para registrar la historia de la fundación de su civilización.

38 En septiembre, Wesley volvió a la escuela...

39 Ya no le faltaban amigos.

LECTURA ATENTA

Comparar y contrastar puntos de vista

Subraya una oración en la cual el narrador describa un cambio en los sentimientos de los personajes.

Conoce al autor

Francisco Jiménez escribió *Cajas de cartón* basándose en sus propias experiencias. De niño, trabajó codo a codo con sus padres en los campos de California. Jiménez escribe libros para inspirar a niños y adolescentes a que ayuden a otros a alcanzar su propio éxito. Escribe tanto en español como en inglés.

Cajas de cartón

Primer vistazo al vocabulario

A medida que lees *Cajas de cartón*, presta atención a estas palabras de vocabulario. Fíjate cómo el narrador las usa para describir sus propios pensamientos y sentimientos.

aparcero	**comejenes**	**pizcar**
instintivamente	**saboreando**	

Lectura

Para leer con un **propósito**, pregúntate: "¿Cómo se compara el punto de vista narrativo de este texto con el del texto anterior?". Los lectores activos de **ficción** siguen estas estrategias cuando leen un texto por primera vez.

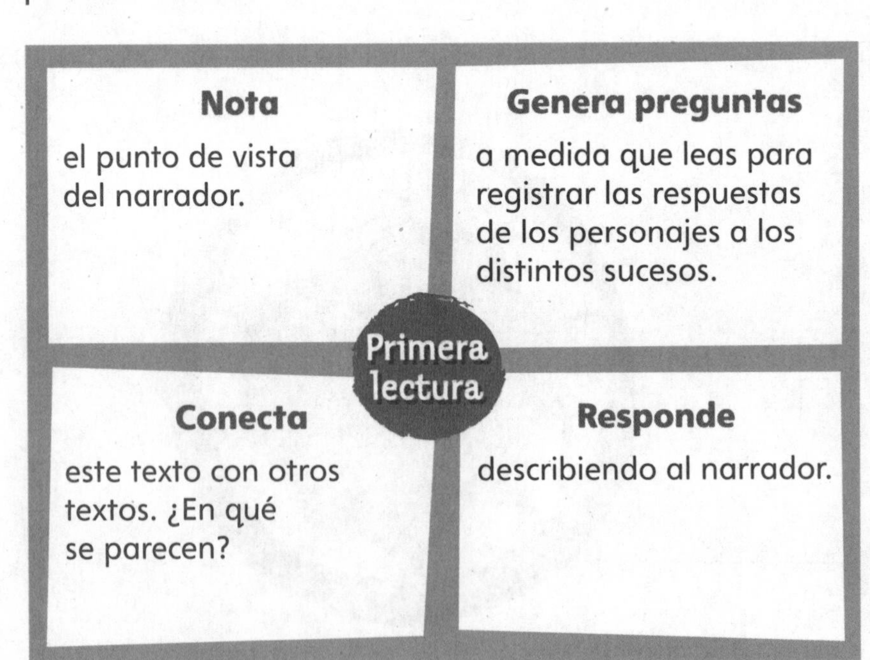

Género Ficción realista

Cajas de cartón

por Francisco Jiménez

AUDIO

ANOTAR

LECTURA ATENTA

Comparar y contrastar puntos de vista

Subraya los pronombres que te ayuden a identificar si la selección usa el punto de vista de primera o tercera persona.

aparcero persona que explota un campo

1 Era a fines de agosto. Ito, el aparcero, ya no sonreía. Era natural. La cosecha de fresas terminaba, y los trabajadores, casi todos los braceros, no recogían tantas cajas de fresas como en los meses de junio y julio.

2 Cada día el número de braceros disminuía. El domingo solo uno —el mejor pizcador— vino a trabajar. A mí me caía bien. A veces hablábamos durante nuestra media hora de almuerzo. Así fue como supe que era de Jalisco, de mi tierra natal. Ese domingo fue la última vez que lo vi.

3 Cuando el sol se escondía detrás de las montañas, Ito nos señaló que era hora de ir a casa. —Ya es hora —gritó en su español deficiente. Esas eran las palabras que yo ansiosamente esperaba doce horas al día, todos los días, siete días a la semana, semana tras semana, y el pensar que no las volvería a oír me entristeció.

4 Por el camino rumbo a casa, papá no dijo una palabra. Con las dos manos en el volante, miraba fijamente hacia el camino. Roberto, mi hermano mayor, también estaba callado. Echó para atrás la cabeza y cerró los ojos. El polvo que entraba de afuera lo hacía toser repetidamente.

5 Era a fines de agosto. Al abrir la puerta de nuestra chocita, me detuve. Vi que todo lo que nos pertenecía estaba empacado en cajas de cartón. De repente, sentí aún más el peso de las horas, los días, las semanas, los meses de trabajo. Me senté sobre una caja, y se me llenaron los ojos de lágrimas al pensar que teníamos que mudarnos a Fresno.

6 Esa noche no pude dormir, y un poco antes de las cinco de la madrugada, papá, que a la cuenta tampoco había pegado los ojos en toda la noche, nos levantó. A los pocos minutos, los gritos alegres de mis hermanitos, para quienes la mudanza era una aventura, rompieron el silencio del amanecer. Los ladridos de los perros pronto los acompañaron.

LECTURA ATENTA

Comparar y contrastar puntos de vista

Subraya detalles que el narrador usa para describir su reacción emocional frente a la mudanza. ¿Cómo apoyan los detalles el uso del punto de vista del autor?

LECTURA ATENTA

Vocabulario en contexto

Un **símil** es una comparación de dos cosas distintas que se parecen en un sentido. Usa la palabra comparativa *como*.

Resalta un símil que encuentres en el texto.

7 Mientras empacábamos los trastes del desayuno, papá salió para encender la Carcachita. Ese era el nombre que papá le puso a su viejo Plymouth negro. Lo había comprado en una agencia de carros usados en Santa Rosa. Papá estaba muy orgulloso de su carro. "Mi Carcachita", lo llamaba cariñosamente. Tenía derecho a sentirse así. Antes de comprarlo, pasó mucho tiempo mirando otros carros. Cuando al fin escogió la Carcachita, la examinó palmo a palmo. Escuchó el motor, inclinando la cabeza de lado a lado como un perico, tratando de detectar cualquier ruido que pudiera indicar problemas mecánicos. Después de satisfacerse con la apariencia y los sonidos del carro, papá insistió en saber quién había sido el dueño. Nunca lo supo, pero compró el carro de todas maneras. Papá pensó que el dueño debió haber sido alguien importante porque en el asiento de atrás encontró una corbata azul.

8 Papá estacionó el carro enfrente de la choza y dejó andando el motor. —¡Listo! —gritó. Sin decir palabra, Roberto y yo comenzamos a acarrear las cajas de cartón al carro. Roberto cargó las dos más grandes y yo, las más chicas. Papá luego cargó el colchón ancho sobre la capota del carro y lo amarró a los parachoques con sogas para que no se volara con el viento en el camino.

9 Todo estaba empacado menos la olla de mamá. Era una olla vieja y galvanizada que había comprado en una tienda de segunda en Santa María. La olla estaba llena de abolladuras y mellas, y mientras más abollada estaba, más le gustaba a mamá. "Mi olla", la llamaba orgullosamente.

10 Sujeté abierta la puerta de la chocita mientras mamá sacaba cuidadosamente su olla, agarrándola por las dos asas para no derramar los frijoles cocidos. Cuando llegó al carro, papá tendió las manos para ayudarla con ella. Roberto abrió la puerta posterior del carro y papá puso la olla con mucho cuidado en el piso, detrás del asiento. Todos subimos a la Carcachita. Papá suspiró, se limpió el sudor de la frente con las mangas de la camisa, y dijo con cansancio: —Es todo.

11 Mientras nos alejábamos, se me hizo un nudo en la garganta. Me volví y miré nuestra chocita por última vez.

LECTURA ATENTA

Comparar y contrastar puntos de vista

Subraya una oración que te indique cómo se siente el narrador acerca de la mudanza.

Hacer preguntas

Resalta detalles que puedas usar para comparar y contrastar los sucesos que describe este narrador con los sucesos que describe el narrador de *Weslandia*.

comejenes termitas, insectos que comen madera

12 Al ponerse el sol, llegamos a un campo de trabajo cerca de Fresno. Ya que papá no hablaba inglés, mamá le preguntó al capataz si necesitaba más trabajadores. —No necesitamos a nadie —dijo él, rascándose la cabeza—. Pregúntele a Sullivan. Mire, siga este camino hasta que llegue a una casa grande y blanca con una cerca alrededor. Allí vive él.

13 Cuando llegamos allí, mamá se dirigió a la casa. Cruzó la cerca, pasando entre filas de rosales hasta llegar a la puerta. Tocó el timbre. Las luces del portal se encendieron y un hombre alto y fornido salió. Hablaron brevemente. Cuando él entró en la casa, mamá se apresuró hacia el carro. —¡Tenemos trabajo!

14 —El señor nos permitió quedarnos allí toda la temporada —dijo un poco sofocada de gusto y apuntando hacia un garaje viejo que estaba cerca de los establos.

15 El garaje estaba gastado por los años. Roídas por comejenes, las paredes apenas sostenían el techo agujereado. No tenía ventanas y el piso de tierra suelta ensabanaba todo de polvo. Esa noche, a la luz de una lámpara de petróleo, desempacamos las cosas y empezamos a preparar la habitación para vivir. Roberto enérgicamente se puso a barrer el suelo; papá llenó los agujeros de las paredes con periódicos viejos y hojas de lata. Mamá les dio de comer a mis hermanitos. Papá y Roberto entonces trajeron el colchón, y lo pusieron en una de las esquinas del garaje. —Viejita —dijo papá, dirigiéndose a mamá—, tú y los niños duerman en el colchón. Roberto, Panchito y yo dormiremos bajo los árboles.

16 Muy tempranito por la mañana al día siguiente, el señor Sullivan nos enseñó dónde estaba su cosecha y, después del desayuno, papá, Roberto y yo nos fuimos a la viña a pizcar.

17 A eso de las nueve, la temperatura había subido hasta cerca de cien grados. Yo estaba empapado de sudor y mi boca estaba tan seca que parecía como si hubiera estado masticando un pañuelo. Fui al final del surco, cogí la jarra de agua que habíamos llevado y comencé a beber.

18 —¡No tomes mucho; te vas a enfermar! —me gritó Roberto. No había acabado de advertirme, cuando sentí un gran dolor de estómago. Me caí de rodillas y la jarra se me deslizó de las manos. Solamente podía oír el zumbido de los insectos. Poco a poco me empecé a recuperar. Me eché agua en la cara y en el cuello y miré el lodo negro correr por los brazos y caer a la tierra que parecía hervir.

LECTURA ATENTA

Comparar y contrastar puntos de vista

¿Cuál es la experiencia de este narrador con el calor?

Subraya las descripciones que usa el narrador.

pizcar tomar un pedazo pequeño

LECTURA ATENTA

Hacer preguntas

Resalta un pasaje del texto que te sirva para hacer o responder a preguntas acerca de por qué se esconden el narrador y su hermano.

instintivamente hecho sin pensar en cómo se hace

19 Todavía me sentía mareado a la hora del almuerzo. Eran los dos de la tarde y nos sentamos bajo un árbol grande de nueces que estaba al lado del camino. Papá apuntó el número de cajas que habíamos pizcado. Roberto trazaba diseños en la tierra con un palito. De pronto vi palidecer a papá, que miraba hacia el camino. —Allá viene el camión de la escuela —susurró alarmado. Instintivamente, Roberto y yo corrimos a escondernos entre las viñas. El camión amarillo se paró frente a la casa del señor Sullivan. Dos niños muy limpiecitos y bien vestidos se apearon. Llevaban libros bajo sus brazos. Cruzaron la calle y el camión se alejó. Roberto y yo salimos de nuestro escondite y regresamos adonde estaba papá. —Tienen que tener cuidado —nos advirtió.

20 Después del almuerzo, volvimos a trabajar. El calor oliente y pesado, el zumbido de los insectos, el sudor y el polvo hicieron que la tarde pareciera una eternidad. Al fin las montañas que rodeaban el valle se tragaron el sol. Una hora después estaba demasiado oscuro para seguir trabajando. Las parras tapaban las uvas y era muy difícil ver los racimos. —Vámonos —dijo papá, señalándonos que era hora de irnos. Entonces tomó un lápiz y comenzó a calcular cuánto habíamos ganado ese primer día. Apuntó números, borró algunos, escribió más. Alzó la cabeza sin decir nada. Sus tristes ojos sumidos estaban humedecidos.

21 Cuando regresamos del trabajo, nos bañamos afuera con el agua fría bajo una manguera. Luego nos sentamos a la mesa hecha de cajones de madera y comimos con hambre la sopa de fideos, las papas y las tortillas de harina blanca recién hechas. Después de cenar, nos acostamos a dormir, listos para empezar a trabajar a la salida del sol.

22 Al día siguiente, cuando me desperté, me sentía magullado; me dolía todo el cuerpo. Apenas podía mover los brazos y las piernas. Todas las mañanas cuando me levantaba me pasaba lo mismo hasta que mis músculos se acostumbraron a ese trabajo.

LECTURA ATENTA

Vocabulario en contexto

Las claves del contexto te pueden ayudar a entender lo que un narrador quiere decir cuando usa lenguaje figurado.

Subraya la oración que aparece en esta página que te ayude a comprender el lenguaje figurado de *las montañas se tragaron el sol*.

LECTURA ATENTA

Hacer preguntas

Resalta detalles que puedas usar para hacer o responder a preguntas acerca de por qué el narrador no quiere mirar a su hermano.

saboreando disfrutando inmensamente

23 Era lunes, la primera semana de noviembre. La temporada de uvas se había terminado y yo podía ir a la escuela. Me desperté temprano esa mañana y me quedé acostado mirando las estrellas y saboreando el pensamiento de no ir a trabajar y de empezar el sexto grado por primera vez ese año. Como no podía dormir, decidí levantarme y desayunar con papá y Roberto. Me senté cabizbajo frente a mi hermano. No quería mirarlo porque sabía que estaba triste. Él no asistiría a la escuela hoy, ni mañana, ni la próxima semana. No iría hasta que se acabara la temporada de algodón, y eso sería en febrero. Me froté las manos y miré la piel seca y manchada de ácido enrollarse y caer al suelo.

24 Cuando papá y Roberto se fueron a trabajar, sentí un gran alivio. Fui a la cima de una pendiente cerca de la choza y contemplé la Carcachita en su camino hasta que desapareció en una nube de polvo.

25 Dos horas más tarde, a eso de las ocho, esperaba el camión de la escuela. Por fin llegó. Subí y me senté en un asiento desocupado. Todos los niños se entretenían hablando o gritando.

26 Estaba nerviosísimo cuando el camión se paró delante de la escuela. Miré por la ventana y vi una muchedumbre de niños. Algunos llevaban libros, otros juguetes. Me bajé del camión, metí las manos en los bolsillos, y fui a la oficina del director. Cuando entré, oí la voz de una mujer diciéndome: —*May I help you?* Me sobresalté. Nadie me había hablado en inglés desde hacía meses. Por varios segundos me quedé sin poder contestar. Al fin, después de mucho esfuerzo, conseguí decirle en inglés que me quería matricular en el sexto grado. La señora entonces me hizo una serie de preguntas que me parecieron impertinentes. Luego me llevó a la sala de clase.

LECTURA ATENTA

Comparar y contrastar puntos de vista

Subraya detalles que te ayuden a comprender cómo se siente el narrador.

Comparar y contrastar puntos de vista

Subraya detalles que le dan información al lector que otros personajes no conocen.

27 El señor Lema, el maestro de sexto grado, me saludó cordialmente, me asignó un pupitre y me presentó a la clase. Estaba tan nervioso y asustado en ese momento cuando todos me miraban que deseé estar con papá y Roberto pizcando algodón. Después de pasar lista, el señor Lema le dio a la clase la asignatura de la primera hora. —Lo primero que haremos esta mañana es terminar de leer el cuento que comenzamos ayer —dijo con entusiasmo. Se acercó a mí, me dio su libro y me pidió que leyera. —Estamos en la página 125 —me dijo. Cuando lo oí, sentí que toda la sangre se me subía a la cabeza, me sentí mareado. —¿Quisieras leer? —me preguntó en un tono indeciso. Abrí el libro a la página 125. Sentía la boca seca. Los ojos se me comenzaron a aguar. El señor Lema entonces le pidió a otro niño que leyera.

28 Durante el resto de la hora me empecé a enojar más y más conmigo mismo. "Debí haber leído", pensaba yo. Durante el recreo me llevé el libro al baño y lo abrí a la página 125. Empecé a leer en voz baja, pretendiendo que estaba en clase. Había muchas palabras que no sabía. Cerré el libro y volví a la sala de clase.

29 El señor Lema estaba sentado en su escritorio. Cuando entré, me miró sonriendo. Me sentí mucho mejor. Me acerqué a él y le pregunté si me podía ayudar con las palabras desconocidas. —Con mucho gusto —me contestó.

30 El resto del mes pasé mis horas de almuerzo estudiando ese inglés con la ayuda del buen señor Lema.

31 Un viernes, durante la hora del almuerzo, el señor Lema me invitó a que lo acompañara a la sala de música. —¿Te gusta la música? —me preguntó.

32 —Sí, muchísimo —le contesté, entusiasmado—. Me gustan los corridos mexicanos.

33 Él, entonces, cogió una trompeta, la tocó, y me la pasó. El sonido me hizo estremecer. Era un sonido de corridos que me encantaba. —¿Te gustaría aprender a tocar este instrumento? —me preguntó. Debió haber comprendido la expresión en mi cara porque antes que yo respondiera, añadió: —Te voy a enseñar a tocar esta trompeta durante las horas del almuerzo.

34 Ese día casi no podía esperar el momento de llegar a casa y contarle las nuevas a mi familia. Al bajar del camión me encontré con mis hermanitos que gritaban y brincaban de alegría. Pensé que era porque yo había llegado, pero al abrir la puerta de la chocita, vi que todo estaba empacado en cajas de cartón.

LECTURA ATENTA

Comparar y contrastar puntos de vista

Subraya detalles que te cuenten acerca de los sentimientos del personaje principal.

Desarrollar el vocabulario

En textos literarios, los autores usan palabras precisas para describir lo que hacen y dicen los personajes. Estas palabras pueden ayudar al lector a hacer conexiones con los pensamientos y sentimientos de los personajes.

Mi TURNO Completa las oraciones para demostrar los significados de las palabras. Luego, usa las palabras para describir a un personaje de *Weslandia* o de *Cajas de cartón*.

Si alguien hace algo **instintivamente**, lo hace	
Algo **emocionante** es algo...	
Una persona que se siente **miserable** está...	
Si alguien está **saboreando** algo...	

Verificar la comprensión

Mi TURNO Mira de nuevo los textos y responde a las preguntas.

1. ¿Qué elementos y características propios de la ficción incluyen *Weslandia* y *Cajas de cartón*?

2. Contrasta las circunstancias en las cuales los personajes de *Weslandia* y *Cajas de cartón* recogen cultivos.

3. ¿Qué predicciones puedes hacer a partir de los últimos párrafos e imágenes de *Weslandia*?

4. Resume detalles de ambos textos para crear un diálogo en el cual Wesley y Panchito conversen sobre un tema, como la escuela.

Comparar y contrastar puntos de vista

Los autores de narraciones dan forma a la experiencia del lector al desarrollar el **punto de vista**. Con el **punto de vista en primera persona**, el cuento es narrado por un personaje que está dentro de él. Este punto de vista ayuda a los lectores a relacionarse con el narrador, que usa los pronombres *yo*, *me*, *mi*, *mío*, *mía*, *míos*, *mías*, *nosotros*, *nosotras*, *nos*, *nuestro*, *nuestra*, *nuestros* y *nuestras*. Con el **punto de vista en tercera persona**, el narrador no es un personaje de la historia y usa los pronombres *él*, *ella*, *su*, *suyo*, *suya*, *suyos*, *suyas*, *le*, *se*, *ellos*, *ellas* y *les*.

1. **Mi TURNO** Vuelve a las notas de Lectura atenta de *Weslandia* y *Cajas de cartón*. Subraya evidencia del texto que te ayude a comparar y contrastar puntos de vista.

2. **Evidencia del texto** Usa tu evidencia para completar la tabla.

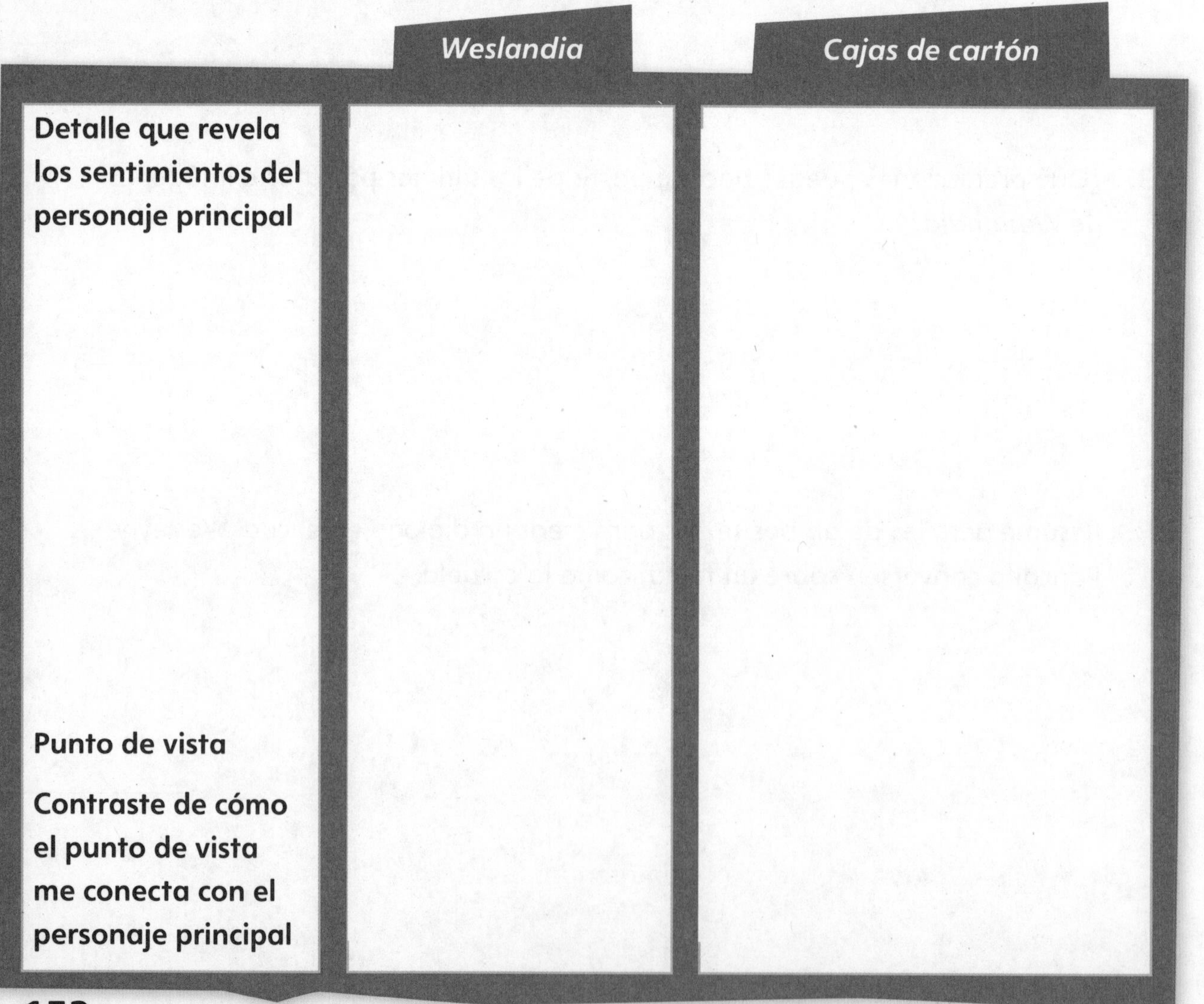

	Weslandia	*Cajas de cartón*
Detalle que revela los sentimientos del personaje principal		
Punto de vista		
Contraste de cómo el punto de vista me conecta con el personaje principal		

Hacer preguntas

Puedes hacer preguntas, antes, durante y después de la lectura para mejorar la comprensión y obtener información. Poder contestar preguntas sobre un texto que incluyan *quién*, *qué*, *cuándo* y *dónde* indica que estás notando detalles necesarios. Hacer y responder a preguntas que incluyan *por qué* y *cómo*, también te ayuda a identificar y entender cómo el punto de vista influye en un texto.

1. **Mi TURNO** Vuelve a las notas de Lectura atenta. Resalta detalles que te ayuden a hacer preguntas sobre el punto de vista en *Weslandia* y en *Cajas de cartón*.

2. **Evidencia del texto** Usa tu evidencia para completar la tabla y responder a las preguntas.

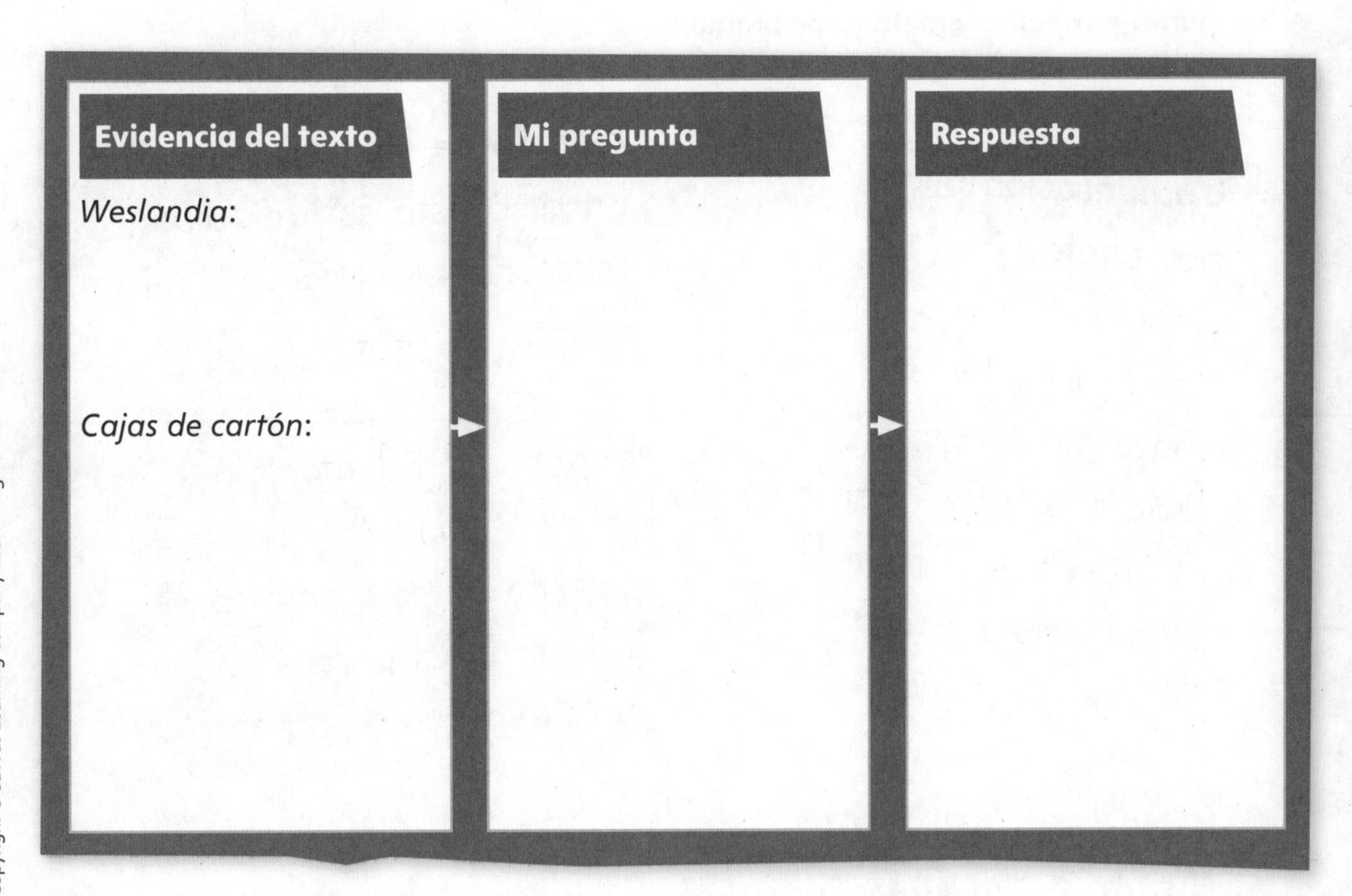

¿Cómo te ayudan las preguntas a comprender los puntos de vista?

Reflexionar y comentar

Escribir basándose en las fuentes

En *Weslandia* y en *Cajas de cartón*, leíste sobre jóvenes que se sienten diferentes. Piensa en los personajes principales de otros textos y en cómo se adaptan (o no) a un grupo. ¿Qué ocurre cuando las personas "encuadran" o "no encuadran"? Compara y contrasta ideas de diferentes fuentes para escribir tu respuesta.

Comparar y contrastar Al escribir sobre ideas de dos o más fuentes, debes ser claro en cuanto a lo que los textos tienen **en común (comparar)** y las **diferencias** entre ellos **(contrastar)**. Las dos estructuras de texto más usuales para este tipo de escritura son las de **punto por punto** y **método de bloques**.

Comparación punto por punto:
Relaciones uno a uno entre ideas. El texto A es sobre manzanas, pero el texto B es sobre naranjas. El texto A y el texto B tratan sobre frutas.

Método de bloques:
La respuesta está dividida en secciones, y cada sección se refiere a un texto.
El párrafo 1 trata solo sobre el texto A y el párrafo 2 trata solo sobre el texto B. El párrafo 3 indica en qué se parecen.

Pregunta de la semana

¿Cómo influyen en las personas los lugares nuevos?

Vocabulario académico

Meta de aprendizaje

Puedo aprender sobre el lenguaje para hacer conexiones entre la lectura y la escritura.

El **lenguaje figurado** es todo aquel que da a ciertas palabras un significado que va más allá de su definición habitual o literal. En los **símiles** se comparan dos cosas que no se parecen usando las palabras como, *tal como o cual*. Las **metáforas** también son comparaciones que no usan estas palabras. Los **modismos** son expresiones fijas típicas en una lengua, que no tienen un sentido literal.

Mi TURNO En cada oración:

1. **Identifica** y subraya el símil, el modismo o la metáfora.
2. **Escribe** una palabra de vocabulario del banco de palabras que se relacione con el símil, el modismo o la metáfora.
3. **Usa** el lenguaje figurado y su palabra de vocabulario académico relacionada en una oración.

BANCO DE PALABRAS

rápido	expandir	desafío

Las mejillas de la ardilla se inflaron como dos globos de aire caliente.

____

Para Jeremías, comenzar en una escuela nueva fue una prueba de fuego.

____

Celina hizo su tarea en un abrir y cerrar de ojos.

____

____

____

____

____

La acentuación de palabras esdrújulas y sobreesdrújulas

Para decodificar palabras esdrújulas y sobreesdrújulas, recuerda estas reglas de pronunciación. Las palabras **esdrújulas** se pronuncian con más fuerza en la antepenúltima sílaba. En *sólido*, la sílaba *so* se pronuncia con mayor fuerza y, como ocupa el antepenúltimo lugar, es esdrújula. Como regla general, las palabras esdrújulas siempre llevan tilde o acento escrito.

Las palabras **sobreesdrújulas** se pronuncian con más fuerza en la sílaba antes de la antepenúltima. *Enérgicamente* es una palabra sobreesdrújula, porque la sílaba acentuada, *ner*, es la anterior a la antepenúltima. Al igual que las palabras esdrújulas, las sobreesdrújulas, por regla general, siempre llevan acento escrito.

Siempre que tengas dudas, puedes usar recursos impresos o digitales para ayudarte a determinar la pronunciación y la ortografía de las palabras.

MI TURNO Decodifica, o lee en voz alta, las palabras sin sus acentos en la primera columna para saber si es esdrújula o sobreesdrújula. Luego, nombra la sílaba que lleva el acento y escribe la palabra donde corresponda. Asegúrate de contar las sílabas como ayuda y de fijarte en la letra en que termina la palabra para escribir correctamente los acentos. Usa recursos impresos o digitales, como los diccionarios, para verificar la ortografía y la pronunciación.

Palabras	Esdrújulas	Sobreesdrújulas
hipopotamo		
platano		
facilmente		
pasamelo		
celula		
credito		
digamelo		
agilmente		

Leer como un escritor

El **propósito de un autor** es su razón para escribir, como informar o entretener. El **mensaje** de un autor es la idea o lección general que desea compartir. El autor expresa el propósito y el mensaje a través de detalles.

¡Demuéstralo! Vuelve a leer el párrafo 12 de *Weslandia*.

1. **Identificar** Los detalles de este párrafo me cuentan más sobre Wesley y su plan.
2. **Preguntar** ¿Qué me indican estos detalles sobre el propósito del autor? ¿Qué me indican sobre el mensaje de Paul Fleischman?
3. **Sacar conclusiones** Los detalles sugieren que el propósito del autor es entretener. El mensaje de Paul Fleischman parece ser que tener una buena idea es vigorizante.

Vuelve a leer el párrafo 23 de *Cajas de cartón*.

MI TURNO Busca detalles importantes. Luego, identifica el propósito y el mensaje del autor.

1. **Identificar** Los detalles de este párrafo me cuentan más sobre ______________________

____
2. **Preguntar** ¿Qué me indican estos detalles sobre el propósito y el mensaje de Francisco Jiménez?
3. **Sacar conclusiones** Estos detalles me indican que el propósito del autor es ______________________ y que su mensaje es ______________________

____

Escribir para un lector

Evalúa los detalles de tu escritura. Asegúrate de que apoyen tu propósito y tu mensaje.

Los autores eligen detalles específicos para describir personajes y sucesos en sus cuentos. Estos detalles apoyan tanto el **propósito**, o razón para escribir, del autor como el **mensaje**, o la idea que el autor quiere que los lectores obtengan del cuento.

Mi TURNO Piensa en cómo los detalles que aparecen en *Weslandia* y en *Cajas de cartón* te ayudaron a determinar el propósito y el mensaje de cada autor. Ahora, identifica cómo puedes usar detalles para apoyar tu propio propósito y mensaje.

1. Si quisieras escribir una escena sobre cómo un lugar nuevo influyó en un personaje, ¿qué propósito y mensaje podrías usar?
   Mi propósito sería:

   Mi mensaje sería:

2. Escribe una breve escena sobre un personaje que va a un lugar nuevo. Incluye detalles que apoyen el propósito y el mensaje que identificaste.

Escribir palabras esdrújulas y sobreesdrújulas

Conocer las **reglas de acentuación del español** puede ayudarte a escribir correctamente palabras de varias sílabas que estén acentuadas en la antepenúltima sílaba (**palabras esdrújulas**) y en la sílaba anterior a la antepenúltima (**palabras sobreesdrújulas**). Estas palabras siempre llevan tilde, salvo los adverbios terminados en *-mente*, que llevan tilde solamente si el adjetivo relacionado también la lleva. Por ejemplo: *fácil - fácilmente*; *heroico - heroicamente*.

Mi TURNO Lee las palabras y cuenta las sílabas. Luego, escríbelas y ubícalas en la columna categorizándolas como esdrújulas o sobreesdrújulas.

PALABRAS DE ORTOGRAFÍA

México	vértices	público	pájaro
recomiéndaselo	década	esdrújula	nómadas
vámonos	llévaselo	cuéntamela	devuélvemelo
lágrimas	pásamelo	ángulo	apréndetela
música	rápido	regálasela	préstamelo

Esdrújulas	Sobreesdrújulas

Los tiempos verbales progresivos

Los **tiempos verbales progresivos** se utilizan para describir acciones que se encuentran en progreso. Tienen un uso limitado en español, a diferencia del inglés. Están formados por el verbo *estar* conjugado y un segundo verbo en gerundio.

Para formar un gerundio, se añade *-ando* o *-iendo* al verbo como se muestra a continuación:

Terminación del verbo		Ejemplo	
Infinitivo	Gerundio	Infinitivo	Gerundio
habl-ar	-ando	habl<u>ar</u>	habl<u>ando</u>
com-er	-iendo	com<u>er</u>	com<u>iendo</u>
viv-ir	-iendo	viv<u>ir</u>	viv<u>iendo</u>

Completa las siguientes oraciones con tiempos verbales progresivos. Entre paréntesis se indica el verbo principal y el tiempo en el que debe conjugarse el verbo *estar*.

(Presente/dormir) Peter ______________ en su cama.

(Pretérito/correr) El perro ______________ en el parque.

(Futuro/jugar) El equipo ______________ el domingo a esta hora.

Mi TURNO Corrige este borrador para cambiar los verbos por un tiempo verbal progresivo. Asegúrate de usar la conjugación correcta.

Un día, mientras Wesley caminar con sus padres, tuvo una gran idea. "Voy a crear mi propia civilización", pensó. En poco tiempo, lo hizo realidad. En este momento, recoger los frutos de su jardín.

Usar verbos irregulares

Meta de aprendizaje

Puedo usar elementos de la escritura narrativa para escribir un cuento de ficción realista.

Se llama **verbo irregular** a aquel que sufre modificaciones en la raíz o en la terminación en algunas personas o en algunos tiempos. Los escritores corrigen sus borradores para verificar el uso de los verbos irregulares. Existen distintos tipos de irregularidades.

1. **Irregularidades en la raíz:** por ejemplo, el verbo *ir* cambia radicalmente su raíz en el tiempo pretérito: *ir - fui*.
2. **Irregularidades en la terminación:** por ejemplo, los verbos que terminan en *-zar*, *-car* y *-gar* cambian la *a* por la *e* y la *z* por la *c* (*analizar-analicé*), la *c* por la *qu* (*educar-eduqué*) y la *g* por la *gu* (*pagar-pagué*).

En el siguiente cuadro se muestran ejemplos de verbos irregulares, en las **tres personas del singular**.

Verbo	Presente	Pretérito	Futuro
sentir	**sient**o/**sient**es/**sient**e	sentí/sentiste/**sint**ió	sentiré/sentirás/sentirá
dormir	**duerm**o/**duerm**es/ **duerm**e	dormí/dormiste/ **durm**ió	dormiré/dormirás/ dormirá
traer	**traig**o/traes/trae	**traj**e/**traj**iste/**traj**o	traeré/traerás/traerá
hacer	h**ag**o/haces/hace	**hic**e/**hic**iste/**hiz**o	**har**é/**har**ás/**har**á
conducir	**conduzc**o/conduces/ conduce	**conduj**e/**conduj**iste/ **conduj**o	conduciré/conducirás/ conducirá

Mi TURNO Conjuga los siguientes verbos usando el pretérito en la primera persona del singular. Aplica tu conocimiento para escribir correctamente el acento en los verbos que llevan tilde.

1. colgar ____________
2. roncar ____________
3. almorzar ____________
4. navegar ____________
5. decir ____________
6. cerrar ____________

Mi TURNO Revisa el uso de verbos irregulares cuando corrijas el borrador de un cuento de ficción realista en tu cuaderno de escritura. Asegúrate de escribir correctamente los verbos irregulares.

Corregir la puntuación

Las comillas son un signo ortográfico doble que tiene diferentes usos en español:

Regla	Ejemplo
Para introducir citas y palabras textuales que se reproducen dentro de un texto principal. Se ubican al comienzo y al final de la cita.	Como dijo Salvador Dalí: "El tiempo es una de las pocas cosas importantes que nos quedan". (cita textual) El crítico definió la obra de Dalí como "minuciosa". (palabra textual)
En las obras literarias encierran las palabras que reproducen los pensamientos de los personajes.	"Creo que hoy no podré dormir", pensó el niño al acostarse.
Cuando en un texto se quiere resaltar una palabra por distintos motivos.	La palabra "cándido" es esdrújula.
Para citar el título de un artículo, un poema, un capítulo de un libro o, en general, cualquier parte dentro de una publicación.	La maestra leyó al final de la clase el poema de Quevedo "A la mar".

Mi TURNO Corrige el siguiente párrafo agregando las comillas donde corresponda.

El otro es un cuento muy breve y, sin dudas, uno de los mejores que leí. Se encuentra en *El libro de arena* y pertenece al autor argentino Jorge Luis Borges. Siempre pensé: Qué admirable lograr sintetizar tanto significado en tan pocas líneas . Hay muchas referencias a Heráclito de Éfeso. Mi favorita es la frase: Es imposible bañarse dos veces en el mismo río .

Corregir las preposiciones y las frases preposicionales

Las **preposiciones** son palabras que relacionan otras palabras o frases dentro de una oración.

Las **frases preposicionales**, o locuciones, son conjuntos de dos o más palabras que funcionan igual que una preposición simple; por ejemplo, *a causa de*.

Ejemplo	Explicación
Este café es de Brasil.	La preposición *de* indica qué tipo de café *es*, cuál es su origen.
El perro pasó por encima de la valla.	La frase preposicional indica dónde se realizó la acción de *pasar* con respecto a *valla*.
La familia viaja a Chile.	La preposición *a* muestra una relación de dirección entre la acción de *viajar* y *Chile*.
La moneda estaba en medio de las hojas.	La frase preposicional *en medio de* indica dónde *está* la moneda con respecto a las *hojas*.

Mi TURNO Usa las siguientes preposiciones o frases preposicionales para completar las oraciones: *dentro de, para, frente a, con*.

María ayuda a su madre a preparar el desayuno ________ no llegar tarde a la escuela. Toma los cereales del estante y los vuelca ________ la taza. Sienta a su hermano ________ la mesa y llena su vaso ________ leche.

Mi TURNO Revisa el uso de las preposiciones y frases preposicionales al corregir el borrador de un cuento de ficción realista en tu cuaderno de escritura.

Corregir las conjunciones coordinantes

Las conjunciones coordinantes más utilizadas son *y/e*, *ni*, *que*, llamadas **copulativas**, que agregan información; *o/u*, llamadas **disyuntivas**, que dan alternativas; y *pero*, *aunque*, *sino* llamadas **adversativas**, que expresan oposición. Cuando se unen dos oraciones simples con sujetos y predicados diferentes, se forma una oración compuesta, como *Martín juega con el balón y su hermano lo imita*. También hay conjunciones subordinantes como las **causales**: *pues*, *porque*, *como*, *puesto que*, que nos dicen la causa.

Además, las conjunciones coordinantes se usan para unir dos oraciones que tengan el mismo verbo en una oración con sujeto compuesto. Por ejemplo, *Los calcetines deben usarse en todo momento. Los zapatos también deben usarse en todo momento* pueden unirse: *Los calcetines y los zapatos deben usarse en todo momento.*

Lo mismo sucede cuando dos oraciones tienen el mismo sujeto; al unirse, forman una oración con predicado compuesto. Por ejemplo, *Los actores caminaron hacia el público. Los actores saludaron* pueden unirse así: *Los actores caminaron hacia el público y saludaron.*

Usa las normas del español estándar sobre el uso de conjunciones coordinantes para formar oraciones compuestas al corregir borradores.

Mi TURNO Convierte cada par de oraciones en una única oración usando conjunciones coordinantes.

1. Charlotte escribió el mejor cuento. James ofreció la lectura más dramática.

____

2. El sol se hizo lugar entre las nubes. El sol despertó a las aves.

____

3. En la granja de Lewis, los pollos pueden comer granos. En la granja de Lewis, los pollos pueden comer alimento balanceado.

____

Mi TURNO Usa las normas del español estándar al incluir conjunciones coordinantes para combinar oraciones cuando corrijas tus borradores en tu cuaderno de escritura. También puedes usar las conjunciones subordinantes, como las causales, si ves la oportunidad.

Usar pronombres

Los **pronombres** son palabras que pueden reemplazar a otras palabras. Existen pronombres de distintos tipos: personales, posesivos, demostrativos, objeto, interrogativos y exclamativos.

Mira esta tabla. Úsala al corregir el uso de pronombres en tus borradores.

Tipo de pronombre	Cómo lo usan los escritores
Demostrativo	para señalar algo o a alguien: ***este/a/o, estos/tas/tos, ese/a/o, esos/as/os, aquel/lla, aquellos/as***.
Interrogativo y exclamativo	para construir enunciados interrogativos y exclamativos: ***quién/es, qué, cuál/es, cuánto/a/os/as***.
Personal	para designar a los sujetos de la oración: ***yo, tú, él/ella, nosotros/as, ustedes, ellos/as***.
Posesivo	para indicar posesión o pertenencia: *(el/la, los/las)* ***mío/a/os/as****; (el/la, los/las)* ***tuyo/a/os/as****; (el/la, los/las)* ***suyo/a/os/as****; (el/la, los/las)* ***nuestro/a/os/as***.
Objeto	para reemplazar al objeto directo o indirecto de una oración. Pueden ser **la**, **lo** o **le**: *Tomás leyó un libro. Tomás* ***lo*** *leyó*.

Los escritores también pueden emplear pronombres personales acompañados por preposiciones para indicar distintos usos, por ejemplo, posesión. Estos son llamados pronombres preposicionales. Por ejemplo, *Este lápiz es de él*. Los pronombres *yo* y *tú* adoptan una forma especial cuando acompañan preposiciones como *a* o *con*. Por ejemplo, *¿Me lo dices a mí?*, *Tus padres fueron al parque contigo*.

MI TURNO Corrige las partes subrayadas reemplazándolas por un pronombre personal o demostrativo para evitar las repeticiones.

La casa de Mario está en una calle arbolada. Mario vive allí con sus padres. Mario y sus padres suelen ir juntos al parque del vecindario. El parque del vecindario es el parque más grande de la ciudad.

INTERACTIVIDAD

Aproximación a la poesía

La poesía es parte de todas las culturas

EN VOZ ALTA En todas partes del mundo, las personas han usado la poesía recitada para expresar lo que es importante para ellas. Llamados bardos, griots, escaldos o scops, los poetas que combinan valores culturales con un lenguaje vívido están en el corazón de muchas reuniones.

REALMENTE ÉPICA La poesía épica, que cuenta un relato dramático, data de miles de años atrás. En general, los poemas épicos describen los increíbles actos de un héroe. Personas de todas las culturas y estilos de vida pueden encontrar algo interesante en estos poemas.

VOCES CONTEMPORÁNEAS Para averiguar más sobre sobre la poesía de tu comunidad, visita una biblioteca o centro multimedia. Pregunta a tu bibliotecario sobre recitales de poesía, micrófonos abiertos o concursos de poesía para jóvenes cerca de tu casa.

SEMANA 5

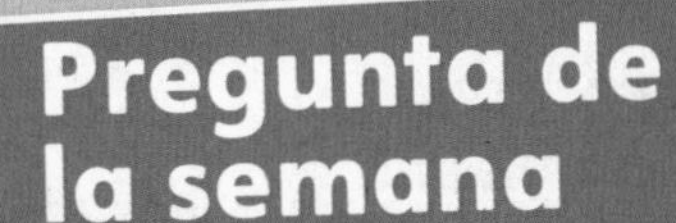

Pregunta de la semana

¿De qué manera las personas con intereses diferentes a los nuestros nos ayudan a crecer?

MEDALLA DE ORO DE POESÍA Los primeros poemas líricos se escribieron para conmemorar a los ganadores de los Juegos Olímpicos de la Antigüedad. Mucho tiempo después, en la primera mitad del siglo XX, la poesía épica y lírica, "directamente inspirada por la idea del deporte", fue una buena opción para la entrega de medallas olímpicas. En 1948, la poeta finlandesa Aaele Maria Tynni ganó una medalla de oro por su poema "Laurel de Hellas".

MEDICINA, MATEMÁTICA Y... ¿POESÍA?
El amor por la poesía no les impide a las personas tener otros intereses. Por ejemplo, el famoso poeta estadounidense William Carlos Williams ¡además fue pediatra la mayor parte de su vida! Lewis Carroll, el autor de *Alicia en el país de las maravillas*, escribió también muchos poemas y publicó trabajos sobre nuevas teorías matemáticas.

Escritura libre Leíste sobre algunas maneras en que la poesía se conecta con diferentes temas. Sin detenerte, escribe libremente sobre *intereses poco comunes*.

Meta de aprendizaje

Puedo aprender más sobre el tema *Diversidad* si analizo los elementos poéticos.

Poesía

Los **elementos poéticos** son las técnicas que hacen que los poemas se diferencien de la prosa. La **poesía** puede incluir:

- **Versos o estrofas**, u organizaciones de versos
- **Imágenes literarias**, o detalles descriptivos vívidos
- **Lenguaje figurado**, o lenguaje no literal, incluidos los símiles y las metáforas
- **Personificación**, o lenguaje que da características humanas a animales, objetos o ideas
- **Onomatopeyas**, o palabras que suenan como su significado
- **Rima**, o palabras con los mismos sonidos finales

INTERCAMBIAR ideas ¿De qué manera los autores expresan imágenes o ideas de una forma única? Con un compañero, compara cómo se usa el lenguaje en la poesía y en otros tipos de escritura creativa, como la ficción.

¿Puede la poesía ayudarte a "ver" el lenguaje?

Leer con fluidez La poesía contiene un lenguaje diseñado para ser agradable para el oído y la mente.

Cuando leas poesía en voz alta:

- Acelera o disminuye la velocidad de la lectura para expresar los estados de ánimo, o sentimientos, de las palabras.
- Solo detente en las puntuaciones, como si estuvieras leyendo prosa.
- Lee cada palabra, deteniéndote para tantear las palabras poco conocidas si es necesario.

Poesía

Entretener, expresar o describir un tema de una manera creativa e innovadora

Elementos:

- La elección de las palabras y del lenguaje es precisa y vívida.
- Los finales de los versos hacen énfasis en ideas o imágenes.
- Las estrofas agrupan versos para reunir ideas similares.

Formas:

Narrativa, lírica, concreta, verso libre ¡y muchas más!

Conoce a la autora

Gwendolyn Zepeda, la autora de "Un día en el barco", fue la primera bloguera latina. Escribe sobre temas cercanos al corazón, como la identidad, la familia y la música. En 2013, se convirtió en la primera poeta laureada de Houston, Texas.

Colección de poesía

Primer vistazo al vocabulario

A medida que lees la colección de poesía, presta atención a estas palabras de vocabulario. Fíjate cómo te ayudan a usar tu imaginación para experimentar lo que se dice en los poemas.

zigzag **partícula** **serenata** **arqueando** **obertura**

Lectura

A medida que lees un poema, crear imágenes mentales, o fotos en tu cabeza, te puede ayudar a comprender mejor el poema. Piensa en el lenguaje que usa el poeta para crear imágenes en tu mente. Usa estas estrategias cuando leas la colección de poesía.

Primera lectura

Nota texto e imágenes que te hagan pensar en el significado.

Genera preguntas sobre imágenes o ideas que notes.

Conecta estos poemas entre sí. ¿Qué tienen en común? ¿En qué se diferencian?

Responde comentando los sentimientos e imágenes mentales creados por los poemas.

Colección de poesía

Un día en el barco

por Gwendolyn Zepeda

Voy a ser químico Mario José Molina

por Alma Flor Ada

Mozart es genial

por Dana Crum

AUDIO

ANOTAR

Examinar los elementos poéticos

¿Cómo crea imágenes Gwendolyn Zepeda en este poema?

Subraya ejemplos de **lenguaje figurado**.

zigzag línea quebrada compuesta por segmentos unidos que forman ángulos entrantes y salientes

Un día en el barco

por Gwendolyn Zepeda

1 Un
día en el barco.
Yo
floto
5 al sol,
en el mar.
Azul abajo
y arriba, más.
Gaviotas vuelan de
10 norte a sur. Mil peces
saltan las olas, en libertad.
Zigzag marino de espuma y de sal.
Un día en el barco invita a nadar. Bailan de paso
medusas tersas su brillante danza de yodo y coral.
15 Mis hermanos y mis hermanas dan vueltas. Salpican
todo. Suben y bajan. Esconden y agitan el agua del mar.
Y siempre es así, del mismo modo. Yo floto al sol,
en
el mar, y
20 los veo
jugar.
Un día en el barco me invita a leer. Paso, una a una, las hojas
del libro que traje, y oigo la historia que cuenta. Un mundo
que llevo conmigo y que abro cuando quiero. Un mar que
25 lleva a tiempos remotos, espías, piratas, sirenas,
mágicas piedras y reinas. Al sol, así floto:
solo mi mundo y en mi mar con otros.

Voy a ser químico: *Mario José Molina*

por Alma Flor Ada

1 Solo una gota de agua
pero mirándola con el microscopio
veo cosas moviéndose en ella.
Tía Esther me ha regalado un juego de química.
5 Dice que todo –el agua, el aire, la tierra,
los troncos de los árboles y hasta nuestra piel–
está hecho de pequeñas partículas que no podemos ver.
Explica que las moléculas
están formadas por elementos químicos.
10 Apenas unos cien elementos
se combinan para crear todo lo que existe.
He empezado hoy
en mi simple laboratorio en el viejo cuarto de baño
a estudiar estos elementos.
15 Voy a saber los secretos del universo.

LECTURA ATENTA

Visualizar para comprender

Resalta las palabras y las frases que te ayuden a construir una imagen mental sobre lo que ve y experimenta el personaje en el poema.

partícula parte muy pequeña de alguna cosa

LECTURA ATENTA

Visualizar para comprender

Resalta una metáfora que te ayude a crear una imagen mental y comprender cómo siente la música Félix.

serenata música creada para ser cantada al aire libre, generalmente, para alabar a una persona

Mozart es genial

por Dana Crum

1 Una noche de abril, Félix Sosa
invitó a sus amigos a una fiesta de piyamas.
Y decidió poner algo de música
para distraerse, mientras tendía las camas.
5 Fue hasta el escritorio y, de su computadora,
escogió entre las pistas de Mozart, "Gran Partita".
Así fue que, al instante, en todos los rincones
de la casa resonó su serenata favorita.
La melodía de oboes, cornos y fagotes
10 envolvió el aire con su tono marcado.
De pronto, algo brusco se escuchó en la puerta:
había tocado el timbre su primer invitado.
–Hola, Marto– saludó su madre.
–Hola, Sra. Sosa– le respondió Marto.
15 Y, tras apagarse el ruido de la calle,
Félix vio a su amigo entrar en su cuarto.

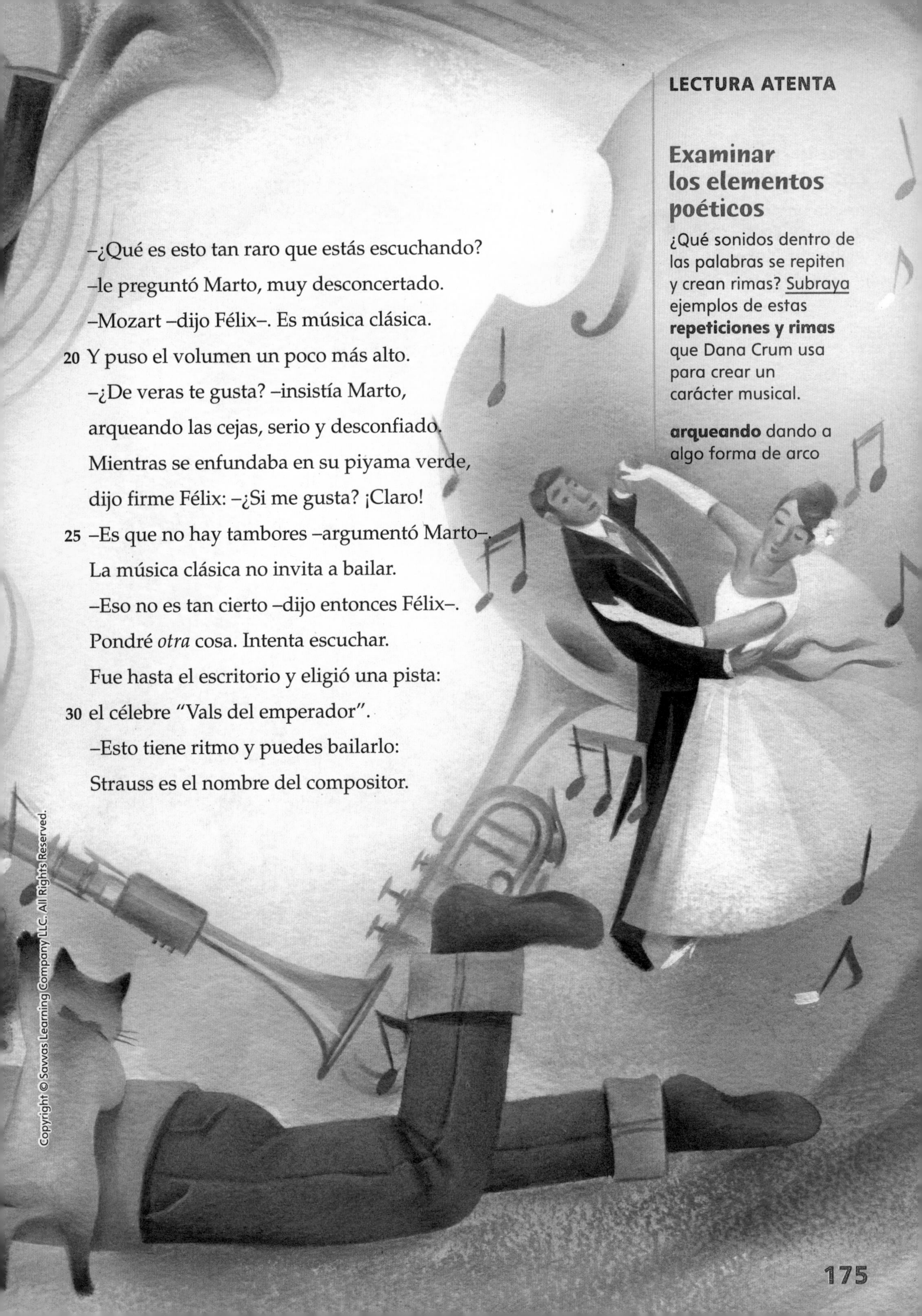

–¿Qué es esto tan raro que estás escuchando?
–le preguntó Marto, muy desconcertado.
–Mozart –dijo Félix–. Es música clásica.
20 Y puso el volumen un poco más alto.
–¿De veras te gusta? –insistía Marto,
arqueando las cejas, serio y desconfiado.
Mientras se enfundaba en su piyama verde,
dijo firme Félix: –¿Si me gusta? ¡Claro!
25 –Es que no hay tambores –argumentó Marto–.
La música clásica no invita a bailar.
–Eso no es tan cierto –dijo entonces Félix–.
Pondré *otra* cosa. Intenta escuchar.
Fue hasta el escritorio y eligió una pista:
30 el célebre "Vals del emperador".
–Esto tiene ritmo y puedes bailarlo:
Strauss es el nombre del compositor.

LECTURA ATENTA

Examinar los elementos poéticos

¿Qué sonidos dentro de las palabras se repiten y crean rimas? Subraya ejemplos de estas **repeticiones y rimas** que Dana Crum usa para crear un carácter musical.

arqueando dando a algo forma de arco

LECTURA ATENTA

Visualizar para comprender

Resalta un símil que te ayude a crear una imagen mental de un personaje del poema.

–Es música clásica con mucha energía.
Late intensamente, como un corazón:
35 oye los timbales y las panderetas…
hay también un bombo y hasta un xilofón.
Marto se dio cuenta de que Félix tenía
muchos argumentos y razones, todas.
–Verdad: es bailable –al fin lo aceptaba–.
40 ¡Pero es algo antiguo y pasado de moda!

–Yo no creo eso –dijo entonces Félix–.
En aquellos tiempos, era popular.
¡Si tocaba Mozart, iban multitudes
como a los conciertos de un *rock star*!
45 Y puso otra pista: era la obertura
de *Las bodas de Fígaro*, ópera famosa
que escribiera un rato antes de su estreno…
¡el también famoso Amadeus Mozart!
Sonaban las violas y los violoncelos.
50 Al frente, violines; atrás, un timbal.
Marto, entusiasmado, bailaba y decía:
–Esto lo conozco… ¡Mozart es genial!

LECTURA ATENTA

Vocabulario en contexto

Subraya claves del contexto, o palabras y frases, que te ayuden a definir *popular*.

Fluidez

Lee en voz alta a un compañero desde el verso 41 hasta el 52. Recuerda leer con un ritmo apropiado y con expresión, de manera que tu compañero entienda el sentimiento de las palabras. Haz pausas para tantear las palabras poco comunes, si es necesario.

obertura pieza de música instrumental con que se da inicio a una ópera

Desarrollar el vocabulario

Las palabras tienen **denotaciones**, o definiciones que se encuentran en un diccionario. Todos los lectores pueden conocer las mismas denotaciones de una palabra. Las palabras también tienen conexiones con ideas, conceptos y otras palabras. Estas ideas y palabras relacionadas se llaman **connotaciones**. Una palabra puede tener connotaciones positivas, negativas o neutrales. Es posible que los lectores tengan connotaciones diferentes y específicas de algunas palabras, según sus experiencias personales.

Mi TURNO Completa el organizador gráfico y escribe una denotación y una connotación para cada palabra.

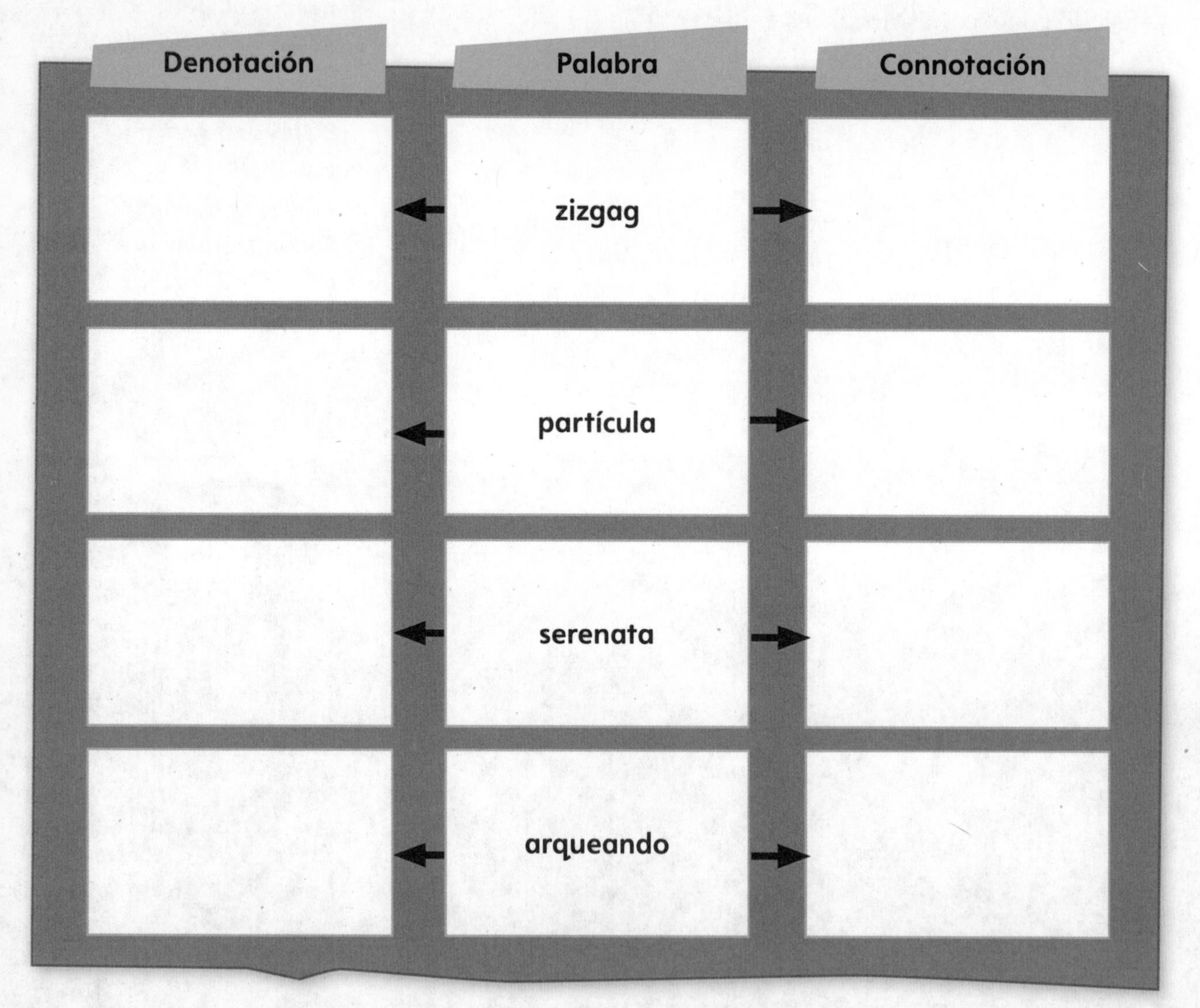

Verificar la comprensión

Mi TURNO Mira de nuevo los textos para responder a las preguntas.

1. ¿Qué características identifican estos textos como poesía?

2. ¿Cómo afecta a los lectores el uso del lenguaje en los poemas?

3. ¿Cómo adaptarías uno de los poemas para crear un cuento breve con la mayor parte de la misma información?

4. Elige uno de los poemas, cuenta sobre qué trata y describe las elecciones del poeta. Da ejemplos de imágenes vívidas del poema.

Examinar los elementos poéticos

La poesía, con frecuencia, incluye el **lenguaje figurado**, como los **símiles** y las **metáforas**. Este lenguaje añade un nivel adicional de significado al **tema**, o mensaje, de un poema. En los símiles se comparan dos cosas usando los términos *como*, *tal como* o *cual*. En las metáforas, se crean comparaciones diciendo que algo es otra cosa. La **onomatopeya** es una palabra que imita el sonido que representa. Las onomatopeyas, la repetición (palabras o frases que se repiten) y el ritmo crean musicalidad en los poemas.

1. **Mi TURNO** Vuelve a las notas de Lectura atenta de la colección de poesía. Subraya ejemplos de elementos poéticos. Luego, analiza cómo determinan los elementos poéticos el tema de un poema.

2. **Evidencia del texto** Usa la evidencia del texto para completar el organizador gráfico y explicar el efecto de los elementos poéticos en el lector.

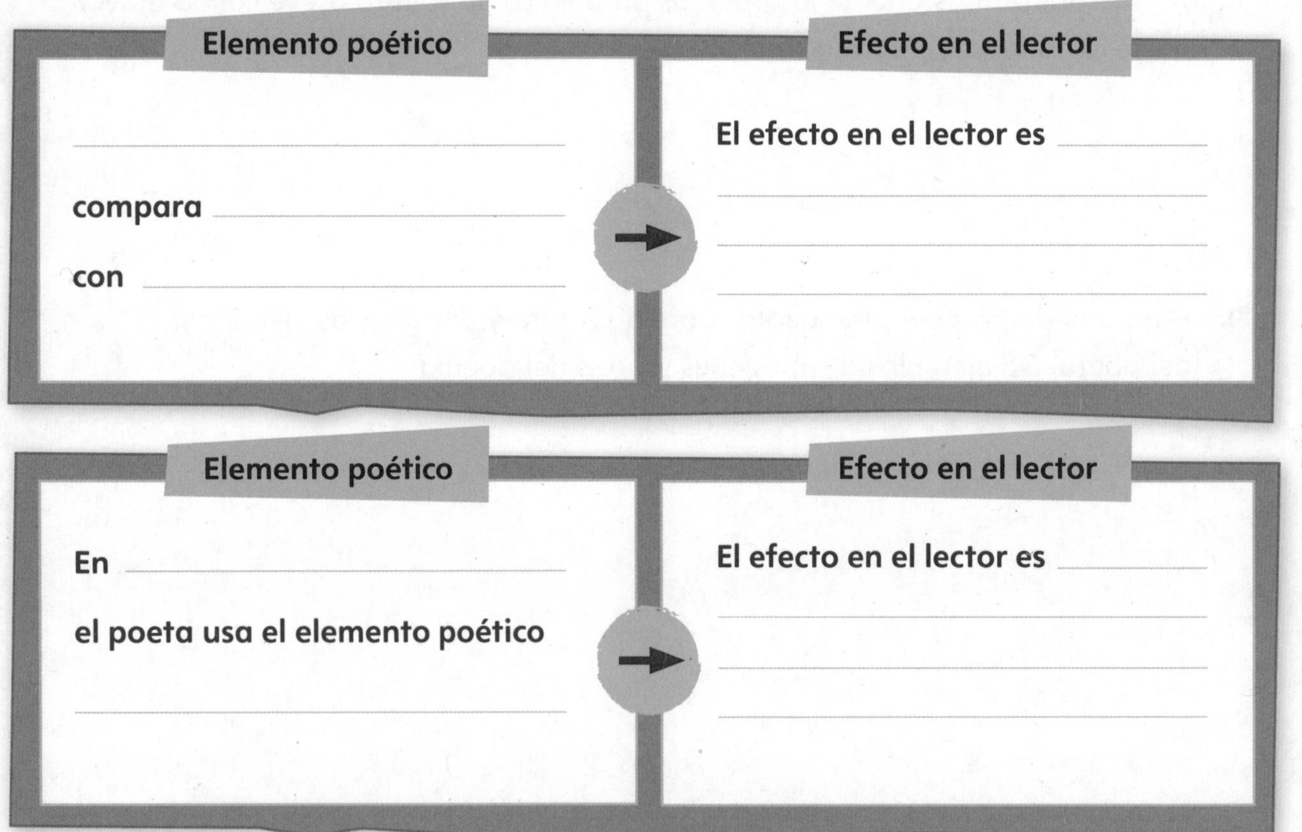

¿Cómo te ayudan los elementos poéticos a determinar el tema de "Mozart es genial"?

Visualizar para comprender

Los poetas usan el lenguaje figurado, los detalles descriptivos y sensoriales, o las imágenes literarias, para ayudar a los lectores a visualizar, es decir, crear imágenes mentales. Crear una imagen mental ayuda a los lectores a entender lo que el poeta está intentando decir. Presta atención a la manera en que los poetas usan el lenguaje para crear niveles de significado en su escritura. Resumir un poema puede ayudarte a explicar lo que visualices.

1. **Mi TURNO** Vuelve a las notas de Lectura atenta y resalta elementos que te ayuden a crear imágenes mentales del texto.

2. **Evidencia del texto** Usa tu evidencia para completar el organizador gráfico. Luego, escribe un breve resumen de un poema.

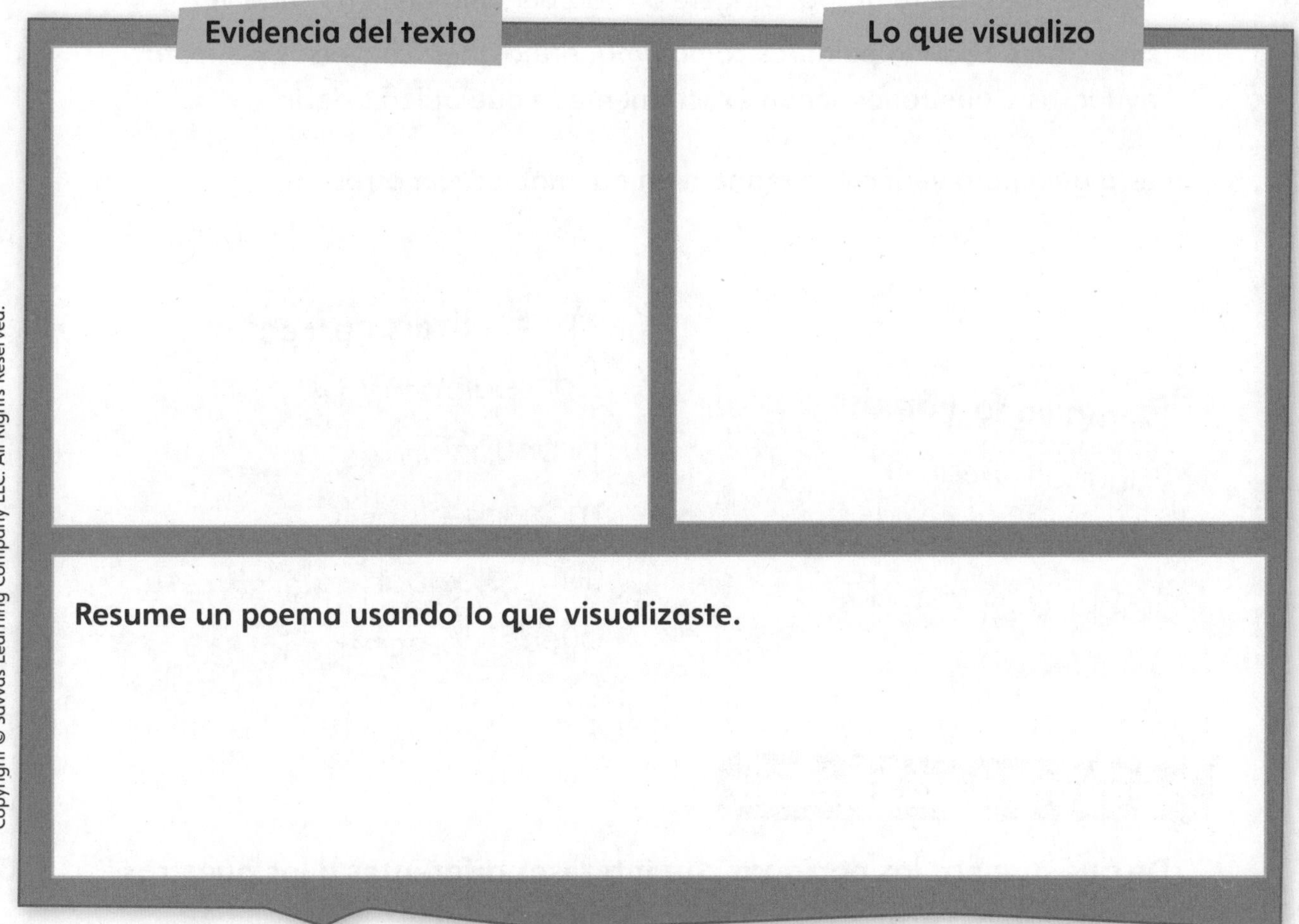

Reflexionar y comentar

En tus palabras En la colección de poesía, los personajes describen qué les interesa. ¿Sobre qué otros pasatiempos, intereses o actividades leíste esta semana? En una conversación, describe cómo animarías a alguien a probar algo nuevo. Usa evidencia de los textos para apoyar tu respuesta.

Hablar para ser escuchado Al expresar una opinión en una conversación, asegúrate de poder transmitir lo que quieres decir.

- **Habla a un ritmo normal de conversación.** Escoge una velocidad que permita entender lo que dices.
- **Establece contacto visual adecuado.** A medida que hables, observa a los miembros de tu grupo. Dírigete a cada persona al menos una vez.
- **Especifica.** Usando palabras como *rima*, *ritmo*, *métrica*, *versos* y *estrofas* ayudarás a que todos sepan exactamente lo que quieres decir.

Usa esta guía para verificar la manera en que hablas con otros.

Demasiado rápido:
Algunas ideas se pierden cuando se habla muy rápido.

A un ritmo correcto:
Las palabras se pronuncian de manera clara y a una velocidad que se puede comprender.

Pregunta de la semana

¿De qué manera las personas con intereses diferentes a los nuestros nos ayudan a crecer?

Vocabulario académico

Meta de aprendizaje

Puedo aprender sobre el lenguaje para hacer conexiones entre la lectura y la escritura.

Las **clases de palabras** son formas de clasificar a las palabras e incluyen las siguientes categorías: sustantivos, verbos, adjetivos y adverbios. Puedes usar lo que sabes sobre raíces y terminaciones de palabras para pensar en palabras relacionadas que pertenezcan a distintas clases de palabras.

MI TURNO En cada oración:

1. **Subraya** la palabra de vocabulario académico.
2. **Identifica** qué clase de palabra es.
3. **Escribe** tu propia oración usando una palabra relacionada que pertenezca a otra clase de palabra.

Oración	Clase de palabra	Mi oración
El agente había logrado mucho en su larga carrera.	verbo	Graduarse antes de tiempo fue un gran logro. (sustantivo)
En la película, la relación entre los personajes es conflictiva.		
El examen fue un desafío para la mayoría de los estudiantes.		
Los estudiantes recibieron galones por su participación.		

Los hiatos y diptongos con *h* intercalada

El **hiato** es una secuencia de dos vocales juntas que pertenecen a distintas sílabas. Una secuencia de vocales que forma parte de la misma sílaba es un **diptongo**. El hiato formal, o de vocales fuertes, se produce cuando se juntan **dos vocales fuertes** (*a*, *e*, *o*), o una vocal fuerte con una débil tónica (*í*, *ú*).

La aparición de una ***h* entre dos vocales** no cambia la categoría de hiato o diptongo, ya que la *h* en esa posición es siempre muda en español. Por tanto, las sílabas con hiatos se dividen y combinan de la misma manera.

Mi TURNO Lee la tabla. Añade una o más palabras de ejemplo para cada caso.

Hiato de vocales fuertes	Hiato con *h* intercalada	Diptongo con *h* intercalada
teatro	prohíbe	ahijado

Mi TURNO Combina las siguientes sílabas en el orden correcto para formar palabras con hiato y diptongo. Luego, con un compañero, piensen oraciones con esas palabras.

1. mo-da-ha-al ____________
2. co-ren-cia-he ____________
3. ja-ahi-do ____________
4. ho-bú ____________

Leer como un escritor

Con frecuencia, los autores usan **lenguaje figurado**, o lenguaje que les da a ciertas palabras significados que van más allá de sus definiciones de diccionario. Las **imágenes literarias**, o lenguaje sensorial, ayudan a los lectores a entender cómo se ven, suenan, huelen, saben o se sienten las cosas. Los **símiles** comparan dos cosas que no se parecen, usando las palabras *como*, *tal como* o *cual*. En las **metáforas**, se crean comparaciones sin esas palabras.

¡Demuéstralo!

Lee estos versos de "Un día en el barco".

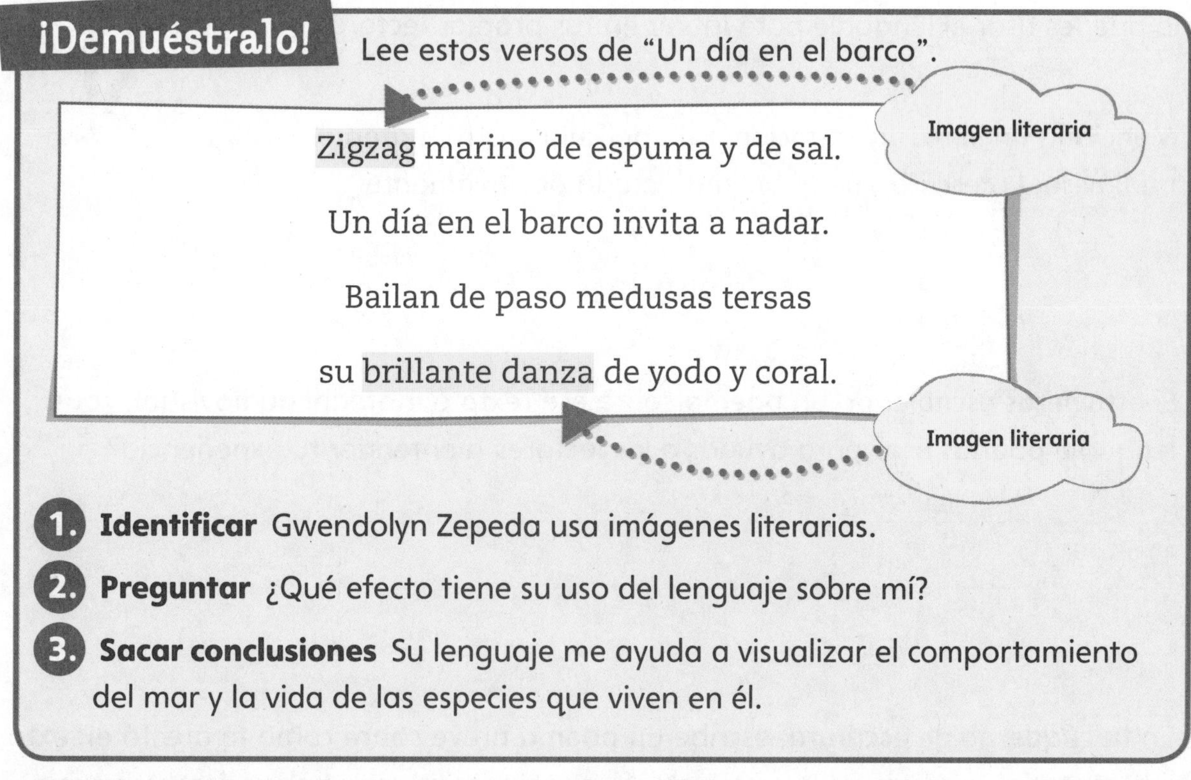

1. **Identificar** Gwendolyn Zepeda usa imágenes literarias.
2. **Preguntar** ¿Qué efecto tiene su uso del lenguaje sobre mí?
3. **Sacar conclusiones** Su lenguaje me ayuda a visualizar el comportamiento del mar y la vida de las especies que viven en él.

Vuelve a leer los versos 7 a 11 de "Mozart es genial".

Mi TURNO Sigue los pasos para analizar el uso del lenguaje de Dana Crum.

1. **Identificar** Dana Crum usa ______________________
2. **Preguntar** ¿Qué efecto tiene su uso del lenguaje sobre mí?
3. **Sacar conclusiones** Su uso del lenguaje me ayuda ______________________

____

____

____

Escribir para un lector

Los poetas usan imágenes literarias, símiles, metáforas y otros tipos de **lenguaje figurado** para darles vida a sus poemas y ayudar a los lectores a visualizar sus ideas.

MI TURNO Piensa en cómo el lenguaje de los poetas influyó en la manera en que visualizaste ideas en los poemas. Ahora, identifica cómo puedes usar el lenguaje para influir en tus propios lectores.

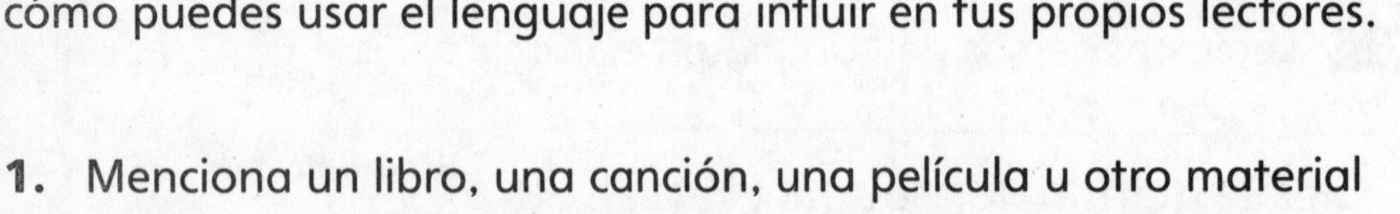

1. Menciona un libro, una canción, una película u otro material audiovisual o escrito que te haya afectado positivamente.

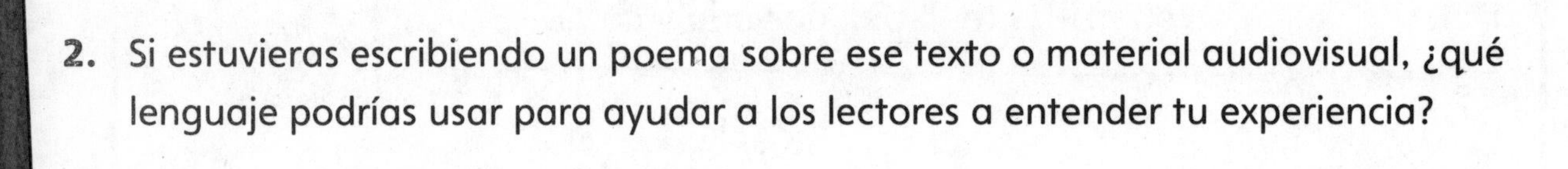

2. Si estuvieras escribiendo un poema sobre ese texto o material audiovisual, ¿qué lenguaje podrías usar para ayudar a los lectores a entender tu experiencia?

3. En tu cuaderno de escritura, escribe un poema breve sobre cómo te afectó el texto o el material audiovisual que elegiste. Usa recursos literarios para destacar cómo te sentiste.

Escribir palabras con hiatos y diptongos con *h* intercalada

Una agrupación de dos vocales que pertenecen a distintas sílabas se llama **hiato**. Si las dos vocales están en la misma sílaba, se trata de un **diptongo**. El hiato se forma por la combinación de **dos vocales fuertes** (*a*, *e*, *o*) o de una vocal fuerte con una débil tónica (*í*, *ú*). Si aparece una ***h* intercalada** entre las dos vocales, igualmente se forma el hiato o el diptongo.

Mi TURNO Lee las palabras. Clasifícalas según cada categoría planteada y sepáralas en sílabas.

PALABRAS DE ORTOGRAFÍA

almohada	búho	poseer	prohíben
ahogado	ahínco	alcohol	vehículo
albahaca	leer	zoológico	ahuyentar
bahía	coordinar	zanahoria	ahumado
turbohélice	creer	ahijada	sahumerio

Hiatos (sin *h* intercalada)	Diptongos con *h* intercalada	Hiatos con *h* intercalada

El pretérito perfecto

El **pretérito perfecto** se utiliza para describir una acción pasada que tiene una relación directa con el presente o el futuro: *Está cansado porque ha corrido diez kilómetros. He planificado el viaje que haremos el mes que viene.*

Este tiempo se forma con el verbo *haber* que debe concordar con el sujeto, y se denomina **verbo auxiliar**, y el **participio** del verbo principal. Además de *haber* hay otros verbos auxiliares, que van acompañados por el verbo en infinitivo y expresan modalidades (posibilidad, obligación), como *deber* o *poder*.

El participio se forma agregando *-ado* a la raíz de los verbos terminados en *-ar* (*habl-ar/habl-ado*) o *-ido* a la raíz de los verbos terminados en *-er* o *-ir* (*com-er/com-ido, viv-ir/viv-ido*). En algunos casos, este participio contiene un hiato de vocal fuerte y vocal débil tónica, por lo cual lleva tilde: *son-re-ír/son-re-í-do*.

Mi TURNO Completa las siguientes oraciones utilizando el verbo que está entre paréntesis en pretérito perfecto. Presta atención a la conjugación del auxiliar *haber* y la formación del participio. Asegúrate de usar las tildes de manera apropiada.

1. En "Voy a ser químico", el narrador cuenta todo lo que su tía le ____________ (enseñar).

2. El narrador sabe que lo que ____________ (aprender) hoy son solo algunos de los secretos del universo.

3. En "Mozart es genial", Félix intenta explicarle a Marto que la música clásica no ____________ (pasar) de moda.

4. Juana le hizo consquillas a su hermano recién nacido y, por primera vez, el bebé se ____________ (reír).

Reorganizar y combinar las ideas

Meta de aprendizaje

Puedo usar los elementos de la escritura narrativa para escribir un cuento de ficción realista.

Un cuento de ficción realista es **coherente** cuando todas sus partes encajan. Ninguno de los elementos o detalles ficticios parecen estar fuera de lugar. Para determinar si la escritura es coherente, pregunta:

- ¿Algún suceso o detalle parece estar fuera de lugar?
- ¿Hay muchas palabras cuyo significado es difícil de hallar?

Un cuento de ficción realista es **claro** cuando un lector puede entender todo lo que aparece en él. Para determinar si la escritura es clara, pregunta:

- ¿Todas las oraciones tendrán sentido para un lector atento?
- ¿Todos los pronombres refieren a un sustantivo reconocible?

Mi TURNO Combina y reorganiza palabras, oraciones e ideas para que este párrafo sea claro y coherente. Escribe tu versión en los renglones.

Beulah observó la serpiente con detenimiento. La semana pasada, la maestra Jones trajo una nueva mascota a la clase. En el terrario, había una serpiente del maíz. La niña se aseguró de que la rejilla encajara justo encima de la tapa del terrario. Este trabajo sería interesante. La serpiente también la miró fijo a ella. Beulah se ofreció a cuidarla.

Mi TURNO Reorganiza y combina palabras, oraciones e ideas para lograr coherencia y claridad cuando revises el borrador de un cuento de ficción realista en tu cuaderno de escritura.

Corregir el uso de las mayúsculas

Sigue las normas para el uso de las mayúsculas, para ayudar a los lectores a entender tus ideas. Se usa mayúscula para:

- Nombres propios y al comienzo de cada oración
- Palabras principales de períodos, eventos históricos y documentos históricos
- La primera palabra de cualquier obra de creación (libros, películas, cuadros, etc.). El resto de las palabras irá en minúscula, con excepción de los nombres propios.
- Nombres de continentes, mares, países, ciudades, ríos, etc.
- Nombres de galaxias, constelaciones, estrellas, planetas, satélites y puntos cardinales

Mi TURNO Resalta las letras que deberían ir en mayúscula en este texto.

sam y carlita corrían juntos.
—Debo terminar mi informe sobre la guerra de independencia —comentó Carlita jadeando.
—¿Terminaste de leer el libro *la historia de nuestro país*? —preguntó Sam entrecortadamente.
—No, aún no —contestó Carlita—. Llegué a completar el capítulo "héroes de la revolución".
—¿Se menciona allí cómo se recibió ayuda de francia y polonia? —indagó Sam.
—No —dijo Carlita—, trata únicamente sobre los hombres que firmaron la declaración de independencia.

Mi TURNO Comprueba el uso correcto de las mayúsculas cuando corrijas el borrador de un cuento de ficción realista en tu cuaderno de escritura.

Publicar y celebrar

Lee tu cuento de ficción realista en voz alta. Decide cuál es la parte más dramática o interesante. Luego, haz una grabación con tu voz leyendo esa parte del cuento.

Mi TURNO Completa estas oraciones sobre tu experiencia de escritura. Escribe de manera legible en cursiva.

Los personajes de mi cuento son realistas porque

El problema que enfrentan mis personajes es realista porque

Usé diálogos en mi cuento de ficción realista para

La próxima vez que escriba un cuento de ficción realista, quiero

Preparación para la evaluación

Mi TURNO Sigue un plan a medida que te preparas para escribir un cuento de ficción realista en respuesta a instrucciones. Usa tu propia hoja.

1. **Estudia las instrucciones.**
   Recibirás una asignación llamada instrucciones. Léelas con atención. Resalta el tipo de escritura que debes hacer. Subraya el tema sobre el que debes escribir.
   Instrucciones: Escribe un cuento de ficción realista sobre la exploración de una comunidad diversa que conozcas.

2. **Escribe libremente.**
   Durante varios minutos, anota todo lo que se te ocurra sobre el tema, incluyendo cómo las personas exploran la diversidad y se benefician con ella. Luego, toma un breve descanso. Observa lo que escribiste y encierra en círculos las ideas que quieras incluir en tu cuento.

3. **Planifica tu cuento de ficción realista.**
   Introducción: Personajes, ambiente y problema
   Argumento: Suceso 1 → Siguientes sucesos → Resolución

4. **Escribe tu borrador.**
   Recuerda crear una secuencia de sucesos natural y clara.

5. **Revisa y corrige tu cuento de ficción realista.**
   Aplica las destrezas y reglas que has aprendido para perfeccionar tu escritura.

Sé ingenioso en la manera en que usas detalles realistas en tu cuento. Inventa personajes y sucesos que sean creíbles.

Evaluación

Mi TURNO Antes de escribir un cuento de ficción realista para tu evaluación, califica cuán bien comprendes las destrezas que has aprendido en esta unidad. Vuelve y revisa todas las destrezas en las que hayas marcado "No".

		¡Sí!	No
Ideas y organización	• Puedo crear un ambiente realista.	☐	☐
	• Puedo describir personajes realistas por dentro y por fuera.	☐	☐
	• Puedo desarrollar una secuencia de sucesos natural y clara.	☐	☐
	• Puedo escribir una resolución a un conflicto o problema.	☐	☐
	• Puedo elegir un género.	☐	☐
Técnica	• Puedo elegir el punto de vista del narrador.	☐	☐
	• Puedo pensar en ilustraciones.	☐	☐
	• Puedo escribir diálogos entre personajes.	☐	☐
	• Puedo usar palabras y frases de transición.	☐	☐
	• Puedo reorganizar y combinar ideas para lograr claridad.	☐	☐
Normas	• Puedo usar los verbos irregulares	☐	☐
	• Puedo usar pronombres correctamente.	☐	☐
	• Puedo usar preposiciones y frases preposicionales.	☐	☐
	• Puedo usar conjunciones coordinantes.	☐	☐
	• Puedo corregir el uso de comillas y mayúsculas.	☐	☐

TEMA DE LA UNIDAD

La diversidad

INTERCAMBIAR *ideas*

Vistazo a la característica

Elige una característica que describa de la mejor manera a cada personaje o persona sobre los que leíste. Luego, conversa con un compañero sobre cómo estas características se relacionan con el tema de la unidad, **Diversidad.**

SEMANA 3

"Trombone Shorty"

Trombone Shorty es

____

SEMANA 2

de **La ventana de mamá**

Sugar es

____

SEMANA 1

de **Fuera de mí**

Melody es

____

SEMANA
4

Weslandia y Cajas de cartón

Wesley es

____

Panchito es

____

SEMANA
5

Colección de poesía

La narradora de "Un día en el barco" es

____

Mario José Molina es

____

Pregunta esencial

MI TURNO
En tu cuaderno, responde a la Pregunta esencial: ¿Cómo podemos alcanzar nuevos entendimientos al explorar la diversidad?

SEMANA
6

Ahora es momento de aplicar lo que aprendiste sobre *Diversidad* en tu **PROYECTO DE LA SEMANA 6: ¡Vamos todos a jugar!**

¡Vamos todos a jugar!

INVESTIGAR

Actividad

Una ley de 2010 exige que todas las áreas de juego tengan equipos que sean inclusivos para personas con discapacidades. Escribe una carta para tu director explicando por qué tu escuela necesita tener juegos inclusivos.

Artículos de investigación

Con tu compañero, lee "¡A jugar juntos!" para hacer preguntas que tengas sobre áreas de juego inclusivas. Luego, haz un plan de investigación para escribir tu carta al director.

1 ¡A jugar juntos!

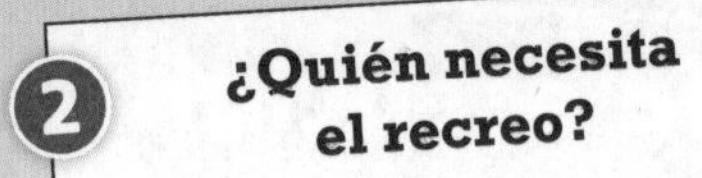

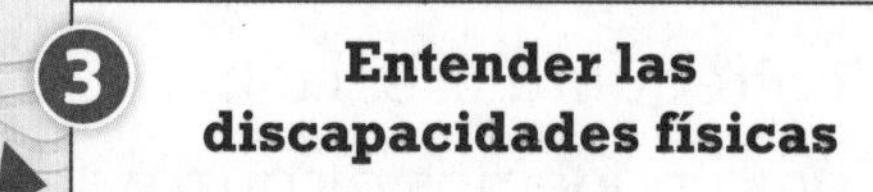

Generar preguntas

COLABORAR Después de leer "¡A jugar juntos!", haz tres preguntas que tengas sobre el artículo. Luego, comenta tus preguntas con la clase.

1. ______________________________.

2. ______________________________.

3. ______________________________.

Usar el vocabulario académico

COLABORAR Trabaja con tu compañero y añade más palabras de vocabulario académico en cada categoría. Si corresponde, utiliza este nuevo vocabulario cuando respondas a tu director.

Vocabulario académico	Formas de la palabra	Ejemplos relacionados
lograr	logra logrado logro	objetivos
expandir	expansivo expandible expansión	globos
conflicto	conflictivo conflictividad conflictuar	discusión
desafío	desafiante desafiado desafiador	misiones difíciles
participar	participante participación participativo	nadar

Un asunto de opinión

Las personas escriben ensayos de opinión para convencer, o persuadir, a alguien para que piense o haga algo. Al leer ensayos de opinión o textos argumentativos, busca:

- La afirmación
- Datos y evidencia que apoyan la afirmación
- Razones basadas en la evidencia del texto
- El público o lector al que están dirigidos

COLABORAR Lee "¿Quién necesita el recreo?" con un compañero. Luego, responde a las preguntas sobre el texto.

1. ¿Cuál es la afirmación del escritor?

____

____

____

2. ¿Qué evidencia usa el escritor para convencer a los lectores?

____

____

____

3. ¿A qué público o lector está dirigido el artículo? ¿Cómo lo sabes?

____

____

____

Planifica la investigación

COLABORAR Antes de comenzar a investigar, necesitarás crear un plan de investigación. El plan te ayudará a decidir dónde enfocar tu investigación.

Definición	Ejemplos
AFIRMACIÓN Una afirmación es una declaración que intenta persuadir o convencer al lector para que esté de acuerdo con una opinión. Una afirmación: • Define tu objetivo. • Es específica. • Está apoyada con evidencia. Lee los dos ejemplos que aparecen en la columna derecha. Luego, con tu compañero, escribe una afirmación para tu proyecto sobre el área de juego.	Me gustan las verduras. No, esta no es una afirmación. Los médicos dicen que comer verduras todos los días puede ayudarte a vivir más tiempo. Sí, ¡esta es una afirmación! Mi afirmación para el área de juego:
EVIDENCIA Puedes apoyar tus afirmaciones con evidencia, como esta: • Datos • Estadísticas • Citas • Ejemplos • Con tu compañero, planifica los tipos de investigación que buscarás.	**Dato:** El brócoli crudo tiene más fibras alimenticias que el bistec. **Estadísticas:** En promedio, los estadounidenses comen 2 tazas de frutas y verduras por día. **Cita:** "Las verduras están llenas de nutrientes", dijo el doctor Jones. **Ejemplos:** La mayoría de los niños prefieren comer golosinas antes que verduras.

Con tu compañero, enumera algunas palabras clave para hallar evidencia para tu proyecto de investigación sobre el área de juego. Con tu plan en mente, comienza a investigar.

HERRAMIENTAS del OFICIO

Un **motor de búsqueda** es una herramienta en línea que se utiliza para reunir información confiable. Los resultados de tus búsquedas sobre áreas de juego probablemente desplegarán mucha información sobre tu tema, pero ¿sabes si es **confiable** esa información? ¡Busca al autor!

En la mayoría de las páginas web debes saber dónde buscar para hallar el nombre del autor. Una vez que encuentras el nombre del autor, puedes ver si está **calificado** para escribir sobre el tema.

PASO 1: Usa un motor de búsqueda fácil de utilizar e ingresa tus palabras clave para la investigación.

PASO 2: En la página principal, busca una frase similar a "Sobre nosotros" o "Acerca de [nombre de la organización]" y haz clic sobre ese enlace. Es posible que esté en la parte superior o inferior de la página.

PASO 3: Lee la información sobre el autor y pregúntate si está calificado para escribir sobre el tema. Recuerda que no debes tomar el asesoramiento de alguien que no tenga la experiencia o educación para hablar sobre el tema.

Dr. Martin Houlihan
Director, Centro de Alergias Infantiles

El doctor Martin Houlihan trabajó 22 años como cirujano pediátrico antes de aceptar el cargo de director del Centro de Alergias Infantiles, un organismo sin fines de lucro dedicado a tratar niños con alergias.

COLABORAR Con tu compañero, busca información en línea sobre tu tema. Usa las tarjetas de notas para anotar las fuentes más confiables sobre las áreas de juego inclusivas.

Dirección web:

Autor:

Cualificación del autor:

Notas:

Dirección web:

Autor:

Cualificación del autor:

Notas:

Comenta los resultados de tu búsqueda. ¿Necesitas cambiar las palabras clave para hallar información más específica?

¡Adoptar una posición!

Las personas escriben **textos argumentativos** para convencer a otros de que piensen o actúen de determinadas maneras. Una carta argumentativa, como la que va dirigida al director, hace una afirmación sobre un tema y la apoya con datos.

Antes de comenzar a escribir, decide un modo apropiado para la presentación de tu mensaje.

- ¿Enviarás la carta por correo?
- ¿Leerás tu carta oralmente al director?
- ¿Harás una presentación multimedia usando videos e imágenes?

COLABORAR Lee el Modelo del estudiante. Trabaja con tu compañero para reconocer las características de los textos argumentativos.

¡A intentarlo!

Comenta esta lista con tu compañero. Trabajen juntos para seguir los pasos a medida que escriben su carta.

Asegúrate de que tu carta:

- ☐ Identifique el público o lector al que está dirigida.
- ☐ Incluya una afirmación específica que defina tu objetivo.
- ☐ Incluya datos, estadísticas, citas o ejemplos.
- ☐ Use lenguaje persuasivo, como *debes*, *deberías* o *necesitas* como ayuda para convencer a los lectores.
- ☐ Incluya una conclusión sólida que vuelva a expresar la afirmación.

Modelo del estudiante

8 de febrero

Estimado director Wehmeyer: ◀ **Resalta** el destinatario.

Deberíamos tener más opciones en el menú de la cafetería para así incluir a los estudiantes con alergias alimentarias. Dos niños de nuestra clase tienen alergia al maní, por eso comen su almuerzo en el salón de clases. Creemos que deberían poder comer con sus amigos. ◀ **Subraya** la argumentación.

Una de las razones por las cuales es importante ampliar nuestro menú es porque las estadísticas indican que 1 de cada 13 estudiantes tiene alergias alimentarias. ◀ **Resalta** un dato. Por tanto, ¡la mayoría de las clases probablemente tengan dos o más estudiantes con alergias! Una razón más importante aún es que si comes algo a lo que eres alérgico, te puedes sentir mal. ◀ **Subraya** lenguaje persuasivo.

¿Nos prestará su ayuda para hacer de la cafetería un lugar más seguro para todos los estudiantes? Con más opciones en el menú, todos los estudiantes podrán comer su almuerzo en la cafetería. ◀ **Resalta** la conclusión.

Atentamente,
Odette Calderón y Rob Shallcross
Cuarto grado, clase de la maestra Horwitz

¡Con tus palabras!

Asegúrate de reconocer la diferencia entre **parafrasear** y **plagiar** antes de usar materiales como fuentes en tu carta.

Plagiar significa usar las palabras exactas de otra persona sin darle el crédito. En lugar de eso, debes parafrasear o citar la información.

Parafrasear es escribir información con tus propias palabras.

> Oración original: *Las personas tienen alergias a una amplia variedad de cosas, como alimentos, medicinas y plantas.*
>
> **Las personas pueden ser alérgicas a muchas cosas diferentes.** ◀ Paráfrasis

Citar es copiar exactamente las palabras de una fuente, encerrándolas entre comillas y nombrando al autor.

> **Bert Kausal escribió: "Las personas tienen alergias a una amplia variedad de cosas, como alimentos, medicinas y plantas".** ◀ Cita

COLABORAR Lee "Entender las discapacidades físicas". Identifica un dato del artículo. Luego, con tu compañero, muestra cómo citarías y parafrasearías este dato.

Dato del artículo	
Cita el dato	
Parafrasea el dato	

COLABORAR Lee el párrafo de una fuente de investigación y responde a las preguntas.

Alergias alimentarias en niños

por la doctora Rowena Vargas

Los investigadores han descubierto que cada vez más niños tienen o están desarrollando alergias a diferentes tipos de alimentos. Esto ocurre en países de todo el mundo. Algunos jóvenes tienen alergias a alimentos como maní, lácteos o trigo. Otros son sensibles a determinadas frutas y verduras. Los científicos especializados intentan descubrir qué provoca estas alergias, porque quienes ingieren alimentos a los que son alérgicos pueden llegar a sentirse realmente mal. Incluso, es probable que necesiten ir a una sala de emergencia si la reacción es grave. Descubrir las causas de estas alergias ayudará a que todos los niños estén sanos.

1. Parafrasea la primera oración de manera que mantenga su significado y orden lógico.

____

____

2. La siguiente oración, ¿es un ejemplo de plagio, paráfrasis o cita?

Esto ocurre en países de todo el mundo.

____

____

3. Cita una oración del párrafo.

____

____

Incorporar medios digitales

Los escritores pueden fortalecer su escritura al incluir **medios digitales**, o formatos para compartir información.

Las **imágenes** hacen que lo que escribes sea interesante y memorable. Las fotografías, los dibujos y las pinturas ayudan a los lectores a visualizar tu tema de manera más clara.

Un **diagrama** señala características especiales de una imagen. Los rótulos ayudan a que los lectores entiendan mejor tu tema.

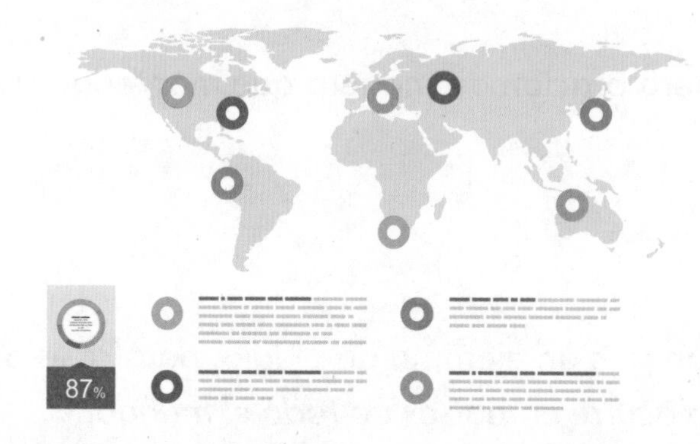

Las **gráficas** y las **tablas** ofrecen información adicional, como cifras, porcentajes y años. Se presentan en diferentes formas.

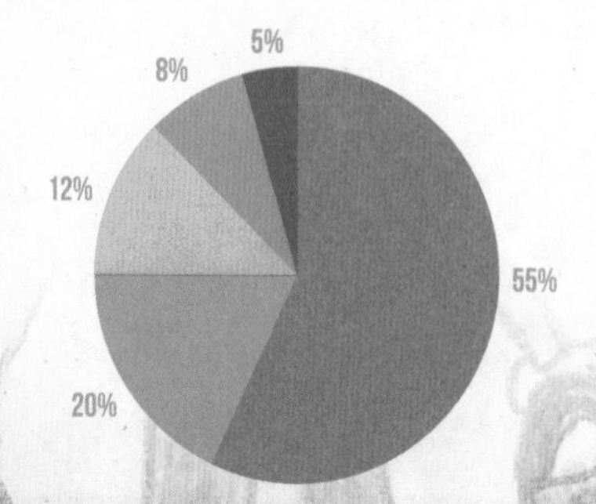

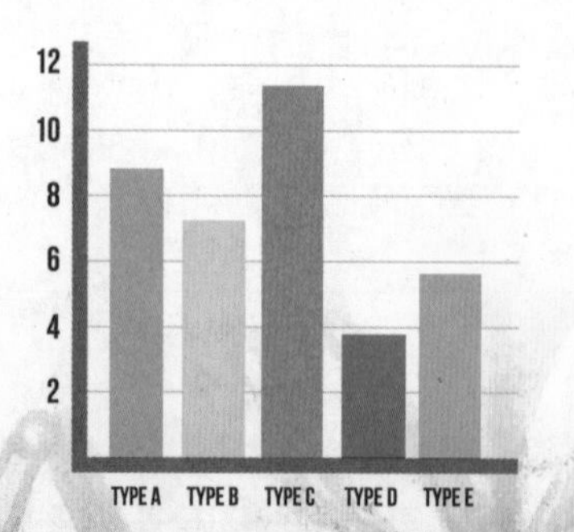

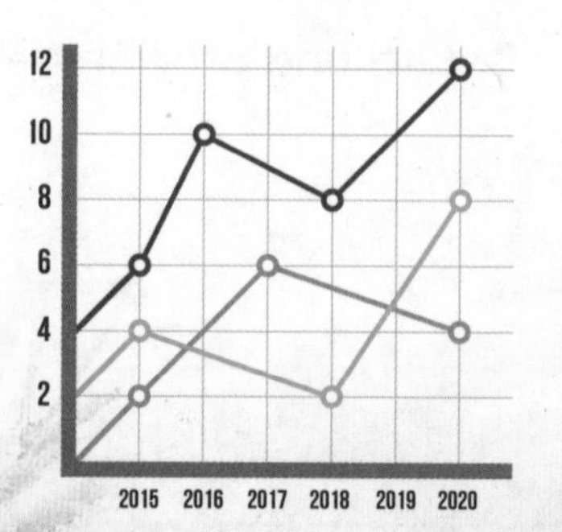

COLABORAR Con tu compañero, haz una lluvia de ideas sobre qué medios digitales podrían reforzar tu carta argumentativa. Luego, busca en Internet información que respalde tu argumento. Consulta diversas fuentes, como sitios web y videos. Para demostrar tu comprensión, explica por qué la información de cada fuente hace que tu argumento sea más convincente. Decide cuál es la mejor manera de presentar lo que hallaste.

Tipo de medio digital:

Fuente:

¿Cómo haría el argumento más convincente?

Tipo de medio digital:

Fuente:

¿Cómo haría el argumento más convincente?

Revisa

Vocabulario Vuelve a leer tu carta con tu compañero. Luego, revísala y concéntrate en la selección de palabras.

- [ ] ¿Incluiste vocabulario académico de la unidad?
- [ ] ¿Incluiste vocabulario de dominio específico relacionado con la actividad?
- [ ] ¿Incluiste lenguaje persuasivo para ayudar a convencer al lector?

Revisar la selección de palabras

Los autores del modelo del estudiante se dieron cuenta de que no habían usado suficientes palabras de vocabulario académico o de dominio específico. Revisaron algunas oraciones para incluir esas palabras y fortalecer el argumento.

Deberíamos ~~tener más opciones en~~ expandir el menú de la cafetería para así incluir a los estudiantes con alergias alimentarias.

Una razón más importante aún es que si comes algo a lo que eres alérgico, ~~te puedes sentir mal~~ puedes sufrir anafilaxia, que es una reacción grave a los alimentos.

Corrige

Normas Vuelve a leer tu carta y haz correcciones. ¿Usaste las normas correctamente?

- [ ] Ortografía
- [ ] Puntuación
- [ ] Información de paráfrasis o citas
- [ ] Comillas para citas
- [ ] Uso de mayúsculas para nombres y lugares
- [ ] Variedad de oraciones simples y compuestas

Evaluación entre compañeros

COLABORAR Intercambia cartas argumentativas con otro grupo. A medida que lees, intenta reconocer las características de un texto argumentativo, como la afirmación y el destinatario. Luego, fíjate si puedes identificar cómo los autores han usado datos para apoyar su argumento.

¡A celebrar!

COLABORAR Lee tu carta argumentativa a otro grupo. Asegúrate de pronunciar bien las palabras y lee con un ritmo y volumen naturales. ¿Cómo reaccionó el público a tu carta? Escribe algunas de sus reacciones.

Reflexiona sobre tu proyecto

Mi TURNO Piensa en la carta argumentativa que escribiste. ¿Cuáles son las partes que consideras más eficaces? ¿Qué áreas podrías mejorar la próxima vez? Escribe tus pensamientos aquí.

Fortalezas

Áreas para mejorar

Reflexiona sobre tus metas

ESCALA	1	2	3	4	5
	NADA BIEN	NO MUY BIEN	BIEN	MUY BIEN	SUMAMENTE BIEN

Vuelve a mirar tus metas de la unidad.
Usa un color diferente para volver a calificarte.

Reflexiona sobre tus lecturas

¿Qué fue lo que más te sorprendió sobre lo que leíste en esta unidad?

Reflexiona sobre tu escritura

¿Qué fue lo que más te sorprendió sobre tu escritura en esta unidad?

Los impactos

Pregunta esencial

¿Cómo moldean nuestros relatos a nuestro mundo?

Mira

"Historias que nos moldean"

INTERCAMBIAR ideas

¿Cómo han influenciado tu vida los relatos?

SAVVAS realize™

Puedes hallar todas las lecciones EN LÍNEA.

- VIDEO
- AUDIO
- INTERACTIVIDAD
- JUEGO
- ANOTAR
- LIBRO
- INVESTIGACIÓN

Enfoque en la literatura tradicional

TALLER DE LECTURA

Recursos digitales: Revelar secretos

¿Puedes adivinar mi nombre? .... **Cuentos tradicionales**

por Judy Sierra

Poema: Disparate

"Thunder Rose" .... **Cuento exagerado**

por Jerdine Nolen

Cuento de hadas: La máscara misteriosa

La culebra .... **Obra de teatro**

por Pamela Gerke

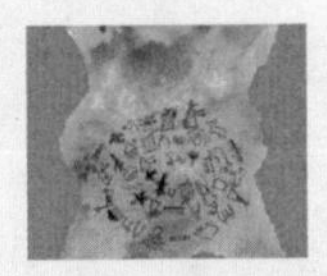

Fuente primaria: StoryCorps

"El secreto del calendario indígena" .... **Ficción histórica**

por Jacqueline Guest

Infografía: Textos que guían nuestras acciones

"Pandora" y "Carrera a la cima" .... **Mitos**

por Cynthia Rylant | por Geraldine McCaughrean

PUENTE ENTRE LECTURA Y ESCRITURA

- Vocabulario académico
- Estudio de palabras • **Leer como un escritor**
- **Escribir para un lector** • Ortografía • Lenguaje y normas

TALLER DE ESCRITURA

Opinión

- Introducción e inmersión • Desarrollar los elementos
- Desarrollar la estructura • La técnica del escritor
- Publicar, celebrar y evaluar

PROYECTO DE INDAGACIÓN

- Indagar • Investigar • Colaborar

Lectura independiente

Aumentar el rendimiento significa desarrollar tu capacidad para hacer una actividad durante un período de tiempo más largo. Repasa tus Registros de lectura independiente de unidades anteriores.

- ¿Cuántas páginas leíste en una sesión? ____________
- ¿Cuál es la cantidad más larga de tiempo que pasaste leyendo de manera independiente? ____________

Usa estos consejos como ayuda para aumentar tu rendimiento de lectura.

- Elige libros según los temas que te interesen. Si un libro no mantiene tu atención, considera elegir otro libro.
- Primero, haz ejercicios de estiramiento. Te resultará más fácil quedarte sentado y leer tranquilo si has hecho un poco de ejercicio antes.
- Controla tu ritmo de lectura. Lee a un ritmo que te funcione.
- Limita las distracciones. Si es posible, elige un lugar que sea tranquilo y cómodo, donde no te interrumpan.
- Cada vez que leas, ponte la meta de leer algunas páginas más o un par de minutos más que lo que hiciste la vez anterior. ¡Las metas pequeñas conducen a grandes éxitos!

Cuando lea (título del libro) ____________, aumentaré mi rendimiento de lectura haciendo lo siguiente: ____________.

Registro de lectura independiente

Fecha	Libro	Género	Páginas leídas	Minutos de lectura	Cuánto me gusta
					☆☆☆☆☆

Metas de la unidad

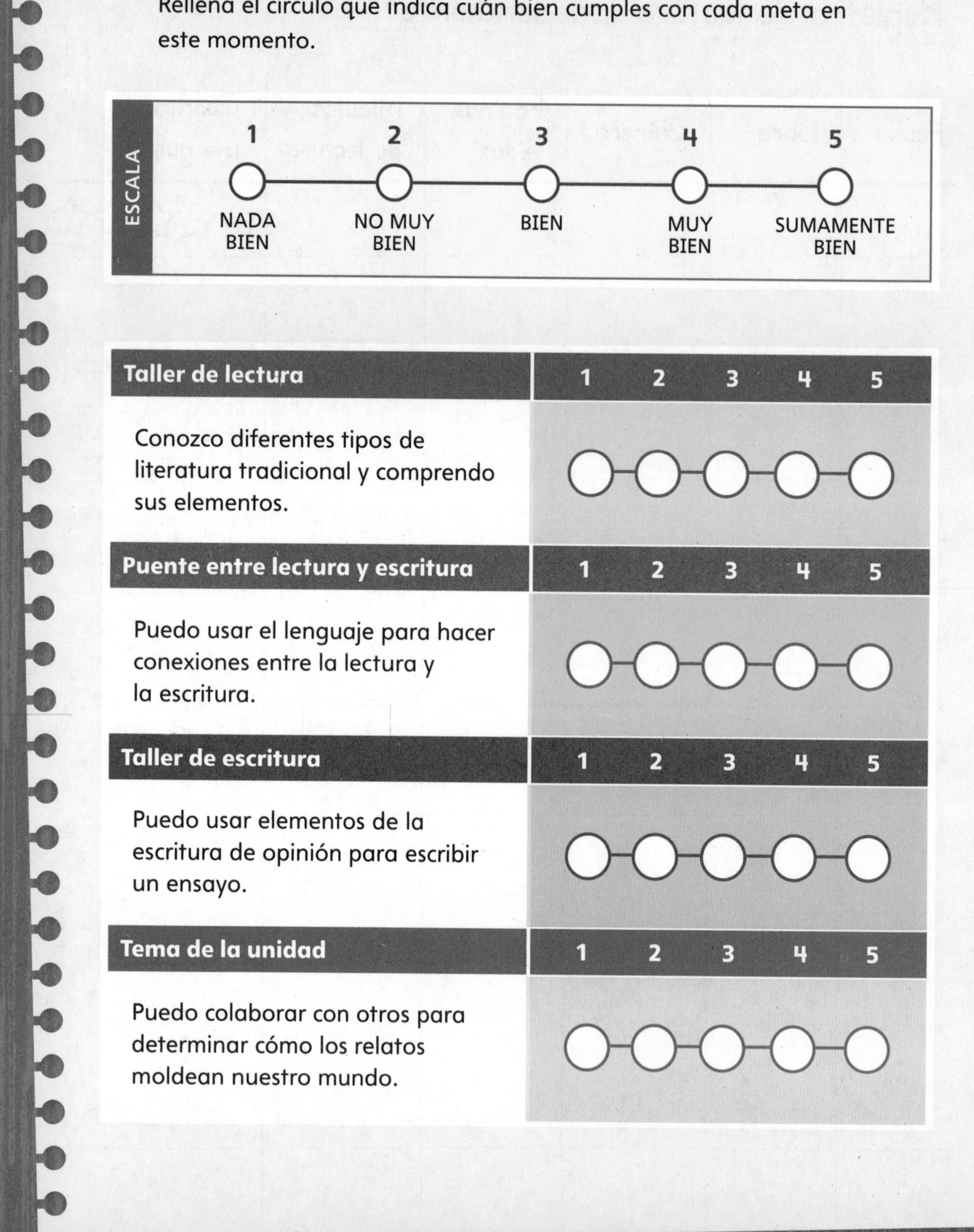

Rellena el círculo que indica cuán bien cumples con cada meta en este momento.

ESCALA	1	2	3	4	5
	NADA BIEN	NO MUY BIEN	BIEN	MUY BIEN	SUMAMENTE BIEN

Taller de lectura	1	2	3	4	5
Conozco diferentes tipos de literatura tradicional y comprendo sus elementos.	○	○	○	○	○

Puente entre lectura y escritura	1	2	3	4	5
Puedo usar el lenguaje para hacer conexiones entre la lectura y la escritura.	○	○	○	○	○

Taller de escritura	1	2	3	4	5
Puedo usar elementos de la escritura de opinión para escribir un ensayo.	○	○	○	○	○

Tema de la unidad	1	2	3	4	5
Puedo colaborar con otros para determinar cómo los relatos moldean nuestro mundo.	○	○	○	○	○

Vocabulario académico

Usa las siguientes palabras para hablar y escribir sobre *Los impactos*, el tema de esta unidad: *revelar*, *tradicional*, *ilustrar*, *interpretar* y *predecir*.

INTERCAMBIAR ideas Lee las oraciones con las palabras de vocabulario recién adquiridas. Escribe un signo más (+) para los enunciados con los que estés de acuerdo y un signo menos (–) para aquellos con los que no estés de acuerdo. Explica a un compañero por qué estás o no estás de acuerdo con cada enunciado.

Oración con la palabra de vocabulario académico	De acuerdo (+) o no de acuerdo (–)
Las historias **revelan**, o dan a conocer, cómo vivían las personas en el pasado.	
Los cuentos **tradicionales** tienen el mismo propósito que los tipos modernos de historias.	
Los mitos suelen **ilustrar**, o mostrar, cómo influyen los dioses en la vida de los seres humanos.	
Cuando **interpreto** una historia, averiguo lo que quiso decir exactamente el autor.	
Leer historias puede ayudarme a **predecir** cómo podrían responder las personas reales a situaciones futuras de la vida real.	

Revelar SECRETOS

¿Qué sucede cuando los secretos se revelan? Piensa en ejemplos de la vida cotidiana. Una fiesta de cumpleaños sorpresa que planeas para un amigo es un secreto, pero la sorpresa se pierde si tu amigo se entera antes de la fiesta. ¿Cómo te hace sentir eso? ¿Cómo crees que se siente tu amigo?

¿Y qué sucede con otros secretos, como los clubes secretos, los tesoros secretos o los códigos secretos? Una vez que un secreto se revela, las situaciones cambian. El conocimiento que antes estaba protegido ahora pertenece a otros.

Estas ideas acerca de los secretos se reflejan en los cuentos tradicionales. En muchos de estos cuentos, un tema común es un nombre secreto. El personaje principal enfrenta un problema imposible. A menudo, una persona misteriosa ofrece ayudar, pero esa ayuda se da a un gran precio. El personaje principal debe adivinar el nombre secreto de la persona misteriosa para evitar tener que pagar el precio.

Pregunta de la semana

¿De qué manera revelar un secreto puede hacer que pierda su poder?

Escritura rápida ¿Cómo te sentiste cuando revelaron un secreto que tenías? ¿Cómo te sentiste cuando supiste el secreto de otra persona?

Meta de aprendizaje

Puedo aprender sobre la literatura tradicional analizando a los personajes.

Enfoque en el género

Literatura tradicional

La **literatura tradicional** ha sido transmitida de generación en generación. Los cuentos folclóricos, las fábulas, las leyendas, los mitos y los cuentos exagerados son ejemplos de literatura tradicional. A veces, no se sabe quién es el autor original de un cuento tradicional. Históricamente, estos cuentos se contaban de forma oral en lugar de estar escritos, de modo que se transmitían cuando las personas los volvían a relatar. La literatura tradicional incluye:

- **Personajes típicos**, es decir, aquellos que tienen características que se reconocen al instante
- Un **conflicto** simple entre los personajes
- Un **ambiente** que es fácil de reconocer
- Un **argumento** rápido que incluye acciones repetidas (normalmente de a tres) y, por lo general, un final feliz

Los personajes de la literatura tradicional quizá te parezcan conocidos.

INTERCAMBIAR ideas Describe un cuento favorito a un compañero. Usa el Cartel de referencia para decidir si el relato es un cuento tradicional. Toma apuntes de tu conversación.

Mis APUNTES

cartel de referencia: LITERATURA TRADICIONAL

PERSONAJES
- No cambian
- Una o dos características
  - Lechuza sabia
  - Madrina amable

CONFLICTOS
- Argumento con ritmo rápido
- Simple y directo
  - Un niño derrota a un gigante.
  - Una mujer es más lista que un embustero.

AMBIENTE
- No influye en los sucesos del cuento.
- Puede ser evidentemente poco realista.

TEMA
- Una gran idea sobre las necesidades o los deseos de los seres humanos
  - "El bien triunfa sobre el mal".
  - "Las malas acciones son castigadas."

Conoce a la autora

Judy Sierra se apasionó por la literatura tradicional siendo una niña pequeña, cuando descubrió la sección de cuentos de hadas y cuentos folclóricos en su biblioteca. Judy Sierra ahora escribe libros ilustrados y colecciones de cuentos tradicionales. Elegir el tema perfecto sobre el cual escribir es importante para ella. "Tiene que ser algo que les interese a los niños (y a los padres también)", dice Judy.

de
¿Puedes adivinar mi nombre?

Primer vistazo al vocabulario

A medida que lees *¿Puedes adivinar mi nombre?*, presta atención a estas palabras de vocabulario. Fíjate cómo nos dan claves acerca de los sucesos y las acciones.

engañado **trato**
reputación **asombro** **compostura**

Lectura

Antes de leer, establece un propósito de lectura. Luego, sigue estas estrategias cuando lees **cuentos tradicionales** por primera vez.

Primera lectura

Nota
las características de los personajes y cómo interactúan.

Genera preguntas
antes, durante y después de leer para aclarar la comprensión de las respuestas de los personajes.

Conecta
la selección con otros cuentos que hayas oído o leído.

Responde
comentando la forma en que este texto responde a la pregunta de la semana.

¿Puedes adivinar mi nombre?

por
Judy Sierra

AUDIO

ANOTAR

Cuentos como "Rumpelstiltskin"

La creencia en el poder mágico de los nombres es antigua y generalizada. Según la creencia folclórica, conocer el nombre de una persona —especialmente el nombre secreto de una persona— confiere poder sobre él o ella. En las sociedades tradicionales, los adultos advertían a los niños que nunca dijeran su nombre a un extraño y les contaban el destino triste de aquellos que lo hacían. Los cuentos sobre adivinar los nombres también responden al gran interés por guardar, contar y adivinar secretos. Los nombres secretos en el siguiente cuento son palabras inventadas que no tienen sentido y, por lo tanto, son prácticamente imposibles de adivinar. Pero todos saben que es difícil, si no imposible, guardar secretos.

Titalituro

Suecia

1 Había una vez una mujer pobre que tenía una única hija, y la joven era tan perezosa que se negaba a mover su mano para hacer ningún trabajo en lo absoluto. Esto no hacía más que provocarle pena a su madre. La mujer trataba una y otra vez de enseñarle a su hija a hilar, pero no servía de nada. Finalmente, la madre hizo que la joven se sentara en el techo de paja de su casita de campo con su rueca. "Ahora todo el mundo podrá ver qué hija tan perezosa, buena para nada eres", dijo la mujer.

2 Esa misma tarde, el hijo del rey pasó por la casa montando su caballo, de regreso a su hogar después de la cacería. Se sorprendió al ver a una joven tan hermosa sentada en el techo de una casita. Entonces le preguntó a la madre de la joven por qué estaba allí arriba.

3 La mujer no sabía qué decir. ¿Cómo podría decirle la verdad? —Uh, oh —tartamudeó—. Mi hija está en el techo porque... porque es una joven muy lista, puede hilar las pajas largas del techo hasta convertirlas en oro puro.

LECTURA ATENTA

Analizar a los personajes

Subraya detalles que muestren las características del personaje de la hija.

LECTURA ATENTA

Analizar a los personajes

Subraya detalles que digan qué quieren de la joven el príncipe y la reina.

engañado convencido de algo que no es verdad

4 —¡Ajá! —dijo de un chillido el príncipe—. Si lo que dice es verdad y esta doncella *puede* hilar oro con la paja, debe venir al palacio y casarse conmigo. —Entonces, la joven bajó del techo y montó el caballo del príncipe detrás de él, y cabalgando se fueron.

5 Cuando llegaron al palacio, la reina llevó a la joven hasta una habitación pequeña de la torre y le dio una rueca y una gran pila alta de paja, y le dijo: —Si puedes hilar esto hasta convertirlo en oro para cuando salga el sol, te casarás con mi hijo. Pero si nos has engañado, pagarás con tu vida.

6 La pobre joven estaba terriblemente asustada porque, por supuesto, nunca había aprendido a hacer hilo, y mucho menos, oro. Así que sentada allí estaba, con la cabeza entre las manos, llorando lágrimas amargas, cuando la puerta de la habitación lentamente se abrió y entró un hombre pequeño de aspecto raro. La saludó de forma amigable y le preguntó por qué estaba llorando.

7 —Tengo buenas razones para llorar —respondió la joven—. La reina me ha ordenado que hilara esta paja hasta convertirla en oro antes del amanecer o, si no, he de pagar con mi vida. Nadie puede hilar paja hasta convertirla en oro.

8 —¿Nadie? —preguntó el hombre pequeño. Entonces sacó un guante que resplandecía y brillaba a la luz de la vela—. Siempre y cuando te pongas esto, sí podrás hilar toda la paja hasta convertirla en oro. Pero hay un precio por usar mi guante. Mañana a la noche, he de regresar y pedirte que adivines mi nombre. Si no puedes adivinarlo, debes casarte conmigo y ser mi esposa.

9 En su desesperación, la joven aceptó el trato. Tan pronto como el hombre pequeño desapareció, se puso el guante y se sentó e hiló como si hubiese estado hilando toda su vida. Para el amanecer, había hilado toda la paja hasta convertirla en el más fino oro.

10 Enorme fue la alegría de todos en el palacio porque el príncipe había encontrado una novia tan hermosa y talentosa. La doncella, sin embargo, no se regocijaba, sino que estaba sentada junto a la ventana, pensando con fuerza cuál podría ser el nombre del hombre pequeño.

11 Cuando el príncipe regresó de la cacería, se sentó y, para divertir a la joven, comenzó a contarle sobre sus aventuras de aquel día. —Vi la cosa más extraña en el bosque —dijo—. Llegué a un claro y allí había un hombre viejo y pequeño bailando y bailando alrededor de un arbusto de enebro, cantando la canción más peculiar.

LECTURA ATENTA

Analizar a los personajes

Subraya dos detalles que muestren cómo se siente la joven acerca del trato.

trato un acuerdo entre personas sobre lo que cada una dará o recibirá

LECTURA ATENTA

Resumir información acerca de los personajes

Resalta detalles que muestren cómo la joven puede conseguir lo que quiere.

Vocabulario en contexto

Los autores usan **claves del contexto** para ayudar a los lectores a determinar el sentido correcto de las palabras con varios significados.

Define la palabra *giró* según su uso en el párrafo 15. Subraya las claves del contexto que apoyen tu definición.

12 —¿Qué cantaba? —preguntó la doncella.

13 El príncipe respondió:

"Su vestido de boda ha de coser,

porque mi mágico guante usó,

ella jamás ha de saber

que Titalituro es el nombre de su amor".

14 La joven sonrió y aplaudió, y le pidió al príncipe que cantara la canción del hombre pequeño una y otra vez, para no olvidarla. Y cuando el príncipe la dejó sola y la noche cayó, la puerta de su recámara se abrió. Allí parado estaba el hombre viejo y pequeño, con una sonrisa enorme de oreja a oreja. Antes de que pudiera decir una palabra, la joven sacó el guante y dijo: —Aquí está su guante… ¡Titalituro!".

15 Cuando la oyó decir su nombre, el hombre pequeño pegó un alarido y giró, dando vueltas y más vueltas y, luego, con un golpe y en medio de una gran nube de humo, se disparó por los aires y desapareció, llevándose con él una parte del techo de la torre.

16 La joven y el príncipe se casaron, y nunca jamás tuvo ella que volver a hilar porque, por supuesto, hilar no es un trabajo apropiado para una princesa.

Nigeria

Cómo Ijapa el tortugo engañó al hipopótamo

Nigeria: Yoruba

LECTURA ATENTA

Analizar a los personajes

Subraya un detalle que muestre en qué forma el hipopótamo se parece a Titalituro del cuento anterior.

17 El cuento flota y se mantiene en el aire. ¿Dónde aterrizará? Cae sobre Ijapa, el tortugo. Él es pequeño; aun así, engañó al poderoso hipopótamo.

18 Hoy el hipopótamo vive en el agua, donde no manda a nadie. Pero hace mucho tiempo, el hipopótamo vivía en la tierra seca y era un jefe con mucho poder, solo el elefante estaba por encima de él. Una cosa curiosa sobre el hipopótamo era que, excepto su familia, nadie sabía su nombre. El hipopótamo tenía siete esposas; todas tan grandes y regordetas como él, y sus esposas eran las únicas, además del hipopótamo mismo, que sabían cómo se llamaba.

19 Para el hipopótamo y sus esposas, no había nada que se pudiera disfrutar más que comer. Invitaban a todos los otros animales a cenar con ellos y, luego, justo cuando el banquete estaba a punto de comenzar, el hipopótamo decía: —Han venido a alimentarse a mi mesa —sí, han venido, sí, han venido—, pero ¿quién entre ustedes sabe mi nombre? Nadie debería comer mi comida ni beber mi vino si no sabe mi nombre.

LECTURA ATENTA

Analizar a los personajes

Subraya cuatro verbos que te digan características importantes del personaje de Ijapa.

20 Ni uno de los animales sabía el nombre del hipopótamo. ¿Qué podían hacer? Algunos de ellos trataban de adivinar, pero no lograban hacerlo. Una y otra vez, se iban con hambre hasta que, al final, Ijapa el tortugo no pudo soportarlo más.

21 —Usted dice que si adivinamos su nombre, nos dejará comer su comida —dijo Ijapa—. Eso no es suficiente. Pienso que debería hacer algo muy grande, muy importante, si adivinamos su nombre.

22 —¡Nadie *nunca* adivinará mi nombre! —dijo bramando el hipopótamo—. Pero si lo adivinan, prometo que dejaré la tierra y me iré a vivir en el agua, y lo mismo hará toda mi familia.

23 Era costumbre del hipopótamo y sus siete esposas tomar un baño en el río cada mañana. Ijapa el tortugo se escondía debajo de los arbustos y los miraba ir y venir, día tras día. Hasta que notó que una de las esposas del hipopótamo caminaba más lento que el resto y siempre era la última en irse del río.

24 Una mañana, Ijapa esperó que todos los hipopótamos bajaran hasta el río. Entonces, mientras estaban lavándose y bebiendo, Ijapa cavó un agujero en el medio del camino. Se metió en el agujero y se agachó para que su caparazón pareciera una roca suave y desgastada. Así esperó hasta que el hipopótamo y las primeras seis esposas pasaran con su pisada fuerte por el camino. Luego, antes de que llegara la séptima esposa, rodó sobre uno de sus lados de manera que el caparazón sobresaliera del agujero. Como era de esperar, la esposa número siete del hipopótamo tropezó con el caparazón de Ijapa. Se estrelló contra el suelo y se volteó sobre su lomo.

25 —¡Auxilio! —gritó— ¡No puedo levantarme! Isantim, ¡mi esposo! ¡Ven rápido! ¡Auxilio! ¡Isantim!

26 Mientras el hipopótamo ayudaba a la esposa número siete a pararse sobre sus patas, Ijapa el tortugo se fue caminando a su casa, repitiendo "Isantim, Isantim, Isantim". Desde la mañana hasta la noche se dijo la palabra a sí mismo suavemente, para que nadie pudiera oírlo: "Isantim, Isantim, Isantim".

27 En el siguiente banquete, el hipopótamo proclamó como era costumbre: —Han venido a alimentarse a mi mesa —sí, han venido, sí, han venido—, pero ¿quién entre ustedes sabe mi nombre? Nadie debería comer mi comida ni beber mi vino si no sabe mi nombre.

28 Ijapa se aclaró la garganta, *ejem, ejem*, y entonces, dijo: —Haz silencio, Isantim, y déjame comer.

29 El hipopótamo quedó boquiabierto. No podía emitir palabra. Todos los animales vitorearon a Ijapa: —¡Hurra por Ijapa! —Se sentaron y comieron la comida y bebieron el vino de palma de Isantim.

30 Cuando el banquete terminó, Isantim y sus esposas llevaron todas sus pertenencias hasta el río. Allí es donde viven hoy en día, porque Isantim se permitió a sí mismo ser engañado por Ijapa el tortugo.

LECTURA ATENTA

Resumir información acerca de los personajes

Resalta tres sucesos que sean similares a los del final de "Titalituro".

Oniroku

Japón

31 Alto en las montañas de Japón, fluía un río rabioso que se levantaba y arremolinaba al pasar por piedras y rocas. Desde el comienzo de los tiempos, no había habido manera alguna de cruzar ese río, ya fuera a pie o montando a caballo o en bote. Las personas que vivían cerca del río habían tratado una y otra vez de construir un puente, pero cada vez, las poderosas corrientes del río hacían que su trabajo se derrumbara.

32 En una ciudad lejana, vivía un hombre de quien se rumoreaba era el mejor constructor de todo Japón. Su fama se había extendido por todo el país hasta que, finalmente, las noticias sobre su gran destreza llegaron a las personas que vivían en la aldea junto al río. Los pobladores enviaron a un mensajero que le iba a ofrecer al constructor el precio que él pidiera para construir un puente para ellos.

33 El maestro constructor llegó enseguida, deseoso de probar su destreza. Se quedó en la orilla del río viendo los remolinos y las cascadas que iba a tener que conquistar y pensó: "No existe puente que vaya a resistir el poder de este río. Pero si no construyo un puente aquí, mi reputación se verá dañada".

34 Mientras el constructor reflexionaba sobre su situación, un oni —un ogro horroroso— emergió del río: *¡zas!* El cabello largo y enredado del oni giraba como un remolino a su alrededor y sus ojos enormes brillaban como relámpagos.

LECTURA ATENTA

Analizar a los personajes

Subraya dos detalles que muestren en qué se diferencian las cualidades del constructor de las de la joven en "Titalituro".

reputación la opinión que tienen muchas personas acerca de alguien

LECTURA ATENTA

Resumir información acerca de los personajes

Resalta detalles que muestren una semejanza entre el trato que propone el oni y el que propuso Isantim.

asombro un sentimiento de gran sorpresa

35 —Nunca podrás construir un puente aquí —dijo rugiendo el oni— a menos que tengas mi ayuda. Yo los derribo a todos, sí. Yo los destrozo a *todos.*

36 El constructor empezó a estremecerse y temblar. Entonces, el oni habló de nuevo: —Si aceptas pagar mi precio, no permitiré que se construya un puente aquí, lo construiré yo mismo, hoy por la noche, mientras tú duermes.

37 "¿Cuánto dinero querría el oni?", se preguntaba el maestro constructor. Los habitantes de la aldea habían ofrecido pagar el precio que él pidiera. —Muy bien —le dijo al oni—. Pagaré tu precio. Entonces, fue a un hospedaje local para pasar la noche, pero el recuerdo incómodo de hacer un trato con un oni lo mantuvo despierto un rato largo.

38 A la mañana siguiente, el constructor salió apresurado hasta el lugar donde se había encontrado con el oni. Allí, para su gran asombro, un magnífico puente de madera, alto y fuerte, cruzaba en forma de arco las salvajes corrientes del río. Al pie del puente estaba el oni, sonriendo y mostrando sus horripilantes colmillos amarillos.

39 —Y ahora, como pago —dijo—, debes darme tus ojos.

40 —¿Mis ojos? —dijo el maestro constructor gritando con angustia—. ¡No! ¡No! —¿Cómo había caído en la trampa del oni tan fácilmente? Se arrodilló y le suplicó al monstruo, con lágrimas cayendo por sus mejillas.

41 —Oh, muy bien —dijo el oni finalmente—. Como sigues con esta actitud repugnante, te daré una oportunidad de escapar de tu destino. Si para el amanecer has averiguado mi nombre, puedes quedarte con tus ojos. Si no, ¡son míos!

42 El oni dio zancadas hasta el puente, saltó por el costado —*¡zas!*— y se hundió debajo de los rápidos arremolinados.

43 El constructor giró y se fue corriendo hacia el bosque. No tenía idea de cómo podría descubrir el nombre del oni. Y se adentraba en el bosque silencioso cada vez más y más.

44 Luego, oyó sonido de tambores y pisadas de bailarines: *tangura, tangura, tangura, tangura.* Caminó hacia el ruido y encontró un claro entre los árboles donde seis o siete pequeños niños oni estaban bailando y batiendo las patas. Y cantaban:

"¡Cuando Oniroku traiga los ojos,
qué felices vamos a estar!
¡Cuando Oniroku traiga los ojos,
qué felices vamos a estar!".

45 El corazón del constructor latió con alegría y entusiasmo. Se dio la vuelta y salió corriendo de regreso al río.

46 —¡Oniroku! ¡Oniroku! —gritó—. ¿Dónde estás, Oniroku?

LECTURA ATENTA

Analizar a los personajes

Subraya detalles de los párrafos 40 a 43 que muestren en qué se diferencia la reacción del constructor al trato con el oni de la reacción de Ijapa al trato con Isantim.

LECTURA ATENTA

Resumir información acerca de los personajes

Resalta palabras que dice el oni que también podrían haber dicho Titalituro o Isantim.

compostura el control calmo de uno mismo

47 El agua se agitó y formó burbujas —*¡zas!*—, la cara espantosa del oni apareció en el agua.

48 —¿Cómo averiguaste mi nombre? —dijo furioso el oni—. ¿Quién te dijo mi nombre? —La cara se le puso de color rojo carmesí y de su nariz y su boca salieron disparadas grandes ráfagas de vapor. Al final, recuperó la compostura.

—Quédate con tus tontos ojos —dijo rugiendo—. Pero nunca digas mi nombre a nadie más y nunca jamás te atrevas a volver aquí nuevamente.

49 Pueden estar seguros de que el maestro constructor nunca regresó.

Desarrollar el vocabulario

El vocabulario que elige un autor puede ayudarte a analizar a los personajes de los cuentos tradicionales y de otras obras de ficción.

Mi TURNO Usa las palabras del banco de palabras para completar el párrafo. Usa cada palabra una sola vez. Luego, responde a las preguntas.

Banco de palabras

asombro **trato** **compostura** **engañado** **reputación**

Della sabía que la habían __________. Aunque su __________ con Laszlo era que iban a compartir todo, él tenía la __________ de poner sus propios intereses antes que todo lo demás. Así que, a pesar de su __________ inicial, Della rápidamente aceptó que ella debería haber sabido que Laszlo iba a traicionar su acuerdo. Por lo tanto, Della mantuvo la __________ y actuó como si nada estuviera mal.

1. ¿Qué te dicen las palabras *trato*, *asombro* y *compostura* sobre el personaje de Della?

____

____

____

2. ¿Qué te dicen las palabras *reputación* y *engañado* sobre Laszlo?

____

____

____

Verificar la comprensión

MI TURNO Vuelve a mirar el texto para responder a las preguntas.

1. ¿Qué elementos comunes revelan que estos tres cuentos son cuentos tradicionales?

2. ¿En qué se diferencia el argumento de "Cómo Ijapa el tortugo engañó al hipopótamo" de los argumentos de los otros dos cuentos? ¿Por qué podría haberse incluido este cuento con los otros dos cuentos?

3. ¿De dónde sacaban la confianza Titalituro, Isantim y Oniroku? ¿Por qué es inapropiada esa confianza? Cita evidencia para apoyar tu respuesta.

4. Basándote en estos cuentos, saca una conclusión sobre si piensas que la suerte o el razonamiento es más útil para salir de una situación difícil. Escribe un argumento breve para transmitir tu opinión, tus razones y tu evidencia.

Analizar a los personajes

Los cuentos tradicionales tienen personajes cuyas características no son muy complicadas. Los autores suelen anunciar cuáles son esas características.

1. **Mi TURNO** Vuelve a las notas de Lectura atenta de los cuentos y subraya partes del texto que te ayuden a analizar a los personajes.

2. **Evidencia del texto** Resume en la tabla el texto subrayado. Luego, responde a la pregunta.

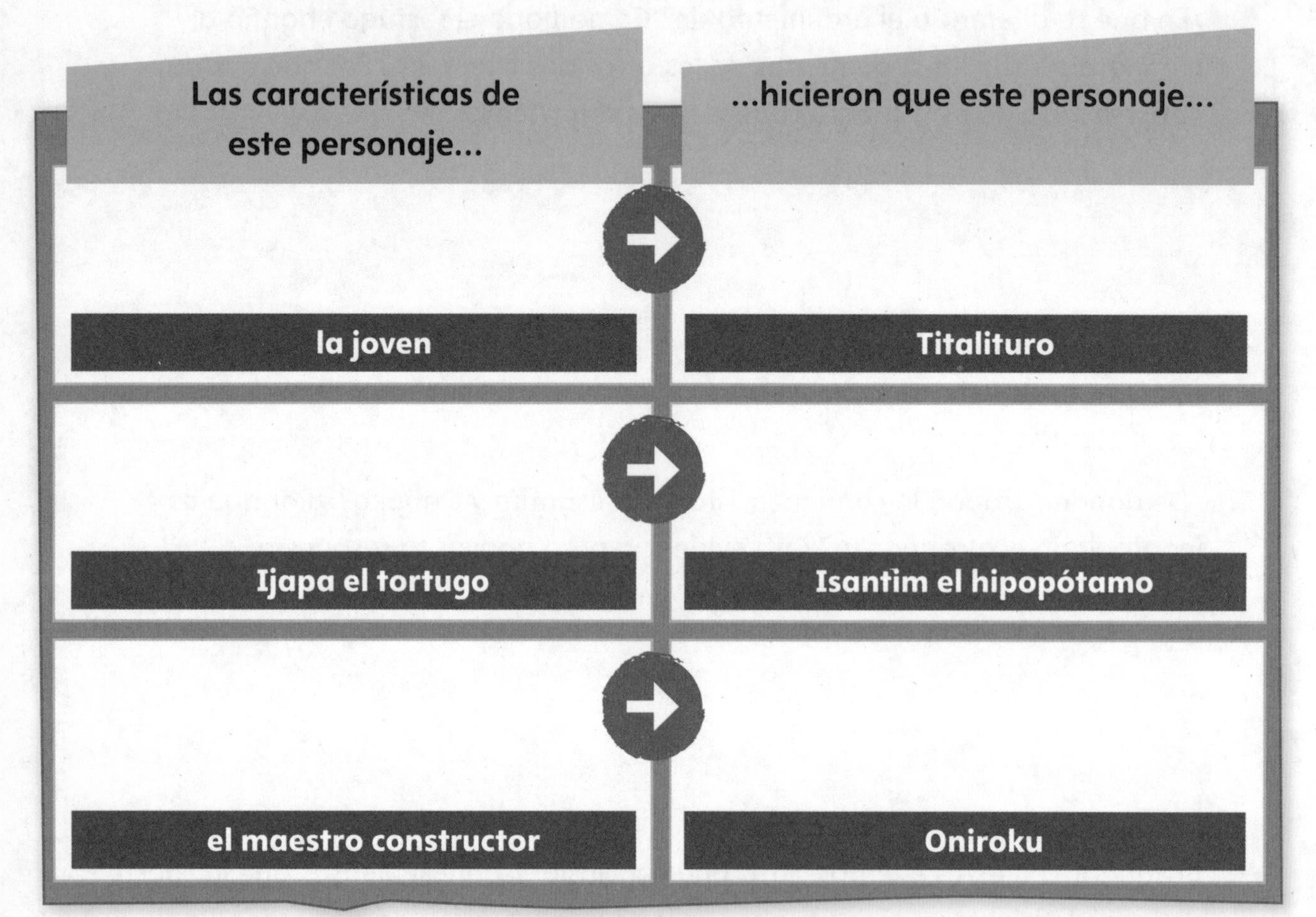

Las características de este personaje...	...hicieron que este personaje...
la joven	Titalituro
Ijapa el tortugo	Isantim el hipopótamo
el maestro constructor	Oniroku

De acuerdo con tu análisis, ¿qué personaje fue más fácil de engañar y por qué?

Resumir información acerca de los personajes

Resume, o recopila, información de varias fuentes para profundizar tu comprensión de los personajes.

1. **Mi TURNO** Vuelve a las notas de Lectura atenta y resalta texto sobre las interacciones de los personajes de cada cuento que te ayude a resumir evidencia para entender mejor las semejanzas entre los cuentos.

2. **Evidencia del texto** Repasa tus notas y resume detalles para completar la tabla.

Pregunta	Resumen
¿Qué acción ayuda a la joven y al tortugo a recordar los nombres secretos?	
¿En qué se parecen los tratos que proponen Isantim y Oniroku?	
¿Qué hace el personaje principal al final de cada cuento?	
¿En qué se parecen las reacciones de Titalituro, Isantim y Oniroku al final de cada cuento?	

Comprensión nueva
¿Qué te dicen tus resúmenes acerca de los personajes que quieren mantener sus nombres en secreto?

Reflexionar y comentar

En tus palabras Los personajes de *¿Puedes adivinar mi nombre?* enfrentan conflictos muy similares. Piensa en todos los textos que has leído esta semana. ¿Cómo han resuelto los personajes sus conflictos? ¿Qué hicieron los personajes para triunfar sobre el mal? Compara y contrasta los temas y los patrones de eventos en los cuentos tradicionales y otras historias que hayas leído. Usa estas preguntas para formar una opinión acerca de la mejor manera en que un personaje logra sus objetivos.

Apoyar una opinión Cuando expreses una opinión, explica tus razones y apóyalas con información precisa. Usa estos comienzos de oración para unir tus afirmaciones.

Creo que la mejor manera en que un personaje alcanza su objetivo es...

Creo que es así porque el personaje...

Por ejemplo, en el cuento leí que...

Pregunta de la semana

¿De qué manera revelar un secreto puede hacer que pierda su poder?

Vocabulario académico

Meta de aprendizaje

Puedo usar el lenguaje para hacer conexiones entre la lectura y la escritura.

Las **palabras relacionadas** son formas de una palabra que comparten la raíz o partes de la palabra. Sus significados son diferentes, pero están relacionados, y dependen de cómo se usen las palabras en las oraciones.

Mi TURNO En cada palabra de vocabulario:

1. **Lee** el origen en latín y su significado.
2. **Consulta** un recurso impreso o digital, y escribe una palabra relacionada después de cada flecha.
3. **Usa** cada palabra relacionada en una oración que incluya el significado en latín de la palabra.

Latín *tradere* entregar	tradicional ➜ ______
Latín *praedicere* pronosticar	predecir ➜ ______
Latín *revelare* destapar	revelar ➜ ______

1. ______________________________
______________________________.

2. ______________________________
______________________________.

3. ______________________________
______________________________.

Las raíces y los afijos latinos y griegos

Es importante conocer el significado de afijos y raíces que se añaden a palabras base.

- ***dis-*** es un prefijo que significa "negación": *disconforme*.
- ***re-*** es un prefijo que significa "otra vez": *releer*.
- ***ante-*** puede ser un prefijo para "antes en el tiempo o espacio": *antesala*.
- ***anfi-*** es un prefijo que significa "alrededor" o "doble": *anfiteatro*.
- ***anti-*** es un prefijo que significa "contra" o "no": *antialérgico*.
- ***auto*** es una raíz que significa "por sí mismo": *automóvil*.
- ***grafía*** es una raíz que significa "escritura": *biografía*.
- ***-ante*** puede ser un sufijo para formar adjetivos: *refrescante*.
- ***-eza*** es un sufijo que forma sustantivos: *belleza*.
- ***-ancia*** es un sufijo que forma sustantivos: *ignorancia*.

Mi TURNO Añade cada afijo o raíz a la palabra base. En la tercera columna, escribe la palabra resultante e identifica su significado. Luego, en una hoja aparte, escribe oraciones con tres de las palabras nuevas.

abundar	+	-ancia	=	
noble	+	-eza	=	
interés	+	-ante	=	
auto-	+	móvil	=	
geo	+	-grafía	=	

Leer como un escritor

El narrador de un cuento tiene una **voz** en particular basada en un punto de vista narrativo. En los textos tradicionales, los narradores suelen ser personajes externos que saben todo. El punto de vista narrativo se llama narrador omnisciente (que sabe todo) y está en tercera persona. El uso del lenguaje que hace un autor contribuye con la voz.

¡Demuéstralo! Lee el texto de "Titalituro".

> Había una vez una mujer pobre que tenía una única hija y la joven era tan perezosa que se negaba a mover su mano para hacer ningún trabajo en lo absoluto.

personajes

1. **Identificar** En una oración, Judy Sierra usa las frases "mujer pobre", "única hija" y "tan perezosa" para presentar a dos personajes.
2. **Preguntar** ¿Cómo contribuyen estas frases a la voz del narrador?
3. **Sacar conclusiones** Las frases muestran que el narrador en tercera persona sabe todo acerca de estos personajes.

Lee el texto de "Oniroku".

> En una ciudad lejana, vivía un hombre de quien se rumoreaba era el mejor constructor de todo Japón.

Mi TURNO Sigue los pasos para analizar el uso de la voz que hace la autora.

1. **Identificar** En una oración, Judy Sierra usa las frases ____________________ para presentar a un personaje.
2. **Preguntar** ¿Cómo contribuyen estas frases a la voz del narrador?
3. **Sacar conclusiones** Las frases muestran que ____________________

Escribir para un lector

El punto de vista narrativo del cuento ayuda a determinar la voz del narrador. Cuando un narrador sabe todo, el autor usa el punto de vista en tercera persona. Esto significa que la voz del narrador revelará todos los detalles que los lectores necesitan sobre los personajes. El uso del lenguaje de un autor contribuye con la voz.

Mi TURNO Piensa en cómo el lenguaje que usa Judy Sierra contribuye con la voz en los cuentos de *¿Puedes adivinar mi nombre?* Ahora identifica cómo puedes elegir el lenguaje para dar una voz a tu narrador.

1. ¿Qué palabras y frases usarías para mostrar que un narrador que está fuera del cuento sabe todo acerca del personaje de Ijapa el tortugo?

2. Escribe dos o tres oraciones acerca de un personaje como Titalituro, Isantim u Oniroku en las que la voz revele el punto de vista del narrador.

Las raíces y los afijos latinos y griegos

Identificar raíces y afijos griegos y latinos que se añaden a palabras base te ayudará a entender el significado de las palabras nuevas que se forman.

- ***-ancia*** es un sufijo que transforma adjetivos o verbos en sustantivos.
- ***-eza*** es un sufijo que transforma adjetivos en sustantivos.
- ***-ante*** puede ser un sufijo que transforma verbos en adjetivos.
- ***auto*** es una raíz que significa "por sí mismo".
- ***grafía*** es una raíz que significa "escritura" o "campo de estudio".

Otros ejemplos son los prefijos *dis-*, *re-*, *ante-*, *anfi-* y *anti-*, que se usan en las palabras que están en la caja de abajo.

Mi TURNO En una hoja aparte, usa tres de las palabras de ortografía en oraciones propias. Luego, en cada columna de la tabla, escribe al menos tres ejemplos de palabras que contengan la raíz o el afijo indicado.

PALABRAS DE ORTOGRAFÍA

disgusto	disconforme	discontinuo	releyó
repasando	anteponer	anteojos	antisísmico
antiarrugas	antebrazo	anfiteatro	anfibio
antiácido	antiatómico	reactivar	antigripal
reagrupó	disentir	disculpa	readquirir

-grafía	auto-	-ante	-eza	-ancia

Los pronombres

Los **pronombres** son palabras que pueden reemplazar a un sustantivo. Mira la tabla. Úsala al corregir el uso de pronombres, incluyendo los reflexivos, en tus borradores.

Personales	Reflexivos	Posesivos
Funcionan como sujeto de una oración o una cláusula.	Se usan si la acción del sujeto afecta al sujeto mismo: Se lavó (a sí mismo).	Sustituyen a un objeto que posee una persona.
yo	*me. Primero baño al bebé; luego,* ***me*** *baño.*	*mío/a/os/as*
tú	*te. ¿**Te** peinas tú sola?*	*tuyo/a/os/as*
él/ella	*se. Pablo* ***se*** *corta el pelo él mismo.*	*suyo/a/os/as*
nosotros/nosotras	*nos.* ***Nos*** *miramos al espejo.*	*nuestro/a/os/as*
ustedes	*se. Ustedes* ***se*** *visten bien.*	*suyo/a/os/as*
ellos/ellas	*se. Liz y Laura* ***se*** *maquillan.*	*suyo/a/os/as*

Al corregir tu borrador, usa estas normas del español estándar sobre los pronombres personales, posesivos y reflexivos.

Mi TURNO Corrige el uso de los pronombres personales, posesivos y reflexivos en el siguiente borrador.

Julia y ella somos hermanas. Cada mañana, él se baña muy temprano. Yo se baño por la noche. Además, Julia te peina un largo rato, ya que cuida mucho sus largo cabello. Yo no tengo cabello largo: el suyo es muy corto.

Analizar un ensayo de opinión

Meta de aprendizaje

Puedo usar elementos de la escritura de opinión para escribir un ensayo.

En un **ensayo de opinión**, un escritor expresa un punto de vista o presenta una argumentación. Un ensayo de opinión es un texto argumentativo que requiere tres cosas:

1. La **opinión**, que es la preferencia manifestada del escritor o su punto de vista acerca de un texto o un tema
2. Las **razones** que establecen por qué el autor tiene esa opinión
3. La **información** que apoya cada razón

La natación es un deporte para personas con cualquier nivel de habilidad. ← El punto de vista manifestado

Las destrezas básicas para nadar te ayudarán a disfrutar de estar en el agua. Con más destrezas, puedes jugar y competir en carreras. ← Dos razones para el punto de vista

Por ejemplo, una vez que sabes nadar estilo libre, puedes unirte al equipo juvenil de la piscina municipal. ← Información que apoya la segunda razón

Mi TURNO Lee un ensayo de opinión de la biblioteca de tu salón de clase. Luego, completa la tabla.

Opinión:	Razones:	Información:

Comprender el punto de vista

Una opinión es una preferencia o un punto de vista manifestado sobre un tema. Tu punto de vista es lo que piensas o sientes acerca de un tema.

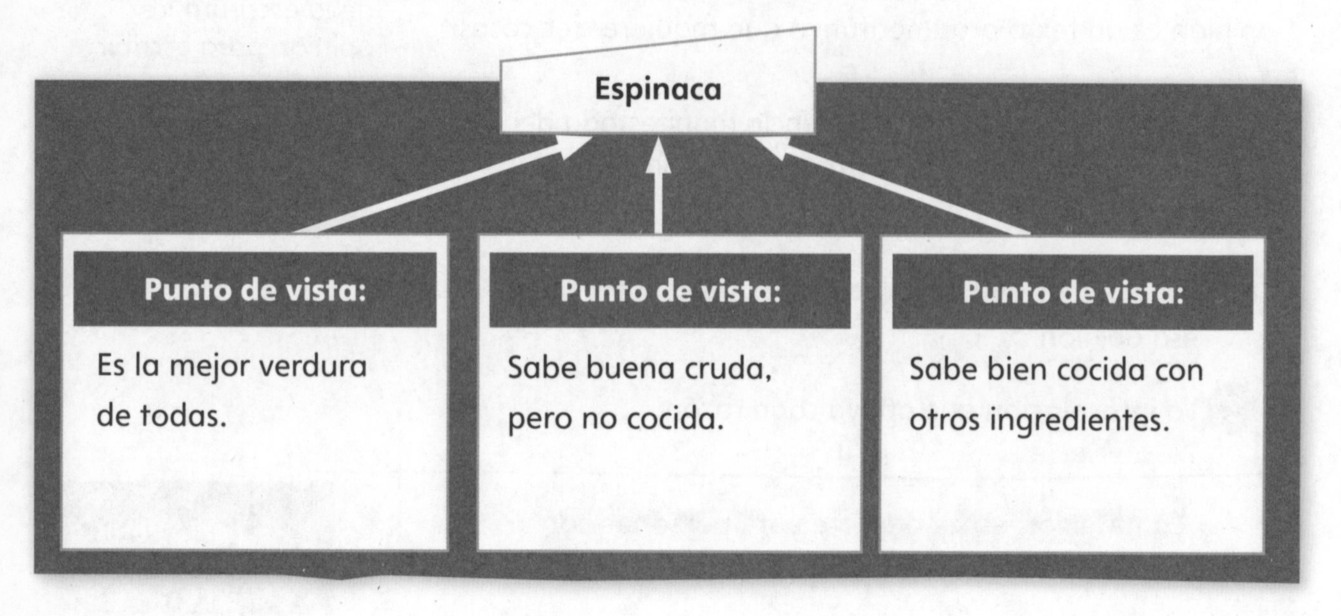

Las personas generalmente tienen puntos de vista diferentes acerca de un tema. Tu tarea en un ensayo de opinión es usar razones sólidas para apoyar un punto de vista o una argumentación.

Mi TURNO Dibuja una copia vacía del diagrama en tu cuaderno de escritura. Luego, elige un ensayo de opinión de la biblioteca de tu salón de clase. Halla el tema y el punto de vista del ensayo y escríbelos en tu diagrama. Luego, escribe otros dos puntos de vista que podría tener una persona sobre el mismo tema.

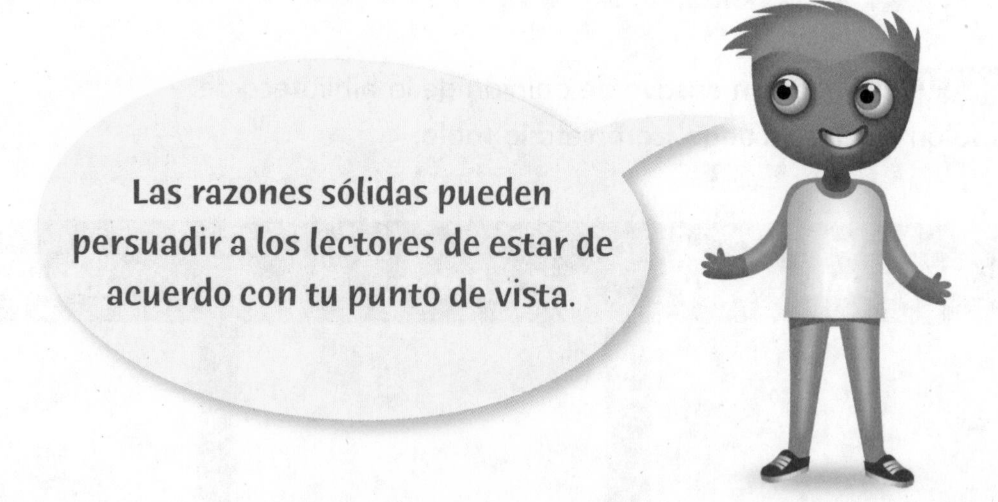

Comprender las razones y la información

En un ensayo de opinión, da razones para tu opinión. Los lectores necesitan información que los ayude a decidir cómo responder a tu opinión. La información que usas para apoyar tus razones puede ser cualquier tipo de detalle: hechos, datos, definiciones, ejemplos y citas.

Mi TURNO Lee el párrafo. Con un compañero, resalta la opinión y tres razones que da el escritor para su opinión. Busca la información que da el escritor para apoyar cada razón y subráyala. Luego, comenten cada pregunta y escriban una respuesta juntos.

La espinaca

La espinaca es la mejor verdura de todas porque tiene pocas calorías, es nutritiva y se puede comer cruda o cocida. La espinaca no tiene grasa. Una taza de espinaca tiene más de la mitad de vitamina A de lo que las personas necesitan por día. Además, la espinaca contiene mucho hierro. La espinaca fresca es crocante y sabrosa. La espinaca cocida puede perder un poco de sus nutrientes, pero las personas han cocinado la espinaca durante siglos.

1. ¿Toda la información apoya una razón? Explica tu respuesta.

2. ¿Son convincentes todas las razones? Explica tu respuesta.

Hacer una lluvia de ideas para un tema y una opinión

Un **tema** es aquello acerca de lo cual escribirás. Para un ensayo de opinión, necesitarás un tema sobre el cual tengas un punto de vista o una preferencia. Ese punto de vista o preferencia será tu opinión.

Los escritores generan ideas cuando empiezan a planificar un ensayo de opinión. Una manera de generar ideas es haciendo una **lluvia de ideas**.

Mi TURNO Completa cada oración para hacer una lluvia de ideas para un ensayo de opinión. Luego, resalta la opinión para la que tengas las razones más sólidas.

En mi opinión, ______________ es el deporte más entretenido para mirar porque ____

____.

En mi opinión, ______________ es el mejor libro que he leído este año porque ____

____.

En mi opinión, __________ es la mejor manera de pasar las vacaciones de verano porque ____

____.

Asegúrate de poder apoyar las razones sólidas con información que los lectores entenderán.

Planificar tu ensayo de opinión

Mi TURNO Completa la lista para planificar tu ensayo. Comparte tu lista con tu Club de escritura.

PLANIFICAR UN ENSAYO DE OPINIÓN

- ☐ Elegí un tema acerca del cual tengo un punto de vista sólido.
- ☐ Manifesté claramente mi punto de vista, o mi opinión.
- ☐ Planifiqué las razones que usaré para apoyar mi opinión.
- ☐ Planifiqué la información que usaré para apoyar cada razón, usando un organizador gráfico parecido al siguiente.

Razón 1	Razón 2	Razón 3
Información de apoyo	**Información de apoyo**	**Información de apoyo**

- ☐ Revisé mi plan para asegurarme de que logrará mi propósito.

DISPARATE

Había un inglés

que en un dos por tres

quedaba al revés

arriba los pies.

Así caminaba,

comía y hablaba,

reía y cantaba

feliz como un pez.

SEMANA 2

Pregunta de la semana

¿De qué manera ser diferente puede ser una ventaja?

Decía: "¿No ves

que todo es como es

vuelto del revés?".

Le contesté: "Yes".

María de la Luz Uribe

INTERCAMBIAR ideas Con un compañero, usa evidencia del texto para comentar esta pregunta: ¿Qué mensaje acerca de las diferencias crees que transmite el poema? Toma apuntes de tu conversación abajo.

Meta de aprendizaje

Puedo aprender más sobre la literatura tradicional infiriendo el tema.

Enfoque en el género

Cuentos exagerados

La literatura tradicional incluye muchos tipos de historias, por ejemplo, cuentos folclóricos, fábulas y leyendas. Los **cuentos exagerados** son un tipo de cuento tradicional que está estrechamente asociado con el Lejano Oeste. Estos cuentos incluyen:

- **Humor**
- **Sucesos** imposibles
- Un **personaje** o **personajes** con capacidades sobrenaturales

Establecer un propósito El propósito, o la razón, para leer cuentos exagerados normalmente es disfrutar. También podrías leer para buscar temas que se desarrollan en los cuentos.

INTERCAMBIAR ideas Con un compañero, comenta diferentes propósitos para leer "Thunder Rose". Por ejemplo, es posible que quieras descubrir de qué manera el cuento retrata el Lejano Oeste. Establece tu propósito de lectura para este texto.

Mi PROPÓSITO ______________________________

Cartel de referencia: Cuentos exagerados

Propósito

Entretener contrastando sucesos improbables con un estilo directo

Elementos

- Exageración para enfatizar o generar un efecto gracioso, también llamada hipérbole
- Variaciones múltiples a medida que el cuento se vuelve a narrar una y otra vez
- Por lo general, un lugar y un momento específicos
- Detalles realistas, que resaltan los elementos fantásticos y exagerados
- Discurso común o estilo coloquial

Estructura del texto

Generalmente, en orden cronológico

Conoce al ilustrador

Kadir Nelson es un artista cuyo trabajo ha aparecido en la portada de álbumes, en las salas de exhibición de museos y en la colección de la Cámara de Representantes de los Estados Unidos. Kadir Nelson ha ganado muchos premios por sus ilustraciones en libros para niños.

Thunder Rose

Primer vistazo al vocabulario

A medida que lees "Thunder Rose", presta atención a estas palabras de vocabulario. Fíjate cómo ayudan a desarrollar un tono gracioso e informal en el cuento exagerado.

acentuó **complacida**

embaucar **encomiable** **irritaba**

Lectura

Los lectores activos de **cuentos exagerados** siguen estas estrategias cuando leen un texto por primera vez.

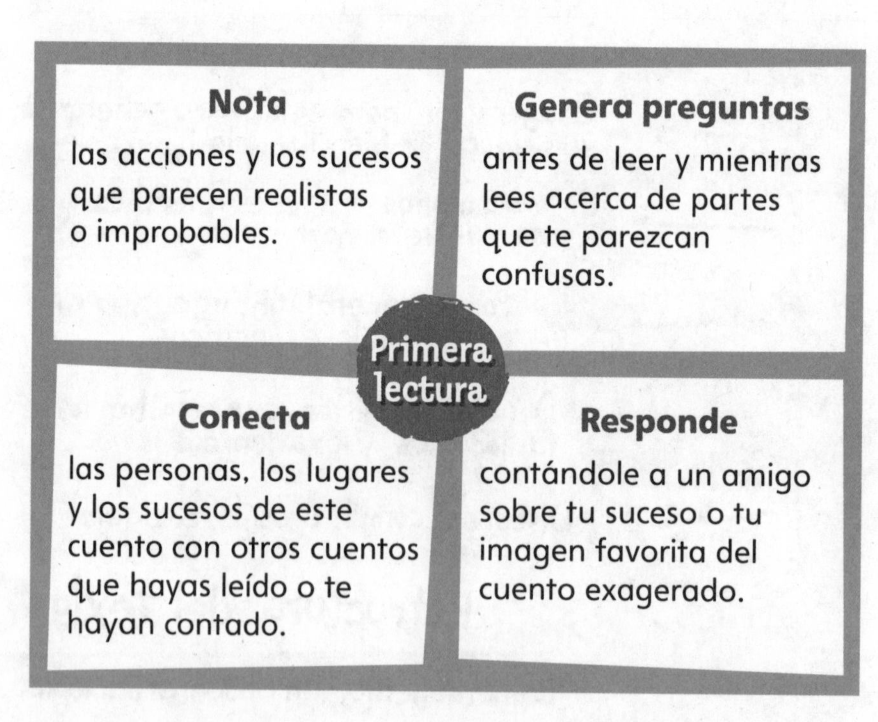

Género Cuento exagerado

THUNDER ROSE

por JERDINE NOLEN

illustrado por

KADIR NELSON

AUDIO

ANOTAR

LECTURA ATENTA

Hacer conexiones

¿En qué se diferencian los sucesos de este cuento exagerado de lo que podrías encontrar en la ficción realista? Resalta evidencia del texto en los párrafos 2 a 4 que puedas conectar y contrastar con otros cuentos que hayas leído.

acentuó resaltó; dirigió la atención

1 Rose fue la primera hija de Jackson y Millicent MacGruder que nació libre y sin complicaciones. Recuerdo muy claramente la noche en que llegó a este mundo. Lluvia con granizo, relámpagos brillantes y truenos estridentes golpeaban la puerta, invitándose a asistir al dichoso suceso.

2 Al tomar su primer aliento de vida, la recién nacida no lloró. En cambio, se incorporó y miró a su alrededor. Se apoderó de ese relámpago, lo enrolló hasta hacerlo una bola y lo colocó encima de su hombro, mientras el trueno hacía eco sobre su otro hombro. Dicen que esto solo acentuó el hecho de que la niña tenía el poder del trueno y del relámpago fluyendo por sus venas.

3 —Va a crecer buena y fuerte, definitivamente —dijo el doctor Hollerday.

4 La niña giró hacia el buen doctor con una mirada pensativa y respondió:

—Estimo que querré hacer más que eso. Gracias, ¡muy amable!

5 Moviendo la mirada hacia las dos luces amorosas que brillaban sobre ella, que eran su mamá y su papá, comentó:

—¡Me siento muy complacida con ustedes dos por esta oportunidad de llegar al mundo! —Luego, anunció a nadie en particular—. Tengo una notable preferencia por el nombre Rose.

6 Completamente enamorados de este regalo para sus vidas, Mamá y Papá revoloteaban encima de la niña, mirándola con atento esplendor. Invadidos con ese amor, levantaron sus voces en una canción, una vieja canción y una melodía muy dulce y verdadera: una canción de cuna transmitida a través de los años, haciendo eco desde el comienzo de los tiempos.

7 —Hay una música sonando muy dulcemente en mis oídos —exclamó la recién nacida—. Me provoca una sensación de fortuna que retumba en lo profundo de mi ser. La registraré aquí, en la diana fijada en el centro de mi corazón, y ¡veré qué puedo hacer con ella algún día!

8 Rose roncó mucho esa primera noche en la que respiraba por su cuenta, y con sus ronquidos hacía repiquetear las vigas del techo junto con el trueno estridente. Su sueño no tenía nada de silencioso. Parecía decidida a tener tanta fuerza como aquella tormenta. Con el trueno y el relámpago que la cuidaron el resto de la noche, su mamá y su papá decidieron llamarla Thunder Rose, pues "thunder" significa "trueno" en inglés.

LECTURA ATENTA

Inferir el tema

Subraya evidencia del texto que te ayude a entender al personaje de Rose.

complacida agradecida, satisfecha

LECTURA ATENTA

Vocabulario en contexto

Las **claves del contexto** son palabras que están cerca de una palabra poco común y te ayudan a entender su significado.

Usa las claves del contexto para determinar el significado de *saciar*. Subraya las claves del contexto que apoyen tu definición.

embaucar hacer creer algo falso

9 La mañana siguiente, cuando el sol estuvo alto y amarillo en ese cielo ondulante y azul, Rose se despertó hambrienta como un oso en primavera, pero para nada de mal genio. Cuidando sus modales, amablemente le agradeció a su mamá por la leche, pero no era suficiente para saciar su hambrienta sed. Rose prefería, en su lugar, beber su leche directamente de la vaca.

10 Su mamá estaba muy agradecida de tener una niña tan talentosa. Ningún otro recién nacido tenía la fuerza para levantar una vaca entera por encima de su cabeza y beber casi toda su leche. En un instante, Rose lo hizo, y bastante delicadamente. Era linda como un cuadro, tenía la disposición más dulce, pero no te dejes embaucar: esa niña estaba llena de relámpago *y* trueno.

11 En ese espacio abierto, seco y polvoriento, y de color café como bolsa de papel, a Rose a menudo se la encontraba tarareando una dulce cancioncita mientras hacía sus tareas. Y fiel a su palabra, Rose hizo más que crecer buena y fuerte.

12 La pequeña de dos años sintió mucha curiosidad por la pila de restos de hierro que había junto al granero. Rose tomó una pieza bastante grande, la estiró aquí, y la dobló y torció allí. Así construyó un rayo tan negro como el alquitrán para marcar su nombre. Lo llamó Cole. A cualquier lado que fuera, Cole estaba siempre a su lado. Al notar cuán habilidosa era Rose con el metal, su papá se aseguró de que siempre hubiera una cantidad extra disponible.

13 A la edad de cinco años, Rose hizo el encomiable trabajo de colocar los postes de la valla sin nada de ayuda. Durante los ocho y los nueve años, Rose ensambló unas vigas de hierro con los bloques de madera con los que solía jugar y construyó un edificio tan alto que rozaba el cielo, siempre tarareando mientras trabajaba.

14 Para cuando cumplió doce, Rose había perfeccionado sus prácticas de doblar metal. Hizo letras del alfabeto con formas delicadas para ayudar a los más pequeños a aprender a leer. Para el cumpleaños de su papá, Rose le entregó un hierro de marcar, un círculo con un M-A-C grande por MacGruder en el medio, justo a tiempo, también, porque una manada de cabestros temperamentales de cuernos largos venían en estampida desde el Río Grande. Estaban arando un camino justo hacia su puerta de entrada.

LECTURA ATENTA

Inferir el tema

Subraya palabras y frases que te ayuden a determinar cómo alcanza sus metas Rose.

encomiable digno de alabar

Hacer conexiones

Resalta evidencia del texto que te ayude a conectar ideas con otro cuento exagerado o cuento común que conozcas.

15 Rose realizó una maravilla sorprendente, del tipo que era algo digno de ver. Corriendo rápido como un rayo hacia la manada y, usando a Cole como apoyo, Rose saltó por el aire y aterrizó encima del lomo del cabestro más grande como si fuera un poni de carrusel. Agarrando un cuerno con cada mano, Rose retorció a esa alimaña hasta dejarla completamente quieta. Fue suficiente para frenar a ese buey y al resto de la manada.

16 Pero creo que lo que tocó el corazón de ese animal fue cuando Rose comenzó a tararear su cancioncita. Esa tonelada de carne cascarrabias ya no estuvo inquieta. Se puso juguetón como un gatito y hasta intentó ronronear. Rose lo llamó Papa en honor a su verdura favorita. Oír que la canción de cuna de Rose hizo dormir a esa considerable criatura fue lo más dulce que había visto en un tiempo muy, muy largo.

17 Después de que el polvo se había asentado, Mamá y Papá contaron doscientas setenta cabezas de ganado, después de sumar las quinientas que ya tenían. Usando los restos de hierro, Rose tuvo que añadir una sección nueva al corral de bueyes para contenerlos a todos.

18 —¿Qué hiciste con el alambre, Rose? —preguntó Mamá, sorprendida y contenta por la última creación de su hija.

19 —Ah, eso —dijo Rose—. Mientras estaba colocando los postes de la valla, Papá me pidió que le hiciera compañía a la pequeña Barbara Jay. Esa forma pequeña y enroscada parecía que hacía reír a la bebé. Así que me gusta pensar que es el Alambre de Bárbara.

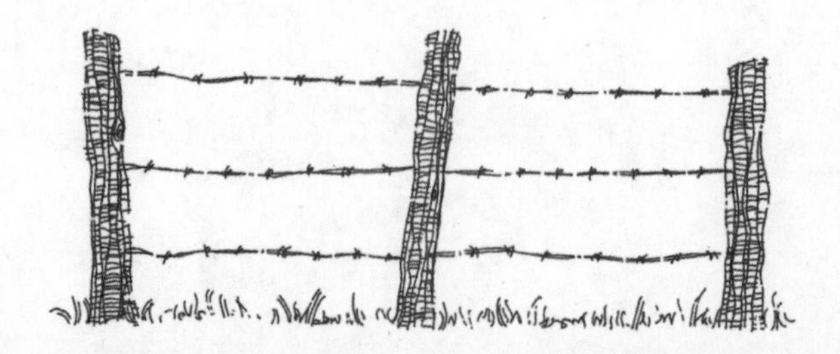

Hacer conexiones

Resalta texto que te recuerde a otro cuento exagerado o cuento tradicional.

Inferir el tema

Subraya evidencia del texto que te cuente acerca de lo que Rose valora.

20 —¡Fue muy inteligente de tu parte entretener a la pequeñita de esa forma! —dijo su mamá. Rose simplemente se ruborizó. Con el paso de los años, ese alambre enroscado se puso de moda y la gente lo llamó el alambre barbado, o alambre de púas.

21 Rose y su papá pasaron todo el día siguiente clasificando a los animales que no habían sido marcados. —Un día de estos, antes de que se instale el tiempo frío —le dijo a su papá—, tendré que llevar a esta manada por el Camino Chisholm y venderla en Abilene. Sospecho que Papa es justo el tipo de animal que necesitamos para hacer el largo viaje hacia el norte.

22 En el primer viaje de Rose a Abilene, al estar afuera de Caldwell, ese bandido irascible lleno de furia e ira, llamado Jesse Bianes, y su pandilla de forajidos trataron de robarle la manada a Rose.

23 Usando las varillas de metal de repuesto que siempre llevaba con ella, Rose enlazó a esos iracundos vándalos con firmeza y los dejó a todos en la cárcel, atados con un lindo y prolijo lazo de hierro. —No fue ninguna molestia en absoluto —le dijo al sheriff Weaver—. Alguien tenía que ponerles un freno a sus andadas de ladrones.

24 Pero esos no eran los únicos ladrones en cuestión. El poderoso sol estaba consumiendo la humedad de cada ser vivo que tocaba. Hasta las rocas estaban clamando. Las nubes se quedaban ahí y miraban cómo pasaba todo. Ni siquiera intentaban ser útiles.

LECTURA ATENTA

Vocabulario en contexto

Mira el párrafo 25. Determina el significado de *reseco*.

Subraya las claves del contexto que apoyen tu definición.

25 El aire se había vuelto tan seco y agrio; todo parecía detenido en el tiempo. Y no había ni una gota de agua a la vista. Los cabestros no se movían sin agua. Y eso estaba enfureciendo verdaderamente a esos animales. Y cuando eso sucede, es como una enfermedad que se propaga, hace que el resto de la manada también se enfurezca. Papa parecía reseco y sumamente sediento.

26 —¡Tengo que hacer algo con esto! —anunció Rose.

27 La niña sacudió varias varillas de metal como si fueran lazos y lanzó a Cole bien alto al aire, y esperó lograr que los cielos replicaran. Atrapó una masa de nubes y las estrujó con mucha, mucha fuerza; todo mientras tarareaba su canción. Entonces, comenzó a caer una suave lluvia. Pero cualquiera que estuviera mirando podía ver que no había suficiente humedad para refrescar a dos hormigas, mucho menos a una manada de animales salvajes.

28 De repente, una columna giratoria de aire apareció como un remolino, levantando todo lo que había en su camino. Y sorprendió a Rose.

—Basta, ya, aguanta un minuto —le gritó Rose a la tormenta. Papa estaba indefenso y no podía hacer nada con ese tipo de viento. Esas nubes entrometidas lo habían provocado. No veían con buenos ojos a alguien que les decía qué hacer. Y estaban decididas a arrasar alborotadamente con todo ellas solitas.

29 Ah, esto irritaba tanto a Rose, que se convirtió en la única tempestad de dos piernas en caminar las llanuras del oeste.

—No sabes con quién te estás metiendo —le gritó Rose a la tormenta. Sus ojos brillaban como con relámpagos. Entonces, mordió con fuerza y, crujiendo los dientes, lanzó un trueno. No entiendo por qué alguien querría meterse con una linda jovencita que tenía el poder del trueno y el relámpago fluyendo por sus venas. Pero, qué pena por ellos, ¡las nubes la habían buscado!

30 Rose tomó su varilla de hierro, pero solo quedaba esa. No sabía para qué lado ir. Sabía que Cole solo no era suficiente para hacer bien el trabajo. Desarmada contra su propia sed creciente y contra el poder de los elementos, Rose se sintió sobrecargada. Entonces esa agitada columna se separó y ahora había dos. Avanzaban hacia la niña desde direcciones opuestas. Rose tenía que pensar rápido. Al no ser nunca alguien en doblegarse ante la presión, Rose consideró las opciones, ya que no estaba segura de cómo se desenvolvería todo al final.

LECTURA ATENTA

Inferir el tema

Subraya sucesos o acciones que te ayuden a determinar un tema del cuento exagerado.

irritaba hacía sentir ira, agravaba

31 "¿Es este el tenedor en el camino con el que comeré mi última cena? ¿Será esta mi primera y mi última pasada del rodeo?", se preguntaba Rose en las profundidades de su corazón. Sus contemplaciones la calmaban muy poco mientras veía cómo los esfuerzos despiadados y catastróficos de una tormenta estaban resueltos a destruirla. Entonces, los vientos se unieron y se arremolinaron en un camino ¡directo hacia ella! Con calma, Rose le habló fuerte a la tormenta mientras estaba parada sola, enfrentando la destrucción y la ruina, la devastación generalizada: — ¡Podría montar por lo menos a uno de ustedes hasta el final de los tiempos! Pero tengo esta sensación de fortuna que retumba en lo profundo de mí y ¡veo lo que debo hacer con ella este día! —dijo Rose, sonriendo.

32 Los vientos sonaban con un estruendoso tono. Rose enfrentó esa tormenta de lleno. "¡Vengan y únanse a mí, vientos!". Abrió sus brazos bien amplios como si fuera a abrazar al torrente. Abrió su boca como si estuviera planeando beber un buen trago largo. Pero, desde lo profundo de su interior, oyó una melodía muy real y dulce y verdadera. Y cuando levantó su corazón, liberó su canción de trueno. Fue un magnífico espectáculo: Rose haciendo que los truenos y los relámpagos ascendieran y cayeran al suelo a sus órdenes, al son de su canción. Ah, cómo sonaba tan clara su voz, y tan real y verdadera. Sonaba desde las cimas de las montañas. Llenaba los valles. Fluía como un río sanador en el aire que se respiraba a su alrededor.

33 Esos tornados, calmados gracias a su canción, detuvieron sus masas agitadoras y dejaron de arrasar el lugar. Y, tan delicado como el baño de un bebé, empezó a caer una suave lluvia que empapaba.

34 Entonces, Rose se dio cuenta de que al buscar en su propio corazón y sacar la música que estaba allí, ella había tocado incluso los corazones de las nubes.

LECTURA ATENTA

Hacer conexiones

Resalta una oración que se conecte con una escena previa del cuento exagerado.

Inferir el tema

Subraya frases que te ayuden a determinar un tema de este cuento exagerado.

LECTURA ATENTA

Inferir el tema

Subraya oraciones que te ayuden a inferir un tema del texto.

35 Las historias de las asombrosas habilidades de Rose se extendieron como fuego incontrolado, a lo largo y a lo ancho. Y tan seguro como que el trueno sigue al relámpago y el sol a la lluvia, donde sea que veas una chispa de luz cruzando como un destello por un cielo gris acero pesado, escucha el sonido del trueno y piensa en Thunder Rose y su canción. Esa canción muy, muy poderosa, que presiona en la diana que estaba fijada en el centro de su corazón.

Desarrollar el vocabulario

Los personajes de los cuentos exagerados ambientados en el Lejano Oeste a menudo hablan de una manera informal y antigua. Los sentimientos o las asociaciones que sugieren sus palabras —las **connotaciones**— dan claves de los temas en el texto.

MI TURNO Lee cada fragmento de la tabla. Determina si la connotación de cada palabra en letra negrita es positiva, negativa o neutral. Después, escribe una oración para cada palabra que le dé la misma connotación. Puedes usar recursos impresos o en línea si lo deseas.

Connotaciones

Negativa <------------ Neutral ------------> Positiva

acentuó

Uso en "Thunder Rose"	Mi oración
Dicen que esto solo **acentuó** el hecho de que la niña tenía el poder del trueno y del relámpago fluyendo por sus venas.	El collar acentuó su hermoso cuello.
Recuerdo muy **claramente** la noche en que llegó a este mundo.	
... pero no te dejes **embaucar**...	
Rose hizo el **encomiable** trabajo de colocar los postes de la valla sin nada de ayuda.	
Ah, esto **irritaba** tanto a Rose, que se convirtió en la única tempestad de dos piernas en caminar las llanuras del oeste.	

Verificar la comprensión

Mi TURNO Vuelve a mirar el texto para responder a las preguntas.

1. ¿En qué se diferencian los personajes de un cuento exagerado de los de una ficción realista? Da dos ejemplos de “Thunder Rose” para ilustrar las diferencias.

2. Narra “Thunder Rose”. Recuerda mantener el significado y el orden lógico del cuento.

3. Identifica las partes en las que se menciona la canción que Rose lleva en su corazón, desde que la oye por primera vez. Observa cómo la usa. Basándote en las acciones de Rose, ¿qué conclusión puedes sacar acerca del origen y del poder de la canción?

4. Según lo que has leído sobre Thunder Rose, ¿cómo podría influir en la confianza que una persona tiene en sí misma ser amable, servicial y sentirse afortunada? Cita evidencia del cuento para apoyar tus ideas.

Inferir el tema

Un **tema** es una idea principal o un mensaje central. Es una idea que mantiene unida a una historia. A menudo, puedes inferir un tema pensando en los objetivos de un personaje, las acciones que realiza para lograrlos y cuán exitoso es.

1. **MI TURNO** Vuelve a las notas de Lectura atenta de "Thunder Rose" y subraya la evidencia del texto que te ayude a inferir un tema del cuento.

2. **Evidencia del texto** Parafrasea las partes subrayadas para completar la red e inferir un tema.

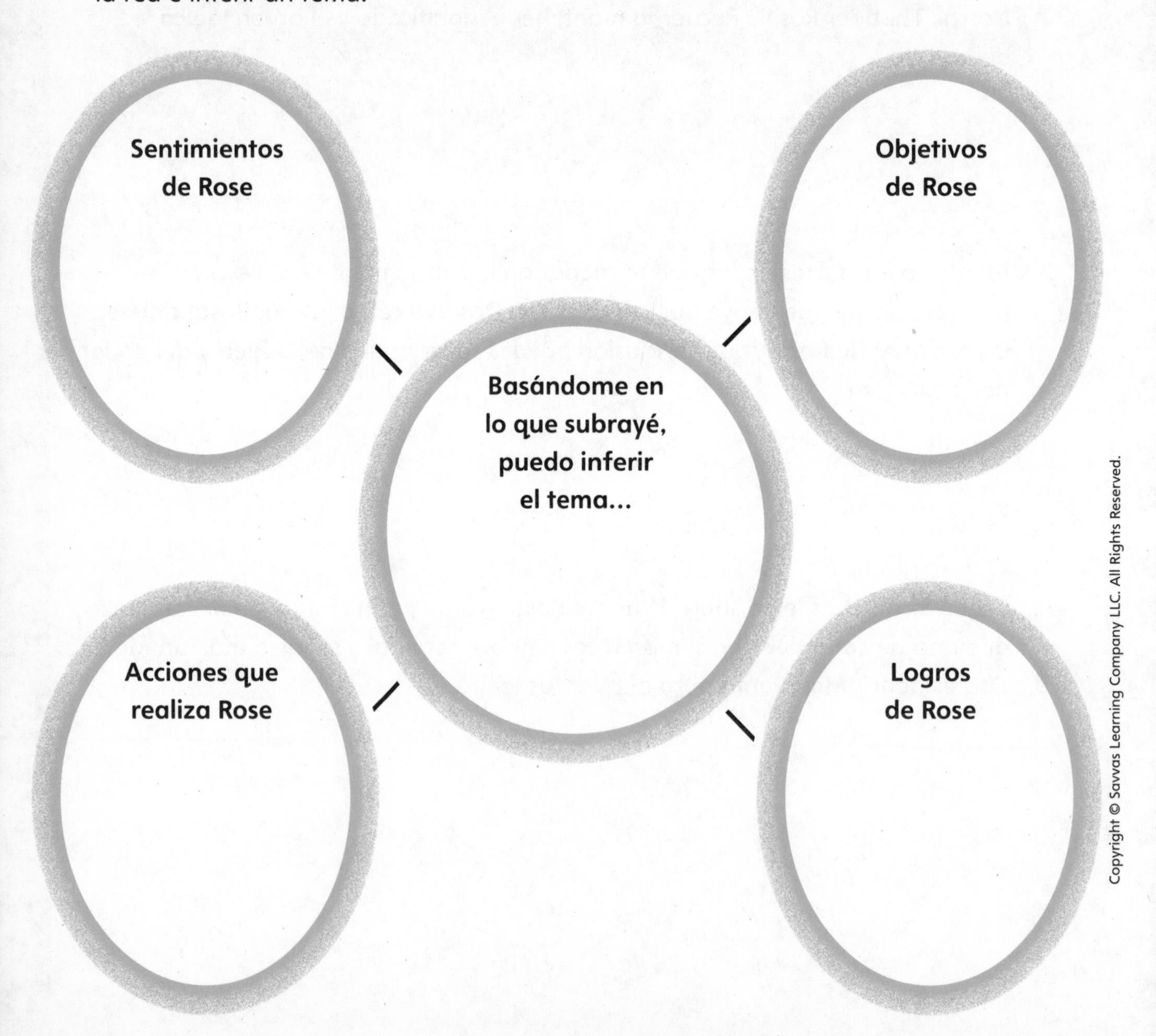

Hacer conexiones

Los lectores a menudo hacen conexiones entre ideas del texto que están leyendo e ideas de otros textos. Piensa acerca de otros textos que son como el que estás leyendo. Piensa en las conexiones que puedes hacer entre los textos.

1. **MI TURNO** Vuelve a las notas de Lectura atenta de "Thunder Rose" y resalta evidencia que te ayude a conectar ideas dentro del texto y con otros textos.

2. **Evidencia del texto** Parafrasea la evidencia resaltada para que tenga sentido y los eventos estén en orden. Luego, responde a la pregunta para hacer conexiones.

Buena acción exagerada	Qué motiva a la acción
Este texto	Este texto
Otros textos	Otros textos

Hacer la conexión: ¿En qué se parecen las acciones y motivaciones de Thunder Rose a las de un personaje de otro texto que hayas leído?

Reflexionar y comentar

Escribir basándose en las fuentes

Thunder Rose logra tareas asombrosas recurriendo a la canción "que presiona en la diana que estaba fijada en el centro de su corazón". ¿Por qué la canción está ubicada allí? ¿Por qué hace presión? ¿Sobre qué sentimientos fuertes has leído o has experimentado que funcionan de la misma manera? Sigue el proceso para escribir sobre conexiones personales.

Conexiones personales Ninguna persona real se parece a Thunder Rose. Sin embargo, al igual que ella, las personas reales y los personajes de otros cuentos tienen sentimientos fuertes que los ayudan a lograr sus objetivos.

- Elige dos personajes de ficción que sientan algo como la canción de Thunder Rose.
- Describe detalladamente los pensamientos, palabras y acciones de los personajes, y también los tuyos.
- Incluye una descripción de lo que tú y los personajes tienen en común que sea similar al
  - lugar donde está ubicada la canción.
  - poder que tiene la canción.
- Elige evidencia del texto para apoyar las conexiones que hagas.

En una hoja aparte, organiza tu respuesta en dos o tres párrafos.

Pregunta de la semana

¿De qué manera ser diferente puede ser una ventaja?

Vocabulario académico

Meta de aprendizaje

Puedo usar el lenguaje para hacer conexiones entre la lectura y la escritura.

Un **sinónimo** es una palabra que tiene el mismo o casi el mismo significado que otra palabra. Un **antónimo** es una palabra que significa lo contrario de otra palabra. Identificar sinónimos y antónimos puede ayudarte a entender mejor palabras poco comunes.

MI TURNO En cada oración o par de oraciones:

1. **Determina** si la oración o las oraciones incluyen un sinónimo o un antónimo para la palabra en letra negrita.
2. **Subraya** los sinónimos. **Resalta** los antónimos.
3. **Escribe** una oración corta con el sinónimo o el antónimo.

1. Bethany fue la anfitriona de la **tradicional** reunión familiar. Al igual que en anteriores reuniones, Bethany usó platos heredados de sus ancestros.

   Bethany usó los cubiertos heredados de su abuela.

2. Samuel no quería **revelar** sus sentimientos. Por suerte, pudo esconder su cara detrás de un libro.

3. El Sr. Martínez nos pidió **ilustrar** cómo funcionaba la máquina, así que decidimos demostrar su funcionamiento en acción.

4. Mariah **interpretó** la escritura desprolija de Joe, pero malinterpretó por completo el tema del texto.

5. Esperamos que los sucesos ocurran como usted los **predice**.

Los sufijos derivados del latín

Los sufijos *-able* e *-ible* se añaden a sustantivos o verbos para formar adjetivos con el significado "que se puede". Los sufijos *-ancia* y *-encia* forman sustantivos que significan "cualidad de". El sufijo *-ancia* se añade a la raíz de adjetivos que terminan con *-ante* (*import-ante/import-ancia*), y el sufijo *-encia* se añade a raíces de adjetivos que terminan con *-ente* o *-iente* (*insist-ente/insist-encia*). Los sufijos *-oso* y *-osa* forman adjetivos que significan "que tiene cualidad de" o "es similar a".

Por ejemplo, la palabra *irascible* del párrafo 22 de "Thunder Rose" viene de la palabra base *ira*, que significa "enojo". *Irascible* significa "que se puede enojar". Para decodificar una palabra con *-able* o *-ible*, busca claves en la palabra base.

Mi TURNO Decodifica cada palabra en letra negrita para identificar la palabra base. Luego, escribe una definición de la palabra con tus propias palabras a partir de lo explicado sobre los sufijos.

-able/-ible	*-ancia/-encia*	*-oso/-osa*
bailable	elegancia	espantoso
reconocible	insistencia	bondadosa

Mi TURNO En una hoja aparte, escribe oraciones usando las palabras con prefijos del ejercicio anterior.

Leer como un escritor

Los autores usan la exageración, un tipo de lenguaje figurado, para enfatizar un punto o por su efecto cómico. Exagerar es hacer algo más grande de lo que realmente es.

¡Demuéstralo! Lee el texto de "Thunder Rose".

> Su mamá estaba muy agradecida de tener una niña tan talentosa. Ningún otro recién nacido tenía la fuerza para levantar una vaca entera por encima de su cabeza y beber casi toda su leche.

exageración

1. **Identificar** Jerdine Nolen exagera las capacidades de Rose como recién nacida.
2. **Preguntar** ¿Qué enfatiza esta exageración acerca de Rose?
3. **Sacar conclusiones** Esta exageración enfatiza los poderes sobrenaturales de Rose.

Vuelve a leer el párrafo 13.

Mi TURNO Sigue los pasos para describir cómo usa la exageración la autora.

1. **Identificar** Jerdine Nolen exagera ______________________

____

2. **Preguntar** ¿Qué enfatiza esta exageración acerca de Rose?
3. **Sacar conclusiones** La exageración de ______________________

____

____

Escribir para un lector

Los escritores usan técnicas, incluido el lenguaje figurado, para enfocar la atención en ideas que quieren que los lectores recuerden. La exageración es una herramienta que usan los escritores para lograr énfasis y por su efecto cómico.

Mi TURNO Piensa en cómo Jerdine Nolen enfatiza la habilidad y la dedicación de Rose mediante la exageración. Ahora piensa en maneras en que puedes usar la exageración para enfatizar una idea que quieres que los lectores recuerden.

1. Para enfatizar las características de un ambiente, ¿qué descripciones exageradas podrías usar?

2. Escribe un párrafo de ficción que describa el ambiente de un cuento exagerado. Usa la exageración para enfatizar las partes del ambiente que influirán fuertemente en los personajes y los sucesos.

Escribir palabras con sufijos

Los sufijos *-able* e *-ible* forman adjetivos con el significado: "que se puede". Los sufijos *-ancia* y *-encia* forman sustantivos que significan "tener la cualidad de". Los sufijos *-oso* (masculino) y *-osa* (femenino) forman adjetivos y su significado es "que tiene la cualidad de" o "es similar a". Recuerda que los sufijos se agregan a una palabra base o raíz.

Mi TURNO Lee las palabras. Luego, escríbelas en la columna que corresponda según el sufijo que se agregó a la palabra base.

PALABRAS DE ORTOGRAFÍA

adorable	comestible	importancia	maravilloso
gloriosa	estable	posible	abundancia
asombroso	venenosa	valioso	temible
perezoso	famoso	fabuloso	razonable
accesible	hermoso	existencia	terrible

-able/-ible	-ancia/-encia	-oso/-osa

Mi TURNO En una hoja aparte, escribe oraciones usando las palabras con los sufijos mencionados.

Los adjetivos

Un **adjetivo** es una clase de palabra que describe un sustantivo (*niño alto*) o lo identifica (*mi hijo*). El adjetivo concuerda en género y número con el sustantivo: *niño alto, niña alta, niños altos, niñas altas*. Muchos adjetivos, como *alto*, terminan en *-o* o en *-dor* para el masculino y *-a* o en *-dora* para el femenino. Otros, no cambian según el género, como *optimista*. Además, existen patrones convencionales para ordenar una serie de adjetivos dentro de una oración. Por ejemplo, decimos *un enorme sombrero negro* en lugar de *un negro sombrero enorme*. Por último, algunos adjetivos se acortan, o apocopan, cuando están delante del sustantivo, como *padre grande* v. *gran padre* o *algún beneficio* v. *beneficio alguno*.

Según las normas del español estándar, los adjetivos tienen formas comparativas y superlativas que comparan un sustantivo con otro o con un grupo. Por ejemplo: *Juana es más alta que su hermana; Juana es la más alta de su clase.*

Mi TURNO Corrige este borrador usando las formas correctas de los adjetivos según las normas del español estándar. Ten en cuenta el género y el número del sustantivo al que describe, así como los patrones convencionales para el orden de los adjetivos.

Max dio vuelta la caja rectangular rojo. En la parte de abajo, había unas marcas extraña que nunca había visto. Eran unos símbolos verde con formas redondas y cuadrados. Se preguntó qué sería más rápido: si pedirle al Sr. Huang que las tradujera o sacar una foto y enviarla a la biblioteca. Max decidió sacarles una foto y enviarla a la nuevo biblioteca. Max sabía que el grande Sr. Huang era el más inteligente de la escuela. Pero también sabía que una foto era más rapido que una traducción. Además, estaba ansioso por saber la respuesta: siempre fue tan curiosos como su padre.

Desarrollar un tema y una opinión

Meta de aprendizaje

Puedo usar elementos de la escritura de opinión para escribir un ensayo.

Desarrollas una opinión —un punto de vista o una preferencia sobre un tema— basándote en experiencias que viviste y en información que tienes. Tus experiencias y tu información pueden proporcionar razones sólidas para tu opinión.

Tema: zapatos acordonados contra zapatos con tiras

Experiencias e información

Mis cordones se desatan cuando corro.
Los cordones desatados pueden hacer que un corredor se caiga.
Muchos zapatos se cierran con tiras en lugar de cordones.

↓

Razones sólidas

Los cordones desatados son peligrosos para los corredores.
Los zapatos con tiras no se desatan cuando corres.

↓

Opinión sólida

Creo que los zapatos con tiras son mejores para correr que los acordonados.

La opinión de este escritor sobre los zapatos para correr se basa en razones sólidas que surgieron a partir de sus experiencias y su información.

Mi TURNO Desarrolla un tema y una opinión a medida que escribes el borrador de un ensayo de opinión en tu cuaderno de escritura.

Desarrollar razones

Puedes dar razones para una opinión que ayudarán a los lectores a entenderla al elegir y desarrollar razones teniendo en cuenta al público.

Tema: Jugar en un equipo de básquetbol

Opinión: Los jugadores de todos los niveles pueden beneficiarse jugando en un equipo de básquetbol.

Público A	Público B
Estudiantes que eligen para qué equipo deportivo escolar probarse	Estudiantes que no planean unirse a un equipo deportivo escolar
Las razones deben responder a la pregunta: ¿Por qué el básquetbol es mejor que otro deporte para mí?	Las razones deben responder a la pregunta: ¿Por qué sería bueno para mí jugar en un equipo de básquetbol?

Para el Público A, las razones podrían ser que el equipo de básquetbol eclipsa a otros equipos deportivos escolares y tiene una reputación de ganador. Para el Público B, las razones podrían ser que los deportes de equipo son beneficiosos para todas las personas y son tan gratificantes como las actividades no deportivas.

Mi TURNO Lee acerca de la opinión y de cada público. Escribe A si la razón atraerá *más* al Público A y B si atraerá *más* al Público B.

Opinión: En cada salón de clase debería haber una mascota para que los estudiantes la cuiden.

Público A: maestros a quienes les encanta la ciencia

Público B: maestros que son alérgicos a los gatos

_____ **1.** Los estudiantes aprenderán lo que necesitan los animales para estar saludables.

_____ **2.** Los estudiantes pueden aprender sobre peces o reptiles.

_____ **3.** Los estudiantes aprenderán por qué las personas eligen ciertas mascotas en particular.

_____ **4.** Los estudiantes aprenderán cómo se comporta una mascota.

Desarrollar detalles de apoyo y datos

Un ensayo de opinión coherente incluye información que ayuda a los lectores a entender tus razones. La información consiste en detalles como datos, ejemplos y citas. Los detalles son **relevantes**, es decir, están directamente relacionados con el tema y el enfoque del ensayo.

Mi TURNO Las razones del escritor están subrayadas en el párrafo. Resalta los detalles relevantes que apoyan cada razón. Tacha los detalles que no son relevantes para que el párrafo sea más coherente.

En mi opinión, lo mejor para hacer en las vacaciones de verano es jugar al aire libre tanto como sea posible. En primer lugar, <u>el tiempo es normalmente mejor en verano</u>. El verano es una estación soleada. Aun si hace calor, es más agradable estar afuera que adentro. Puede llover, pero es bueno para los cultivos. Otra razón es que, <u>durante el año escolar, no hay mucho tiempo para jugar al aire libre</u>. Las clases empiezan temprano, a las 8 a. m. Cuando terminan, a las 3 p. m., la mayoría de los estudiantes deben quedarse en programas hasta que sus padres pasan a buscarlos. Yo tengo que pasear a mi perro. Después los padres quieren que cenes y hagas la tarea. A medida que pasa el año, oscurece a mitad de la tarde. Por lo tanto, las personas deben aprovechar el tiempo agradable y el tiempo libre durante el verano. Deberían jugar al aire libre tanto como puedan.

Mi TURNO Elige detalles de apoyo relevantes a medida que escribes el borrador de un ensayo de opinión en tu cuaderno de escritura.

Escribir un enunciado de conclusión

El enunciado de conclusión en un ensayo de opinión recuerda a los lectores tu opinión y tus razones. En este ejemplo, el escritor manifiesta una opinión sólida y usa *primero*, *segundo* y *tercero* para que sea fácil encontrar las razones para la opinión.

> En conclusión, un carro de cuatro puertas es mucho más útil que un carro de dos puertas por tres razones. Primero, la experiencia nos dice que las personas pueden subir y bajar rápido de un carro de cuatro puertas. Segundo, las puertas individuales no son tan pesadas en un carro de cuatro puertas como lo son en uno de dos puertas. Tercero, los pasajeros del asiento trasero de un carro de cuatro puertas tienen manija de puerta y controles de ventanilla propios.

Mi TURNO Lee las razones del siguiente enunciado de conclusión. Luego, escribe una opinión que esté apoyada por las razones.

Los pandas son nativos de China, así que pertenecen allí. Es más, los pandas siempre parecen estar infelices en los zoológicos de otros países que no son China. Asimismo, en muchos zoológicos no pueden conseguir suficiente bambú para alimentar a los pandas.

Mi TURNO Recuerda a los lectores tus razones y tu opinión cuando escribas un enunciado de conclusión para un ensayo de opinión en tu cuaderno de escritura.

¿Por qué debería estar de acuerdo con tu opinión?

Escribir usando la tecnología

Al escribir el borrador de un ensayo de opinión, la tecnología puede ayudarte a encontrar la mejor estructura para tus razones e información de apoyo. Eso es así porque puedes experimentar reorganizando las oraciones y los párrafos en la computadora.

Escribe con la computadora el primer borrador de tu ensayo y guárdalo. Aprende cómo hacer una copia del archivo y ponerle otro nombre, por ejemplo, añadiendo "experimento" al nombre del archivo. Usando la copia, aprende cómo resaltar una oración o un párrafo, copiarlo o cortarlo, y pegarlo en otro lugar.

Piensa en tus lectores. ¿Qué razón les interesará más? Ponla primero. Para cada razón, ¿qué detalle de apoyo será más significativo? Ponlo primero.

Cuando termines de experimentar, guarda los cambios que quieras conservar y haz de este el nuevo borrador de tu ensayo.

Mi TURNO Completa esta lista cuando uses la tecnología para producir un borrador de tu ensayo de opinión. Comparte tu lista completa con tu Club de escritura.

USAR LA TECNOLOGÍA PARA PRODUCIR ESCRITURA

- ☐ Hice una copia de mi borrador y le puse otro nombre.
- ☐ Intenté pensar como uno de mis lectores.
- ☐ Usé la tecnología para poner la razón más importante primero.
- ☐ Usé la tecnología para poner la información de apoyo más significativa primero.
- ☐ Guardé los cambios que quería conservar en mi nuevo borrador de ensayo.

INTERACTIVIDAD

La MÁSCARA MISTERIOSA

Un cuento de hadas

Hace mucho tiempo y en un lugar muy lejano, vivía un rey enojado. Sus súbditos le temían y no se animaban a mirar su rostro aterrador. El miedo de su pueblo enojaba aún más al rey. Entonces, ordenó a su consejero de más confianza que buscara una manera de hacer que las personas fueran más agradables con él.

El consejero creó una máscara exactamente igual al rostro del rey, con una excepción: la máscara tenía una expresión amable. El consejero le dijo al rey que usara la máscara durante cien días. Entonces, todo aquel que miraba al enojado rey veía una sonrisa amable.

Se corrió la voz de que el rey se había vuelto más amable. Pronto, las personas comenzaron a sonreírle y hasta comenzaron a saludarlo sin miedo.

Con el paso del tiempo, el rey llegó a conocer a su pueblo. Conforme se enteraba de sus problemas, comenzaba a hacer arreglos. Pronto, cada familia tuvo todo lo que necesitaba. A cambio, las personas organizaban festivales en honor al rey.

El rey comenzó a sentir que debía dejar de usar la máscara. Aunque los cien días todavía no habían pasado, el rey se quitó la máscara.

Cuando se miró en el espejo, vio que la sonrisa de la máscara se había convertido en su propia sonrisa, y esa amabilidad se notaba en su mirada.

SEMANA 3

Pregunta de la semana

¿Por qué debemos hacer buenas acciones sin esperar nada a cambio?

Actuar En un grupo pequeño, actúen el cuento de hadas. Luego observen las actuaciones que hacen otros grupos del cuento de hadas. Comenten en clase cómo leer un cuento es diferente de oírlo actuado. ¿Cómo cambian los detalles cuando la historia es hablada en voz alta?

We do good deeds becaus we need to help other people

Meta de aprendizaje

Puedo aprender más sobre el tema *Los impactos* al identificar los elementos de una obra de teatro.

Obra de teatro

Una **obra de teatro**, u obra, es una historia escrita para que actores la representen sobre un escenario. Una obra de teatro incluye:

- Un **elenco** de personajes
- **Diálogos** entre los personajes
- **Etiquetas de los personajes** para identificar qué personaje está hablando
- **Acotaciones** que le indican a los actores cómo hablar y qué hacer
- Un **conflicto** entre los personajes y su **solución**
- Un **tema**, o significado central, que guía la acción

Algunas obras de teatro también incluyen **actos** y **escenas**. Los **actos** son las divisiones principales de la acción general de la obra. Las **escenas** son divisiones más pequeñas de la acción dentro de un acto. Los autores pueden usar ambos tipos de divisiones o elegir no usarlas dependiendo de cómo quiere el autor que el público experimente la historia.

INTERCAMBIAR ideas Para comparar dos géneros, describe en qué se parecen. Para contrastarlos, explica en qué se diferencian los propósitos, los elementos o las estructuras de los géneros. Con un compañero, usa el Cartel de referencia para comparar y contrastar las obras de teatro y los cuentos tradicionales. Toma apuntes de tu conversación.

Mis APUNTES ______________________

Cartel de referencia: Obra de teatro

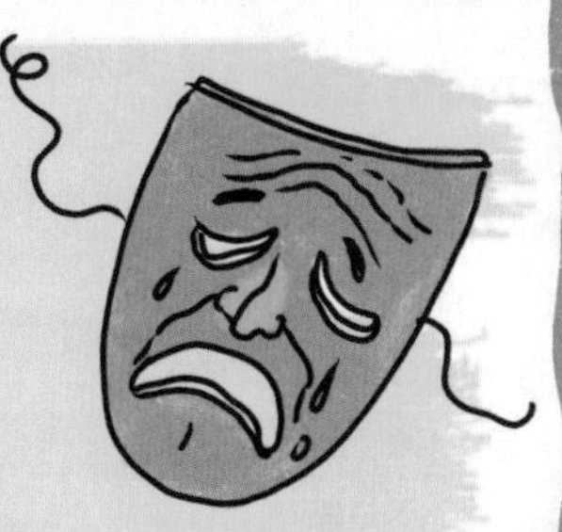

Propósito:

Entretener a un público

Elementos:

Elenco de personajes: actores en un escenario

Ambiente: una descripción del momento y del lugar en los que ocurre la acción

Diálogos: el nombre y el discurso de los personajes

Acotaciones: instrucciones para los actores, descripción del ambiente

Estructura: la acción puede estar organizada en actos y escenas

Punto de vista:

Tercera persona objetiva

Conoce a la autora

A **Pamela Gerke** le encantan las obras de teatro. Ha sido maestra de teatro y de música durante más de veinticinco años. También ha escrito libros sobre teatro y ¡hasta fundó un grupo de teatro para niños! A Pamela Gerke le gustan las obras de teatro de cuentos folclóricos porque nos ayudan "a aprender sobre otros grupos de personas" y a difundir "conciencia y comprensión".

La Culebra

Primer vistazo al vocabulario

Mientras lees la obra de teatro *La Culebra*, presta atención a estas palabras de vocabulario. Fíjate cómo te ayudan a entender a los personajes y a relacionar la obra de teatro con el tema de la unidad: *Los impactos.*

sensibles **intercambiar**

acción **insistió** **satisfechos**

Lectura

Recuerda establecer un propósito de lectura antes de comenzar a leer. Luego, sigue estas estrategias a medida que lees la **obra de teatro** por primera vez.

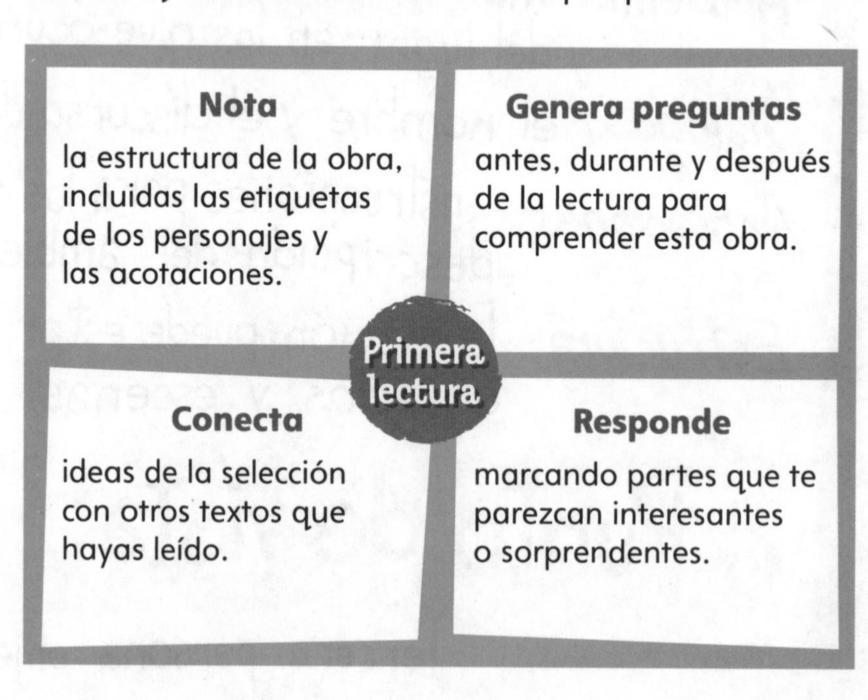

Género Obra de teatro

México

LA CULEBRA

de *Obras de teatro multiculturales para niños*
por Pamela Gerke

Notas del maestro

Como esta obra de teatro es bastante simple de ensayar y producir, es una buena opción para cuando no se tiene mucho tiempo de preparación, o se puede usar simplemente como una actividad de lectura. Tiene muy pocos personajes, pero todos ellos pueden interpretarse en grupos pequeños.

En este relato, Coyote interpreta al astuto "Embustero", una figura conocida también en algunas tradiciones indígenas de América del Norte. En el Noroeste del Pacífico, "Cuervo" interpreta a una figura parecida; otro personaje similar es "Anansi, la araña" en relatos de Ghana y Liberia.

 AUDIO

 ANOTAR

Explicar los elementos de una obra de teatro

El guion de una obra de teatro incluye elementos que no se encuentran en la prosa.

Subraya evidencia del texto que muestre en qué se diferencia una obra de teatro de otras formas de literatura.

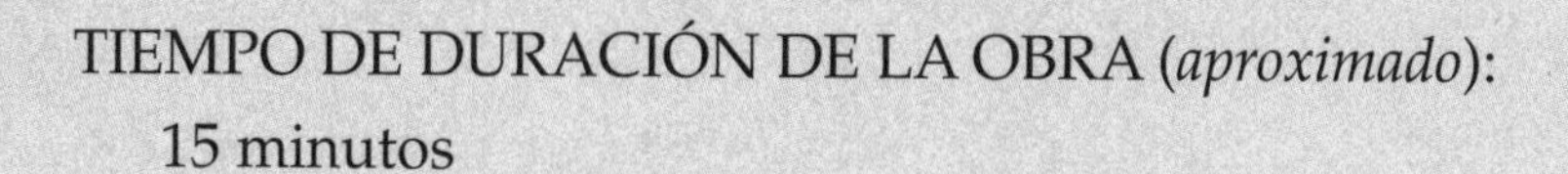

TIEMPO DE DURACIÓN DE LA OBRA (*aproximado*):
15 minutos

TIEMPO NECESARIO DE ENSAYO:
6 a 8 horas

TIEMPO NECESARIO PARA OTRO TIPO DE PRODUCCIÓN:
2 a 4 horas

CANTIDAD DE INTÉRPRETES:

Mínimo: 5, más Abuela/Narrador (los actores que interpretan a Nieto, Esposa y Perros pueden interpretar a otros personajes)

Máximo: 20 a 25 (todos los personajes pueden interpretarse como grupos pequeños)

GÉNERO DE LOS PERSONAJES:

Todos los personajes pueden interpretarse como personajes femeninos o masculinos, excepto CAMPESINO, que es de género masculino, y ESPOSA y GALLINA que son de género femenino.

PERSONAJES:

ABUELA /ABUELO (NARRADOR)
NIETO/NIETA
BURRO
GALLINA
PERROS
CULEBRA
CAMPESINO
COYOTE
ESPOSA

(Ambiente: Una granja pequeña en México. No es necesario que haya un escenario, pero sí será necesario que haya lugares donde CAMPESINO *pueda escapar de* COYOTE*. Un par de mesas resistentes pueden servir como la casa y el granero, con telas que cuelguen por el frente, y* CAMPESINO *puede escapar a los techos. Un telón de fondo con una granja mexicana es opcional. SE ENCIENDEN LAS LUCES.* BURRO*,* GALLINA *y* PERROS *entran y se quedan por el patio de la granja. Entra* ABUELA *y se queda a un lado, mirando. Entra* NIETO *y se acerca a* BURRO*).*

1 **NIETO:** ¡Hola, señor Burro! ¿Habla español?

2 **BURRO:** ¡Iiaa! ¡Iiaa!

3 **NIETO:** ¡Hola, señorita Gallina! ¿Habla español?

4 **GALLINA:** Coc-coc-coc-coc-coc-¡COC!

5 **NIETO:** ¡Hola, Perros! ¿Hablan español?

6 **PERROS:** ¡Guau! ¡Guau!

7 **NIETO:** (*Frustrado*). ¡¿Nadie por aquí habla español?!

LECTURA ATENTA

Explicar los elementos de una obra de teatro

Subraya evidencia del texto que te diga dónde tiene lugar la obra.

Explicar los elementos de una obra de teatro

Subraya palabras que te digan qué personaje dice cada línea de diálogo.

sensibles capaces de responder a un estímulo; que algo les afecta fácilmente

intercambiar dar una cosa a cambio de otra

(ABUELA se acerca).

8 ABUELA: ¡Yo sí! ¡Hola, Nieto!

9 NIETO: ¡Hola, Abuela!

10 ABUELA: Nieto, ¿sabías que hubo un tiempo en que nadie en México hablaba español? Cuando aquí vivían los aztecas, hablaban una lengua que se llamaba náhuatl. Y antes de eso, hubo un tiempo en que los seres humanos y los animales hablaban la misma lengua. ¿Te gustaría hablar con los animales, Nieto?

11 NIETO: ¡Sí! ¡Sí!

12 ABUELA: Puedes aprender mucho de los animales. Cuando los animales podían hablar con los niños, los niños eran mucho más listos. Y más sensibles. En aquel entonces, los niños no pedían intercambiar favores por dinero. No eran demandantes y no hacían berrinches. La Culebra les enseñaba esas cosas. Te contaré una historia sobre la Culebra. Esto sucedió hace mucho tiempo.

(Los ANIMALES *salen.* ABUELA *se queda a un lado mientras* NIETO *se queda con ella durante toda la obra, o va detrás del escenario para interpretar a otro personaje).*

13 **ABUELA:** En un pueblo pequeño de México llamado San Miguel Tejocote, hubo una vez una terrible tormenta.

(EFECTOS DE SONIDO: TORMENTA. CULEBRA *entra y se echa, en el centro, y encima de ella hay un tronco grande de árbol. TERMINAN LOS EFECTOS DE SONIDO).*

14 **ABUELA:** Más tarde, ese día, un Campesino estaba trabajando en sus tierras cuando oyó a alguien que estaba gritando.

*(*CAMPESINO *entra, con una azada).*

15 **CULEBRA:** *(Gritando).* ¡Ay, socorro! ¡Ay, socorro!

16 **ABUELA:** Culebra estaba atrapada debajo de un tronco de árbol y ¡seguro iba a morir si no la liberaban!

LECTURA ATENTA

Explicar los elementos de una obra de teatro

En una obra de teatro, los personajes se mueven por el lugar y, a veces, entran al escenario o salen de él.

Subraya palabras o frases que te digan algo acerca del movimiento de los personajes.

Explicar los elementos de una obra de teatro

En esta obra de teatro, hay un personaje que cuenta una historia. La historia es acerca de las acciones de otros personajes de la obra.

Subraya evidencia del texto que muestre la relación entre las palabras de la Abuela y los otros personajes.

acción algo que se hace; un acto que se realiza

insistió demandó o exigió algo con fuerza

(CAMPESINO se acerca a CULEBRA y le levanta la rama que tiene encima. CULEBRA se sacude las astillas).

17 **CULEBRA:** ¡Gracias! ... ¡¡¡Ahora, te voy a comer!!!

(CULEBRA persigue a CAMPESINO).

18 **CAMPESINO:** ¡Ay, socorro! ¡Ay, socorro!

(CAMPESINO encuentra un lugar seguro, como en un techo).

19 **CAMPESINO:** Pero ¡si te salvé la vida!

20 **CULEBRA:** Sí, pero recuerda el antiguo dicho: Si haces una buena acción, ¡a cambio, algo malo te pasará!

21 **ABUELA:** Campesino trató de explicar que Culebra había entendido todo mal, que si haces el bien, entonces, a cambio, el bien regresará a ti. Pero Culebra no estuvo de acuerdo e insistió en comer a Campesino a cambio de haberle salvado la vida. Discutieron durante un rato hasta que, finalmente, acordaron preguntar a tres animales sus opiniones sobre la cuestión. Si todos estaban de acuerdo con Culebra, entonces ella iba a comerse a Campesino. Caminaron por la granja hasta que encontraron a un burro.

(*BURRO entra y CAMPESINO y CULEBRA caminan hasta él*).

22 CAMPESINO y CULEBRA: ¡Hola, señor Burro!

23 BURRO: ¡Hola, Campesino! ¡Hola, Culebra!

24 CAMPESINO y CULEBRA: ¿Es verdad que si haces una buena acción, a cambio, algo malo te pasará?

25 BURRO: (*Piensa un momento*). ... ¡Sí! Yo he trabajado mucho toda mi vida, pero cuando me ponga viejo, seguro me van a matar para tener mi piel. Así que, si haces una buena acción, ¡a cambio, algo malo te pasará! Al menos, así es para los burros.

26 CULEBRA: ¡Te voy a comer!

27 CAMPESINO: ¡Ay, socorro! ¡Ay, socorro!

(*CULEBRA persigue a CAMPESINO y BURRO se une a la persecución hasta que CAMPESINO encuentra un lugar seguro*).

28 CAMPESINO: Pero todavía debemos preguntarles a dos animales más: ¡ese era el trato!

LECTURA ATENTA

Vocabulario en contexto

Las **claves del contexto** pueden ayudarte a determinar el significado de palabras con más de un significado.

¿Dónde aparece "cambio" en el diálogo de la obra? Usa claves del contexto para determinar el significado de esta palabra de varios significados. Subraya palabras que te ayuden a determinar su significado.

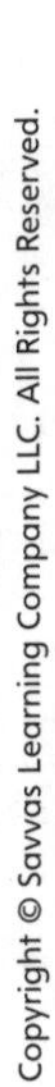

29 CULEBRA: Sí.

30 ABUELA: Siguieron su camino y, después de un rato, se encontraron con una gallina.

(GALLINA entra y los demás caminan hasta ella).

31 CAMPESINO, CULEBRA Y BURRO: ¡Hola, señorita Gallina!

32 GALLINA: ¡Hola, Campesino! ¡Hola, Culebra! ¡Hola, Burro!

33 CAMPESINO, CULEBRA Y BURRO: ¿Es verdad que si haces una buena acción, a cambio, algo malo te pasará?

34 GALLINA: (*Piensa un momento*). … ¡Sí! Yo pongo huevos todos los días para que coman las personas. Pero cuando me ponga vieja, seguro me van a matar y ¡van a hacer sopa de gallina! Así que, si haces una buena acción, ¡a cambio, algo malo te pasará! Al menos, así es para las gallinas.

35 CULEBRA: ¡Te voy a comer!

36 CAMPESINO: ¡Ay, socorro! ¡Ay, socorro!

(CULEBRA persigue a CAMPESINO Y BURRO Y GALLINA se unen a la persecución hasta que CAMPESINO encuentra un lugar seguro).

37 CAMPESINO: Pero todavía debemos preguntarle a un animal más: ¡ese era el trato!

38 CULEBRA: ¡Sí!

39 ABUELA: Después de un rato, encontraron a un coyote.

(COYOTE entra y los demás caminan hasta él).

40 CAMPESINO, CULEBRA, BURRO y GALLINA: ¡Hola, Coyote!

41 COYOTE: ¡Hola, Campesino! ¡Hola, Culebra! ¡Hola, Burro! ¡Hola, Gallina!

42 CAMPESINO, CULEBRA, BURRO y GALLINA: ¿Es verdad que si haces una buena acción, a cambio, algo malo te pasará?

43 COYOTE: ¿Cómo podría saberlo? ¡Todos saben que el Coyote nunca hace una buena acción!

44 TODOS: Pero ¡tú debes decidir! ¡Eres el último animal!

45 CULEBRA: Además, ¡ya tengo mucha hambre!

46 COYOTE: (*Piensa un momento*). ... Debes mostrarme exactamente cómo fue.

47 ABUELA: Y entonces regresaron y pusieron el tronco de árbol encima de Culebra, exactamente igual a cómo había estado.

(Eso hacen).

48 COYOTE: (*A Culebra*). ¿Te puedes mover ahora?

LECTURA ATENTA

Resumir un texto literario

Los resúmenes incluyen los sucesos y los detalles más importantes, narrados en orden.

Resalta palabras y frases que incluirías en un resumen de la obra de teatro.

LECTURA ATENTA

Explicar los elementos de una obra de teatro

Subraya palabras y frases de los párrafos 55 a 58 que le digan al lector lo que está pensando un personaje o cómo es la personalidad de un personaje.

satisfechos conformes o contentos con algo

49 CULEBRA: ¡No!

50 COYOTE: ¿Estás segura?

51 CULEBRA: ¡Por supuesto que estoy segura! ¡No me puedo mover!

52 COYOTE: ¿Ni siquiera un poco, un poquito?

53 CULEBRA: No, ¡ni siquiera un poco!

54 COYOTE: Entonces ahora estás igual que al principio: la buena acción está deshecha. Por lo tanto, ¡no lo puedes comer a él! ¿Sí?

55 CULEBRA: (*Suspira, sintiéndose burlada*). Sí.

56 ABUELA: Satisfechos porque el problema se había resuelto, todos volvieron a sus asuntos en la granja.

(BURRO y GALLINA salen).

57 CAMPESINO: (*A Coyote*). ¡Gracias, Coyote! ¡Me salvaste la vida!

58 COYOTE: (*Con dulzura falsa*). Bien, creo que todos nos deberíamos ayudar en este mundo. Tan solo mírame a mí: ¡Estoy enfermo! Estoy muuuy enfermo y débil de hambre… Pero tú me puedes ayudar.

59 CAMPESINO: ¿Cómo?

60 COYOTE: Tráeme dos borregos, dos de tus mejores ovejas. Cuando las coma, ¡me sentiré mejor!

61 CAMPESINO: ¡Sí!

(COYOTE sale y CAMPESINO va a su casa. Al mismo tiempo, ESPOSA entra. Mientras tanto, CULEBRA puede salir o quedarse en el lugar, debajo del tronco, hasta el final de la obra).

LECTURA ATENTA

Resumir un texto literario

¿Qué sabe el público de la obra que no saben los personajes de la obra?

Resalta un suceso que incluirías en un resumen de la obra.

62 ABUELA: Campesino se fue a casa y le contó a su esposa toda la historia.

63 ESPOSA: ¡Estás loco!

64 CAMPESINO: ¡Tan solo dale a Coyote dos borregos!

(CAMPESINO sale).

65 ESPOSA: Esos coyotes son astutos, pero ¡yo sé cómo ocuparme de ellos! (*Grita*): ¡Perros! ¡Perros!

(Los PERROS entran, ladrando).

66 PERROS: ¿Sí, señora?

67 ESPOSA: Métanse en este saco, por favor.

68 PERROS: Sí, señora.

(Los PERROS se meten en el saco. CAMPESINO entra).

69 ESPOSA: Aquí tienes, ¡dos borregos!

70 CAMPESINO: ¡Gracias!

(ESPOSA sale, pero mira la escena siguiente desde un escondite. COYOTE entra).

71 CAMPESINO: Aquí tienes, ¡dos borregos!

72 COYOTE: ¡Gracias!

(COYOTE abre el saco. Los PERROS salen saltando, ladrando y queriendo morder, y persiguen a COYOTE).

73 COYOTE: ¡Ay, socorro! ¡Ay, socorro!

(COYOTE encuentra un lugar seguro temporalmente).

74 COYOTE: ¡Culebra tenía razón! Hice una buena acción por Campesino y, a cambio, ¡me pasó algo malo!

(Los PERROS *persiguen a* COYOTE *hasta afuera del escenario.* TODOS *salen).*

75 ABUELA: Y eso, Nieto, es el fin de la historia de la Culebra.

76 NIETO: ¿Es verdad? Si lo es, ¡nunca haré buenas acciones!

77 ABUELA: No, no, ¡no es así cómo funciona! Siempre debes hacer buenas acciones, pero nunca debes esperar algo a cambio. Si solo haces el bien para obtener algo a cambio, entonces, terminarás engañado como Coyote. ¿Comprendes?

78 NIETO: ¡Sí! ¡Sí!

(La MÚSICA COMIENZA: "La Bamba" u otras canciones populares mexicanas. TODOS entran y cantan/bailan. La MÚSICA TERMINA).

79 TODOS: ¡El fin!

(Las LUCES SE APAGAN).

LECTURA ATENTA

Resumir un texto literario

Los resúmenes deben incluir el tema o el mensaje de un texto.

Resalta evidencia del texto que te ayude a determinar un tema.

Desarrollar el vocabulario

Los sucesos de una obra de teatro se revelan a través de los diálogos y las acciones. Para entender lo que está sucediendo, el público debe interpretar lo que dicen y hacen los personajes.

Mi TURNO En cada sección de diálogo aparece subrayado un sinónimo de una palabra del banco de palabras. Identifica qué palabra del banco de palabras va con cada sinónimo. Luego, escribe esa palabra sobre la línea.

Banco de palabras				
acción	**insistió**	**sensibles**	**intercambiar**	**satisfechos**

DEREK: ¡Debemos hallar una manera de calmar a los reyes! ¡Son tan delicados con sus zapatos!

____

PAOLO: Lo sé. Lo sé. Nunca fue mi intención canjear sus zapatillas por la manzana dorada. ¡Pensé que eran tuyas!

____

DEREK: Pero mi hermano exigió que consiguieras la manzana dorada a cualquier precio. Ahora debemos resolver el problema.

____

PAOLO: Aun así, ojalá pudiera volver atrás mi acto. Pero tienes razón. Nuestra tarea ahora es calmar a los reyes.

____

DEREK: Entonces estamos de acuerdo. Ellos nunca estarán complacidos con una disculpa. Debemos encontrar unas zapatillas aún mejores.

____

Verificar la comprensión

Mi TURNO Vuelve a mirar el texto para responder a las preguntas.

1. Imagina que estás a cargo de compartir *La Culebra* con otra clase. ¿Qué elementos del texto te ayudarían?

2. ¿Qué evidencia apoya la conclusión de que esta obra de teatro se parece a la literatura tradicional, como las leyendas, los cuentos exagerados y los mitos?

3. ¿Cómo influyen las acciones de Esposa en los otros personajes, incluyendo a Abuela y Nieto? ¿Sufren cambios estos personajes?

4. ¿Qué insinúa la obra *La Culebra* acerca de por qué se les podría dar a los animales palabras y acciones de seres humanos en una obra de teatro?

Explicar los elementos de una obra de teatro

El guion de una obra de teatro dice cómo debe ser el escenario, cómo deben moverse, qué deben decir y las emociones que deben expresar los personajes. Explicar estos elementos te ayudará a entender una obra de teatro y cómo se compara con otros tipos de escritura narrativa.

1. **Mi TURNO** Vuelve a las notas de Lectura atenta de *La Culebra* y subraya los elementos de la obra.

2. **Evidencia del texto** Completa el diagrama explicando las partes subrayadas y escribiendo citas como ejemplos.

Elementos de una obra que el público ve y oye	Elementos de esta obra que se parecen a los elementos de un cuento
Ejemplos	Ejemplos

Explica en qué se parece y en qué se diferencia la estructura de *La Culebra* a la estructura de un cuento que hayas leído esta semana.

Resumir un texto literario

Cuando resumas una obra de teatro, usa tus propias palabras para describir a los personajes y el ambiente, y contar los sucesos principales en orden.

1. **Mi TURNO** Vuelve a las notas de Lectura atenta de "La Culebra" y resalta partes que usarías en un resumen de la obra.

2. **Evidencia del texto** Usa las partes resaltadas para completar el diagrama y responder a la pregunta.

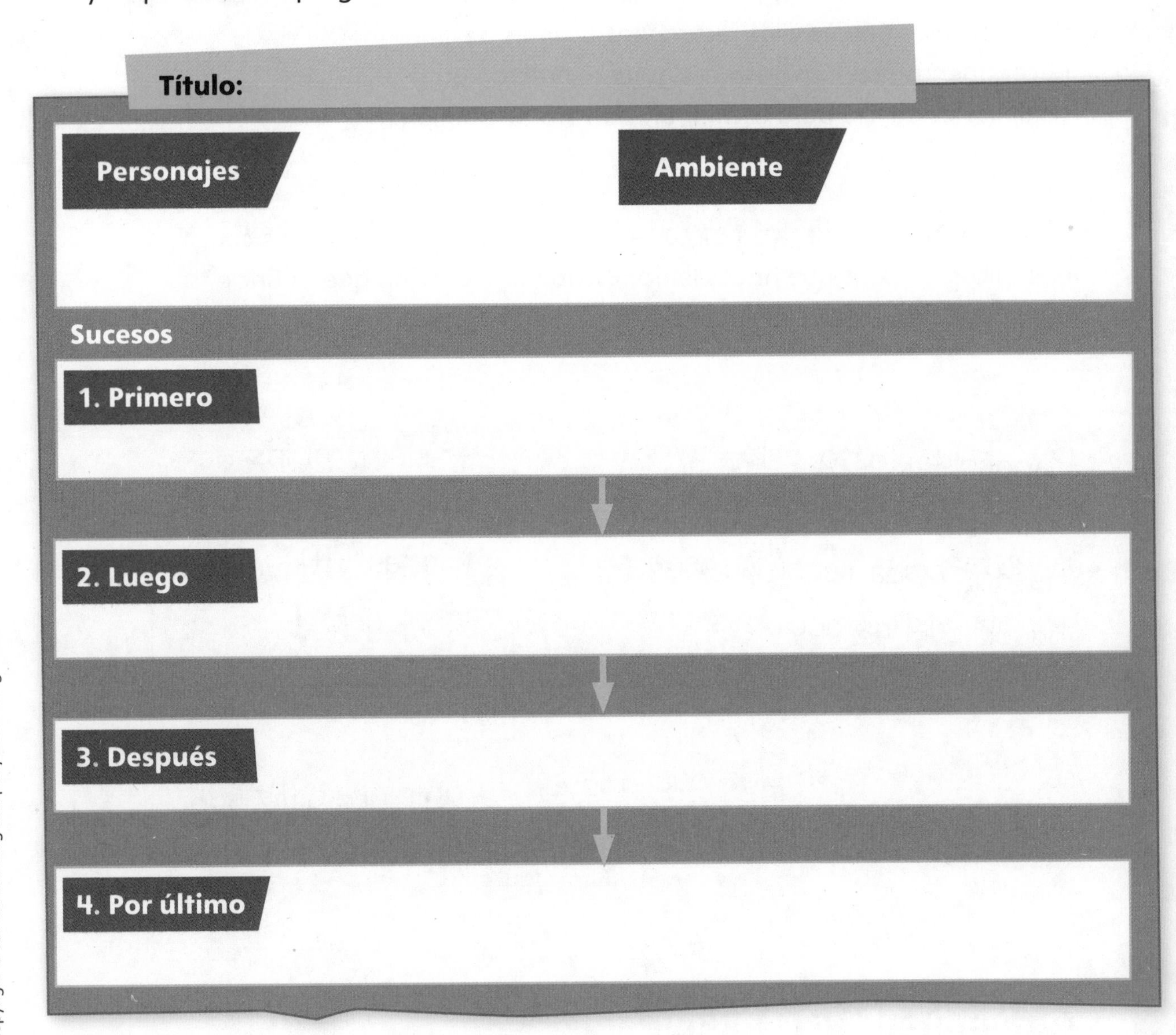

Pregunta: ¿Qué tema, o mensaje, tiene el final de "La Culebra" para todas las personas, no solamente para el nieto de Abuela?

Reflexionar y comentar

Escribir basándose en las fuentes

Esta semana leíste una obra de teatro en la que las personas y los animales enseñaron una lección acerca de hacer buenas acciones. ¿Qué otros textos has leído que enseñan acerca de hacer buenas acciones? Piensa en los pensamientos, las palabras y las acciones de los personajes. En tu opinión, ¿deben las personas considerar los riesgos y las recompensas antes de hacer buenas acciones? Usa el siguiente proceso para recopilar evidencia para escribir un párrafo de opinión.

Usar la evidencia del texto Apoya la opinión que expreses con ejemplos de textos que hayas leído. Escribe una oración que enuncie tu opinión. Luego, recopila evidencia:

Repasa textos que te hayan enseñado acerca de los riesgos y las recompensas de hacer buenas acciones. →

Busca ejemplos de cómo las buenas acciones influyen en los personajes. ↓

Parafrasea ejemplos que apoyen tu opinión. Cita cada fuente. Escribe tu párrafo de opinión en una hoja aparte.

Pregunta de la semana

¿Por qué debemos hacer buenas acciones sin esperar nada a cambio?

Vocabulario académico

Meta de aprendizaje

Puedo usar el lenguaje para hacer conexiones entre la lectura y la escritura.

El contexto en el que se usa una palabra te da claves acerca de su significado. Las claves del contexto incluyen definiciones, ejemplos, sinónimos y antónimos.

MI TURNO Con el banco de palabras:

1. **Identifica** pares de palabras con significados similares.
2. **Escribe** una oración para cada par de palabras, usando una como clave del contexto para el significado de la otra. Subraya el par de palabras en cada oración.

Banco de palabras

habitual	pronosticar	mostrar	tradicional	revelar
ilustrar	interpretar	aclarar	predecir	descubrir

1. Después de interpretar las señales, hazme el favor de aclarar los significados.

2. .

3. .

4. .

5. .

La acentuación de los verbos conjugados

Para comprender la acentuación de los verbos conjugados, primero debes decodificar los verbos y conocer las reglas de acentuación. Los **verbos conjugados** siguen las mismas reglas de acentuación que el resto de las palabras. Es decir: las palabras agudas llevan tilde cuando terminan en *n*, *s* o vocal; las graves llevan tilde cuando no terminan en *n*, *s* o cuando contienen un hiato de vocal fuerte y vocal débil tónica; y las esdrújulas y sobreesdrújulas siempre llevan tilde.

Generalmente, los verbos en pretérito y en futuro son palabras agudas con tilde (como *co-mí* o *co-meré*); los verbos en condicional y algunos en imperfecto y en pretérito perfecto son palabras graves con hiato y llevan tilde (como *co-merí-a*; *co-mí-a* o (*he*) *son-reí-do*); y los verbos con pronombres reflexivos son palabras esdrújulas o sobreesdrújulas y llevan tilde (como *in-ví-ta-me* o *en-tré-ga-me-lo*).

Mi TURNO Separa en sílabas cada verbo conjugado y subraya la sílaba acentuada. Indica si es una palabra aguda, grave, esdrújula o sobreesdrújula y si lleva el acento tomando en cuenta la terminación. Lee en voz alta las palabras como ayuda para separarlas en sílabas.

soñé ______________________

vivía ______________________

invítame ______________________

habría ______________________

expliquémoselo ______________________

(he) reído ______________________

Mi TURNO Conjuga los siguientes verbos en el tiempo y la persona gramatical indicados. Asegúrate de usar las tildes de manera apropiada.

1. poder (condicional - yo) ______________________
2. sonreír (pretérito perfecto - él/ella) ______________________
3. amar (futuro - ellos/ellas) ______________________
4. temer (imperfecto - tú) ______________________
5. escribir (pretérito - yo) ______________________

Leer como un escritor

Una manera en que los autores dirigen la atención a sus mensajes es escribiendo algo que contradiga las expectativas de los lectores.

¡Demuéstralo! Lee este pasaje de *La Culebra*.

> CULEBRA: Sí, pero recuerda el antiguo dicho: Si haces una buena acción, ¡a cambio, algo malo te pasará!
>
> ABUELA: Campesino trató de explicar que Culebra había entendido todo mal, *que* si haces el bien, entonces, a cambio, el bien regresará a ti.

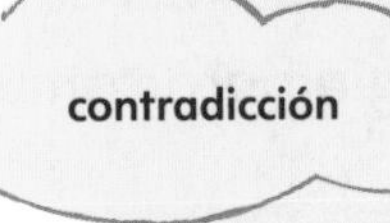

1. **Identificar** Pamela Gerke muestra una contradicción entre la creencia de la serpiente y la del hombre.
2. **Preguntar** ¿Por qué incluye esta contradicción?
3. **Sacar conclusiones** Pamela Gerke incluye esta contradicción para hacer que los lectores piensen en cuál es el mensaje correcto.

Vuelve a leer el párrafo 77.

Mi TURNO Sigue los pasos para analizar el pasaje. Describe cómo usa la autora una contradicción para dirigir la atención al mensaje.

1. **Identificar** Pamela Gerke usa una contradicción entre ______________________

____

2. **Preguntar** ¿Por qué incluye esta contradicción?
3. **Sacar conclusiones** Pamela Gerke incluye esta contradicción para ______________

____

____

Escribir para un lector

Los escritores pueden poner ideas sorprendentes o contradictorias juntas para incentivar a los lectores a analizar el mensaje de un texto.

Mi TURNO Piensa en cómo Pamela Gerke contrastó algunos dichos acerca de hacer buenas acciones para que los lectores tuvieran que pensar en su mensaje. Ahora imagina cómo podrías usar la misma estrategia para comunicar un mensaje a tus lectores.

1. Si quisieras que los lectores recordaran una idea acerca del beneficio de asistir al concierto de una orquesta, ¿qué contraste o contradicción podrías usar para captar su atención?

2. Escribe un pasaje de ficción con una contradicción que incentivará a los lectores a pensar acerca de tu mensaje.

Escribir correctamente los verbos conjugados

Los **verbos conjugados** siguen las mismas reglas de acentuación que el resto de las palabras.

Todos los verbos conjugados terminan en *n*, *s* o vocal. Por tanto, llevan tilde si son palabras agudas o esdrújulas. Cuando son palabras graves, no llevan tilde, excepto cuando se produce un hiato de vocal fuerte y vocal débil tónica, como *vi-ví-a*.

Mi TURNO Lee las palabras. Luego, sepáralas en sílabas en la columna que corresponda.

PALABRAS DE ORTOGRAFÍA

dormirás	caminaré	saldríamos	visitarás
miraré	verás	comerían	estarán
pasábamos	comí	volverán	podrás
dábamos	saltaría	nadaría	trabajó
pasó	íbamos	cultivaría	fuéramos

Palabras agudas	Palabras graves	Palabras esdrújulas

Los adverbios

Para que tu escritura sea vívida, usa adverbios o locuciones adverbiales (grupos de palabras que funcionan como adverbios) para agregar información a los verbos, adjetivos u otros adverbios.

Los **adverbios de frecuencia** (*siempre*, *ocasionalmente*, *a veces*) indican la frecuencia de la acción.

A menudo modifica el verbo *estudio*.

A menudo estudio en la cocina.

Los **adverbios de grado** (*muy*, *apenas*, *bastante*) indican la intensidad del adjetivo o el adverbio al que describen.

Nuestra orden de comida para llevar está un tanto retrasada.

Un tanto modifica el adjetivo *retrasada*.

El cordón se rompió muy lentamente.

Muy modifica el adverbio *lentamente*.

Mi TURNO Corrige este borrador para cambiar ligeramente su significado reemplazando, por lo menos, cuatro adverbios.

Luna a menudo lleva su motoneta a la tienda. Frecuentemente la deja al lado de un parquímetro mientras hace las compras. En cambio, Hiram es cuidadoso y raramente deja su motoneta fuera de su vista. Cada vez que ve la motoneta de Luna fuera de la tienda, ¡se siente apenas tentado de esconderla y enseñarle una lección!

Escribir la introducción y la conclusión

Meta de aprendizaje

Puedo usar elementos de la escritura de opinión para escribir un ensayo.

Para escribir un ensayo de opinión coherente enuncia una opinión en la introducción. Después de presentar las razones y la información de apoyo con determinación en el cuerpo del ensayo, concluye volviendo a enunciar tu opinión y resumiendo tus razones.

Mi TURNO Escribe una conclusión coherente que refleje la introducción en la tabla.

Introducción	Razones	Conclusión
"Cajas de cartón" de Francisco Jiménez es el mejor cuento que leímos este año.	• El cuento muestra cómo superan los problemas las personas. • Se adaptan a lugares nuevos una y otra vez. • Los detalles concretos hacen que los personajes y los ambientes sean fáciles de imaginar.	

Mi TURNO Incluye una introducción y una conclusión cuando desarrolles y escribas un ensayo de opinión coherente.

Organizar las razones

Organiza las razones para apoyar de la mejor manera el propósito de un ensayo de opinión. A menudo, la razón que les interesará más a los lectores se menciona al principio.

Tema: Clase de ciencias.

Público: Estudiantes que votarán cuál clase les gusta más.

Opinión: La clase de ciencias es la más divertida de todas las clases de la escuela.

Las razones deben responder a la pregunta que tendrán los lectores: ¿por qué me divierto más en la clase de ciencias que en las demás clases?

Lee estos ejemplos de razones y explicaciones.

Razones	Explicaciones
Con las medidas de seguridad adecuadas, los estudiantes se divierten probando sus ideas en la clase de ciencias.	**Esta razón va primero porque responde directamente a la pregunta de los lectores.**
En el salón de clase de ciencias, hay modelos de plantas y animales.	**Esta razón no responde directamente a la pregunta de los lectores, así que debe ir segunda.**

Mi TURNO Lee la opinión y observa el público. Luego, numera las razones para mostrar el mejor orden.

Opinión: El almuerzo perfecto es una ensalada.

Público: Estudiantes de quinto grado.

_______ Razón: Comer una ensalada te da energía para la tarde.

_______ Razón: Dos tazas de verduras de hojas crudas equivalen casi a la mitad del requerimiento diario de verduras de una persona.

_______ Razón: Las verduras frescas tienen un gran sabor con un poco de proteína agregada, como huevos o queso.

Mi TURNO Para atraer a tu público, organiza tus razones de forma lógica cuando escribas el borrador de un ensayo de opinión. Usa un párrafo para cada razón. Menciona la razón en una oración principal. A continuación, incluye información que se relacione con la razón.

Organizar los detalles de apoyo

Lo más probable es que los lectores estén de acuerdo con tu opinión cuando les das razones convincentes. Los detalles de apoyo como los datos, las definiciones, los ejemplos y el texto citado de expertos ayudan a que tus razones sean convincentes.

Los datos son enunciados verdaderos que pueden probarse con evidencia. Haz que sea fácil para tus lectores encontrar los datos relevantes que apoyan tus razones. A medida que lees el párrafo, observa que un lector podría usar recursos para probar que los **datos** son verdaderos.

Oración principal: Una comida basada en frijoles puede ser muy nutritiva. Por ejemplo, **Dato:** los frijoles son una excelente fuente de proteína, hierro y zinc. **Dato:** Porción por porción, tienen tanta proteína como muchas clases de carne o pescado. **Dato:** Al igual que muchas otras verduras, los frijoles también son una buena fuente de fibra.

Mi TURNO Lee las siguientes oraciones. Luego, numera cada ejemplo de oración para mostrar el mejor orden de los detalles de apoyo.

Oración principal: Una razón para ver a un dentista de forma regular es asegurarte de que tus dientes estén saludables.

_______ Si esperas hasta tener un problema para ver a un dentista, podrías necesitar que te reparen los dientes.

_______ Por ejemplo, si no te arreglan las caries enseguida, las caries serán más grandes la próxima vez.

_______ Aun si no tienes caries en los dientes, un dentista puede limpiarlos más profundamente de lo que tú puedes hacer en tu hogar.

_______ Un dentista puede evaluar el estado de tus dientes, reparar problemas y prevenir problemas nuevos desde el principio.

Mi TURNO Incluye detalles de apoyo relevantes cuando escribas un ensayo de opinión en tu cuaderno de escritura.

Usar las palabras y frases de transición

Usa tantas **palabras y frases de transición**, o de enlace, como sea posible para que las conexiones entre las ideas sean completamente claras y coherentes. Estas palabras y frases unen razones con opiniones y detalles de apoyo con razones.

Opinión: En el país, se deben apartar tierras de pastoreo para bisontes.
Razón: Hubo muchos bisontes una vez y, sin ellos, las praderas sufren. **Por ejemplo**, cuando pastorean, las praderas son más saludables. **Esto se veía claramente** cuando una manada de bisontes impedía que los pastos altos tomaran demasiados nutrientes del suelo. Esto permitía que crecieran pastos más bajos. **Por lo tanto**, apartar un hábitat para los bisontes protegerá la pradera y los animales.

Mi TURNO Usa cada término del banco de transiciones solo una vez para conectar coherentemente las razones con la opinión del párrafo.

Banco de transiciones

Además **Para** **Por ejemplo** **Por último**

Las cuentas son geniales para hacer todo tipo de joyas. ____________, puedes enhebrar cuentas para hacer un collar, una pulsera o aretes colgantes. ________, puedes encontrar cuentas en una variedad enorme de formas y colores. ________ hacer joyas con cuentas, solo necesitas creatividad y aguja e hilo. ____________, al trabajar con cuentas, aprendes una destreza artística que los joyeros han practicado durante siglos.

¡Haz conexiones entre tus ideas!

Usar la tecnología para colaborar

Trabaja con un grupo para analizar modelos de ensayos de opinión y comiencen a escribir sus propios ensayos de opinión.

Mi TURNO Elige una de las siguientes opciones para interactuar y colaborar con un grupo.

- Elige un ensayo de opinión de la biblioteca de tu salón de clase. Usa un escáner para proporcionar una copia electrónica a cada miembro de tu grupo. Pide a cada miembro que añada notas a su copia escaneada que identifiquen la opinión del escritor, las razones y la información de apoyo. Luego, imprime, intercambia y comenta las copias anotadas.

- Escribe con la computadora un documento con una lluvia de ideas con cinco temas para un ensayo de opinión. Enumera una opinión y razones para cada tema. Imprime e intercambia los documentos dentro de tu grupo y pide a la persona que recibe el tuyo que marque sus dos ideas favoritas. Pide que te devuelvan tu documento con la lluvia de ideas. Usa las opciones de la otra persona para comprender mejor al público que leerá tu ensayo.

- Pide a tu grupo que elija uno de los siguientes temas. Con la ayuda de un adulto, busca en Internet un ensayo de opinión sobre ese tema. Lee el ensayo y, luego, trabaja con un compañero para escribir una respuesta con la computadora.

Si los estudiantes se benefician o no con las pruebas

Si los niños y las niñas deben o no jugar en los mismos equipos

Mi TURNO Identifica un tema, un propósito y un público. Luego, elige cualquier género y planifica un borrador haciendo un diagrama de tus ideas.

INTERACTIVIDAD

StoryCorps

StoryCorps es una organización que brinda oportunidades a personas de todos los ámbitos sociales para hacer grabaciones de audio de alta calidad de sus conversaciones y entrevistas personales.

Las historias provienen de los cincuenta estados y las entrevistas están a cargo de niños, adultos mayores o cualquier persona entre ambos rangos de edad. Las conversaciones ofrecen información sobre diferentes temas importantes de la vida: las relaciones, el crecimiento, reconocer y superar desafíos, etcétera. Estos relatos se preservan en un área de la Biblioteca del Congreso cuya misión es documentar historias de la vida popular, o la cultura y vida cotidiana de una comunidad o de un grupo en particular.

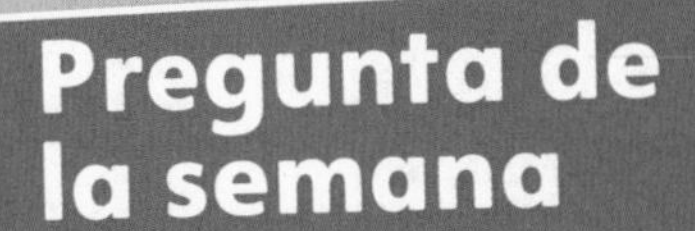

¿Cómo puede guiar nuestros actos lo que aprendemos de historias?

Escritura rápida ¿De qué manera están relacionados tus actos del presente con historias del pasado de tu familia o comunidad?

La Biblioteca del Congreso: depósito del archivo de *StoryCorps*

StoryCorps es una iniciativa nacional que brinda instrucciones e inspira a los estadounidenses para que graben, unos a otros, historias en formato de sonido... Esta idea tiene el potencial de convertirse en uno de los mayores proyectos de historia oral documental que jamás se haya donado a la Biblioteca del Congreso, y será una de las primeras colecciones de origen digital en llegar al *American Folklife Center.*

El *American Folklife Center* fue creado por el Congreso en 1976 y se encuentra en la Biblioteca del Congreso para "preservar y presentar la vida popular de los estadounidenses".

El Archivo de la Cultura Popular será el depósito de la colección de *StoryCorps*... De esta manera, estará disponible para futuras generaciones de investigadores y descendientes de familias.

Meta de aprendizaje

Puedo aprender más sobre el tema *Los impactos* al inferir temas en ficción histórica.

Ficción histórica

La **ficción histórica** se sitúa, o tiene lugar, en el pasado. El autor combina hechos con detalles, eventos y personajes históricos. La ficción histórica incluye:

- **Personajes** realistas
- **Sucesos** y respuestas razonables
- Detalles basados en **hechos** históricos

INTERCAMBIAR ideas ¿Qué detalles del ambiente te indican que estás leyendo una ficción que ocurre en el pasado? Comenta con un compañero claves que hayas encontrado en textos que te ayuden a entender el ambiente y el género.

Leer con fluidez Practica leer con precisión, tanto de manera silenciosa como en voz alta. Leer a la velocidad apropiada y con precisión ayuda a los otros a entender lo que lees.

Al leer en voz alta:

- Echa un vistazo previo al texto para identificar vocabulario nuevo.
- Controla y corrige tu pronunciación.
- Sigue practicando hasta que puedas leer con fluidez.

CARTEL DE REFERENCIA: FICCIÓN HISTÓRICA

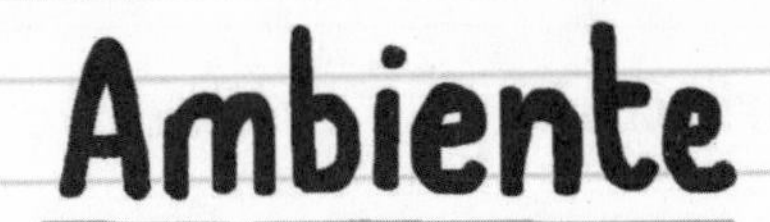

- Tiene una **INFLUENCIA FUNDAMENTAL** en los sucesos del cuento.
- Los detalles se basan en **HECHOS HISTÓRICOS.**
- Puede incluir sucesos históricos reales.

Personajes

- Pueden ser completamente ficticios.
- Pueden ser figuras históricas reales.
- Pueden ser una combinación de **REALES** e **IMAGINARIOS.**

Propósito, estructura del texto, argumento y tema = igual que en la ficción realista

Conoce a la autora

Jacqueline Guest ha escrito diecinueve novelas para lectores de todas las edades. En su desempeño como escritora, caminó sobre un iceberg, hizo volar una cometa durante un huracán y ¡eludió una manada de leones hambrientos! Jacqueline vive en una cabaña de troncos en las estribaciones de las Montañas Rocallosas de Alberta, Canadá.

El secreto del calendario indígena

Primer vistazo al vocabulario

A medida que lees "El secreto del calendario indígena", presta atención a estas palabras de vocabulario. Fíjate cómo te ayudan a entender los personajes y sucesos que aparecen en el texto.

sequía **intrincado** **vacilante**
espontáneamente **dormitando**

Lectura

Antes de comenzar, establece un propósito de lectura. Los lectores activos de **ficción histórica** siguen estas estrategias cuando leen un texto por primera vez.

Primera lectura

Nota la importancia del tiempo y del lugar para los sucesos de la historia.

Genera preguntas antes y durante la lectura para profundizar tu comprensión.

Conecta detalles sobre los personajes y sucesos con hechos que aparecen en otros textos.

Responde y toma notas sobre un personaje que creas que es interesante o importante.

Género Ficción histórica

EL SECRETO DEL CALENDARIO INDÍGENA

POR JACQUELINE GUEST

AUDIO

ANOTAR

Hacer conexiones

¿Cuáles son algunas de las dificultades que las comunidades pueden enfrentar en conjunto?

Resalta evidencia del texto que hable sobre un desafío.

sequía período largo de escasas lluvias o carencia total de precipitaciones.

CAPÍTULO 1 Nuevos amigos

1 Emma observaba los resecos arbustos de arándanos. Ni un fruto colgaba de las mustias ramas. Hubiese querido recoger varios para alegrar a sus padres, a quienes les preocupaba la escasez de agua. Su padre dijo que en 1886 se viviría la peor sequía de la historia de Montana, y ahora su aljibe ya estaba seco y el pequeño arroyo junto a la cabaña debía abastecer de agua tanto a la familia como al ganado.

2 De lejos, Emma espiaba la altísima pared del cañón que le recordaba una cortina cayendo del cielo, y, a pesar de no haber estado nunca allí, sabía que ese era el lugar donde se encontraba la tribu de los Pies Negros.

3 Emma se quedó pensando durante un momento. Su madre había dicho que los miembros de la tribu sabían dónde encontrar alimentos en la tierra ¿y no eran alimento los arándanos? Les preguntaría a ellos dónde encontrar los deliciosos frutos.

4 A medida que Emma se adentraba en el pueblo de los Pies Negros, miraba con atención los tipis, decorados con colores estridentes. La saludaron una docena de niños junto con un hombre alto que vestía un hermoso chaleco bordado y un sombrero con una pluma negra amarrada en una cinta. Su cálida sonrisa la reconfortó.

5 —Hola —dijo la niña amablemente—. Mi nombre es Emma Arcand. Vivo en la granja que se encuentra en el valle. ¿Sabe dónde puedo encontrar arándanos?

6 Los niños comenzaron a correr alrededor de ella como pícaros zorros. El hombre contestó, riendo entre dientes:
—Encantado de conocerte, Emma Arcand. Mi nombre es Star Walker, soy el narrador de mi tribu, y lo siento, pero no hay arándanos por aquí. No ha llovido últimamente, y sin lluvia, los frutos no crecen. Casi no hay alimentos de ningún tipo este año.

7 Uno de los niños más pequeños corrió hasta Emma y la observó fijamente. Star Walker le indicó al pequeño que se apartara y dijo:
—No es su intención ser grosero, pero como tu piel y tu cabello son oscuros, no te pareces a las otras personas blancas de esta zona; siente curiosidad.

8 —Sucede que soy métis; mi ascendencia es mestiza —explicó Emma riendo—. Mi abuelo es francocanadiense y mi abuela es cri. En mi próximo cumpleaños, cuando cumpla doce, los iremos a visitar a Canadá.

9 Star Walker hizo un gesto de aprobación.
—Tengo muchos amigos en la comunidad cri.

10 Balanceando su cubeta vacía, Emma preguntó:
—¿Qué hace un narrador, señor Star Walker? —Emma no podía imaginar que alguien trabajara todo el día de contar historias.

LECTURA ATENTA

Vocabulario en contexto

Las **claves del contexto** son palabras y frases que ayudan a los lectores a entender vocabulario nuevo. En el párrafo 8, subraya claves del contexto que te permitan entender el significado de *ascendencia.*

LECTURA ATENTA

Hacer conexiones

Piensa en maneras que conozcas mediante las cuales una sociedad transmite historia y sabiduría de las personas mayores a los más jóvenes.

Resalta evidencia que indique cómo lo hace Star Walker.

intrincado complicado; muy detallado

11 —Les cuento las leyendas y la historia de nuestra tribu a los jóvenes —contestó—; es la manera en que los niños aprenden la sabiduría de los mayores.

12 Emma amaba las historias.

—¿Podría contarme alguna de sus historias?

13 —Estás de suerte —dijo Star Walker—. Estoy a punto de compartir la historia de nuestra tribu con los niños, y eres bienvenida si quieres unirte a nosotros.

14 Los ojos de Emma se iluminaron.

—Me encantaría.

15 Star Walker les mostró a Emma y los niños el cuero de un animal lleno de dibujos en un intrincado patrón en espiral.

16 —Esto es un calendario indígena. Cada una de estas imágenes muestra el suceso más importante que haya ocurrido en nuestra tribu ese año—. El hombre señaló el dibujo de diminutas figuras humanas que rodeaban un búfalo y una fila de diez caballos que se extendía hacia fuera y terminaba en un círculo pequeño. Esto sucedió hace varios años cuando hubo una terrible sequía y nuestra tribu fue salvada por los Hombres Pequeños.

17 Star Walker señaló la imagen de otro búfalo, pero esta mostraba veinte caballos y terminaba en el pequeño círculo.

—Y esta es la segunda vez en la que fuimos salvados de una sequía.

18 —La leyenda cuenta que los Hombres Pequeños, espíritus de la naturaleza no mucho más grandes que tú, Emma, le dijeron a uno de nuestros niños que debía ir a la roca con forma de búfalo sagrado y caminar desde allí la distancia correspondiente a la longitud de diez caballos para hallar agua. El niño hizo lo que le indicaron los Hombres Pequeños, descubrió un pozo con agua, y nuestro pueblo fue salvado. Durante la siguiente sequía, a otro niño le dijeron que recorriera el mismo camino desde la Roca del Búfalo, pero esta vez debía caminar la longitud de diez caballos más, veinte caballos en total, y con seguridad encontraría el agua.

19 —¿Podrían los Hombres Pequeños ayudar en *esta* sequía? —preguntó Emma esperanzada.

20 Star Walker negó con tristeza.

—Ninguno de nuestros niños ha visto a los Hombres Pequeños.

LECTURA ATENTA

Inferir el tema

Puedes combinar información que ya conoces con detalles de una historia para inferir un tema.

Subraya en el párrafo 16 evidencia del texto que puedas sumar al título del cuento para hacer una inferencia.

LECTURA ATENTA

Inferir el tema

Subraya evidencia del texto que te cuente sobre la importancia que tienen las matemáticas en el desarrollo de un tema en este cuento.

CAPÍTULO 2 ARITMÉTICA

21 Cuando Emma llegó a su casa, sus padres se encontraban junto al arroyo, cavando una gran fosa. Mientras los observaba trabajar, Emma les contó la historia del calendario indígena y cómo los Hombres Pequeños salvaron a la tribu.

22 —Ningún cuento viejo nos salvará de una sequía; en cambio, este pozo sí lo hará —comentó su padre mientras levantaba el pesado pico y golpeaba el suelo con fuerza.

23 —¡Crucemos los dedos! —agregó la madre mientras removía con una pala la tierra suelta del amplio hoyo.

24 Finalmente, apoyaron sus herramientas en el borde superior de la fosa, treparon para salir y caminaron hacia el arroyo.

25 —Cuando logre desbloquear esta zanja, el arroyo se desviará hacia el pozo y se llenará hasta el borde. Entonces, tendremos una enorme reserva de agua. —Su padre movió unas rocas y usó su pala para desviar el agua.

26 Mientras observaban, un hilo de agua comenzó a deslizarse desde el arroyo hacia el pozo.

27 —Demorará toda la noche en llenarse —dijo su madre al notar la escasa corriente de agua—. Cenemos y que Emma nos cuente más sobre su día —la mujer abrazó a la niña y agregó—: Espero que no hayas estado molestando a nuestros vecinos, Em.

28 —No, mamá. Me porté bien. ¿Puedo volver mañana? Emma quería oír más historias del señor Star Walker.

29 —Debes completar tu trabajo de aritmética. La tarea escolar es importante.

30 Al no contar con una escuela cerca de su granja, la madre de Emma era la encargada de enseñarle todo sobre la lectura, escritura y aritmética.

31 —Si termino todas las preguntas, entonces, ¿podré ir? —suspiró la niña.

32 —No solo debes terminarlas —contestó su madre, riendo—; además, deben ser todas correctas.

33 Esa noche, Emma realmente se esforzó para completar su trabajo de aritmética; sin embargo, las respuestas adecuadas no surgían con facilidad. La suma no le presentaba grandes obstáculos, pero las tablas de multiplicación le resultaban particularmente difíciles.

34 La vacilante luz de la lámpara de aceite de carbón hacía que los números de su pizarra saltaran y se movieran constantemente. Frustrada por no poder avanzar con el trabajo, Emma se encontró garabateando imágenes que había visto en el calendario indígena.

35 Primero, dibujó diez caballos en una fila, y luego agregó otros diez en la misma línea para llegar a veinte. Eso es lo que las dos imágenes del calendario habían mostrado: el segundo niño elegido debía caminar la longitud de diez caballos más para hallar agua en la segunda sequía.

36 "Diez caballos en la primera sequía, más diez caballos en la segunda", pensó Emma. "¡Es como un problema aritmético!".

37 **10 + 10 = 20**

38 Escribió la ecuación debajo de los dibujos. *Realmente* era aritmética, pero más divertido, porque incluía caballos y a Emma le encantaban los caballos.

LECTURA ATENTA

Hacer conexiones

Piensa en las maneras en que grupos o sociedades enfrentan y resuelven problemas.

Resalta texto que puedas conectar con un método o enfoque de resolución de problemas que utilice tu comunidad.

vacilante que se mueve hacia adelante y hacia atrás

Inferir el tema

¿Qué mensaje cree Emma recibir en su sueño?

Subraya en los párrafos 40 a 48 evidencia del texto que te ayude a determinar el tema del cuento.

39 Estaba cansada; demasiado cansada para la aritmética, y disculpándose, les dio un beso de buenas noches a sus padres y se acostó.

40 *Galoparon dentro de su sueño con cascos silenciosos, hermosos caballos, pintados con las mismas marcas que había visto en los tipis de la tribu. Emma montaba un búfalo increíblemente alto mientras figuras de apariencia humana danzaban alrededor del enorme animal. Los caballos se ubicaban cerca del búfalo, pero en lugar de agruparse todos juntos como los caballos que conocía, los del sueño formaron dos grupos de diez y luego, se alinearon en una única fila. Al final de esta fila había un pozo de agua clara y fresca. Los caballos eran hermosos, con crines largas y sueltas y dulces ojos color café que parecían conocer un secreto...*

41 Emma se despertó sobresaltada. Los Hombres Pequeños habían acudido a ella. Había algo en torno a los caballos y el número diez. Caminó a ciegas en la oscuridad hasta que logró llegar a la mesa, encendió la lámpara, tomó su pizarra y comenzó a bosquejar su sueño.

42 Dibujó el búfalo y los caballos.

43 "El agua estaba a una distancia de diez caballos desde la Roca del Búfalo en la primera sequía. Luego, se le sumaron diez caballos más a esa distancia en la segunda sequía. ¿Será...?".

44 Claramente, había un patrón en el dibujo.

45 *"Una sequía, diez caballos. Segunda sequía, diez caballos más. Esta es la tercera sequía... ¡suma diez caballos más!"*, susurró la niña mientras anotaba la nueva ecuación.

46 **10 + 10 + 10 = 30**

47 ¡Encontrarían agua a una distancia de treinta caballos desde la Roca del Búfalo!

48 Mañana le pediría al señor Star Walker que la llevara a la roca especial. Quizás los sueños podrían hacerse realidad.

49 A la mañana siguiente, Emma intentó explicarles a sus padres el sueño y el patrón de longitudes de caballos del calendario indígena, pero ellos estaban demasiado preocupados.

Vocabulario en contexto

Vuelve a leer el párrafo 25. En ese párrafo, el contexto indica que *borde* significa "límite exterior o contorno".

Lee el párrafo 54. ¿Qué significa *borde* en este contexto? Subraya una clave del contexto que apoye tu definición.

50 —Querida, encuentras maneras muy originales de resolver tus tareas de aritmética —dijo su madre mientras tomaba su sombrero del perchero junto a la puerta—. Pero con nuestro pozo lleno, ya no tendremos que preocuparnos por el agua.

51 Emma siguió a sus padres que se apresuraban para ir a ver el pozo. No obstante, cuando llegaron, todo lo que pudieron hacer fue quedarse quietos allí y observar.

52 ¡El pozo estaba completamente vacío!

53 —¿A dónde fue el agua? —preguntó Emma con confusión.

54 Su padre se quitó el sombrero y golpeó su muslo con el borde. No pudo disimular su desilusión.

55 —A veces, se forman grietas debajo del suelo y el agua drena por allí hacia ríos subterráneos. El nivel del río subterráneo ha descendido más de lo que había pensado.

56 El rostro del hombre lucía tan cansado que entristeció a Emma, pero en ese momento, vio que algo más había ocurrido.

57 —Papá, el arroyo ya no fluye. —Emma corrió a mirar, pero no había agua.

58 La niña observó el rostro desconcertado de su madre y luego, el de su padre. Quería repetir la historia de su sueño, pero no era el momento. El padre parecía estar conteniendo algo, como un volcán en ebullición a punto de explotar. Emma y su mamá habían leído sobre volcanes en uno de sus libros escolares; en el de geografía.

59 —Vuelvo más tarde —susurró, y se alejó caminando.

60 Ahora el señor Walker *debía* llevarla hasta la Roca del Búfalo.

CAPÍTULO 3 CAMINO HACIA EL AGUA

61 Cuando Emma llegó al pueblo, el narrador estaba sentado en el suelo, con sus piernas cruzadas, afuera de su tipi, estudiando el calendario indígena. —Discúlpeme, señor Star Walker, ¿me podría mostrar la Roca del Búfalo?

62 El hombre quitó la vista del cuero con su espiral de dibujos para mirarla.

63 —Buen día, Emma. La Roca del Búfalo no es algo que compartimos con personas que no pertenecen a la tribu.

64 —Pero ayer me dejó escuchar sus historias —protestó la niña—. Yo tengo sangre cri. ¿Realmente piensa que no pertenezco? Por favor, señor Star Walker, es importante.

65 El señor Walker parecía estar evaluando las palabras de Emma. Entonces, sus ojos brillaron y sonrió. —Seguramente, tu abuela cri querría que te la mostrara.

66 Juntos, Emma y Star Walker caminaron cuesta arriba por el cañón y finalmente se detuvieron en un claro que desembocaba en un amplio valle.

67 Emma dio un grito ahogado. ¡Justo frente a ella se erguía un búfalo gigante!

68 Al acercarse, se dio cuenta de que era la Roca del Búfalo. ¡Se veía tan real!

LECTURA ATENTA

Hacer conexiones

¿Cuáles son algunas de las cosas o ideas que a las personas de tu comunidad no les gusta compartir fuera del grupo?

Resalta texto que indique cómo Emma y Star Walker llegaron a un acuerdo.

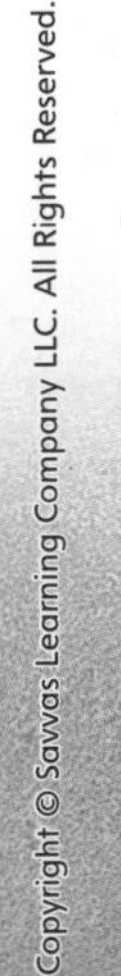

LECTURA ATENTA

Inferir el tema

Subraya detalles en los párrafos 76 a 80 que puedas añadir a lo que conoces sobre los personajes del cuento y que te ayuden a determinar un tema.

69 —¿Cuál es la longitud de un caballo? —preguntó la niña, intentando averiguar la distancia que habría desde la roca hasta el primer pozo de agua.

70 Star Walker dio tres pasos bastante grandes. Emma estimó que serían unos ocho pies y frunció la nariz mientras calculaba la longitud de diez caballos desde la Roca del Búfalo.

71 $8 + 8 + 8 + 8 + 8 + 8 + 8 + 8 + 8 + 8 = 80$

72 —El primer pozo de agua está a ochenta pies de aquí —dijo.

73 —Era en esta dirección —dijo Star Walker, alejándose de la enorme roca en dirección al valle.

74 Tras recorrer los ochenta pies, Emma se detuvo. Había una leve depresión en el suelo. —Coincide con el calendario. Puedo ver dónde estaba el agua. Ahora debemos caminar la longitud de diez caballos más, otros ochenta pies, hasta el segundo pozo.

75 Recorrieron otros ochenta pies, acercándose al valle, y con seguridad, también había allí una irregularidad en el suelo.
—Creo que el agua de esta sequía se encontrará allí abajo —indicó Emma mientras señalaba la parte inferior de la colina—. Es el patrón del calendario indígena. Ante cada sequía, los Hombres Pequeños se presentaban para informar sobre diez caballos más. Por tanto, ¡el agua estará a exactamente diez caballos de aquí!

76 Star Walker parecía estar a punto de decir algo pero, en cambio, siguió a Emma, quien daba pasos largos, iguales a los que había dado el hombre, y contaba con cuidado. —Uno... dos... tres... eso es un caballo.

77 —Uno... dos... tres; ¡y ese es el décimo caballo! La niña sonrió, miró alrededor y frunció el ceño.

78 No había ningún pozo con agua clara y fresca, solo hierba seca, quemada por el abrasador sol de verano.

79 Star Walker negó con la cabeza de manera cómplice. —A veces, los secretos del calendario son difíciles de comprender, pero te agradezco por intentarlo. Solo se conocerá la respuesta cuando los Hombres Pequeños hablen.

80 Pero los Hombres Pequeños *habían* estado en su sueño y su suma *había* sido correcta. El agua debía de haber estado aquí. Desalentada, Emma exprimió su cerebro; examinó cada detalle de su sueño. Quería ir a su casa y contarles todo a sus padres, pero ella sabía que tenían sus propias preocupaciones.

LECTURA ATENTA

Vocabulario en contexto

Los sinónimos, o palabras con significados similares, pueden funcionar como claves del contexto y ayudar a determinar el significado de las palabras.

Usa claves del contexto en el párrafo 81 para determinar el significado de *arremolinaban*. Subraya una palabra que apoye tu definición.

CAPÍTULO 4 CONTANDO CABALLOS SALVAJES

81 *Nuevamente, Emma estaba montada sobre el enorme búfalo mientras los diminutos bailarines se arremolinaban alrededor de ella. En su sueño, la niña sonreía a los Hombres Pequeños, que también sonreían y la saludaban. Una larga y única fila de caballos corría desde el búfalo hasta el borde del cuero del calendario gigante donde se desarrollaba toda la escena. Los caballos parecían multiplicarse a medida que galopaban hacia el borde y ascendían a un cielo estrellado que giraba y latía con luz. ¡Había tantos caballos bailando en las estrellas!*

82 Emma se sentó en la cama. La luz del amanecer pintaba las paredes de su habitación de un rosado resplandeciente. El sueño había sido tan real. Había visto los caballos nuevamente, pero muchos más que en su primer sueño. *Se habían multiplicado frente a sus ojos.*

83 "¡Por supuesto!", pensó Emma. "Los Hombres Pequeños no estaban equivocados, yo lo estaba. Es un patrón, pero no el que creí que era".

84 Más temprano ese día, ella y Star Walker habían representado en pasos las longitudes de los caballos; primero, la de diez caballos desde la Roca del Búfalo hasta la ubicación del primer pozo y luego, la de otros diez caballos hasta la segunda ubicación. Había sido razonable pensar que el agua para esta sequía estaría a diez caballos más de distancia; solo había que sumar diez.

85 $10 + 10 + 10 = 30$

86 Entonces, ¿por qué no encontraron el tercer pozo?

87 Su madre siempre le decía que lo más maravilloso de los números era que nunca cambiaban: dos más dos siempre era cuatro; cuatro dividido por dos siempre era dos... dos *por* dos siempre era cuatro.

88 Emma pensó en su sueño y recordó pensar que los caballos se habían *multiplicado* justo frente a sus ojos. Entonces, lo entendió.

89 La cantidad de caballos del calendario indígena no aumentaba como resultado de la suma de diez más diez. Se duplicaba, y eso era multiplicación; diez por dos es veinte. ¡Era un patrón de multiplicación!

90 Se quitó de encima las mantas y corrió hacia la habitación de sus padres.

LECTURA ATENTA

Inferir el tema

¿Qué considera importante la madre de Emma?

Subraya evidencia del texto para apoyar tus ideas.

LECTURA ATENTA

Inferir el tema

¿De qué manera se combinan las experiencias de Emma y las tradiciones de Star Walker para ayudarte a inferir el tema del cuento?

Subraya evidencia del texto que apoye tu inferencia.

91 —¡Ya sé dónde está el agua! —exclamó con excitación.

92 Su padre se refregó los ojos intentando despertarse. —Cielo, el aljibe está seco, el arroyo está seco y el pozo está seco.

93 —¡Yo sé cómo encontrar el agua! Creí que el patrón era una suma, pero ¡es una multiplicación! Una sequía, diez caballos de distancia. Dos sequías, el doble de la distancia de la primera sequía, es decir, diez por dos.

94 $10 \times 2 = 20$

95 —Ahora, la tercera sequía, nuevamente, el doble de la distancia anterior, veinte por dos. ¡Encontraremos el agua a una distancia de *cuarenta* caballos esta vez!

96 $20 \times 2 = 40$

97 —Siendo la longitud de un caballo ocho pies, eso significa que el agua está a ocho por cuarenta —la niña volvió a fruncir la nariz mientras resolvía el cálculo.

98 $8 \times 40 = 320$

99 —*¡Trescientos veinte pies desde la Roca del Búfalo!* Los Hombres Pequeños de mi sueño tenían razón. Se lo debemos contar al señor Star Walker.

100 Antes de que sus padres pudieran decir "no", Emma continuó suplicando. —Sé que me equivoqué la vez anterior, pero ahora tengo razón, y significará tener agua para la tribu y, si hay suficiente, podremos obtener un poco nosotros también.

101 En el pueblo, Emma le contó a Star Walker su sueño y cómo, según sus cálculos, el agua se encontraba a trescientos veinte pies de la Roca del Búfalo.

102 Juntos, sus padres y Star Walker fueron a la antigua piedra erosionada.

103 —Tengo razón. Ya lo verán. —Con una sonrisa en el rostro, Emma descendió por la colina corriendo, segura de que encontraría agua.

104 Cuando sus padres y Star Walker la alcanzaron, vieron que Emma negaba con su cabeza sin poder creerlo.

105 No había agua.

106 Se arrodilló y tomó un puñado de tierra seca. —No puede ser.

107 Su madre apoyó una mano en su hombro. —Vamos a casa, Em.

108 —No, mamá, ¡está aquí! ¿Por qué tuve un segundo sueño? —Dejó caer la tierra, lo que formó una nube de fino polvo.

109 —Por Dios, Emma —dijo su madre con un tono severo—. Pareces el niño que gritaba que había lobos, excepto que, en lugar de lobos falsos, tú insistes con que hay agua. ¡No hay agua!

110 Emma se limpió las lágrimas que brotaron espontáneamente de sus ojos. Sin embargo, al final de ese cuento, había lobos realmente. Se puso de pie y miró alrededor, como si fuera la primera vez que veía el valle.

LECTURA ATENTA

Hacer conexiones

Muchos grupos han compartido historias que advierten sobre las consecuencias de decir mentiras para atraer la atención.

Resalta palabras y frases en esta página que se conecten con una historia de ese tipo compartida en tu comunidad.

espontáneamente sin que alguien lo pida

LECTURA ATENTA

Inferir el tema

¿Qué mensaje sobre "un sueño hecho realidad" puedes encontrar en el cuento?

Subraya evidencia del texto que puedas usar para hacer una inferencia sobre un tema del cuento.

Fluidez

Lee en voz alta a un grupo pequeño los párrafos 116 a 122. Practica leer el párrafo para que puedas leer con precisión, ni muy rápido, ni muy despacio.

dormitando medio dormido o con un sueño ligero

111 —Papá, ¿recuerdas el pozo? Dijiste que el suelo se agrietó y que el agua drenó hacia un río subterráneo. Quizás deberíamos cavar... De repente, recuperó la esperanza, como si ahora realmente lo entendiera. —¿Lo ven? El agua está aquí, debajo de nuestros pies en un río subterráneo. Estamos más cerca de la base de la colina, más abajo que el lugar donde se encontró el agua antes. Está aquí, solo debemos cavar para llegar a ella.

112 El padre de Emma comenzó a sonreír. —Emma, tu confianza me hace creer que vale la pena intentarlo. Puedo ir a buscar mis herramientas a casa; cubetas, picos, palas. No tenemos nada que perder y mucho por ganar.

113 Star Walker dio un paso adelante. —Yo ayudaré. No sé nada sobre ríos subterráneos, pero también noto la confianza de Emma.

114 Emma y su madre se sentaron debajo de un árbol cercano para esperar. De hecho, estaban dormitando cuando el ruido metálico de las herramientas anunció que los hombres habían regresado.

115 El caliente sol de la tarde los golpeaba sin piedad mientras Emma, sus padres y Star Walker trabajaban. Los hombres cavaban y Emma y su madre quitaban con la pala la tierra en cubetas de madera.

116 Cuando llegaron a los seis pies, Emma notó algo extraño.

117 —¡Miren! ¡El suelo es diferente aquí! —dijo la niña señalando uno de los lados del pozo.

118 La pálida tierra seca realmente se veía diferente. Estaba más oscura. Su padre y Star Walker cavaron furiosamente en ese punto y, pronto, la tierra ya no solo era oscura; estaba húmeda.

119 —Yo sé lo que necesita esto —dijo el padre de Emma, guiñándole un ojo. Entonces, tomó su gran pico, lo alzó y golpeó fuertemente el suelo.

120 *¡Crack!*

121 Se sintió un profundo temblor en el suelo y, de repente, un chorro de agua emergió de la tierra. El agua se arremolinaba y borboteaba. El pozo se llenó tan rápido que el padre de Emma y Star Walker tuvieron que salir deprisa para no mojarse.

122 La madre de Emma la abrazó y gritó: —¡Lo lograste! ¡Mi maravillosa hija lo logró!

123 Star Walker se agachó, recogió agua con sus manos y se la ofreció al padre de Emma. —Estoy muy agradecido. Mi pueblo está muy agradecido y nos alegra poder compartir el agua con su familia. Haremos otro pozo, así su ganado podrá alimentarse y beber toda el agua que necesite.

124 El padre de Emma extendió su mano y, estrechando la del narrador, dijo: —Y nosotros compartiremos nuestro ganado con su pueblo.

125 Star Walker entonces se dirigió a Emma: —Fueron los Hombres Pequeños todo el tiempo. Acudieron a ti en tu sueño, Emma, y fuiste lo suficientemente inteligente para comprender su mensaje. Eres la niña elegida para esta sequía y nos salvaste a todos.

126 Emma sonrió. —De ahora en adelante haré mi tarea de aritmética con alegría, porque parece que esos números difíciles son realmente útiles.

LECTURA ATENTA

Inferir el tema

¿Qué inferencia puedes hacer sobre cómo las palabras de los mayores definen las acciones de Emma?

Subraya evidencia del texto que apoye tu inferencia.

Desarrollar el vocabulario

En la ficción histórica, los autores usan palabras precisas para ayudar a los lectores a visualizar personajes y escenas.

Mi TURNO Responde a las preguntas con una oración completa que demuestre tu comprensión de la palabra de vocabulario.

1. Si la luz es **vacilante**, ¿cuán bien podrías ver lo que hay en la habitación?

2. Si un patrón es **intrincado**, describe cómo lo copiarías.

3. Si alguien se uniera **espontáneamente** a un juego que ya ha comenzado, ¿cómo reaccionarían los otros jugadores?

4. ¿Cómo afecta una **sequía** a las plantas y los animales?

5. ¿A qué hora del día es más probable que te encuentres **dormitando**?

Verificar la comprensión

MI TURNO Vuelve a mirar el texto para responder a las preguntas.

1. ¿Qué partes de "El secreto del calendario indígena" son históricas y cuáles son ficticias?

2. ¿Cómo afecta el ambiente histórico a los sucesos de "El secreto del calendario indígena"?

3. Cada grupo, la familia de Emma y la tribu Pies Negros, tiene un método para hallar agua que el otro grupo no tiene. ¿Cuáles son esas técnicas diferentes y qué lleva a los grupos a compartir información?

4. ¿Cuál es el secreto del título y cómo se revela?

Inferir el tema

Un **símbolo** es algo que tiene su propio significado pero, además, sugiere otros. Cuando infieres un tema, combinas evidencia del texto, como símbolos, y lo que ya sabes para comprender la idea principal del texto.

1. **Mi TURNO** Lee las notas de Lectura atenta que aparecen en "El secreto del calendario indígena" y subraya el texto que te ayude a inferir el tema.

2. **Evidencia del texto** Usa tu evidencia para completar el diagrama. Luego, infiere un tema del cuento.

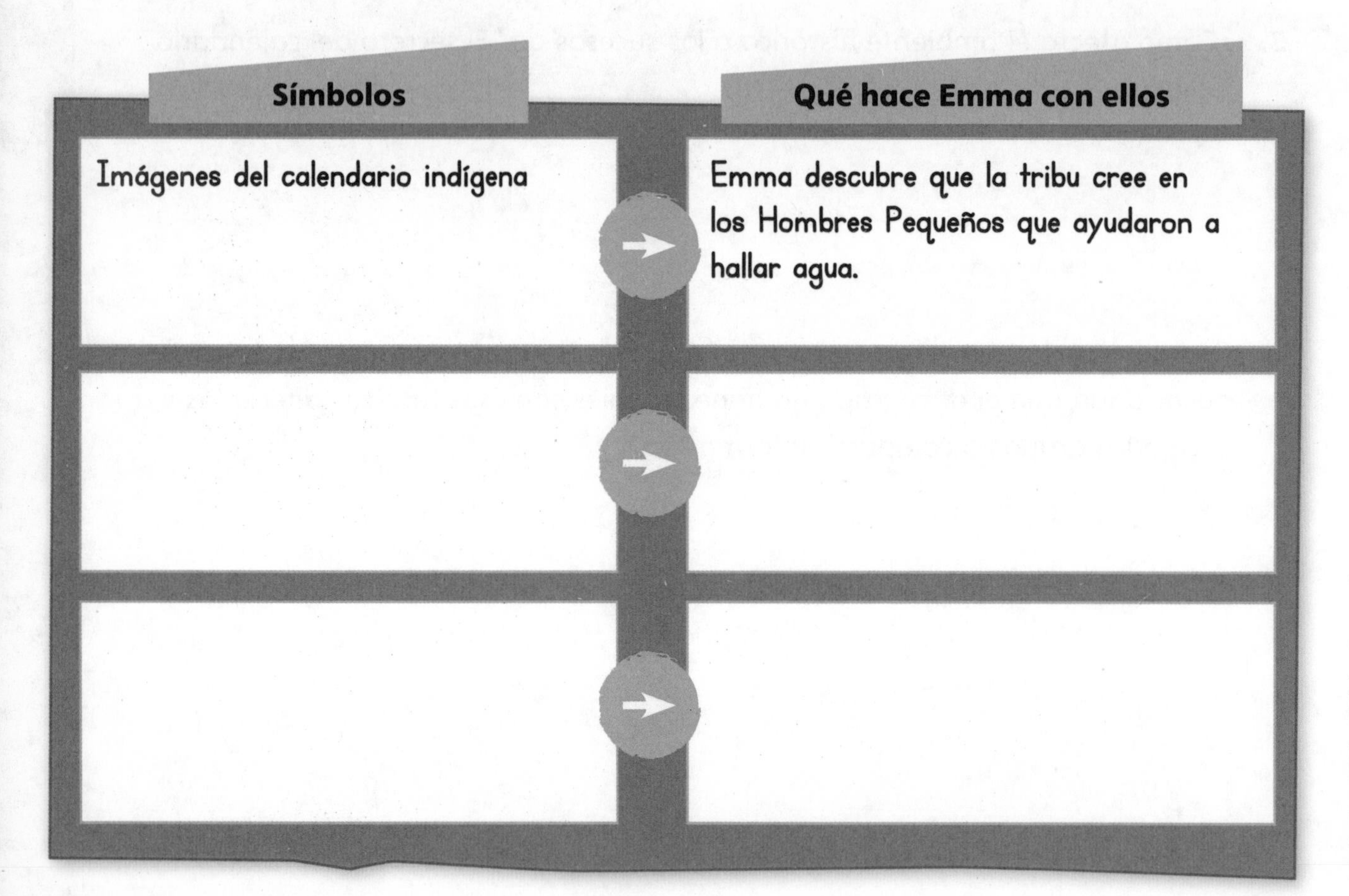

Símbolos	Qué hace Emma con ellos
Imágenes del calendario indígena	Emma descubre que la tribu cree en los Hombres Pequeños que ayudaron a hallar agua.

El tema que infiero:

Hacer conexiones

Un tema de "El secreto del calendario indígena" es que vale la pena seguir intentando resolver un problema incluso cuando parece imposible. Cuando lees, considerar los problemas del mundo real enfrentados por las personas, o las sociedades, puede ayudarte a descubrir asuntos del mundo real.

1. **MI TURNO** Vuelve a leer las notas de Lectura atenta y resalta evidencia que puedas usar para hacer conexiones entre el cuento y la sociedad.

2. **Evidencia del texto** Usa los recuadros para resumir evidencia del texto sobre cómo las sociedades enfrentan desafíos, resuelven problemas y comparten sabiduría e historias.

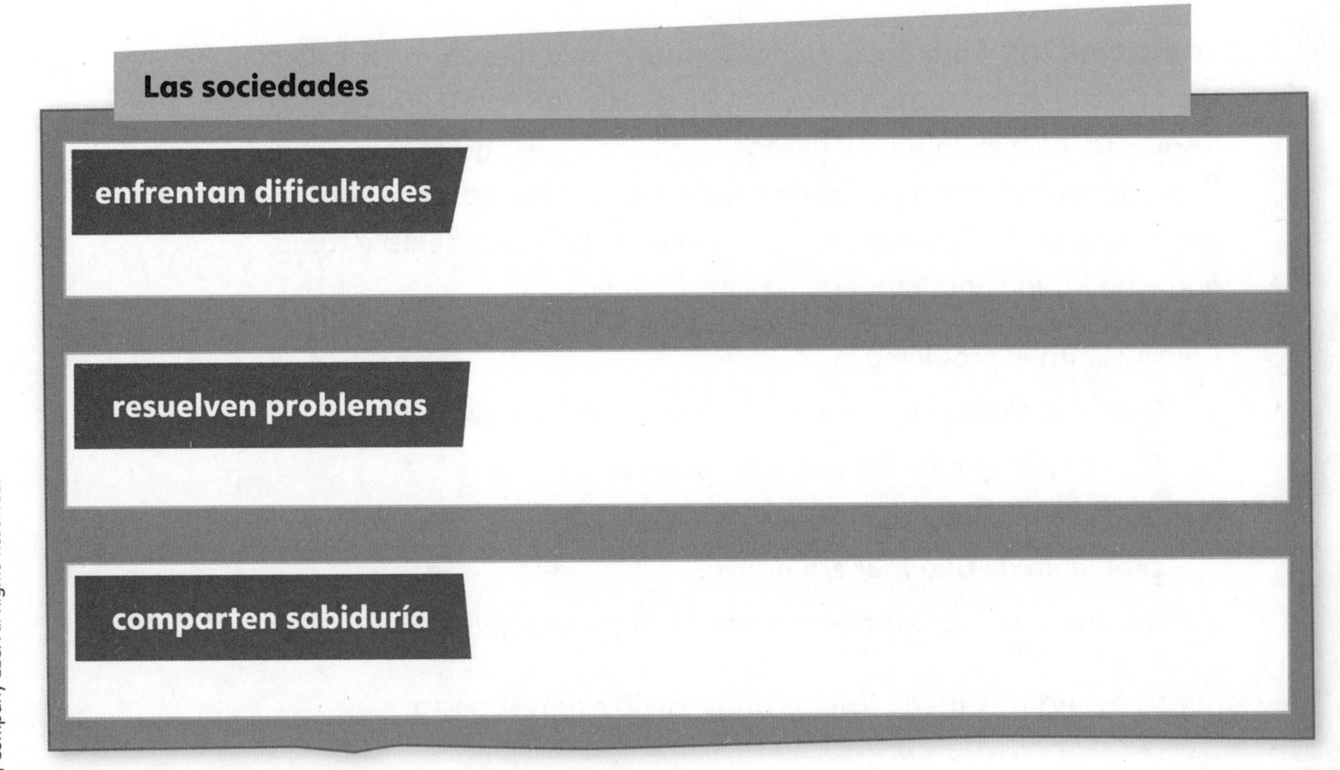

Conectar con el tema

En "El secreto del calendario indígena" y en mi comunidad, las personas resuelven problemas o superan desafíos ______________________________

____

____

Reflexionar y comentar

Escribir basándose en las fuentes

Al comienzo de "El secreto del calendario indígena", el padre de Emma dice: "Ningún cuento viejo nos salvará de una sequía; en cambio, este pozo sí lo hará". Más tarde, el pozo no se llena con agua. ¿De qué manera afecta este "fracaso" al padre de Emma? ¿Qué otros cuentos has leído en los cuales una vieja manera de hacer algo no funcionó? Usa el siguiente proceso para escribir y apoyar una respuesta.

Tomar notas Para escribir una respuesta a la literatura, se necesita tomar notas para apoyar ideas con evidencia del texto. Para escribir tu respuesta, comienza por elegir dos textos con personajes que deban aprender una manera nueva de resolver un problema. Ten preparados una hoja y un bolígrafo o un lápiz. Vuelve a leer cada texto y toma notas de la siguiente manera:

- Presenta el problema.
- Describe cómo esperaba un personaje resolver el problema.
- Explica por qué no funcionó la solución.
- Describe qué tuvo que hacer el personaje para resolver el problema de una manera nueva.
- Resume cómo la experiencia afectó al personaje.

Revisa tus notas y luego, úsalas para escribir tu respuesta.

Pregunta de la semana

¿Cómo puede guiar nuestros actos lo que aprendemos de historias?

Vocabulario académico

Meta de aprendizaje

Puedo usar lenguaje para hacer conexiones entre la lectura y la escritura.

El **lenguaje figurado** es un lenguaje que expresa un significado que trasciende las definiciones del diccionario. Un tipo de lenguaje figurado es una expresión idiomática.

- "Es el único que *toma el toro por las astas*" significa que tiene el dominio de la situación.
- "Finalmente, se *descubrió el pastel*" significa que se reveló un secreto.
- "Algo me *huele mal*" significa que sospechas algo malo.

Mi TURNO Escribe cada expresión del banco de expresiones idiomáticas en el círculo que corresponda.

Banco de expresiones idiomáticas

levantar la liebre	poner las cartas sobre la mesa
tomar la sartén por el mango	destapar la olla
ver los hilos de la marioneta	cortar por lo sano

Dominar

cortar por lo sano

Revelar

Sospechar

Los prefijos *des-*, *fono-*, *micro-*, *peri-*, *mega-* y los sufijos *-fono* y *-fobia*

Los **prefijos** son partes de palabras que van unidas al comienzo de una palabra o raíz y modifican su significado.

El **prefijo *des-*** niega o invierte el significado de la palabra o raíz a la que se une. Por ejemplo, *descontrol* significa lo opuesto de *control*, es decir, "sin control".

El **prefijo *fono-*** significa "voz" o "sonido". Por ejemplo, una *fonoteca* es una colección de material de audio.

El **prefijo *micro-*** significa "muy pequeño", como en *microelectrónica* o *microscopio*.

El **prefijo *peri-*** significa "alrededor de". Por ejemplo, el *pericardio* es la envoltura que se encuentra alrededor del corazón.

El **prefijo *mega-*** significa "grande". Por ejemplo, un *megavatio* es una unidad de potencia equivalente a un millón de vatios.

Los **sufijos** van unidos al final de una palabra o una raíz y también modifican su significado.

El **sufijo *-fono*** tiene el mismo significado que el prefijo ("voz" o "sonido"). Por ejemplo, en *audífono*.

El **sufijo *-fobia*** significa "miedo" o "rechazo". Por ejemplo, la *zoofobia* es el miedo o rechazo a los animales.

Mi TURNO Completa cada palabra o raíz con uno de los prefijos o sufijos que se enumeraron anteriormente. Usa un diccionario impreso o en línea para comprobar el significado si lo deseas.

aracno ____________ ____________ abrigar

____________ feria ____________ procesador

telé ____________ ____________ byte

Leer como un escritor

Un autor usa lenguaje figurado para lograr propósitos específicos, como establecer una atmósfera. La **atmósfera** de un texto es el sentimiento que se genera en el lector mientras lee, sentimientos como seriedad, alegría o ansiedad. Los símiles son un tipo de lenguaje figurado mediante los cuales se comparan dos cosas que no se parecen, pero se asemejan en alguna cualidad. La comparación contiene las palabras *como*, *tal como* o *cual*.

¡Demuéstralo! Vuelve a leer el párrafo 58 de "El secreto del calendario indígena".

1. **Identificar** Jacqueline Guest hace que el narrador use el símil "como un volcán" para compararlo con el padre de Emma.
2. **Preguntar** ¿Qué atmósfera crea el símil? ¿Cómo funciona?
3. **Sacar conclusiones** El símil crea una atmósfera de suspenso, levemente atemorizante, al mostrar que el padre de Emma lucha por controlarse.

Vuelve a leer el párrafo 36.

Mi TURNO Sigue los pasos para analizar cómo la autora usa un símil como ayuda para establecer una atmósfera.

1. **Identificar** Jacqueline Guest hace que el narrador use el símil ______________ para comparar ______________

____

2. **Preguntar** ¿Qué atmósfera crea el símil? ¿Cómo funciona?
3. **Sacar conclusiones** El símil crea ______________ al mostrar que

____

Escribir para un lector

Crea una imagen interesante al comparar cosas que en realidad no se parecen.

Los escritores usan lenguaje figurado para lograr propósitos específicos, como ayudar a crear la atmósfera, o sentimiento, que se genera en el lector a partir de su trabajo. Los símiles son un tipo de lenguaje figurado.

Mi TURNO Piensa en cómo Jacqueline Guest usa símiles para crear una atmósfera en "El secreto del calendario indígena". Ahora, identifica cómo puedes usar símiles para crear una atmósfera en tu propia escritura.

1. Si quisieras crear una atmósfera de ansiedad, ¿qué podrías comparar con una olla de sopa burbujeante?

2. Si quisieras crear una atmósfera de paz y seguridad, ¿qué símil podrías crear?

3. Escribe un pasaje de ficción sobre el último día de escuela y crea una atmósfera usando al menos un símil.

Los prefijos *des-*, *fono-*, *micro-*, *peri-*, *mega-* y los sufijos *-fono* y *-fobia*

Los **prefijos** son partes de palabras que se unen al comienzo de una palabra o una raíz y modifican su significado. Lo mismo ocurre con los **sufijos**, solo que estos se unen al final de la palabra o la raíz.

Mi TURNO Lee las palabras. Identifica el prefijo o sufijo que contiene cada una y, luego, escríbelas en cada columna según corresponda. Es posible que una palabra pertenezca a más de una columna.

PALABRAS DE ORTOGRAFÍA

micromercado	desordenado	hidrofobia	fonometría
descargar	megalópolis	microbús	microbio
fonograma	teléfono	gramófono	megáfono
megalito	claustrofobia	desunir	micrófono
periferia	perímetro	anglófono	aerofobia

des-	fono-	micro-	peri-

mega-	-fono	-fobia

El grado comparativo de los adjetivos y los adverbios

El **grado comparativo** de los adjetivos y los adverbios se utiliza para comparar entre sí dos o más cosas, lugares, personas, etcétera. Estas construcciones incluyen por lo general adjetivos o adverbios.

Las construcciones comparativas pueden ser:

1. de **igualdad:** *tan... como, igual que/a*

   Es *tan alto como* su padre.

   Esta estación *es igual a* la anterior.

   Mi madre habla italiano *tan bien como* mi abuela.

2. de **superioridad:** *más... que*

   El último capítulo es *más divertido que* el primero.

   Juan puede saltar *más lejos que* Carlos.

3. **de inferioridad:** *menos... que*

   El tigre es *menos rápido que* el guepardo.

   Yo corro *menos despacio que* mi abuela.

Algunos adjetivos como *grande/pequeño y bueno/malo* tienen formas comparativas especiales que se pueden usar en lugar de las construcciones anteriores: *mayor/menor y mejor/peor.*

Mi TURNO Ordena los siguientes conjuntos de palabras de manera que formen oraciones con construcciones comparativas correctas. Luego, revisa y corrige tu borrador para que las construcciones comparativas que hayas usado sean correctas.

1. Sol más es que Luna la grande El.

   ____

2. limón que sabe La menos naranja ácida el.

   ____

3. alto tan como Miguel Pedro es.

   ____

Reorganizar ideas para lograr coherencia y claridad

Reorganiza las ideas que aparecen en las oraciones y en los párrafos para mejorar la estructura y la selección de palabras.

Meta de aprendizaje

Puedo usar elementos de la escritura de opinión para escribir un ensayo.

Párrafo original	Párrafo reorganizado
Oklahoma es otro lugar donde vive el animal de Texas más destacable, el armadillo de nueve bandas. Cuando se sorprende, ¡un armadillo puede saltar y alzarse en el aire! El armadillo es un animal bastante sorprendente de ver. De noche, a la vera de las carreteras de Texas, puedes llegar a ver uno de estos caminando rápidamente entre las hierbas.	El animal más destacable de Texas, el armadillo de nueve bandas, puede sorprenderte cuando lo veas a la vera de las carreteras. En realidad, lo más probable es que tú lo sorprendas a él. Un armadillo asustado podría saltar y alzarse en el aire. En los lugares donde viven estos animales, la mayoría de las personas simplemente los ve corriendo en la oscuridad entre las hierbas.

Explicación El enfoque del párrafo está en la observación de armadillos; por tanto, esa idea va primero. El escritor incorpora Oklahoma en la frase “En los lugares donde viven estos animales” y revisa la selección de palabras para ayudar a los lectores a visualizar claramente el comportamiento del animal.

Mi TURNO Reorganiza las ideas para que sean más claras.

En noviembre y diciembre, la cantidad de cangrejos de río se dispara y su cuerpo comienza a crecer; por tanto, las personas comienzan a pescarlos en febrero o marzo.

Mi TURNO Reorganiza las ideas para que sean más claras al revisar el borrador de un ensayo de opinión en tu cuaderno de escritura.

Combinar ideas para lograr coherencia y claridad

Puedes mejorar la estructura de las oraciones y escribir de manera más clara si combinas ideas.

Ideas separadas	Ideas combinadas
Para hacer engrudo, agrega agua a la harina y, luego, mezcla el agua y la harina.	Si mezclas harina y agua, obtendrás engrudo.
Es importante comprender las reglas, porque cuando no las conoces, nadie sabe qué hacer cuando el juego comienza.	Cuando conocen las reglas, los jugadores pueden comenzar el juego.

Generalmente, como escritor puedes elegir palabras que combinen ideas. Decide si combinar o no ideas de acuerdo con el sentimiento y la experiencia de lectura que quieras que tenga tu público.

Tres palabras	Dos palabras	Una palabra
lleno de grumos	con grumos	grumoso
amable con otros	muestra respeto	respetuoso
atacarse de risa	reír descontroladamente	carcajearse
hábitat de llanura	llanura verde	pradera

MI TURNO Combina ideas para lograr más claridad a medida que revises el borrador de un ensayo de opinión en tu cuaderno de escritura.

Corregir entre compañeros

Los escritores se pueden ayudar unos a otros para mejorar sus ensayos de opinión. Cuando corrijas el trabajo de otro escritor, sigue las siguientes instrucciones:

- Ofrece al escritor comentarios sobre las razones más fuertes y más débiles del ensayo.
- Brinda comentarios positivos con expresiones como "Esta evidencia es muy convincente" y "Esta razón está muy bien fundamentada".
- Indica al escritor dónde crees que el ensayo necesita más detalles de apoyo.
- Señala dónde el ensayo carece de claridad o se ve desorganizado.
- Haz comentarios sobre los cuales el escritor pueda trabajar, como "repite información anterior" en lugar de "aburrido", y "necesita detalles de apoyo" en lugar de "inverosímil".

Mi TURNO Cuando corrijas el ensayo de opinión de un compañero, completa esta lista de verificación antes de devolverlo.

CORRECCIÓN ÚTIL ENTRE COMPAÑEROS

☐ Le indiqué al escritor las fortalezas del ensayo.
☐ Marqué claramente partes en las que se me dificultó la comprensión.
☐ Le mostré al escritor cómo mejorar una oración o un párrafo.
☐ Hice comentarios que el escritor puede modificar en el siguiente borrador.

Corregir el uso de las oraciones compuestas

Una **oración simple** completa es una idea completa y tiene un sujeto y un predicado. El sujeto es un **sustantivo** o un **pronombre** y el predicado es un **verbo**.

Sujeto	Predicado
Felicia	se acurrucó en los brazos de su abuela.
Los **gatitos**	**comieron** con gula.
Ellos	**salieron** para la tienda.

En una oración completa, el sujeto y el verbo deben concordar en persona y número. Por ejemplo, si el sujeto es una tercera persona del singular, el verbo debe estar conjugado en tercera persona del singular: *Él camina*.

En algunos casos, los escritores desean combinar dos oraciones simples para formar una **oración compuesta**. Agrega una conjunción coordinante (*y*, *pero* u *o*) al final de la primera oración y comienza la segunda con una letra minúscula. En cada parte de la oración compuesta, el verbo debe concordar con su sujeto.

Primera oración	Conjunción	Segunda oración
El **sol sale**	y	los **pájaros comienzan** a cantar.
Las **garzas se dejaron** ver	pero	las **cigüeñas se escondieron.**

Mi TURNO Corrige oraciones completas y la concordancia entre el sujeto y el verbo cuando hagas el borrador de tu ensayo de opinión en tu cuaderno de escritura.

Mi TURNO Revisa uno de tus borradores para mejorar la estructura de las oraciones cuando sea necesario.

Corregir el uso de los sustantivos

Un **sustantivo** nombra una persona, un lugar o una cosa y según las normas del español estándar debe concordar en género y número con el artículo que lo acompaña: ***las** mesas*, **unos** libros, ***el** monte Everest*. Un **sustantivo común**, como *presidente*, refiere a cualquier persona, lugar o cosa. Solo se escriben con mayúscula inicial cuando están al comienzo de una oración.

Un **sustantivo propio** nombra a una persona, un lugar o una cosa en particular. Los sustantivos propios comienzan con letra mayúscula. Cuando tienen más de una palabra, la primera letra de cada palabra importante debe ir en mayúscula, como *Golfo de México*.

Los sustantivos que nombran a *una* sola persona, lugar o cosa son **singulares**: *niño, pasillo, escritorio*. Los sustantivos que nombran a *más de una* persona, lugar o cosa son **plurales**: *niños, pasillos, escritorios*.

Mi TURNO Corrige el párrafo para utilizar los sustantivos y los artículos adecuados según las normas del español estándar. Escribe el sustantivo correcto para reemplazar cada sustantivo que corregiste.

> En la Década de 1960, Lady Bird Johnson lanzó los campañas para embellecer Estados unidos. Las esfuerzo comenzó en la Ciudad Capital de los nación, Washington, D. C. Algunos Programas se centraron en zonas turísticas y otros, en los vecindario donde vivía la mayor cantidad de personas.

Mi TURNO Corrige los sustantivos cuando hagas el borrador de un ensayo de opinión en tu propia hoja. Comenta sugerencias para corregir con tu Club de escritura.

¿Deberías usar mayúsculas? ¡Verifica en tu diccionario!

Textos que GUÍAN NUESTRAS ACCIONES

Las reglas de comportamiento y los consejos para la vida se pueden entretejer en historias comunes. En general, la literatura tradicional comunica los valores de una comunidad. La mayoría de las comunidades valora las reglas y la obediencia.

CUENTO DE HADAS

CAPERUCITA ROJA

En lugar de escuchar el consejo de su madre de no apartarse del camino, Caperucita Roja toma un atajo y se encuentra con un malvado lobo.

SEMANA 5

Pregunta de la semana

¿Cómo desobedecer puede causar problemas?

INTERCAMBIAR ideas Con un compañero, comenta un momento en que una persona o un personaje de un cuento no haya hecho lo que le habían indicado. ¿Cuál fue el resultado? Haz preguntas apropiadas para aclarar conexiones entre los cuentos que comentaron.

MITO

ÍCARO

Con el objetivo de escapar de una prisión en una torre alta, Dédalo construye alas mecánicas. Le dice a su hijo Ícaro que deben volar bajo, pero, en cambio, Ícaro vuela tan alto que sus alas se derriten y cae.

FÁBULA

EL PASTOR MENTIROSO

Un niño pastor miente cuando les dice a todos que se acerca un lobo, dispuesto a comerse a sus ovejas. Cuando finalmente un lobo real aparece, nadie le cree al niño.

EL LOBO

Meta de aprendizaje

Puedo aprender más sobre literatura tradicional al analizar mitos.

Enfoque en el género

Mitos

Los **mitos** son una forma de literatura tradicional que, en general, responden a la pregunta "¿Por qué?". Algunos mitos explican aspectos de la naturaleza, como el cambio de las estaciones.

Los mitos:

- Se basan en **creencias populares** de un grupo en particular.
- Presentan **personajes** con pocas características.
- Tienen **argumentos** simples.
- Pueden ser breves recuentos de **temas** importantes.

INTERCAMBIAR ideas Con un compañero, haz una lista de historias que respondan a la pregunta "¿Por qué?". Usa el Cartel de referencia para explicar por qué cada historia es un mito o no.

Mis APUNTES

¡Explícame por qué!

Cartel de referencia: Mitos

Los mitos reflejan las creencias humanas sobre POR QUÉ y CÓMO el mundo es como es.

PERSONAJES

- Pueden personificar, o representar, una fuerza de la naturaleza (un trueno).
- Pueden personificar una idea abstracta (el destino).

AMBIENTE

- Puede indicar de qué pueblo o comunidad proviene el mito.
- En general, tiene influencia sobre los personajes y los sucesos.

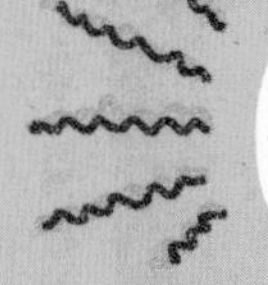

ESTILO

- Simple, directo, con descripciones limitadas.
- Puede cambiar sutilmente a medida que el mito se vuelve a narrar una y otra vez a lo largo del tiempo.

Conoce a la autora

Cynthia Rylant, autora e ilustradora, siempre ha amado a los perros y a los gatos y, a menudo, incluye a sus mascotas en sus libros. Ha escrito libros que fueron galardonados y están dirigidos a muchos públicos, desde niños pequeños hasta estudiantes de grados intermedios.

Pandora

Primer vistazo al vocabulario

A medida que lees "Pandora", presta atención a estas palabras de vocabulario. Fíjate cómo te ayudan a identificar y analizar elementos del mito.

astuto **ornamentada**

Lectura

Antes de leer "Pandora", establece un propósito de lectura. Los lectores activos de **mitos** siguen estas estrategias cuando leen un texto por primera vez.

Primera lectura

Nota	**Genera preguntas**
las ideas principales que explica el mito.	antes y durante la lectura, echando un vistazo, recorriendo con la vista e identificando información nueva.
Conecta	**Responde**
sucesos de esta historia con sucesos sobre los que hayas oído o leído en otros textos.	y escribe una pregunta que te gustaría hacer a uno de los personajes del mito.

Género Mito

PANDORA

de LAS HERMOSAS HISTORIAS DE LA VIDA

POR CYNTHIA RYLANT

CONTEXTO

El panteón griego, o dioses y diosas que se presentan en mitos e historias, es muy conocido actualmente. Es posible que hayas leído otros relatos sobre Zeus, el dios que dominó a todas las otras deidades que vivieron con él en el Monte Olimpo. La historia sobre cómo Prometeo robó fuego y se lo dio a los humanos es tan común que su nombre se ha convertido en sinónimo de audacia y creatividad. Este mito cuenta lo que ocurrió después de ese osado acto.

AUDIO

ANOTAR

Analizar los mitos

Subraya evidencia del texto que te indique sobre qué trata el mito.

1 Zeus dominó el universo, y si solo hubiera una cosa para recordar sobre él, sería esta: nunca lo enfrentes. Sin embargo, alguien lo hizo.

2 Zeus siempre había controlado el fuego. Los hombres podían tener toda el agua, todo el aire y toda la tierra que quisieran, pero el fuego siempre quedaría en manos de los dioses, porque era la fuente de toda creación. Sin este elemento, los hombres nunca descubrirían su genio, su pasión, sus propios dioses dentro de ellos. Esta era precisamente la intención de Zeus.

3 No obstante, un hombre heroico —y para algunos, imprudente— llamado Prometeo engañó a Zeus. Robó fuego del dios de los dioses, y como siempre sucede en las historias de la vida, su acto tuvo consecuencias.

4 Prometeo no solo atrajo la venganza del dios más poderoso del universo hacia su cabeza, sino que también dio comienzo a una historia que cambiaría el corazón de los hombres para siempre.

5 Cuando Zeus descubrió que había sido engañado por un mero mortal —un hombre—, su furia se volvió tan turbulenta que podría haber destruido la Tierra si él mismo la hubiera dejado salir.

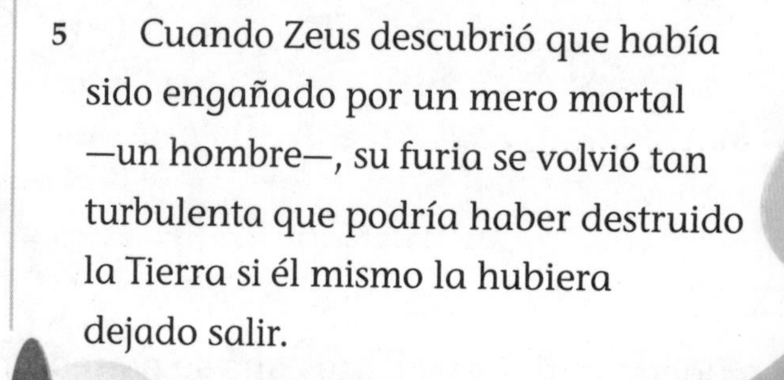

6 Pero Zeus no solo era poderoso; además, era astuto. Entendió que la verdadera venganza se lleva a cabo con tranquilidad, inteligencia y, fundamentalmente, con un plan. Contuvo su ira y elaboró uno.

7 Zeus observó a los hombres con detenimiento. Buscaba su mayor debilidad, pues allí iría dirigida su venganza.

8 El dios descubrió la mayor debilidad de los hombres al encontrar primero su mayor fortaleza: el amor.

9 Aquellos que consiguen lo que quieren —tanto dioses como hombres— raramente intentan tomarlo directamente. Un acaparamiento de poder evidente no es ni remotamente tan eficiente como uno sutil.

10 Prometeo, el ladrón del fuego, tenía un hermano llamado Epimeteo. Epimeteo no era tan astuto como su hermano. De hecho, era ingenuo, crédulo por demás.

11 Además, se sentía solo, pero sin saber por qué o por quién. Simplemente, sentía un vacío dentro de él y nunca había podido llenarlo.

LECTURA ATENTA

Evaluar los detalles

Estudia con atención la ilustración. Resalta detalles en los párrafos 1 a 11 que describan los personajes del mito.

astuto inteligente; que muestra buen criterio

Evaluar los detalles

¿Qué elemento o característica de la naturaleza humana ayuda a explicar esta parte del mito? Resalta palabras y frases que apoyen una idea principal.

12 El dios de los dioses sabía qué era ese vacío. Era lo que la mayoría de los hombres en la Tierra ansiaba llenar sin saberlo.

13 Lo que Epimeteo deseaba era el amor de una mujer.

14 Hasta este momento en el universo, únicamente habían vivido hombres en la Tierra. Existían diosas en los cielos, pero la Tierra estaba privada de lo femenino. Zeus no había visto ninguna razón para crear a la mujer. Para él, los hombres eran útiles y poco interesantes. ¿Por qué mezclarlos con mujeres?

15 Pero cuando, de repente, el fuego cayó en manos de los hombres, y era inevitable que lo usaran para crear, para superar su naturaleza animal, la pregunta sobre si era necesario mezclarlos se volvió discutible. Con el fuego, la revolución había comenzado.

16 Zeus aborrecía esta situación, pero tenía un plan.

17 Zeus crearía una mujer mortal. Pensó mucho en cómo debía ser esa mujer, y les pidió a otros dioses y diosas que lo ayudaran a crearla. Zeus los invitó a que aportaran sus mejores cualidades a la formación de esta primera mujer de manera que fuera magnífica. Naturalmente, todos aceptaron esta invitación. La vanidad no era algo que escaseara entre los dioses.

18 Afrodita donó su belleza. Apolo aportó su inteligencia. Hermes contribuyó con su ingenio. Y así siguieron, dioses y diosas, hasta que finalmente la primera mujer mortal estaba completa y dio su primer aliento de vida.

19 Su nombre era Pandora.

20 Pandora sería un regalo de Zeus a Epimeteo, hermano de Prometeo, el ladrón del fuego. Zeus enviaría a Pandora, con toda su belleza, inteligencia, ingenio y excepcional femineidad a los brazos de Epimeteo, quien era inocente y estaba lo suficientemente desesperado como para aceptar un regalo inmerecido de parte del dios más poderoso del universo. Epimeteo aceptaría ese regalo a pesar de las advertencias de su hermano, quien estaba seguro de que Zeus tramaba algo.

LECTURA ATENTA

Evaluar los detalles

Observa con atención la ilustración y resalta detalles que muestren qué características le dieron los dioses a Pandora.

LECTURA ATENTA

Evaluar los detalles

Analiza la ilustración. Resalta información en los párrafos 21 a 29 que te ayuden a comprender el regalo que le dio Zeus a Pandora.

ornamentada muy decorada; compleja y elaborada

21 Pandora no llegó con las manos vacías. Fue entregada a Epimeteo junto con una hermosa caja ornamentada, que venía con una instrucción específica de Zeus: la caja no se debía abrir.

22 Epimeteo aceptó esta condición sin cuestionarla. No le importaba qué había en la caja. Tenía lo que deseaba y estaba perdidamente enamorado de ella. Tenía a Pandora.

23 Además, Pandora también amaba a Epimeteo. Por supuesto que así debía ser. Ella era la esencia de la femineidad, e instintivamente ofreció su corazón y alma a su marido. Con su belleza, lo complacía. Con su inteligencia, lo comprendía. Con su ingenio, lo deleitaba.

24 Pandora era todo lo que Epimeteo siempre había deseado, y ya no sentía ese vacío dentro suyo.

25 Pandora, también, estaba realmente satisfecha con su suerte. Le encantaba ser una mujer y no deseaba nada más que darle a su marido todo lo que lo hiciera feliz.

26 Por esta razón no podía dejar de pensar en la caja.

27 Seguramente, pensaba Pandora, lo que hubiera dentro de la caja era para Epimeteo, tal como ella era para él. Seguramente sería algo maravilloso, un regalo de boda de parte de Zeus, quizás, destinado a fastidiarlos hasta que llegara el momento de levantar la tapa.

28 Pandora esperó la señal de Zeus, pero nunca llegó. Su marido no estaba preocupado. Estaba demasiado contento. Epimeteo no era un hombre brillante y no le interesaba hallar respuestas a misterios.

29 En cambio, Pandora se formó con cualidades de los dioses y sí le interesaba; le interesaba saber por qué las cosas eran como eran y qué podría haber dentro de la caja prohibida.

30 Al haber sido creada por dioses, Pandora era perfecta en todos los aspectos, excepto en uno. Le faltaba una cualidad que los dioses jamás habían necesitado y, por tanto, no pudieron dársela.

31 Pandora no tenía paciencia.

32 Esperar por algo requería de una fuerza desconocida por los dioses, ya que contaban con su propia magia e inventaban sus propias historias.

33 La paciencia es una fortaleza puramente humana, sustentada por la esperanza. Y si está inspirada por amor profundo, la paciencia puede ser invencible a su manera.

34 La hermosa Pandora no podía ni imaginar tal cualidad.

LECTURA ATENTA

Analizar los mitos

¿Qué te dice este mito sobre la paciencia? Subraya detalles en los párrafos 29 a 33 que hagan referencia a los beneficios de la paciencia.

Evaluar los detalles

Lee el texto con atención y analiza la ilustración. Resalta descripciones específicas en esta página y la siguiente que se relacionen con lo que ves en la imagen.

Vocabulario en contexto

Los lectores con experiencia usan **claves del contexto** para determinar el significado de palabras poco comunes.

Lee el párrafo 39 para determinar el significado de *angustia*. Subraya claves que apoyen tu definición.

35 Entonces, un día se cansó de esperar, y abrió la caja.

36 Al principio, Pandora creyó que las docenas de criaturas aladas que salieron volando de adentro eran mariposas. Intentó agarrarlas.

37 Luego, se le cortó la respiración. Estaba horrorizada.

38 Cada criatura alada tenía el rostro de un demonio. Pandora estaba paralizada, sin poder creerlo; mientras seguían saliendo de la caja, se sostenían en el aire un momento de manera que ella pudiera verlos y desaparecían por la ventana para perderse en el mundo.

39 Pandora comenzó a llorar. Ahora comprendía lo que Zeus había hecho. Comprendía lo que ella había hecho. Juntos habían desatado innumerables sufrimientos sobre la humanidad: enfermedad, guerra, hambre, depravación, demencia. Todo lo que podría crear angustia humana.

40 Pandora lloraba, hasta que en un momento, cuando la última criatura alada abandonaba la caja, esta mujer creada a partir de dioses impulsivamente estiró su mano, atrapó a la criatura y la volvió a poner dentro de la caja.

41 Y con ese pequeño acto, Pandora cambió el destino de la humanidad. Porque lo que cazó y devolvió a la caja era la Esperanza.

42 Zeus había puesto esperanza en la caja, junto con la pestilencia y la crueldad, creyendo que la esperanza no sobreviviría en un mundo tan lleno de sufrimiento. Y él sabía que la humanidad no sobreviviría sin esperanza.

43 Pero Pandora logró capturarla y no la soltó. Gracias a esto y a introducirla nuevamente en la caja, hoy la esperanza está viva. Vive en la oscuridad.

44 Y en la oscuridad, el hombre la encuentra.

LECTURA ATENTA

Analizar los mitos

¿Cómo se relaciona este mito con el tema de "conflicto entre opuestos"? Subraya evidencia del texto que apoye tu respuesta.

Conoce a la autora

La autora londinense **Geraldine McCaughrean** ha escrito más de cien libros y obras de teatro; también ha escrito múltiples volúmenes de mitología para jóvenes lectores. Su novela *Peter Pan de rojo escarlata*, un *best seller* del *New York Times*, es la secuela oficial del clásico libro de J. M. Barrie.

Carrera a la cima

Primer vistazo al vocabulario

A medida que lees "Carrera a la cima", presta atención a estas palabras de vocabulario. Fíjate cómo te ayudan a identificar y analizar elementos del mito.

temperamentos **parapeto** **infernal**

Lectura

Antes de leer "Carrera a la cima", establece un propósito de lectura. Los lectores activos de **mitos** siguen estas estrategias cuando leen un texto por primera vez.

Primera lectura

Nota	**Genera preguntas**
cómo el mito responde a la pregunta "¿Por qué?".	antes y durante la lectura para mejorar tu comprensión.
Conecta	**Responde**
ideas de este mito con ideas importantes de la sociedad.	e identifica partes de este mito que sean similares o diferentes de otros mitos que conozcas.

Nueva Zelanda

Carrera a la cima

de La piscina de cristal: Mitos y leyendas del mundo

Un mito maorí

por Geraldine McCaughrean

CONTEXTO

No es poco común que a las figuras mitológicas se las conozca por diferentes nombres. A medida que las historias se relatan a lo largo del tiempo, o se hace énfasis en diferentes partes de una persona o ser sobrenatural, los nombres pueden cambiar en las historias. Io, el personaje todopoderoso de este relato, también es conocido como Io Matua. A Tane, asociado con la luz y el sol, a veces se lo llama Tane-Mahuta y en otros momentos, Tane-te-Wananga.

LECTURA ATENTA

Evaluar los detalles

Observa con atención la imagen. Resalta texto que esté estrechamente relacionado con lo que viste.

Analizar los mitos

¿Cómo se relaciona este mito con el tema de "conflicto entre opuestos"? Subraya evidencia del texto en los párrafos 1 a 3 que apoye tu respuesta.

temperamentos personalidades; actitudes o conductas ordinarias

parapeto pared baja que se pone al borde de una estructura para evitar caídas

1 En el Altísimo Cielo, Papa Io preparaba tres regalos para la Raza Humana. Tomó tres canastas y en una puso Paz y Amor. En la segunda, puso Canciones y Hechizos. En la tercera, Ayuda y Comprensión. Los habitantes de la Tierra necesitarían todos estos elementos si iban a lograr llevarse bien entre ellos. Y Papa Io sabía todo sobre la importancia de llevarse bien. Tenía dos hijos, Tane y Whiro, quienes no podían coincidir más que el fuego y el agua. Había puesto a Tane a cargo de la luz y a Whiro, a cargo de la oscuridad. Los trabajos concordaban perfectamente con sus temperamentos, pensaba su padre, pues Tane era alegría, amabilidad y bondad, mientras que Whiro (aunque Io lamentaba admitirlo) era sombrío, malvado y peligroso.

2 Naturalmente, cuando las tres canastas estuvieron listas, fue fácil escoger cuál de los hijos debía entregarlas. Io asomó su cabeza por encima del parapeto del Cielo y gritó con ayuda de su bocina: —¡Tane! ¡Ven aquí! ¡Necesito que lleves estos regalos a los humanos!

3 Ahora Whiro sabía muy bien que quienquiera que entregara esos excelentes regalos a las personas de la Tierra ganaría sus corazones y mentes. Nunca dejarían de agradecer y elogiar al mensajero. La idea de recibir elogios le atraía a Whiro. Entonces, mientras Tane subía la Gran Torre de los Sobremundos, piso tras piso, por las escaleras que comunicaban los diferentes mundos, Whiro se dispuso a ascender por afuera de la Torre. Como hiedra, como una robusta araña negra trepando en silencio una pared, le echó una carrera a su hermano hacia el cielo, decidido a llegar primero a la cima. En sus bolsillos llevaba todas las herramientas para lograrlo; todas las trampas que le darían una ventaja...

LECTURA ATENTA

Analizar los mitos

La repetición de acciones similares, en general, hasta llegar al clímax, es un elemento típico de los mitos y cuentos tradicionales.

Subraya palabras y frases en los párrafos 4 a 8 que establezcan un patrón de sucesos.

4 Fue un proceso lento, pero al llegar al segundo piso, Whiro descubrió que Tane ya estaba en el tercero. Entonces, sacó de su bolsillo puñados de mosquitos, jejenes y murciélagos.
—Saluden a mi hermano de mi parte, queridos —dijo, y los lanzó al aire.

5 Inestable pero intentando hacer equilibrio en la escalera entre mundos, Tane quedó envuelto de repente en una nube de partículas negras voladoras. Pasaban frente a sus ojos, orejas, boca y se posaban en su nariz. Inclinó su cabeza hacia abajo contra el enjambre mientras colgaba de una mano en la escalera y con la otra hurgaba en su bolsillo. Finalmente, logró sacar un remolino de Viento Norte grande como una toalla y lo agitó alrededor de su cabeza. Los insectos y murciélagos fueros barridos por una ráfaga helada a millas de distancia hacia el lado del mar.

6 Entonces, cuando Whiro, que escalaba la Torre por afuera, llegó al tercer piso, Tane ya se encontraba camino al cuarto. Whiro introdujo su mano en el otro bolsillo y sacó, como los gusanos de un pescador, un puñado de hormigas, ciempiés, avispones, arañas y escorpiones. —Envíenle mi cariño a mi hermano, dulzuras —dijo, y los arrojó al aire.

7 A mitad de camino de la siguiente escalera, Tane oyó un crujido y de repente, se encontró repugnantemente rodeado de bichos. Se trepaban a su cabello, infestaban su vestimenta, picaban sus pies descalzos, mejillas y pantorrillas. Tanteó sus bolsillos pero no encontró trapos de viento; nada que los espantara. No podía hacer más que cerrar sus ojos y boca con fuerza y seguir subiendo, cada vez más alto, desde el octavo al noveno y al décimo piso.

8 De a poco, el aire se fue volviendo más claro, más puro. La santidad que emanaban los reinos mágicos de más arriba llenaban los pisos superiores de un perfume glorioso. Las desagradables criaturas comenzaron a caer, abrumadas, como alpinistas que sucumbían al mal de altura.

LECTURA ATENTA

Evaluar los detalles

Vuelve a leer los párrafos 4 a 8. ¿Cómo se reflejan las descripciones de personajes y sucesos en la imagen? Resalta texto que apoye tu respuesta.

Vocabulario en contexto

Observa el párrafo 9. Determina el significado de la palabra *flaquear* según el contexto en el que aparece.

Subraya claves del contexto que apoyen tu definición.

infernal desagradable; relacionado con el infierno

9 Afuera, sobre el muro de la Gran Torre de los Sobremundos, incluso Whiro comenzó a flaquear. Le dolían los brazos y las piernas. Sus dedos ya casi no podían agarrarse con fuerza. Cuando miraba hacia abajo, su cabeza daba vueltas en un vertiginoso descenso. Nunca lograría llegar al undécimo piso antes que Tane.

10 Whiro descubrió una pequeña ventana en la ladera de la Torre y se metió por ella. Entonces, se encontró en el noveno piso. Muy bien. Si no iba a poder alcanzar a Tane en su camino hacia la cima, al menos podría tenderle una emboscada cuando descendiera. Se escondió en las sombras detrás de la escalera y se dispuso a esperar...

11 En lo más alto de los Sobremundos, manos acogedoras ayudaron a Tane desde la escalera y lo guiaron hasta Papa Io. Y allí, mientras nubes rosadas se abrían paso entre pilares blancos del Altísimo Cielo, Io encomendó sus tres preciados regalos al cuidado de Tane. —Entrégaselos a los humanos con todo mi amor y bendición —dijo Io—. Y adviérteles que se cuiden de tu hermano infernal. No se puede confiar en Whiro, aunque me entristece decir esto de mi propio hijo.

12 Con mucho cuidado, Tane comenzó a bajar; las canastas se balanceaban prolijamente una sobre otra. Los perfumes del Altísimo Cielo eran embriagadores y se sintió un poco mareado al llegar a la escalera del décimo al noveno piso. Solo tenía una mano libre para aferrarse a los travesaños ahora y no podía ver con claridad dónde apoyar los pies.

13 De repente, una mano le agarró el tobillo y lo arrastró fuera de la escalera. Tane cayó y las canastas rodaron hasta Whiro, quien se encontraba hundiendo sus dientes en el muslo de Tane.

14 Allí, en la oscuridad, peleaban, el bien y el mal, chispas y suciedad caían de los pliegues de sus ropas. Sus jadeantes alientos alejaron las nubes del cielo vespertino. En contraste con el sangriento color del atardecer, la Torre de los Sobremundos se agitaba y sacudía, mientras las aves gritaban alrededor de su temblorosa estructura: —¡Ayuda! ¡Asesino! ¡Emboscada!

LECTURA ATENTA

Analizar los mitos

¿Cómo se relaciona este mito con el tema de "conflicto entre opuestos"? Subraya evidencia del texto que apoye tu respuesta.

LECTURA ATENTA

Analizar los mitos

¿Cuál es un tema posible de este mito? Subraya en el párrafo 15 evidencia del texto que haga referencia a un mensaje de este mito.

15 Whiro estaba cómodo; le gustaba la pelea, le gustaba causar dolor. Su hermano era naturalmente un alma gentil. Sin embargo, Tane sabía, mientras las manos de su hermano rodeaban su cuello para estrangularlo, que si las canastas quedaban en poder de Whiro, las derramaría o bien las usaría para tomar el control de la Tierra y sus habitantes. Golpeó débilmente el pecho de su hermano, aunque no logró apartarlo. Extendió una mano por el crujiente suelo; sus dedos rozaron una de las canastas caídas; la tapa se salió y rodó hacia la oscuridad. Una canción muda y un hechizo de magia se deslizaron hasta la palma abierta de Tane.

16 Entonces, un calor mágico y sagrado trepó por su muñeca y brazo, ingresó en sus músculos y lo inspiró a hacer un último esfuerzo. Empujando a Whiro hacia atrás, Tane lo hizo caer por el borde de la escotilla y, paf, al Octavo Sobremundo; luego, crash, al Séptimo; bang, al Sexto... Quinto, Cuarto y así, en dolorosas etapas, todo el camino de descenso hasta la rocosa Tierra.

17 No perdió la vida, pues los inmortales no mueren, y el episodio tampoco sirvió para suavizar su desagradable carácter. Whiro se recuperó y gruñendo dijo: —¿No podré entregar las canastas? Bueno, entonces, les haré a los Humanos mis propios regalos: enfermedad para uno, delincuencia para otro y ¡MUERTE para el tercero! Y, arrastrando los pies, se marchó a buscar canastas lo suficientemente grandes para todas las miserias que tenía preparadas.

18 Tane entregó sin problemas las tres canastas a las personas de la Tierra. Entonces, ahora estaban armados contra todo lo que Whiro les lanzara. El único daño que permanecía era el que sufrió la Torre. Tras el temblor y la agitación producidos por la titánica lucha en el noveno piso, su desvencijada estructura se tambaleaba, condenada, en el límite del mundo. No soportaría el peso del niño más pequeño, mucho menos el cuerpo de Papa Io descendiendo del cielo. Por tanto, la Humanidad ya no cuenta con su ayuda. Tendrá que hacer lo mejor que pueda con lo que los dioses le regalaron.

LECTURA ATENTA

Analizar los mitos

¿Cómo explica este mito "por qué las cosas buenas y el sufrimiento son parte de la vida"? Subraya evidencia del texto que apoye tu respuesta.

Desarrollar el vocabulario

Los individuos que aparecen en los mitos, en general, representan tipos reconocibles de personas. Además, a menudo los mitos contienen vocabulario que expresa fuertes contrastes y emociones. Estas características ayudan a los oyentes y lectores a relacionarse con la lección del mito.

MI TURNO Encuentra una palabra del banco de palabras que podría utilizarse en cada oración de ejemplo. Luego, escribe tu propia oración usando la misma palabra.

Banco de palabras

astuto **ornamentada** **temperamentos** **parapeto** **infernal**

Oración de ejemplo	Palabra	Mi oración
La cigüeña monta guardia en el borde más alto del techo del castillo.	parapeto	La reina miraba a la multitud desde el parapeto del castillo.
Un pato espera hasta que el zorro se duerma para guiar a sus patitos hacia el estanque.		
La desagradable tormenta rugía con lluvia, ráfagas e incluso granizo.		
Los mellizos se parecen, pero uno siempre sonríe y el otro frunce el ceño.		
El palacio estaba lleno de delicadas obras de arte ricas en detalles.		

Verificar la comprensión

MI TURNO Vuelve a leer los textos para responder a las preguntas.

1. ¿Qué características de los mitos comparten las historias?

2. Compara y contrasta a Zeus y a Papa Io según sus personalidades, la manera en que tratan a las personas y lo que quieren para la humanidad.

3. ¿Cuál de los hermanos de "Carrera a la cima" se parece más a Pandora? Usa evidencia del texto para apoyar tu opinión.

4. Cuando hoy alguien dice que una persona o una situación ha "abierto una caja de Pandora", ¿qué quiere decir? Si Whiro de "Carrera a la cima" lo dijera, ¿sobre qué estaría hablando? Cita evidencia del texto para apoyar tus respuestas.

Analizar los mitos

Analizar significa estudiar las partes de algo para comprender cómo funciona. Cuando analizas un mito, estudias los patrones de sucesos e infieres sus temas.

1. **Mi TURNO** Lee las notas de Lectura atenta en las historias y subraya las partes que te ayuden a analizar patrones de sucesos y el tema del bien contra el mal.

2. **Evidencia del texto** Usa las partes que subrayaste para mencionar tres sucesos de cada mito. Demuestra tu comprensión sobre los mitos al comparar los patrones de sucesos. Luego, escribe un tema que se insinúe en ambos patrones.

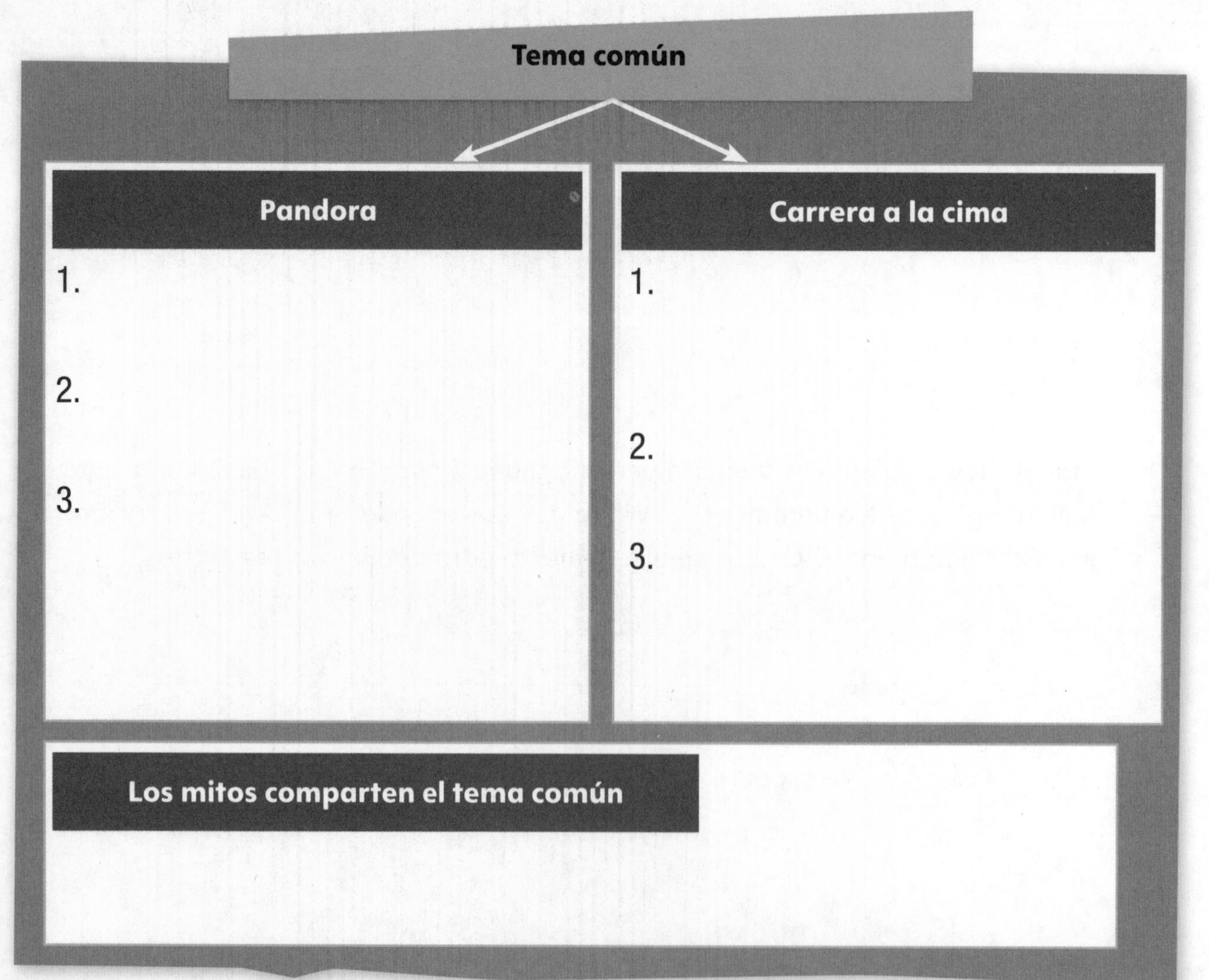

Evaluar los detalles

Los lectores pueden determinar cuáles son las ideas claves de un texto prestando atención a los detalles. Pueden evaluar los detalles para decidir cuáles son importantes para el significado y para entender el mensaje del autor acerca de un personaje, ambiente o tema.

1. **Mi TURNO** Vuelve a leer las notas de Lectura atenta y resalta detalles sobre Zeus, Papa Io, el bien y el mal.

2. **Evidencia del texto** Usa los detalles que resaltaste para completar la tabla. Luego, evalúa los detalles como ayuda para responder a la pregunta que sigue.

Zeus y Papa Io	Mal	Bien

Pregunta: ¿Qué idea principal comunican las autoras al usar criaturas aladas para representar el mal y el sufrimiento?

Reflexionar y comentar

En tus palabras Piensa en los mitos que leíste esta semana. ¿Cuál de los personajes de cada historia determina el destino de todos los demás? ¿Qué hace el personaje? ¿Es ese personaje un dios o un ser humano? ¿Qué otras historias has leído con personajes similares? Usa ejemplos de los textos para comentar por qué los autores incluyen ese tipo de personajes en la literatura tradicional.

Usar información precisa Durante una conversación, especialmente una en la cual las personas tienen diferentes opiniones, asegúrate de usar información precisa para apoyar tus puntos de vista. Te puedes preparar para la conversación repasando qué hacen en realidad los personajes en las historias. Usa estos pasos:

1. Decide qué personajes quieres comentar.
2. Vuelve a leer las historias y toma notas para asegurarte de saber qué hacen realmente los personajes.
3. A partir de tus notas, escribe información precisa sobre cómo determina cada personaje el destino de los otros.
4. Utiliza los números de los párrafos, actos, escenas u oraciones para mostrar dónde encontraste tu evidencia.

Al final de la conversación, pregúntate si los puntos de vista de tus compañeros modificaron tus opiniones. Explica cómo cambió tu pensamiento.

Pregunta de la semana

¿Cómo desobedecer puede causar problemas?

Vocabulario académico

Meta de aprendizaje

Puedo usar el lenguaje para hacer conexiones entre la lectura y la escritura.

Las **clases de palabra** son categorías que incluyen a los sustantivos, los verbos, los adjetivos, los adverbios y las preposiciones.

- Los **sustantivos** nombran personas, lugares y cosas.
- Los **verbos** nombran acciones y estados.
- Los **adjetivos** describen sustantivos y pronombres.
- Los **adverbios** describen verbos, adjetivos y otros adverbios.
- Las **preposiciones** relacionan otras palabras o frases.

Las **flores de** los **jardines son muy hermosas.**

Dos palabras relacionadas pueden pertenecer a clases diferentes, como el verbo *oír* y el sustantivo *oído*.

Mi TURNO En cada palabra en letras negritas:

1. **Halla** la entrada en un diccionario en línea o impreso.
2. **Identifica** qué otras clases de palabra se pueden formar con la misma raíz.
3. **Escribe** palabras relacionadas que pertenezcan a otras clases de palabra.

Sustantivo	Verbo	Adjetivo	Adverbio
	revelar		
	ilustrar		
	interpretar		
	predecir		
		tradicional	

Los homófonos

Los **homófonos** son palabras que suenan igual, pero tienen un significado distinto y, generalmente, se escriben de manera diferente. Por ejemplo, *Asia* y *hacia* suenan igual. Sin embargo, su ortografía y el contexto en el que se utilizan revelan que *Asia* es el continente y *hacia* es una preposición. Los **homógrafos** son palabras que se escriben igual pero tienen un significado distinto. Por ejemplo, la palabra *sal* puede ser un sustantivo (sustancia que se usa para poner salados los alimentos) o el imperativo del verbo *salir*.

Mi TURNO Subraya el homófono u homógrafo correcto en cada oración. Luego, explica el significado de cada uno. En una hoja aparte, escribe 2 o 3 oraciones usando pares de homófonos u homógrafos.

A Whiro le faltaba un (basto, vasto) trecho para llegar (hasta, asta) la (cima, sima) de la torre y era casi un (echo, hecho) que su hermano llegaría primero. En ese momento, (tubo, tuvo) una oportunidad más: una ventana que le permitía entrar a la torre.

1. ______________________________.

2. ______________________________.

3. ______________________________.

4. ______________________________.

5. ______________________________.

Leer como un escritor

El **propósito de un autor** puede ser informar, persuadir o entretener a los lectores o bien expresar ideas y sentimientos significativos.

¡Demuéstralo! Lee el texto de "Pandora".

> Prometeo no solo atrajo la venganza del dios más poderoso del universo hacia su cabeza, sino que también dio comienzo a una historia que cambiaría el corazón de los hombres para siempre.

idea significativa

1. **Identificar** Cynthia Rylant escribe sobre las acciones de Prometeo.
2. **Preguntar** ¿Qué propósito de la autora revela este enunciado?
3. **Sacar conclusiones** El enunciado revela que el propósito de la autora es expresar una idea significativa sobre actos y consecuencias.

Vuelve a leer el párrafo 8 de "Pandora".

Mi TURNO Sigue los pasos para analizar el texto. Describe cómo los enunciados revelan el propósito de la autora.

1. **Identificar** Cynthia Rylant hace que su narrador declare que ____________________

____

2. **Preguntar** ¿Qué propósito de la autora revela este enunciado?
3. **Sacar conclusiones** El enunciado revela que el propósito de la autora es

____

____

Escribir para un lector

Las **alusiones** son referencias que ayudan a conocer mejor las historias o los mitos. Los autores que utilizan alusiones muestran su conocimiento sobre historia y literatura. Les agregan profundidad a sus historias a partir de estas referencias.

Mi TURNO Piensa en los personajes mitológicos acerca de los que leíste en "Pandora". Elige un personaje, busca más información si es necesario e identifica cómo podrías aludir a su historia en tu escritura.

1. ¿Qué figura mitológica elegiste? ¿A qué aspecto de su historia te gustaría aludir en tu escritura?

2. Ahora escribe una historia corta que presente la alusión que elegiste.

Escribir homófonos

Los **homófonos** son palabras que suenan igual, pero tienen un significado diferente. Cuando se escriben igual se llaman **homógrafos**. Es importante poder identificar, usar y explicar el significado de los homófonos u homógrafos para no confundirlos.

Mi TURNO Lee las palabras y escribe cada par de homófonos en una hoja aparte como se muestra en el ejemplo. En la misma hoja, escoge un par y escribe una oración para cada palabra. Explica brevemente su significado.

PALABRAS DE ORTOGRAFÍA

botar	coser	tubo	vienes	bienes
cayo	hecho	cocer	hola	ondas
ola	vello	votar	callo	asta
hasta	hondas	bello	echo	tuvo

botar-votar,

Recuerda que hay distintas letras que tienen el mismo sonido. Por ejemplo, *b*, *v*; *c*, *s*, *z*, *x*; *c*, *k*, *q*; *y*, *ll*; *g*, *j*. En algunos casos la pronunciación de algunas letras depende de su posición en la palabra, como *r* y *rr*. En una hoja aparte, empareja las palabras de la tabla que tengan letras distintas con el mismo sonido.

BANCO DE PALABRAS

cielo	**velero**	**llamar**	**quinoa**	**rana**	**geranio**
barro	**yema**	**objeto**	**bolero**	**xilófono**	**kilogramo**

cielo-xilófono,

Mi TURNO Identifica los siguientes homógrafos y explica brevemente su significado. Luego, úsalos en una oración y compártela con tus compañeros.

1. té / te ______________________

2. tú / tu ______________________

El grado superlativo de los adjetivos y los adverbios

El **grado superlativo** de los adjetivos y los adverbios se utiliza para expresar la característica que representa un adjetivo o un adverbio en su grado máximo.

El grado superlativo se expresa mediante construcciones con artículo y **adverbios** que modifican el adjetivo o adverbio (*el **más** alto / la **menos** rápida*) o mediante los **sufijos** *-ísimo* (*buenísimo*).

Los superlativos se clasifican en:

- **Regulares**: se crean añadiendo el sufijo *-ísimo/a* a la raíz.

- **Irregulares**: tienen forma propia y al construirlos se modifica sustancialmente la raíz de la palabra, por ejemplo: *óptimo* (superlativo de *bueno*) y *pésimo* (superlativo de *malo*).

Mi TURNO Corrige este borrador de manera que se utilice correctamente el grado superlativo de los adjetivos mencionados.

Duffy es el más mejor perro del mundo. Es la primera mascota en mi familia, y la experiencia resultó la más buenísima. El ánimo de la casa se ha transformado y siento que somos los más felicísimos del vecindario.

Incorporar sugerencias de compañeros y del maestro

Meta de aprendizaje

Puedo usar elementos de la escritura de opinión para escribir un ensayo.

El propósito de un ensayo de opinión es ofrecer a los lectores la perspectiva del escritor sobre un tema. Tus compañeros y tu maestro te pueden decir si tu ensayo apoya tu punto de vista con razones sólidas. Cuando recibas sus sugerencias, sigue estos pasos.

Recuerda que tus lectores son tu público. ¿Considera tu público que has apoyado tu opinión con razones sólidas? En caso afirmativo o negativo, asegúrate de entender por qué.

Si tu público **no considera** que hayas brindado razones sólidas, pide notas por escrito donde se explique por qué una razón es débil.

Si tu público **sí considera** que has brindado razones sólidas, asegúrate de entender por qué, de manera que puedas usar este conocimiento cuando escribas tu próximo ensayo.

Comenta con tus pares y tu maestro cualquier duda que tengas sobre sus sugerencias. Pregunta si volverían a leer tu ensayo después de que lo hayas revisado.

Mi TURNO Sigue estos pasos para incorporar sugerencias de personas que hayan leído tu ensayo.

Publicar un borrador final

Una vez que estés conforme con tu ensayo de opinión, publícalo de dos maneras:

- Escribe una copia legible de tu ensayo en cursiva.
- Escribe tu ensayo en una tableta o computadora. Escribe al menos una página completa antes de descansar. Una vez que hayas terminado tu ensayo, imprímelo.

Mi TURNO Lee las siguientes preguntas, y luego, lee en voz alta para ti mismo el ensayo de opinión. Después, responde a las preguntas.

1. ¿Quién es mi público?

2. ¿Cuán bien entenderá mi público mi opinión?

3. ¿Cómo puedo fortalecer mis razones para ayudar a mi público a entender mi punto de vista?

Revisa y corrige tu ensayo para asegurarte de que los lectores no tendrán problemas para seguir tu razonamiento.

Publicar y celebrar

Mi TURNO Completa estas oraciones sobre tu experiencia de escritura.

Se puede decir que pensé en el público al escribir mi ensayo de opinión porque

La manera en que organicé las razones de mi opinión fue

Estoy conforme con mi introducción y mi conclusión porque

La próxima vez que escriba un ensayo de opinión, quiero

Prepararse para la evaluación

MI TURNO Sigue un plan a medida que te prepares para escribir un ensayo de opinión en respuesta a instrucciones. Usa tu propia hoja.

1. Estudia las instrucciones.
Recibirás una asignación llamada instrucciones. Léelas con atención. Resalta el tipo de escritura que debes hacer. Subraya el tema sobre el que debes escribir.

Instrucciones: Escribe un ensayo de opinión sobre un suceso reciente que creas que debería hacer que las personas vean el mundo de manera diferente.

2. Haz una lluvia de ideas.
Menciona tres historias nuevas que hayas leído y sobre las cuales tengas una opinión. Luego, resalta tu idea favorita.

3. Reúne tus razones e información.

4. Planifica tu borrador.
Decide lo que incluirás en la introducción y en la conclusión. Cuando planifiques los párrafos del cuerpo, ubica la razón más sólida primero. Añade información debajo de la razón que apoya.

5. Escribe tu borrador.
Sigue tu planificación. Usa la tecnología para reorganizar y combinar oraciones y párrafos según sea necesario.

6. Revisa y corrige tu ensayo de opinión.
Revisa tu ensayo para lograr coherencia, claridad y corrección. Recuerda corregir para aplicar las reglas que has aprendido para perfeccionar tu escritura.

Evaluación

Mi TURNO Antes de escribir un ensayo de opinión para tu evaluación, califica cuán bien comprendes las destrezas que has aprendido en esta unidad. Vuelve y revisa todas las destrezas en las que hayas marcado "No".

		¡Sí!	No
Ideas y organización	• Puedo reconocer una opinión, un punto de vista, razones e información de apoyo que brinda el escritor.	☐	☐
	• Puedo hacer una lluvia de ideas de un tema y una opinión y planificar un ensayo de opinión.	☐	☐
	• Puedo desarrollar mi tema y opinión.	☐	☐
	• Puedo desarrollar razones y detalles de apoyo.	☐	☐
Técnica	• Puedo desarrollar un enunciado de conclusión.	☐	☐
	• Puedo escribir una introducción y una conclusión eficiente.	☐	☐
	• Puedo organizar mis razones.	☐	☐
	• Puedo organizar mis detalles de apoyo.	☐	☐
	• Puedo usar palabras y frases de transición para conectar ideas.	☐	☐
	• Puedo usar la tecnología adecuada para presentar mi escritura.	☐	☐
	• Puedo usar tecnología para interactuar y colaborar.	☐	☐
	• Puedo reorganizar y combinar ideas para lograr coherencia y claridad.	☐	☐
	• Puedo participar en la corrección entre compañeros e incorporar sugerencias de editores.	☐	☐
Normas	• Puedo corregir la concordancia entre sujeto y verbo.	☐	☐
	• Puedo usar mayúsculas y sustantivos de manera correcta.	☐	☐

TEMA DE LA UNIDAD

Los impactos

INTERCAMBIAR *ideas*

Indagar

Lee la oración que aparece debajo del título de cada selección. Luego, con un compañero, revisa la selección y escribe una pregunta para cada oración de respuesta. Finalmente, conversa con tu compañero sobre cómo se relaciona con el tema **Los impactos**.

SEMANA 3

La Culebra

Si haces una buena acción, esto ocurrirá.

SEMANA 2

"Thunder Rose"

Thunder Rose era única porque tenía ese poder que le corría por las venas.

CLUB del LIBRO

SEMANA 1

¿Puedes adivinar mi nombre?

En los relatos se descubren los nombres porque para las personas es difícil guardarlos.

"El secreto del calendario indígena"

Emma lo aprendió de los Hombres Pequeños.

SEMANA 4

CLUB del LIBRO

SEMANA 5

"Pandora" y "Carrera a la cima"

Pandora no tenía esta "fortaleza puramente humana".

Pregunta esencial

Mi TURNO

En tu cuaderno, responde a la Pregunta esencial: ¿Cómo moldean nuestros relatos a nuestro mundo?

SEMANA 6

Ahora es el momento de aplicar lo que aprendiste sobre *Los impactos* en tu **PROYECTO DE LA SEMANA 6: La historia detrás de la historia.**

La HISTORIA detrás de la HISTORIA

INVESTIGACIÓN

Actividad

El origen de una historia es donde todo comenzó. Elige un cuento exagerado, un cuento popular o una leyenda estadounidense; podría ser sobre Paul Bunyan, John Henry, Johnny Appleseed, Calamity Jane o Pecos Bill. Investiga y explica el origen del relato para crear una publicación para el *blog* de la clase.

Artículos de investigación

Con tu compañero, lee "La verdad detrás de la leyenda" para hacer y aclarar preguntas que tengas sobre relatos tradicionales. Luego, desarrolla un plan de investigación para compartir responsabilidades y crear tu publicación para el *blog*.

1. **La verdad detrás de la leyenda**
2. **La Biblioteca del Congreso**
3. **¿Quién es tu héroe?**

Generar preguntas

COLABORAR Después de leer "La verdad detrás de la leyenda", haz preguntas sobre el artículo. Escribe las tres preguntas más importantes que tengas para compartirlas con la clase.

1. ______________________________.

2. ______________________________.

3. ______________________________.

Usar el vocabulario académico

COLABORAR En esta unidad, aprendiste muchas palabras relacionadas con el tema *Los impactos*. Revisa la tabla, y trabaja de manera colaborativa con tu compañero para añadir más palabras de vocabulario académico a cada categoría. Si corresponde, usa algunas de estas palabras al crear tu publicación para el *blog*.

Vocabulario académico	Estructura de las palabras	Sinónimos	Antónimos
revelar	revela revelador revelado	mostrar manifestar descubrir	esconder ocultar encubrir
tradicional	tradiciones tradicionalmente tradicionalismo	habitual usual característico	inusual extraño moderno
ilustrar	ilustrador ilustrado ilustración	mostrar probar explicar	esconder ocultar confundir
interpretar	intérprete interpretado interpretación	entender explicar aclarar	malinterpretar confundir enredar
predecir	predice predicción predecible	pronosticar presagiar prever	sorprender impactar saber

Construye un mejor *blog*

Al crear una publicación para un *blog*, puedo compartir diferentes tipos de **información**, incluyendo datos, definiciones, citas e ilustraciones.

Las personas escriben **textos informativos** para estudiar con detenimiento un tema y explicárselo a los lectores. La información debe ser precisa, completa y clara. Al leer un texto informativo, busca:

- Un tema claramente identificado
- Una idea principal, o central
- Detalles de apoyo basados en datos e investigación
- Una organización lógica
- Lenguaje preciso que describa y conecte ideas

INVESTIGACIÓN

COLABORAR Lee con tu compañero "La Biblioteca del Congreso". Luego, responde a las siguientes preguntas sobre el texto.

1. ¿Cuál es el tema y la idea principal del artículo?

2. ¿Cuáles son los dos detalles específicos que el escritor comparte para apoyar la idea principal?

3. ¿Quién es el público de este artículo? ¿Cómo lo sabes?

Planifica tu investigación

COLABORAR Antes de comenzar a investigar los orígenes de la historia, necesitarás elaborar un plan de investigación. Usa esta actividad como ayuda para escribir una idea central y planificar cómo buscarás detalles de apoyo.

Definición	Ejemplos
IDEA CENTRAL Una idea central es el punto principal del autor sobre un tema. Una idea central: • Trata el tema. • Es específica. • Está fundamentada con detalles, como datos y ejemplos. Lee los dos ejemplos de la columna derecha. Luego, con un compañero, escribe una idea central para tu publicación para el *blog* sobre un relato tradicional.	• Este *blog* es sobre una canción popular relacionada con el béisbol. No. • El mayor éxito en canciones sobre béisbol es "Llévame al partido". Sí Mi idea central:
EVIDENCIA Puedes apoyar tu idea central con detalles, como: • Datos • Estadísticas • Ejemplos • Citas	**Dato:** Un compositor llamado Albert von Tilzer escribió la música para "Llévame al partido". **Estadísticas:** La canción ha sido grabada más de 400 veces. **Cita:** "Hoy en día, no puedes ir a un partido sin escuchar esta canción", comentó Fred Arms, un fanático de los Cubs. **Ejemplos:** Las ideas para las canciones provienen de muchos lugares, incluso del cartel en un metro.

Con tu compañero, usa tu cuaderno de escritura para enumerar algunas opciones posibles para hallar evidencia para tu publicación en el *blog*.

Pregunta y respuesta

La Biblioteca del Congreso es una biblioteca para investigación que incluye más de 38 millones de libros, así como también fotografías, películas y archivos digitales. Todos pueden usar la información de esta biblioteca. Puedes visitar el sitio web (www.loc.gov) y realizar tu propia investigación. El sitio ofrece dos recursos como ayuda para encontrar los datos que buscas: un chat en línea y una dirección de correo electrónico.

Puedes conversar en vivo con un bibliotecario de la Biblioteca del Congreso cualquier día de la semana durante horarios especiales.

Puedes hacer y aclarar preguntas de indagación formales en cualquier momento en que te encuentres frente a una computadora, y un bibliotecario te responderá por correo electrónico en menos de cinco días hábiles. Debes completar todos los campos del formulario que tengan un asterisco (*).

EJEMPLO Afshin quiere escribir una publicación para un *blog* sobre las historias detrás de las canciones estadounidenses famosas. Sabe que es un tema muy amplio; por tanto, usa la Biblioteca del Congreso para escribir correspondencia pidiendo información sobre una gran canción.

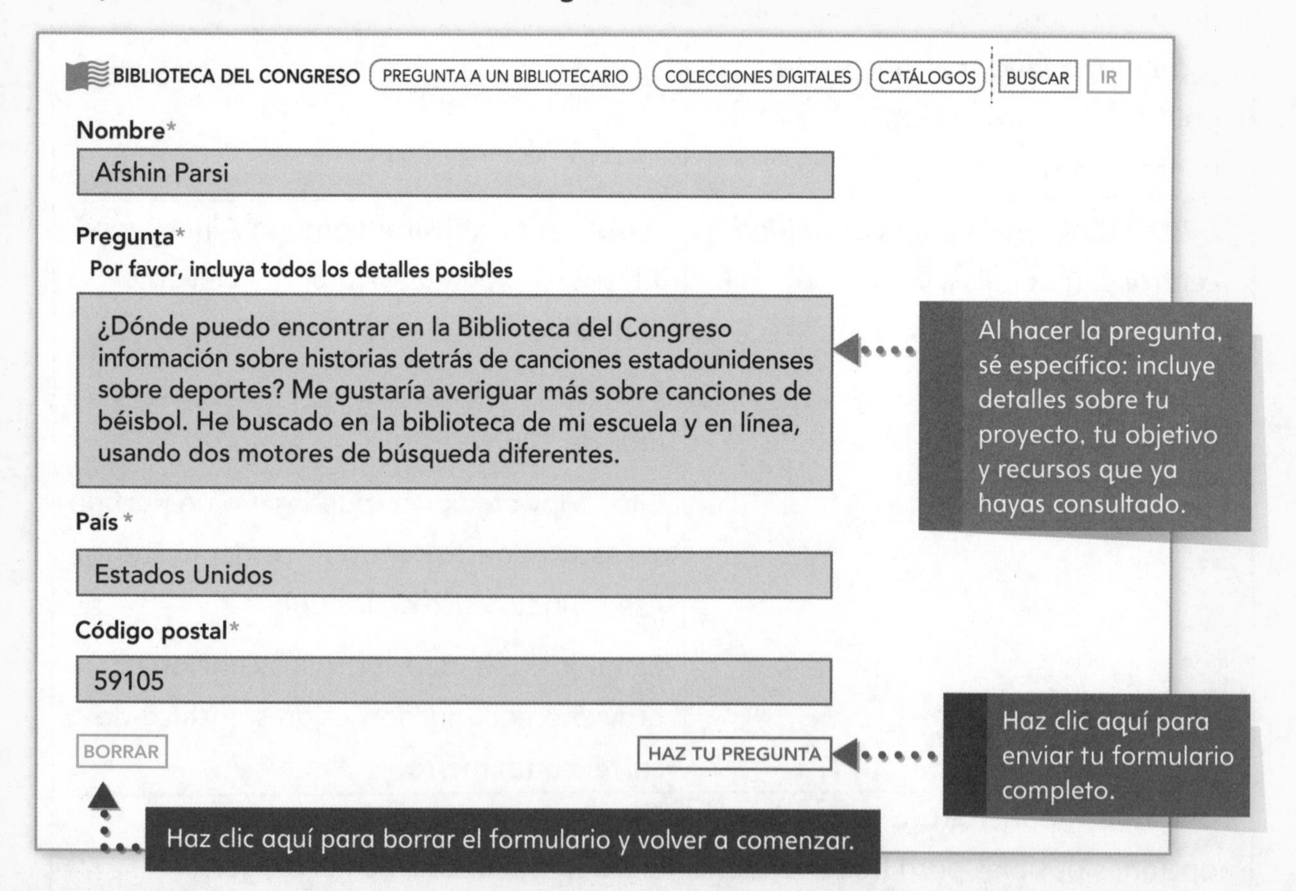
BIBLIOTECA DEL CONGRESO | PREGUNTA A UN BIBLIOTECARIO | COLECCIONES DIGITALES | CATÁLOGOS | BUSCAR | IR

Nombre*

Afshin Parsi

Pregunta*

Por favor, incluya todos los detalles posibles

¿Dónde puedo encontrar en la Biblioteca del Congreso información sobre historias detrás de canciones estadounidenses sobre deportes? Me gustaría averiguar más sobre canciones de béisbol. He buscado en la biblioteca de mi escuela y en línea, usando dos motores de búsqueda diferentes.

País *

Estados Unidos

Código postal*

59105

BORRAR

HAZ TU PREGUNTA

COLABORAR Con tu compañero, haz y aclara preguntas formales que le harás a un bibliotecario de la Biblioteca del Congreso. Escribe tu correspondencia en un chat en vivo o mediante el formulario "Pregunta a un bibliotecario" en el sitio web.

Información sobre nuestro proyecto

Fuentes que ya hemos utilizado

Preguntas específicas que queremos hacer

Comenta la respuesta que recibiste durante el chat en línea y por correo electrónico. ¿Cómo te ayudó el bibliotecario a decidir el siguiente paso para tu proyecto de investigación?

¡Lo mejor en tu *blog*!

Un *blog* es un sitio web que se actualiza regularmente. El sustantivo de origen inglés proviene de la palabra *weblog*. Los blogueros (personas que escriben *blogs*) también usan esta palabra como un verbo: "Acabo de *bloguear* sobre un libro genial que leí la semana pasada".

Cada actualización del *blog* se llama **publicación** (en inglés, *post*). En las publicaciones de los *blogs* se comparte información que los escritores averiguaron por medio de investigación. En general:

- Se concentran en un único tema.
- Se combina texto con recursos visuales y digitales, como ilustraciones, fotos, audios o videos.
- Comienzan con un título que atrae la atención del lector.
- Se usa lenguaje informal.

COLABORAR Lee el Modelo del estudiante. Trabaja con tu compañero para reconocer los elementos de los textos informativos.

¡A intentarlo!

Sigue los pasos para escribir una publicación para el *blog*. Vuelve a mencionar los puntos en la lista de verificación. Usa esa lista para dar instrucciones a tu compañero y asegurarte de que tu texto informativo incluya todos los elementos de una publicación informativa.

Asegúrate de que tu publicación:

- ☐ Identifique una idea central clara.
- ☐ Comparta detalles precisos de tu investigación.
- ☐ Presente ideas de una manera clara y lógicamente organizada.
- ☐ Use lenguaje preciso para describir y conectar ideas.

Modelo del estudiante

sobre contacto preguntas frecuentes buscar

La canción más popular sobre béisbol

El éxito más grande en el béisbol no es un jonrón, ¡es una canción! "Llévame al partido" es una de las canciones más populares de la historia. Ha sido grabada más de 400 veces. Además, se ha escuchado en más de 1,200 películas, programas de televisión y comerciales.

Subraya la oración que mencione la idea central del artículo.

Un compositor llamado Albert von Tizer escribió la música. Jack Norworth escribió la letra. La canción trata sobre una joven a la que realmente le encanta el béisbol. Le ruega a su novio que la lleve a un partido en lugar de al teatro. Se escribió en 1908.

Resalta tres detalles específicos **que comparta el escritor.**

Los creadores deben de haber sido grandes fanáticos del béisbol, ¿verdad? ¡Pues, no! De hecho, ninguno de ellos había visto un partido de béisbol en vivo al escribir la canción. Norworth vio un cartel. Se le ocurrió la idea mientras viajaba en el metro de Nueva York. El cartel decía "Béisbol hoy".

Ese cartel tuvo un gran impacto en la historia del béisbol. Actualmente, los fanáticos del deporte aman cantar juntos la canción. ¡Es casi una parte tan importante del juego como la pelota y el bate!

Subraya la idea más importante en la conclusión.

Imagen: Norworth, Jack y Albert Von Tilzer. *Llévame al partido*. The New York Music Co., Nueva York, monográfico 1908. Música obtenida de la Biblioteca del Congreso, https://www.loc.gov/item/ihas.200033481/. (Acceso, 2 de mayo de 2017.)

Crea una bibliografía

Una **bibliografía** es una lista de las fuentes que usaste al investigar un tema. Les da a los lectores la información que necesitan para hallar y verificar sus fuentes. Esta tabla muestra cómo citar diferentes tipos de fuentes.

Libros y revistas

Madison, Emily. (2017). *Héroes estadounidenses*. Filadelfia. Power Press.

- Autor (el apellido primero)
- Año de la publicación entre paréntesis
- *Título del libro* (en bastardilla o subrayado)
- Lugar de la publicación
- Editorial

Enciclopedias

Héroes. *Enciclopedia New Times*. 2014.

En este ejemplo, no se menciona al autor.

- Si corresponde, apellido y nombre del autor
- Título del artículo (sin comillas ni bastardilla)
- Título de la enciclopedia (en bastardilla o subrayado)
- El volumen de la enciclopedia (si corresponde) y el rango de páginas
- Lugar de la publicación
- Editorial

Sitios web

Singh, Denyse. "Los héroes están aquí". *Centro de estudios estudiantiles*. Fecha de acceso: 28 de noviembre de 2017. www.enlace.url.

Generalmente, puedes hallar el nombre del sitio web en la página principal, o primera página, del sitio.

- Si corresponde, apellido y nombre del autor
- Título de la página entre comillas
- Nombre del sitio o empresa u organización que opera el sitio
- Fecha de acceso (opcional)
- Dirección del sitio web

INVESTIGACIÓN

COLABORAR Lee el artículo web "¿Quién es tu héroe?". Luego, en una hoja aparte o en tu cuaderno de escritura, trabaja con un compañero para crear una entrada de bibliografía para ese artículo.

COLABORAR Lee esta bibliografía de una publicación para el *blog*. Luego, responde a las preguntas.

Editores de Deporte ilustrado para niños (2016), *Béisbol: una historia sorprendente*. Nueva York.

Klingheim, Trey. (2012). Historia del béisbol. *La nueva enciclopedia estadounidense.*

"Los grandes éxitos del béisbol: La música de nuestro deporte nacional". *Biblioteca del Congreso*. Fecha de acceso: 3 de mayo de 2017. <https://www.loc.gov/exhibits/baseballs-greatesthits/index.html>

Panchyk, Richard. (2016). *Historia del béisbol para niños: Estados Unidos al bate desde 1900 hasta hoy*. Chicago. Chicago Review Press Inc.

1. ¿Cuál es la fuente más antigua de las que se enumeran en esta bibliografía? ¿Cómo lo sabes?

2. ¿Qué es inusual sobre los autores que se mencionan en el libro *Béisbol: una historia sorprendente*?

3. ¿Cómo están organizadas las entradas de la bibliografía?

Crea un mensaje FUERTE en los medios

El propósito de un *blog* puede ser compartir un mensaje o información con un público específico. Los medios en línea comunican mensajes combinando lenguaje, imágenes y sonidos.

El **lenguaje** en una publicación para un *blog* incluye el nombre del *blog*, los títulos de las publicaciones, los nombres de los escritores, las fechas de las publicaciones y las publicaciones en sí mismas.

LA GRAN EXPLOSIÓN: El blog de P.S. 42

Las **imágenes** son elementos visuales de un *blog*. Las imágenes que no se mueven se llaman estáticas.

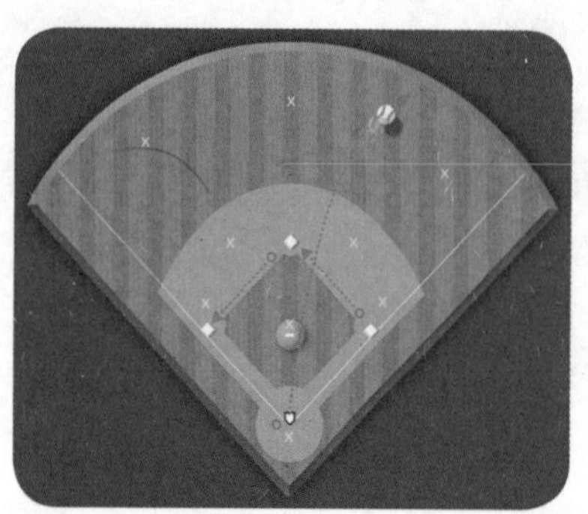

En los *blogs* se usan además imágenes móviles, como **videos** o **animación**. En general, se señalan con un triángulo que apunta a la derecha. Cuando haces clic en el triángulo, el video comienza a reproducirse.

Los *blogs* pueden incluir **sonidos** en clips de video o archivos de audio. Un archivo de audio podría reproducir canciones, entrevistas o efectos de sonido.

COLABORAR Con tu compañero, piensa en cómo añadir elementos visuales a tu publicación en el *blog* te permitirá compartir información con tu público.

Lenguaje

¿Qué palabras podrías añadir para hacer que tu publicación sea más informativa?

Imágenes

¿Qué imágenes estáticas podrías añadir? ¿Dónde las encontrarás?	¿Qué imágenes móviles podrías añadir? ¿Dónde las encontrarás?

Sonidos

¿Qué sonidos podrías añadir? ¿Grabarás tus propios sonidos o incluirás sonidos pregrabados, entrevistas o efectos de sonido?

Revisa

Revisar la idea principal y los detalles Vuelve a leer tu publicación para el *blog* con tu compañero.

- ☐ ¿Has enunciado claramente la idea central de tu publicación?
- ☐ ¿Has incluido información suficiente para explicar tu tema?
- ☐ ¿Has usado la información que descubriste durante la investigación?
- ☐ ¿Has presentado ideas en un orden lógico?

Revisar el orden de las ideas

Los escritores del modelo de publicación para un *blog* de esta lección cambiaron el orden de algunas ideas. Observa cómo combinaron algunas oraciones y movieron ideas de manera que la información sea más fácil de seguir.

Un compositor llamado Albert von Tizer escribió la música. Jack Norworth escribió la letra. La canción trata sobre una joven a la que realmente le encanta el béisbol. Le ruega a su novio que la lleve a un partido en lugar de al teatro. Se escribió en 1908.

Los creadores deben de haber sido grandes fanáticos del béisbol, ¿verdad? ¡Pues, no! De hecho, ninguno de ellos había visto un partido de béisbol en vivo al escribir la canción. Norworth vio un cartel. Se le ocurrió la idea mientras viajaba en el metro de Nueva York. El cartel decía "Béisbol hoy".

Corrige

Normas Vuelve a leer tu publicación para el *blog*. ¿Has usado las normas correctamente?

- [ ] Ortografía
- [ ] Puntuación
- [ ] Mayúsculas para títulos, documentos y eventos históricos
- [ ] Comillas en citas textuales
- [ ] Una bibliografía completa y con formato correcto

Evaluación entre compañeros

COLABORAR Intercambia la publicación del *blog* con otro grupo. Toma notas para revisar la publicación. Identifica y subraya el tema. Resalta detalles interesantes e importantes. Revisa y corrige tu borrador si no has seguido las normas sobre el uso de las mayúsculas para eventos y documentos históricos y títulos de libros, cuentos o ensayos.

Luego, repasa tus notas y comenta cuán bien se explica el tema en la publicación del *blog*.

¡A celebrar!

COLABORAR De ser posible, presenta tu publicación en un *blog* de la clase y pide comentarios de parte de los lectores. También puedes decidir leer tu publicación en voz alta y compartir todos los elementos audiovisuales que pienses incluir. ¿Cómo reaccionó tu público? Escribe aquí sus respuestas.

Reflexiona sobre tu proyecto

Mi TURNO Piensa en tu publicación para el *blog*. ¿Cuáles crees que son las partes más sólidas? ¿Cuáles necesitan mejorarse? Escribe aquí lo que piensas.

Fortalezas

Áreas para mejorar

Reflexiona sobre tus metas

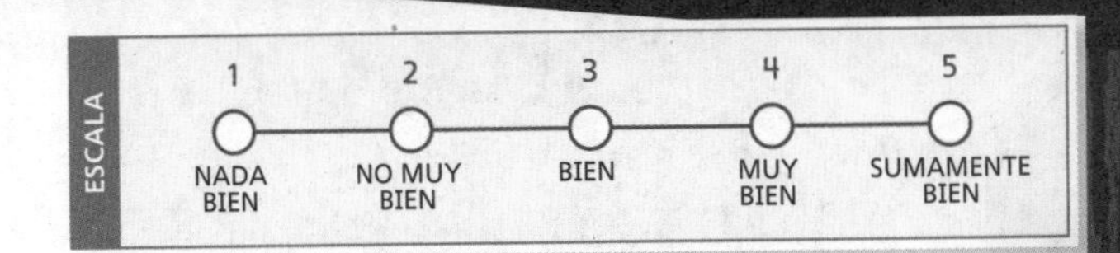

Vuelve a mirar tus metas para la unidad.

Usa un color diferente para volver a calificarte.

Reflexiona sobre tus lecturas

Cuando lees una biografía o una autobiografía es importante que te pongas en la situación o en "los zapatos" del personaje para entender la experiencia.

Comparte una conexión personal que hayas establecido a medida que leías uno de tus textos de lectura independiente.

____

____

____

____

____

____

Reflexiona sobre tu escritura

Revisa la escritura que hiciste para esta unidad. ¿Cómo te ayudó la escritura a entender el tema de la unidad?

____

____

____

____

____

____

UNIDAD 5

Las características

Pregunta esencial

¿Por qué es importante comprender nuestro planeta?

MIRA

"Nuestro planeta"

INTERCAMBIAR ideas

¿Por qué estudiamos las características de nuestro planeta?

SAVVAS realize™

Puedes hallar todas las lecciones EN LíNEA.

- VIDEO
- AUDIO
- INTERACTIVIDAD
- JUEGO
- ANOTAR
- LIBRO
- INVESTIGACIÓN

Enfoque en el texto informativo

TALLER DE LECTURA

Infografía: La superficie de la Tierra

de *El planeta Tierra* .... **Texto informativo**

por Christine Taylor-Butler

Recursos digitales: Actividad volcánica

Volcanes .... **Texto informativo**

por Arelis A. Diaz

Diagrama: Emisiones contaminantes

"Las 10 mejores maneras de reducir los residuos" .... **Texto argumentativo**

por Nick Winnick

Fuente primaria: La colaboración entre las naciones

"La deforestación y sus efectos" .... **Texto informativo**

por René Colato Laínez

Infografía: El problema con la basura oceánica

"Un paraíso a la basura" y "El agua. Cuidemos nuestro planeta" .... **Texto informativo y video**

por Rukhsana Khan | por Happy Learning Español

PUENTE ENTRE LECTURA Y ESCRITURA

- Vocabulario académico • Estudio de palabras
- **Leer como un escritor** • **Escribir para un lector**
- Ortografía • Lenguaje y normas

TALLER DE ESCRITURA

Poesía

- Introducción e inmersión • Desarrollar los elementos
- Desarrollar la estructura • La técnica del escritor
- Publicar, celebrar y evaluar

PROYECTO DE INDAGACIÓN

- Indagar • Investigar • Colaborar

Lectura independiente

En esta unidad, leerás textos asignados con tu maestro. También escogerás textos por tu cuenta. Antes de leer, sigue estos pasos para escoger y, luego, responder acerca de los textos que leerás por tu cuenta.

Paso 1 Haz este tipo de preguntas como ayuda para elegir un libro para leer por tu cuenta.

- ¿Está bien para mí el nivel del texto? ¿Es un desafío pero no demasiado difícil?
- ¿Qué sé sobre este género?
- ¿Es el propósito del autor informarme, entretenerme o persuadirme?
- ¿Mantendrá mi atención el libro?

Paso 2 Escoge un texto que creas que disfrutarás. A medida que lees, continúa haciendo y respondiendo preguntas sobre el texto. Anota tus respuestas.

Paso 3 Después de leer, puedes responder escribiendo un resumen o una reseña del libro. Comparte tu respuesta con un compañero. Incluye detalles en tu respuesta que ayudarán a tu compañero a decidir si lee o no el mismo texto.

Registro de lectura independiente

Fecha	Libro	Género	Páginas leídas	Minutos de lectura	Cuánto me gusta
					☆☆☆☆☆

Metas de la unidad

Rellena el círculo que indica cuán bien cumples con cada meta en este momento.

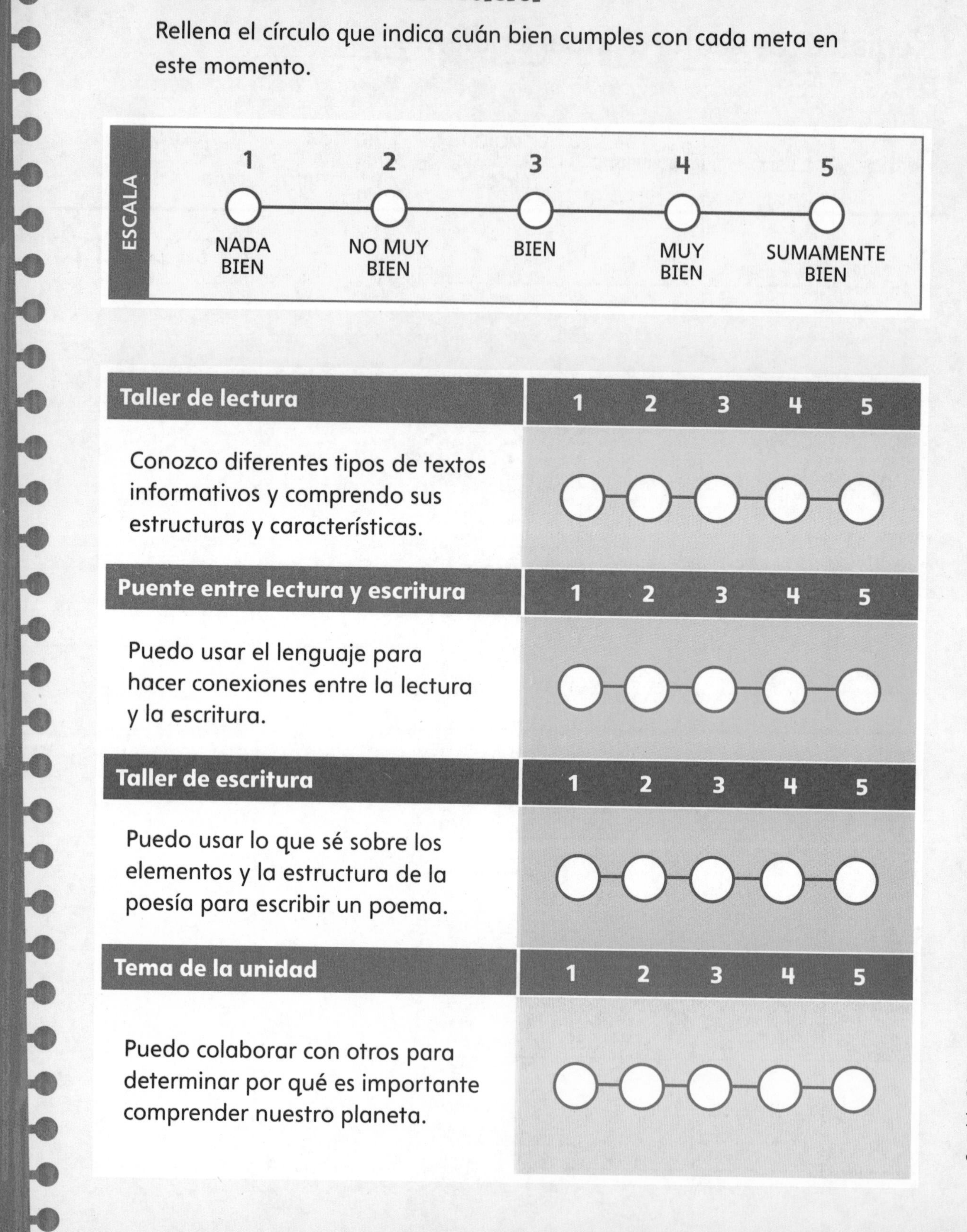

ESCALA				
1	2	3	4	5
NADA BIEN	NO MUY BIEN	BIEN	MUY BIEN	SUMAMENTE BIEN

Taller de lectura	1	2	3	4	5
Conozco diferentes tipos de textos informativos y comprendo sus estructuras y características.					

Puente entre lectura y escritura	1	2	3	4	5
Puedo usar el lenguaje para hacer conexiones entre la lectura y la escritura.					

Taller de escritura	1	2	3	4	5
Puedo usar lo que sé sobre los elementos y la estructura de la poesía para escribir un poema.					

Tema de la unidad	1	2	3	4	5
Puedo colaborar con otros para determinar por qué es importante comprender nuestro planeta.					

Vocabulario académico

Usa las siguientes palabras para hablar y escribir sobre *Las características*, el tema de esta unidad: *sorprendido*, *rótulo*, *frontera*, *consecuencias* y *preservar*.

INTERCAMBIAR ideas Lee las palabras y definiciones de la tabla. Marca las casillas para indicar en qué tema se usaría esa palabra. Usa cada palabra del nuevo vocabulario para explicar a un compañero cómo se relaciona cada palabra con cada materia.

Vocabulario académico	Definición	Matemáticas	Educación Física	Lectura	Ciencias	Estudios Sociales
sorprendido	maravillado, impresionado, admirado					
frontera	línea o límite, borde que separa					
consecuencias	resultados, efectos					
rótulo	identificación, nombre o descripción					
preservar	proteger en un área a plantas o animales; mantener, conservar o guardar					

INTERACTIVIDAD

La superficie DE LA TIERRA

LOS ACCIDENTES GEOGRÁFICOS

Un accidente geográfico es una formación natural de suelo y roca. Los accidentes geográficos de la Tierra incluyen valles, colinas, mesetas y glaciares. La tundra es el terreno más frío de la Tierra. La tundra del Ártico se encuentra en el hemisferio norte y tiene un subsuelo congelado llamado *permafrost*.

Tierra
Arenisca
Acuífero artesiano
Roca

EL AGUA DE LA TIERRA

Aproximadamente el 71 % de la superficie de la Tierra está cubierta de agua.

Obtenemos 51 % del agua potable del **AGUA SUBTERRÁNEA.** Esta agua dulce fluye lentamente a través del suelo y las grietas de las rocas.

LOS DESIERTOS Y LOS BOSQUES

Los desiertos, zonas muy secas con poca lluvia, cubren aproximadamente el 33 % de la masa continental de la Tierra. Los bosques representan cerca del 31 % de la superficie terrestre. Los bosques tropicales cubren el 6 % de la superficie del planeta. Aun así, más de la mitad de todas las especies de plantas y de animales se encuentran allí: aproximadamente 30 millones de especies.

Pregunta de la semana

¿Qué sabemos acerca de las características y los procesos de la Tierra?

Escritura rápida ¿De qué manera aprender acerca de las características y los procesos de la Tierra te ayuda a comprender nuestro planeta?

LA CORTEZA DE LA TIERRA

La corteza de la Tierra está formada por secciones individuales llamadas *placas tectónicas*. Cuando las placas tectónicas se desplazan lentamente, se produce la deriva continental, o el movimiento gradual de los continentes.

LA PLATAFORMA CONTINENTAL

Hay siete continentes en nuestro planeta. Cada uno tiene una plataforma continental, que es el borde del continente que está debajo del océano.

Meta de aprendizaje

Puedo aprender más sobre los textos informativos al analizar los elementos del texto.

Enfoque en el género

Texto informativo

Los **textos informativos** explican temas usando datos y detalles. Además, los autores a menudo usan claves visuales, como elementos de formato y elementos del texto, para organizar y apoyar sus explicaciones.

- La información está agrupada en **secciones**.
- Los **encabezados** orientan al lector y organizan la información.
- Las relaciones entre las ideas y los detalles se explican en el texto o de manera visual a través de elementos gráficos.

¿Cómo ayudan los autores a los lectores a comprender datos e ideas importantes?

INTERCAMBIAR ideas Recuerda un texto informativo que hayas leído con tu clase o de manera independiente. Usa el Cartel de referencia para decirle a un compañero cómo te ayudaron los elementos del texto a mejorar tu comprensión. Toma apuntes que comparen y contrasten los elementos del texto que tú y tu compañero observaron.

Mis APUNTES

CARTEL DE REFERENCIA: TEXTOS INFORMATIVOS

Tipos de elementos del texto

Encabezados y subencabezados

- Usan los tamaños de fuente y los colores como claves para la organización del texto.

Diagramas

- Presentan la información de forma visual.
- Pueden explicar o añadir información a los detalles del texto.

Fotografías

- Apoyan el texto mostrando ejemplos visuales.

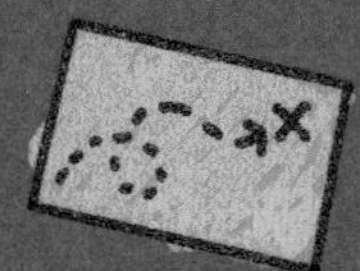

Mapas

- Muestran relaciones entre ubicaciones geográficas.
- Ponen los lugares en contexto geográfico.

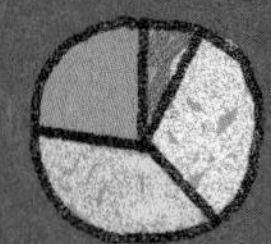

Tablas y cuadros

- Facilitan la comprensión de los datos numéricos.
- Muestran tendencias.

Conoce a la autora

Christine Taylor-Butler ha escrito libros de diferentes géneros para niños. A Christine le gusta aprender datos nuevos mientras investiga para escribir textos informativos. Christine alienta a los jóvenes a convertirse ellos también en escritores. Sabe que los escritores son "personas comunes con una pasión extraordinaria".

de

El planeta Tierra

Primer vistazo al vocabulario

A medida que lees el fragmento de *El planeta Tierra*, presta atención a estas palabras de vocabulario. Fíjate cómo te ayudan a entender las ideas que revela el texto sobre la Tierra.

manto **circula**

adoptado **abundantes** **fundida**

Lectura

En este **texto informativo**, se explica cómo es la estructura de nuestro planeta. Pregúntate qué es lo que ya sabes acerca de las características de la Tierra. Da un vistazo al texto y examina sus elementos. Haz predicciones sobre lo que podrías aprender.

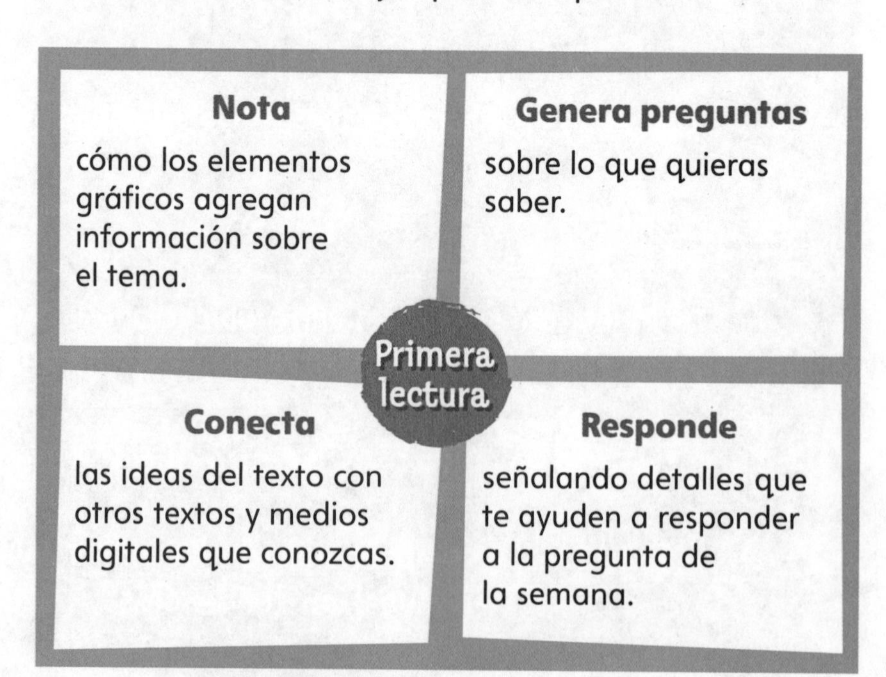

de El planeta Tierra

por Christine Taylor-Butler

AUDIO

ANOTAR

CONTEXTO

¿Cómo averiguan los científicos información sobre la estructura y la superficie de la Tierra? El estudio de la Tierra se conoce como *geología*. En este fragmento, leerás sobre la composición de nuestro planeta y los métodos que usan los científicos para estudiarla.

LECTURA ATENTA

Analizar los elementos del texto

Subraya detalles en el texto que se aclaren mediante los elementos del texto.

manto la capa de la Tierra entre la corteza y el núcleo

Arriba y abajo

1 Debajo de nosotros, nuestro planeta está compuesto por cuatro capas principales. La superficie externa se llama corteza. Debajo están el manto, el núcleo externo y el núcleo interno. Girando en círculos por encima, hay una capa de gases que forma nuestra atmósfera. Cada capa cumple una función importante en la capacidad de la Tierra de sustentar la vida. Por ejemplo, las plantas y los animales dependen del agua líquida que hay en la superficie de la Tierra para beber. Al igual que los gases, el agua puede ser transportada por los vientos hasta caer, en forma de lluvia, nieve o granizo, en cualquier lugar del mundo.

La Tierra es el único planeta de nuestro sistema solar donde el agua existe en estados sólido, líquido y gaseoso.

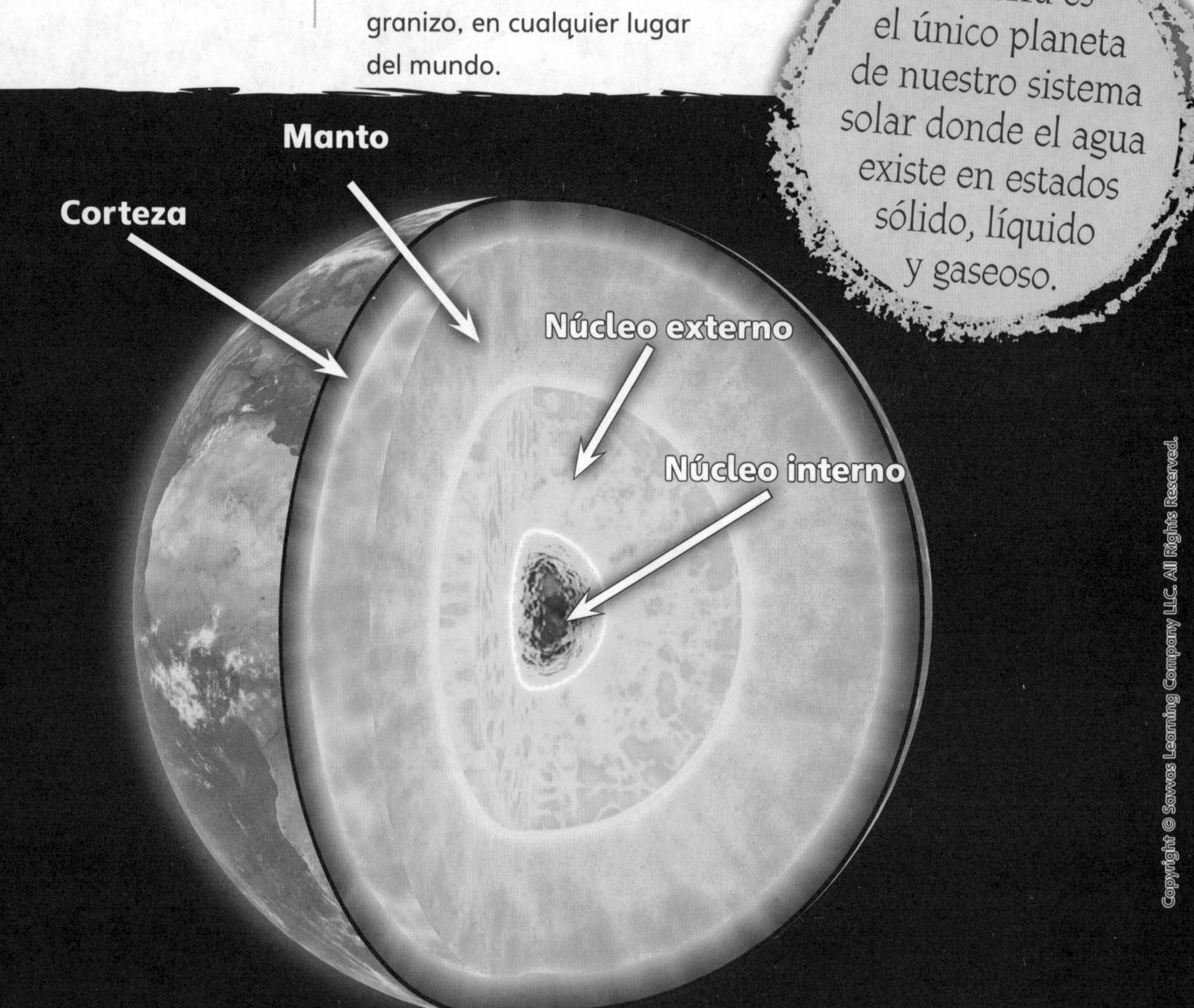

Las placas tectónicas que se deslizan una sobre otra pueden hacer que se eleven montañas en la superficie de la Tierra.

La corteza

2 La capa más externa de la Tierra incluye a la corteza continental y a la corteza oceánica. La corteza y la capa superior del manto están divididas en secciones llamadas placas tectónicas. Las placas se ubican encima de una capa fluida de manto y están en constante movimiento. Los científicos creen que los continentes de la Tierra alguna vez estuvieron unidos en una sola masa de tierra llamada Pangea. A lo largo de millones de años, las placas tectónicas se fueron desplazando. Esto hizo que Pangea se separara en secciones. Las secciones se alejaron unas de otras y formaron los continentes que conocemos hoy en día.

3 Cuando las placas tectónicas se deslizan una sobre otra o una al lado de la otra, puede ocurrir un terremoto. A veces, la presión provoca desplazamientos en los océanos. Si el terremoto en el océano es lo suficientemente fuerte, las olas pueden transformarse en un tsunami mortal.

4 La colisión o presión constante de las placas tectónicas puede hacer que se formen cordilleras. Por ejemplo, el Himalaya, en Asia, crece en altura todos los años.

LECTURA ATENTA

Hacer inferencias

Observa el diagrama. Resalta evidencia tanto en la leyenda como en el texto que apoye una inferencia sobre un resultado de las placas tectónicas que se deslizan.

El movimiento del agua se muestra con flechas azules en este diagrama.

LECTURA ATENTA

Analizar los elementos del texto

Subraya detalles del texto en el párrafo 5 que estén ilustrados en el diagrama.

circula se mueve a través de un sistema

5 El agua en la Tierra circula constantemente a través del ciclo del agua, o ciclo hidrológico. El agua líquida de la superficie del planeta es calentada por el sol y se convierte en gas. Este gas, llamado vapor de agua, se eleva hasta la atmósfera. Allí, se condensa en nubes, y vuelve a caer al suelo en forma de precipitación, como lluvia o nieve. Se acumula en masas de agua o se absorbe hacia el interior del suelo. Luego, el proceso vuelve a comenzar.

El manto

6 El manto de la Tierra es una capa semisólida y móvil de roca. Está compuesto de silicio, oxígeno, hierro, magnesio y aluminio. A veces, esta sustancia sube a través de la corteza que está arriba. Sale a la superficie como una erupción volcánica de roca fundida.

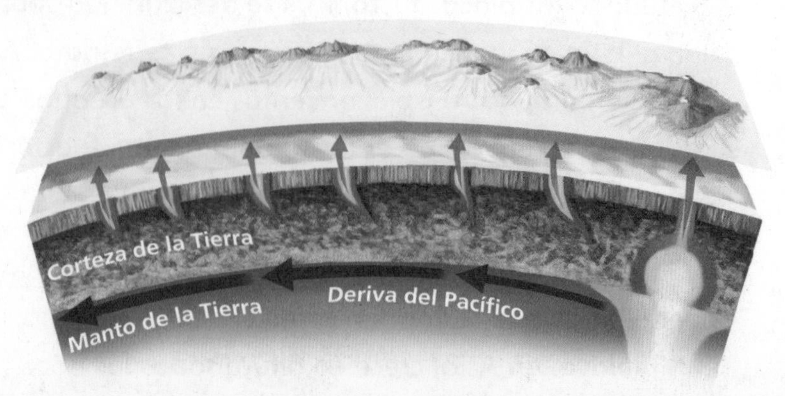

Las islas, como las de Hawái, surgieron a partir de roca fundida que subió desde el manto a través de la corteza debajo del océano.

7 Los científicos creen que el manto tiene una profundidad de aproximadamente 1,860 millas (2,993 km). Este cálculo es una estimación. Nunca nadie ha perforado más de 1.4 millas (2.3 km) por debajo del océano u 8 millas (13 km) sobre la tierra.

El núcleo

8 El núcleo de la Tierra tiene dos capas. El núcleo externo líquido está compuesto en su mayor parte por hierro y níquel, y tiene un grosor de aproximadamente 1,400 millas (2,250 km). Está fluyendo constantemente. Su movimiento alrededor del núcleo interno crea el campo magnético de la Tierra. La presión y radiación enormes hacen que esta capa se mantenga caliente. El núcleo interno es hierro sólido. Puede dar vueltas más rápido que las otras capas de la Tierra. Se estima que todo el núcleo tiene una temperatura de 11,000 grados Fahrenheit (6,000 grados Celsius).

LECTURA ATENTA

Hacer inferencias

Resalta una oración que puedas combinar con la leyenda para hacer una inferencia sobre el sol.

El núcleo de la Tierra puede ser tan caliente como la superficie del sol.

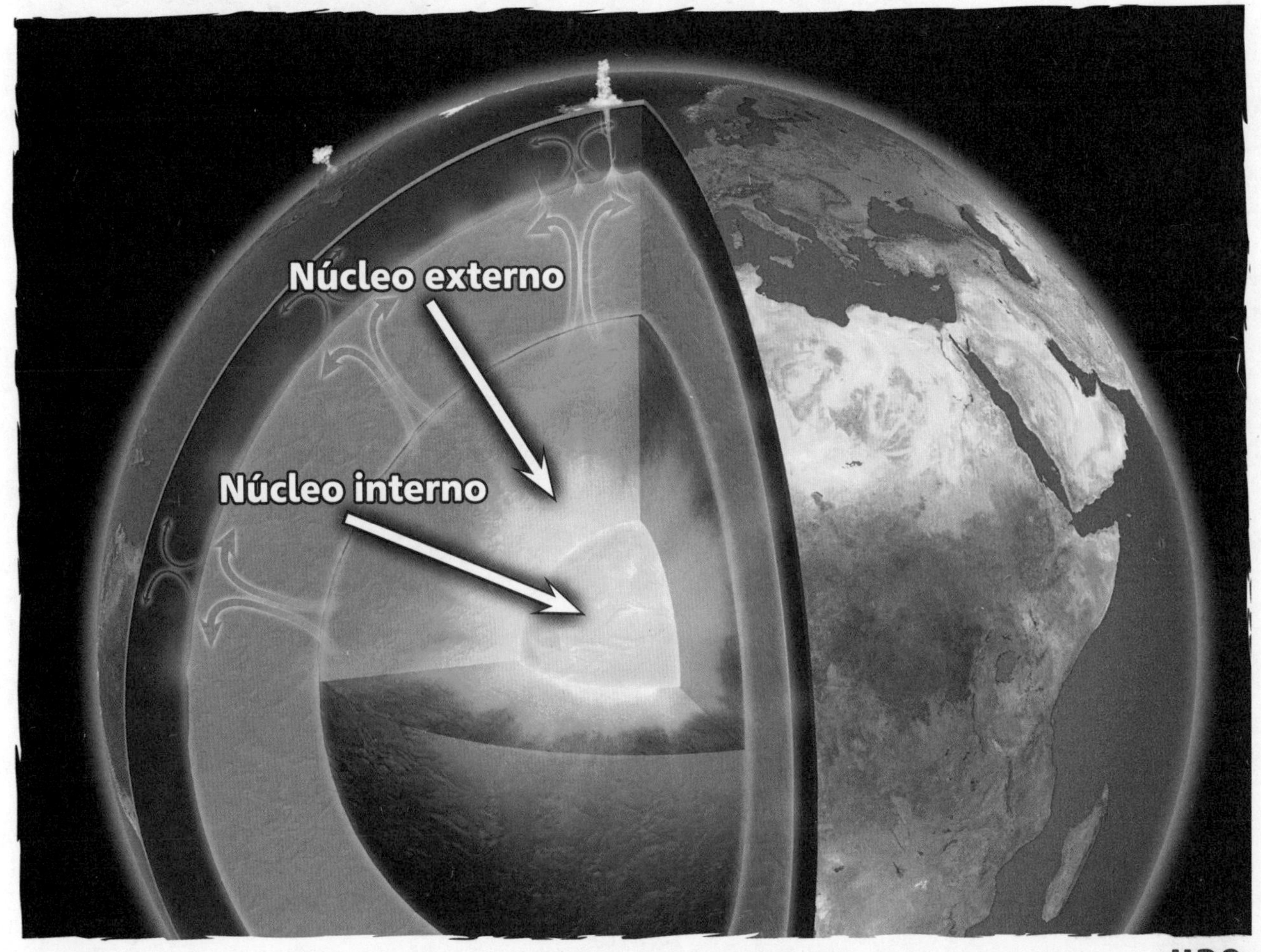

Analizar los elementos del texto

Mira el encabezado y las imágenes de esta página y de la parte superior de la página siguiente. ¿Qué tema te ayuda a entender los elementos del texto? Subraya una oración sobre ese tema.

Una capa de protección

9 La atmósfera de la Tierra envuelve al planeta como una manta de aislamiento. Sus dos capas más inferiores son la tropósfera y la estratósfera. Por encima de estas, se encuentran capas de aire cada vez más fino. La tropósfera tiene una altura de aproximadamente 7 millas (11 km). Contiene el aire que respiramos. Está compuesta por 78 por ciento de nitrógeno, 21 por ciento de oxígeno y 1 por ciento de otros gases. Casi todo el tiempo que experimentamos en la Tierra ocurre en la tropósfera.

Esta ilustración muestra las cinco capas de la atmósfera de la Tierra.

10 La estratósfera tiene una altura de aproximadamente 30 millas (48 km). Contiene menos agua y más ozono que la tropósfera. El ozono bloquea a los rayos dañinos del sol. La estratósfera y las capas que están más arriba también ayudan a protegernos de objetos que hay en el espacio, como los meteoroides. Estos objetos a veces amenazan con chocar contra la Tierra. Sin embargo, un meteoroide provoca fricción a medida que se mueve rápidamente a través de la atmósfera. Esto normalmente hace que el objeto arda.

Los meteoroides rara vez llegan hasta la superficie de la Tierra. Si llegan, la probabilidad de que causen daño es muy baja.

¿Hacia dónde está el norte?

11 La aguja de una brújula apunta hacia el polo norte magnético de la Tierra. Pero ¿sabías que el polo norte magnético no está ubicado en el Polo Norte geográfico? El polo magnético se desplaza de unas 6 a 25 millas (10 a 40 km) cada año. Los polos norte y sur magnéticos a veces intercambian lugares. Cuando ocurre esto, el campo magnético de la Tierra se distorsiona y se confunde temporalmente. Pero esto ha pasado solo 170 veces en los últimos 80 millones de años. Después del cambio siguiente, la aguja de una brújula que habría apuntado hacia el norte, apuntará hacia el sur.

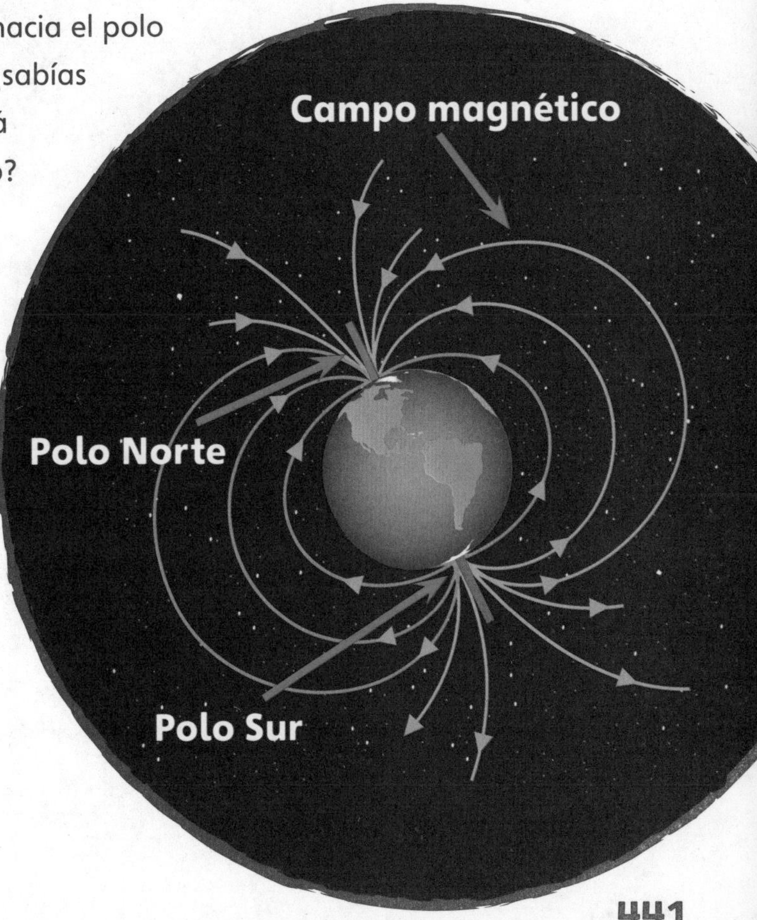

¡LA GRAN VERDAD!

Dividir el tiempo

LECTURA ATENTA

Hacer inferencias

Usa el mapa y la lista de ubicaciones en el mapa para hacer una inferencia sobre quién determina los husos horarios. Resalta detalles del texto que incluyas en tu inferencia.

12 La Tierra está dividida en 24 husos horarios estándar. Cada huso horario está una hora adelante del huso que está hacia su oeste. Por ejemplo, digamos que son las 12 p. m. en Anchorage, Alaska. En ese mismo momento, es la 1 p. m. en Los Ángeles, California.

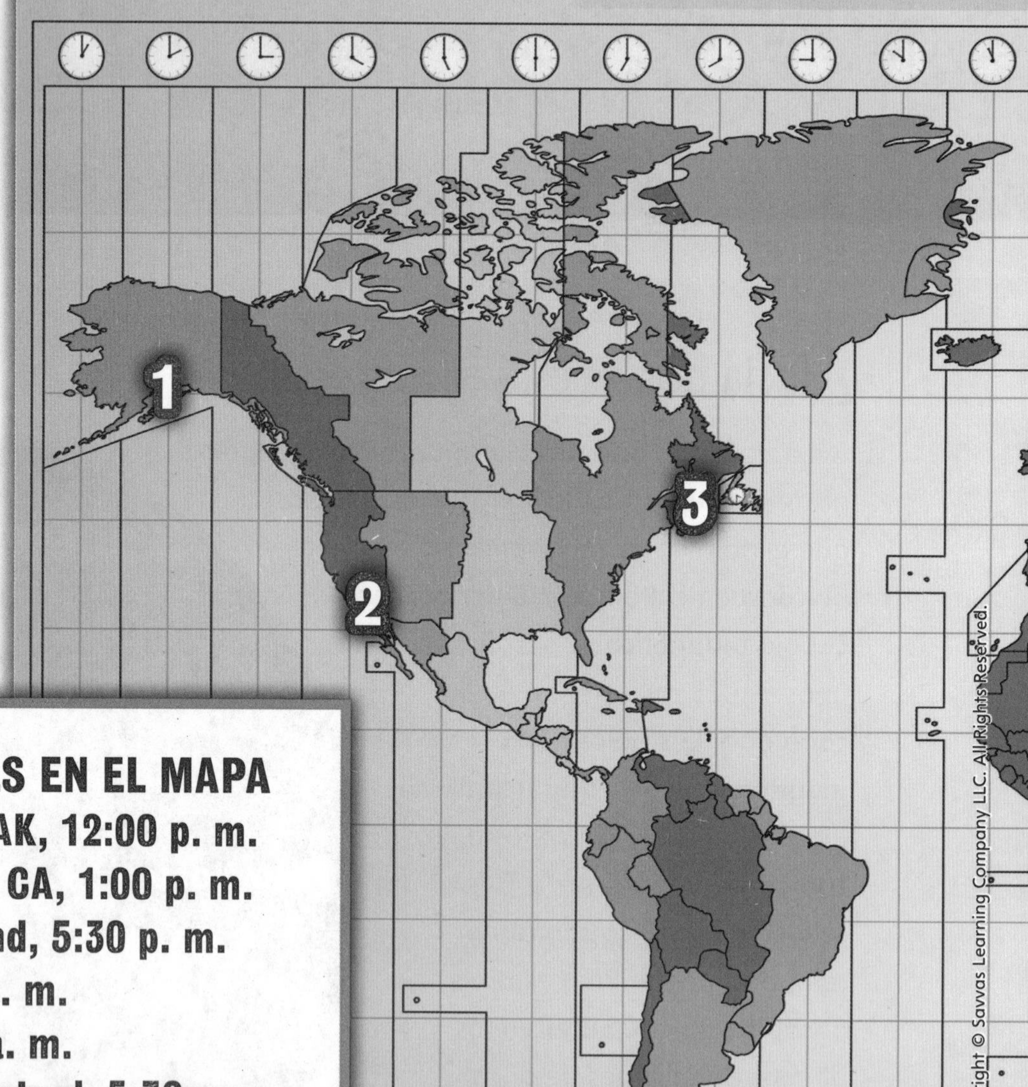

UBICACIONES EN EL MAPA

1. Anchorage, AK, 12:00 p. m.
2. Los Ángeles, CA, 1:00 p. m.
3. Newfoundland, 5:30 p. m.
4. Irán, 12:30 a. m.
5. China, 4:00 a. m.
6. Australia Central, 5:30 a. m.

13 La mayoría de las zonas han adoptado estos husos horarios estándar. Pero hay algunas excepciones. China abarca tres husos horarios estándar. Pero el país decidió tener un solo huso horario. En algunas regiones, dividen los husos horarios en mitades de horas. Irán, Newfoundland en Canadá y partes de Australia son algunos ejemplos.

LECTURA ATENTA

adoptado comenzado a usar una idea o método elegido

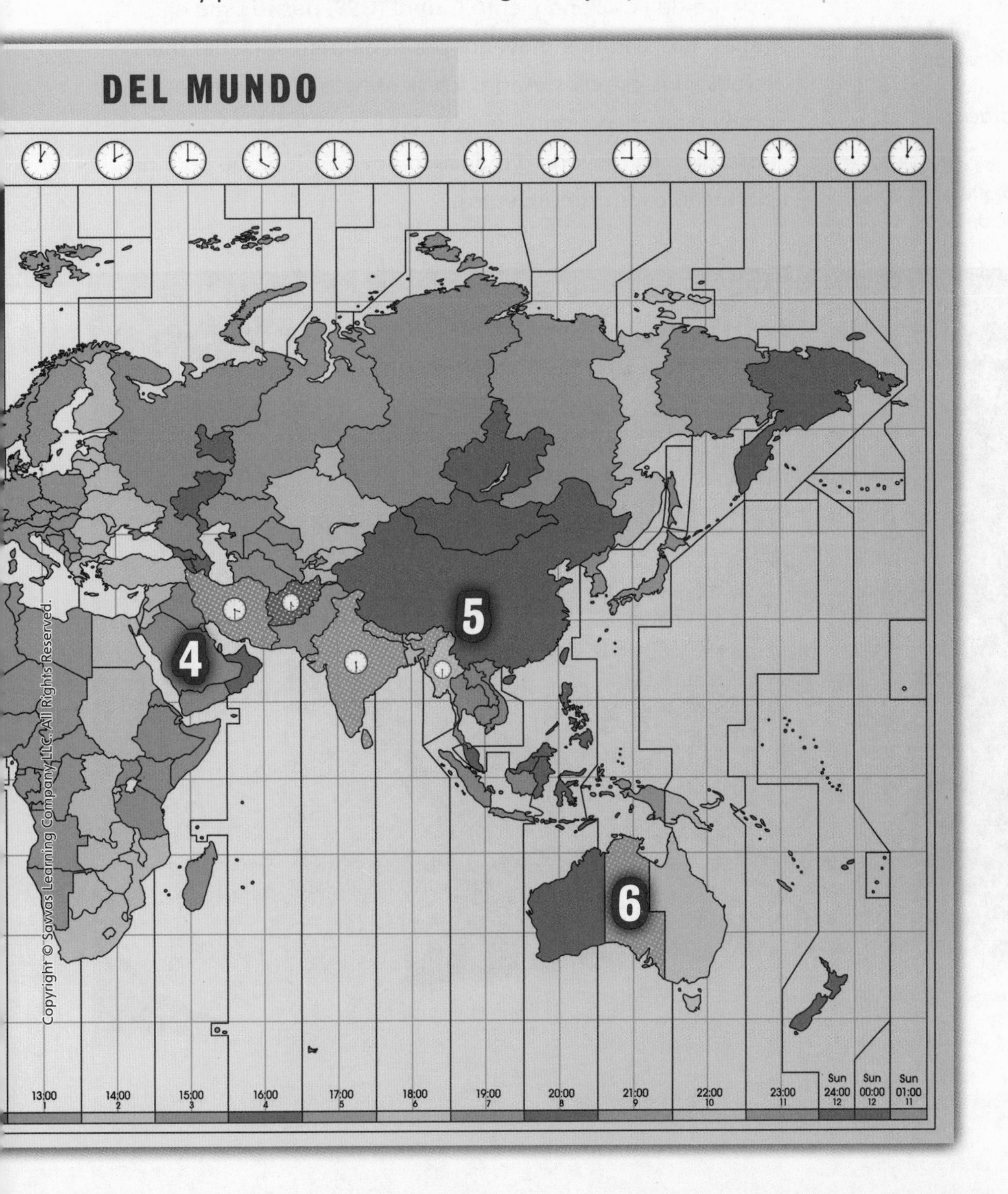

Vocabulario en contexto

Las **claves del contexto** son palabras y oraciones que están cerca de una palabra poco común y que ayudan al lector a entender la palabra.

Usa claves del contexto para determinar el significado de *devastación*.

Subraya las claves del contexto que apoyen tu definición.

Misión: la Tierra

14 La tecnología ha recorrido un largo camino desde los días de la astronomía antigua. Los satélites crean imágenes detalladas de la Tierra desde el espacio. Sondas que se envían por lo profundo del interior de la Tierra y en el océano monitorean la salud del planeta. Los satélites del Sistema de Posicionamiento Global (GPS, por su sigla en inglés) nos permiten navegar por el planeta sin tener que estudiar las estrellas. Ahora los científicos pueden detectar problemas y reaccionar rápidamente ante los desastres naturales. Esto ayuda a reducir la devastación que podrían provocar los acontecimientos.

Un satélite del sistema GPS completa una órbita alrededor de la Tierra cada 12 horas.

Profundidades sin descubrir

15 Los océanos son unos de los recursos más abundantes de la Tierra. Pero solo el 5 por ciento del suelo oceánico ha sido explorado. Eso está cambiando. La Administración Nacional Oceánica y Atmosférica está estudiando cañones en las aguas profundas frente a la costa de Virginia. Allí, usan vehículos manejados a control remoto (ROV) y el sonar. La Institución Oceanográfica de Woods Hole usa un vehículo ocupado por un ser humano y otras máquinas submarinas para explorar y trazar mapas de aguas incluso más profundas. Estas misiones ayudan a explicar los procesos geológicos de la Tierra.

Hacia el centro de la Tierra

16 La naturaleza exacta del manto de la Tierra aún se desconoce. Para resolver este misterio, los científicos esperan perforar directamente en el manto y tomar muestras. Los geólogos planifican perforar a través de una sección del suelo oceánico del Pacífico cuyo grosor se estima que mide menos de 4 millas (6.4 km). Se están diseñando perforadoras especiales para manejar el esfuerzo de taladrar a través de la dura corteza oceánica. Se prevé que este proyecto de mil millones de dólares comience en 2020.

LECTURA ATENTA

Analizar los elementos del texto

¿De qué manera nos ayudan los equipos especiales a aprender sobre el manto de la Tierra? Subraya detalles del texto que aclaran la información de la foto.

abundantes copiosos; que ocurren comúnmente

Un científico usa equipamiento especial para estudiar el cráter del monte Erebus.

LECTURA ATENTA

Analizar los elementos del texto

Subraya detalles del texto que te ayuden a entender cómo estudian la Tierra los científicos.

fundida derretida; lo suficientemente caliente para estar en forma líquida

Explorar el manto de la Tierra a través de los volcanes

17 El monte Erebus de la Antártida es uno de los volcanes más inusuales de la Tierra. Está en gran parte cubierto de hielo. Pero tiene un lago de lava caliente y fundida en lo profundo de su cráter. Los científicos del centro de investigaciones de la Base McMurdo analizan el gas y la lava que produce el monte Erebus. Los datos ayudan a explicar cómo y por qué hacen erupción los volcanes. También pueden decirnos mucho acerca de la composición química del manto.

Destino: el espacio

18 Los satélites construidos por el hombre también nos ayudan a estudiar la Tierra. El satélite *Aqua* fue lanzado en 2002. El *Aqua* usa tecnología de microondas para ver a través de las nubes y monitorear el ciclo del agua de la Tierra. Por ejemplo, el agua y el hielo de los casquetes polares en derretimiento podrían desplazar a las corrientes oceánicas. El clima cambiaría y las temperaturas de la Tierra podrían caer abruptamente. Otros satélites buscan actividad que indique terremotos, tsunamis u otros desastres naturales. Los satélites pueden hacer un seguimiento de las tormentas o los cambios en el clima de la Tierra.

El satélite *Aqua* en un proyecto conjunto entre la Administración Nacional de Aeronáutica y Espacio de los EE. UU. y la Agencia Nacional de Desarrollo Espacial de Japón.

19 Para aprender cómo funcionan las cosas en un entorno sin peso, científicos de todo el mundo diseñaron la Estación Espacial Internacional (ISS, por su sigla en inglés). La ISS recibió a sus primeros astronautas el 2 de noviembre de 2000. Desde entonces, más de 200 científicos e ingenieros han visitado la estación. Han realizado más de 400 experimentos. Para el año 2013, la ISS había completado más de 57,000 órbitas alrededor de la Tierra.

20 La exploración continúa expandiéndose. Las personas una vez pensaron que la Tierra era el centro del universo. ¿Qué será lo próximo que descubriremos?

¿Dónde estás sobre la Tierra?

21 ¿Usas GPS para dirigirte de un lugar a otro? Si lo haces, recibes información de los 29 satélites GPS que orbitan alrededor de la Tierra. La Fuerza Aérea de los EE. UU. mantiene estos satélites. Veinticuatro satélites están activos. Los otros cinco funcionan de apoyo. Los satélites transmiten señales de radio a un receptor GPS de tu teléfono celular o automóvil. Se necesitan las señales de cuatro o más satélites para determinar con precisión tu posición. Dentro del receptor, hay incorporados mapas digitales, que usan la información de los satélites para ayudarte a ir de un lugar a otro.

LECTURA ATENTA

Hacer inferencias

Resalta detalles del texto que puedas combinar con datos del párrafo 14 para hacer una inferencia sobre la navegación.

Desarrollar el vocabulario

Las palabras adquieren significados nuevos cuando los autores las usan en contextos diferentes. El significado original de la palabra es el mismo, pero un significado nuevo puede volverse más conocido. Por ejemplo, el significado original de *manto* es "capa", o "cubierta externa". Cuando los científicos necesitaron un nombre para la capa de la Tierra entre el núcleo y la corteza, empezaron a usar *manto*. Hoy en día, cuando las personas oyen la palabra *manto*, muchas piensan en la corteza de la Tierra y ya no en una prenda de ropa.

Mi TURNO Define cada palabra según cómo se usa en el texto. Luego, completa la oración para usar la palabra en un contexto diferente.

Palabra	Definición del texto	Oración
manto	capa de la Tierra entre la corteza y el núcleo	La tropósfera cubre al planeta como un manto.
circula		El aire circula ______
adoptado		Deng ha adoptado el procedimiento del cocinero para ______
abundantes		Orson recopiló abundantes ______
fundida		Greta ______ con la cera fundida de la vela.

Verificar la comprensión

Mi TURNO Vuelve a mirar el texto para responder a las preguntas.

1. ¿Qué claves te indican que el fragmento de *El planeta Tierra* es un texto informativo?

2. Los científicos usan herramientas, como vehículos ROV, perforadoras y satélites, que están especialmente diseñadas para estudiar el planeta. Elige un área del planeta que los científicos estudien y explica la o las herramientas que los científicos usan allí.

3. ¿Por qué las personas quieren saber acerca de la estructura de la Tierra? ¿Por qué es útil este conocimiento? Usa una cita del texto para apoyar tu respuesta.

4. ¿De qué manera influye el calor en los sistemas naturales de la Tierra? Escribe un párrafo corto sobre la función que cumple el calor en el ciclo del agua y en el interior de la Tierra. Apoya tu párrafo con evidencia del texto.

Analizar los elementos del texto

Los **elementos gráficos** de un texto incluyen las fotografías y los diagramas. Los **elementos del texto impreso,** como las leyendas y los rótulos, identifican claramente qué se debe notar en los elementos gráficos.

1. **MI TURNO** Vuelve a las notas de Lectura atenta de *El planeta Tierra* y subraya conexiones entre los detalles del texto y la información de los elementos gráficos.

2. **La evidencia del texto** Usa las partes subrayadas para completar la tabla. Indica si el propósito de cada elemento es explicar una *estructura* o un *proceso* de la Tierra. Luego, responde a la pregunta.

Elemento gráfico	Mis anotaciones	Propósito del elemento
Diagrama de la Tierra cerca del párrafo 1	"corteza", "manto, núcleo externo y núcleo interno".	para explicar una estructura
Diagrama del movimiento del agua cerca del párrafo 5		para explicar un/una
Fotografía de Chikyu cerca del párrafo 15		para explicar un/una

Elige un elemento gráfico de la tabla para analizarlo. ¿Cómo ayuda el elemento gráfico a lograr el propósito de la autora?

Hacer inferencias

Para hacer una inferencia, combina la evidencia del texto con lo que ya sabes para llegar a una comprensión nueva sobre el tema.

1. **Mi TURNO** Vuelve a las notas de Lectura atenta y resalta evidencia en los diagramas, las leyendas y el texto que te ayude a hacer inferencias.

2. **La evidencia del texto** Anota tu evidencia en esta tabla. Luego, usa lo que ya sabes para hacer una inferencia sobre la información de *El planeta Tierra*.

Evidencia del texto	Lo que ya sé sobre este tema	Mi inferencia
"Las placas tectónicas que se deslizan una sobre otra pueden hacer que se eleven montañas en la superficie de la Tierra".	Sé que las montañas pueden cambiar a lo largo del tiempo.	Las placas tectónicas son la razón por la que montañas como el Himalaya crecen en altura.

Reflexionar y comentar

En tus palabras ¿Qué te interesa o te preocupa más sobre el planeta Tierra? ¿Qué otra cosa quieres saber sobre este tema? Basándote en lo que has leído esta semana, ¿qué clase de científico podría darte esta información? Coméntalo con un compañero. Sigue la guía de esta página. Usa ejemplos de los textos como apoyo para tus ideas.

Escucha atentamente y haz preguntas En una conversación, escuchar al otro es tan importante como lo que dices.

- Escucha en silencio mientras la otra persona habla. No interrumpas.
- Enfócate en lo que el otro está diciendo para poder hacerle preguntas.
- En pocas palabras, parafrasea, o vuelve a decir, lo que el otro dijo antes de pedir aclaraciones o ejemplos.

Usa preguntas como estas para pedir aclaraciones o ejemplos.

¿Podrías contarme más sobre qué hace esa clase de científico?

Dijiste que _____. ¿Podrías darme un ejemplo de lo que quieres decir?

Pregunta de la semana

¿Qué sabemos acerca de las características y los procesos de la Tierra?

Vocabulario académico

Las **palabras relacionadas** comparten la raíz y tienen un significado similar. Añadir prefijos y sufijos a una palabra base crea palabras relacionadas. Por ejemplo, *preservar* es una palabra base relacionada con las palabras *preservador*, *preservando* y *preservación*. Las palabras relacionadas funcionan como clases de palabra diferentes.

Meta de aprendizaje

Puedo desarrollar conocimientos sobre el lenguaje para hacer conexiones entre la lectura y la escritura.

Mi TURNO En cada uno de los pares de palabras relacionadas:

1. **Identifica** la clase de palabra de cada una.
2. **Indica** sobre qué tratan ambas palabras.
3. **Escribe** la palabra relacionada que mejor completa la oración.

Palabras relacionadas	Clases de palabra	Ambas palabras tratan sobre...	Oraciones para completar
rotula rotularon	verbo verbo	nombrar algo	Los padres de Matías rotularon todos sus libros con su nombre: Matías Fernández.
sorprender sorpresa			Miramos el caballo en miniatura con gran _____.
fronterizo frontera			Saltó con cuidado para no derribar la cerca que marcaba la _____.
consecuentemente inconsecuente			_____ regresaron a casa sin ningún objeto de recuerdo.

Las raíces latinas *port-*, *gene-*, *dur-*, *-yecto*

Las **raíces latinas *gene-*, *port-*,** ***dur-*** y ***–yecto*** forman muchas palabras base en español. El significado de cada raíz influye en el significado de la palabra en la que aparece.

Raíz	Significado en latín	Ejemplo de palabra base	Ejemplo de palabras relacionadas
gene-	producir	generar	generación regenerar
port-	llevar	portar	importar reportar
dur-	endurecer	perdurar	perdurando durante
-yecto	lanzar	proyectar	proyectó proyectando

Mi TURNO Completa las oraciones para explicar cómo cada palabra en letra negrita se relaciona con el significado de su raíz latina. Usa recursos impresos o digitales para obtener ideas.

1. Si estoy **generando** ideas, significa que estoy **en el proceso de producir ideas.**

2. Un **portador** es ______________.

3. La **dureza** de una piedra normalmente se relaciona con cuán ______ es la piedra.

4. Cuando el piloto se **eyectó** del avión, ______________.

5. La **regeneración** del jardín significaba que estaba ______________

Leer como un escritor

Un autor usa una estructura general del texto, o patrón de organización, para lograr su propósito para escribir. Para informar a los lectores acerca de un tema, los autores usan una estructura cronológica, de comparación y contraste, de causa y efecto, de problema y solución o una estructura descriptiva. Los encabezados dan claves acerca de la estructura de un texto.

¡Demuéstralo! Vuelve a leer el primer encabezado y el párrafo 1 de *El planeta Tierra*.

1. **Identificar** Christine Taylor-Butler presenta el texto acerca del planeta con el encabezado **Arriba y abajo.**
2. **Preguntar** ¿Qué clave proporciona el encabezado acerca de la estructura del texto?
3. **Sacar conclusiones** El encabezado es una clave de que la estructura del texto será descriptiva y que se organizarán los datos sobre el planeta de acuerdo con sus partes.

Vuelve a leer el párrafo 14 de *El planeta Tierra* y el encabezado que está arriba.

Mi TURNO Sigue los pasos para explicar la estructura de un texto.

1. **Identificar** Christine Taylor-Butler presenta el texto acerca de ______________________ con el encabezado **Misión: la Tierra.**
2. **Preguntar** ¿Qué clave proporciona el encabezado acerca de la estructura del texto?
3. **Sacar conclusiones** El encabezado es una clave de que ______________________

Escribir para un lector

Para informar a los lectores, los autores deciden qué estructura del texto será mejor para un tema determinado: cronológica, de comparación y contraste, de causa y efecto, de problema y solución o descriptiva. Luego, usan elementos del texto, como los encabezados, para ayudar a los lectores a seguir la estructura del texto.

Mi TURNO Recuerda cómo Christine Taylor-Butler usa los encabezados y una estructura descriptiva en el texto para informar a los lectores en *El planeta Tierra*. Ahora piensa cómo puedes usar una estructura del texto como ayuda para informar a tus lectores.

1. Para un ensayo informativo sobre los beneficios de comer frutas y verduras, ¿qué estructura del texto usarías? ¿Por qué?

2. Escribe un pasaje sobre comer frutas y verduras que siga la estructura del texto que elegiste. Luego, escribe un encabezado que les dé a los lectores una clave acerca de la estructura.

Encabezado

Pasaje

Escribir palabras con raíces latinas

Algunas palabras en español se han formado con una de las **raíces latinas** ***port-***, ***gene-***, ***dur-*** o ***-yecto*** más un prefijo, un sufijo o ambos. Estas palabras normalmente tienen un significado relacionado con la raíz. En general, añadir un prefijo o un sufijo no cambia la ortografía de la raíz.

Mi TURNO Lee las palabras. Luego, escríbelas en las columnas correctas.

PALABRAS DE ORTOGRAFÍA

portátil	portero	aportar	portada
portavoz	genealogía	generación	general
generar	generoso	duración	dureza
duradero	proyecto	proyector	trayecto
inyectar	genética	regenerar	generatriz

Prefijo + raíz	Raíz + sufijo	Prefijo + raíz + sufijo

Los adverbios relativos

Para transmitir información completa, usa los **adverbios relativos** *donde*, *cuando* y *porque* para unir dos cláusulas que están relacionadas. Cada **cláusula** tiene un sujeto y un verbo. La segunda cláusula dice el lugar (*donde*), el momento (*cuando*) o la razón (*porque*) de un suceso o afirmación de la primera cláusula.

Cláusula 1	Adverbio relativo	Cláusula 2
Me gustaría ir de vacaciones a la Florida,	donde	vive mi abuela.
Íbamos todos los veranos	cuando	éramos pequeños.
Quiero ir lo más pronto posible	porque	quiero visitar a mi abuela y jugar en la playa.

Mi TURNO Usa adverbios relativos para completar el párrafo.

Hela abrió la puerta ________ oyó que Dirsu golpeaba. Se sorprendió al verlo ________ había regresado demasiado rápido. “Regresé enseguida porque olvidé decirte el lugar ________ dejé las velas de cumpleaños”, explicó Dirsu. “Las necesitarás ________ sea el momento de la torta”, añadió.

Comprender la poesía

Meta de aprendizaje

Puedo usar lo que sé sobre los elementos y la estructura de la poesía para escribir un poema.

La **poesía** es una forma de literatura que ordena las palabras en versos y expresa ideas y sentimientos. Los escritores de poesía, llamados poetas, usan lenguaje figurado, detalles concretos y lenguaje sensorial para crear imágenes en la mente del lector. Los poetas también usan recursos de sonido, como el ritmo, la rima y los sonidos repetidos.

Hay muchas clases de poemas. Un poema puede contar una historia, expresar una emoción o crear una pintura con palabras. Puede ser serio, gracioso, dulce o desafiante. También puede tener una forma específica, como un soneto, un poema lírico o un poema de verso libre.

MI TURNO Piensa en poemas que hayas leído y responde a estas preguntas.

1. ¿Sobre qué temas escriben los poetas?

2. ¿Qué observas sobre las palabras que eligen los poetas?

3. ¿Qué patrones de versos y sonidos recuerdas de los poemas que has leído?

Explorar cómo suena la poesía

Un poema tiene sonidos fáciles de recordar. Un sonido es el **ritmo**, que es un patrón regular de sílabas acentuadas y no acentuadas. La manera más fácil de comprender el término *sílaba acentuada* es decir una palabra en voz alta. Lee estas oraciones en voz alta para ti mismo:

Le di un presente.	*La sílaba acentuada en* presente *es la segunda.*
Le presenté a mis padres.	*La sílaba acentuada en* presenté *es la tercera.*

La manera más fácil de oír el ritmo de un poema es leer el poema en voz alta. Por ejemplo, en los versos siguientes, una sílaba se acentúa y la siguiente, no. Cada verso tiene cinco sílabas acentuadas. Este es un patrón regular. Lee los versos y aplaude en cada sílaba en letra negrita.

Ta**riq** sal**tó** a **to**car **el** ba**lón**.

Lito **lo** to**có** des**pués** bur**lón**.

Los poemas incluyen otros recursos de sonido, como la **rima**. Las palabras riman cuando tienen el mismo sonido en su sílaba o sus sílabas finales.

Mi TURNO Elige un poema corto de la biblioteca del salón de clase y léelo en voz alta para ti mismo. Para describir el ritmo, cuenta las sílabas acentuadas que oigas en los dos primeros versos. Decide si el patrón es regular. Luego, enumera todas las rimas que oigas.

Ritmo	Rimas
Sílabas acentuadas en el verso 1:	
Sílabas acentuadas en el verso 2:	
¿Es un patrón regular?	

Explorar cómo se ve la poesía

La poesía se escribe en versos. Los versos pueden ser cortos o largos. Un poeta, o escritor de poesía, ordena los versos en un patrón. A veces, un poeta agrupa los versos en estrofas. Cada estrofa puede tener la misma cantidad de versos, o las estrofas pueden tener una cantidad diferente de versos.

Los poemas podrían tener oraciones que empiezan con una letra mayúscula y terminan con un signo de puntuación, pero no siempre tienen oraciones. Los poetas usan los signos de puntuación por su efecto, por ejemplo, alentar a los lectores a hacer una pausa o a seguir leyendo.

Mi TURNO Con un compañero, elige un poema con estrofas de la biblioteca del salón de clase y túrnense para leer el poema en voz alta. Luego, responde a las preguntas.

1. ¿Qué te hizo hacer pausas mientras leías? ¿Fue la puntuación, el final de un verso o el final de una estrofa?

2. ¿Cuán largas fueron las pausas? ¿Duraron todas las pausas el mismo tiempo?

3. ¿Son iguales o diferentes las estrofas? ¿Cómo se comparan en cuanto a la cantidad de versos, la longitud de los versos y la puntuación?

Hacer una lluvia de ideas

Los poetas piensan en ideas antes de comenzar un poema. Una manera de reunir ideas se conoce como **hacer una lluvia de ideas**. Durante una lluvia de ideas, el foco es generar ideas para escribir.

Mi TURNO Completa las oraciones y la lista para hacer elecciones sobre los elementos de tu poema.

- Tema o mensaje:

  Mi poema podría ser sobre __________

  o __________

- Sonido:

  Mi poema podría sonar como un poema que he leído, por ejemplo __________

  Eso significa que sonaría __________

- Aspecto:

  Mi poema podría verse como un poema que he leído, por ejemplo __________

  Eso significa que tendría __________ versos y __________ estrofas.

LLUVIA DE IDEAS PARA UN POEMA

- ☐ Usaré rimas.
- ☐ Repetiré palabras o frases.
- ☐ Usaré un ritmo regular.

Planificar tu poema

Elige un tema para tu poema. Luego, genera más ideas para tu poema **escribiendo libremente**. Durante la escritura libre, escribe sin detenerte para corregir o revisar.

Mi TURNO Toma cinco minutos para escribir cualquier cosa que te venga a la mente sobre tu tema. No prestes atención a la ortografía, la gramática, los versos, las estrofas ni la puntuación mientras escribes libremente.

Al cabo de cinco minutos, detente y respira profundamente. Luego, mira lo que escribiste. Resalta palabras, imágenes y sonidos que te gustaría enfatizar. Por último, comenta tus ideas con el Club de escritura.

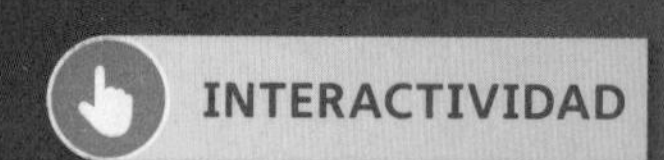

Actividad VOLCÁNICA

Un volcán es una montaña o colina con un cráter o abertura. Durante una erupción volcánica, a través del cráter emergen lava, gases y pedazos de roca.

Mira cada recurso digital. ¿Qué etapas puede atravesar un volcán?

Los volcanes se llaman **inactivos**, o durmientes, cuando están tranquilos, pero podrían hacer erupción en el futuro.

SEMANA 2

Pregunta de la semana

¿De qué maneras impactan los volcanes en la Tierra?

Volcán compuesto

nube de ceniza

cráter

flujo de lava

chimenea lateral

cámara magmática

Un volcán **activo** es un volcán que aún tiene la capacidad de entrar en erupción. Cuando los volcanes hacen erupción, liberan calor, presión y sustancias desde abajo de la corteza de la Tierra. El volcán puede liberar magma fina y líquida en un lento flujo de lava. La roca gruesa, viscosa y fundida puede acumular presión que resulta en una explosión. Esta erupción explosiva puede arrojar hacia el cielo cenizas, vapor, gases tóxicos y piedras enormes.

Un volcán que no ha hecho erupción en los últimos 10,000 años, o un volcán que ya no está conectado con magma debajo de la superficie de la Tierra, se llama volcán **extinto**.

Escritura rápida ¿Qué ocurre cuando un volcán hace erupción? Usa evidencia de los recursos digitales para narrar el proceso de una manera que mantenga el significado y tenga un orden lógico.

Meta de aprendizaje

Puedo aprender más sobre los textos informativos y leer un texto que me ayude a analizar la idea central y los detalles.

Enfoque en el género

Texto informativo

Leer **textos informativos** puede ayudarte a descubrir temas nuevos y a profundizar tu comprensión de temas que te has encontrado antes.

- El texto presenta datos.
- El tono normalmente es neutral.
- La idea principal, o central, no es una afirmación que deba apoyarse.
- Los detalles, las definiciones y los ejemplos desarrollan la idea.
- Las fotografías y las leyendas demuestran las ideas.

Establecer el propósito Conocer el género de un texto puede ayudarte a determinar un propósito realista de lectura. Como el propósito de un autor al escribir un texto informativo es informar, ¿qué puedes esperar obtener al leerlo?

Mi PROPÓSITO

INTERCAMBIAR ideas Con un compañero, comenten sus propósitos de lectura. Haz un plan para comprobar con tu compañero durante y después de la lectura. Decidan cómo se ayudarán uno a otro a determinar si han alcanzado sus propósitos.

Tipos de textos informativos

HECHO

Informes

- Pueden incluir cuadros, tablas o diagramas.
- Presentan datos, los analizan y sacan conclusiones a partir de ellos.

Textos de procedimiento o guías básicas

- Presentan los pasos en forma de secuencia.
- Dan instrucciones para armar un objeto.
- Explican una receta.
- Indican las reglas de un juego.

No ficción narrativa

- Puede incluir descripciones vívidas.
- Por lo general, se enfoca en las personas y en los sucesos.

Artículos

- Pueden ser informativos o de no ficción narrativa.
- Pueden incluir fotos.

Conoce a la autora

Arelis A. Díaz nació en Quito, Ecuador. Su carrera es Finanzas y Negocios, pero su pasión es coleccionar historias de la vida real para compartir con sus lectores. Apasionada por la educación, ha creado como autora independiente ocho libros infantiles que forman parte de "Curiosidades que no te contarán en la escuela", una serie inspirada en su hijo. Arelis combina en todos sus proyectos elementos fantásticos de la naturaleza con sucesos increíbles de la historia universal para demostrar a sus lectores que la realidad supera a la fantasía.

Volcanes

Primer vistazo al vocabulario

A medida que lees *Volcanes*, presta atención a estas palabras de vocabulario. Fíjate cómo te ayudan a formar imágenes mentales de temas o ideas importantes del texto.

diámetro **vegetación**

fisura **avalancha** **atmósfera**

Lectura

Usa el título del texto para identificar el tema. Antes de comenzar a leer, escribe lo que ya sabes sobre este tema. Sigue estas estrategias cuando leas **textos informativos** por primera vez.

Primera lectura

Nota
descripciones que te ayuden a crear imágenes mentales de los procesos o los sucesos.

Genera preguntas
sobre cómo se relacionan los datos y los detalles.

Conecta
los términos y las definiciones con otros textos de ciencias que hayas leído.

Responde
hablando sobre el texto con un compañero.

Género Texto informativo

Volcanes

por Arelis A. Díaz

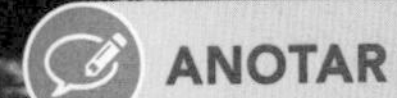

LECTURA ATENTA

Analizar la idea principal y los detalles clave

¿Por qué la autora dice que los volcanes son *salidas de emergencia*?

Subraya los detalles que explican esa idea principal.

Un volcán es una "salida de emergencia" que conecta el interior del planeta con la superficie donde vivimos.

En el interior de la Tierra se producen gases y materiales que se van acumulando debajo de la superficie. Cuando no hay suficiente espacio para estos materiales, los volcanes funcionan como tubos de escape por donde sale roca fundida, escombros y gases.

Los materiales que son expulsados hacia la superficie se enfrían al salir y se acumulan formando una colina o montaña.

Esas colinas o montañas son lo que llamamos "volcanes". Pero, en realidad, un volcán no es solamente eso.

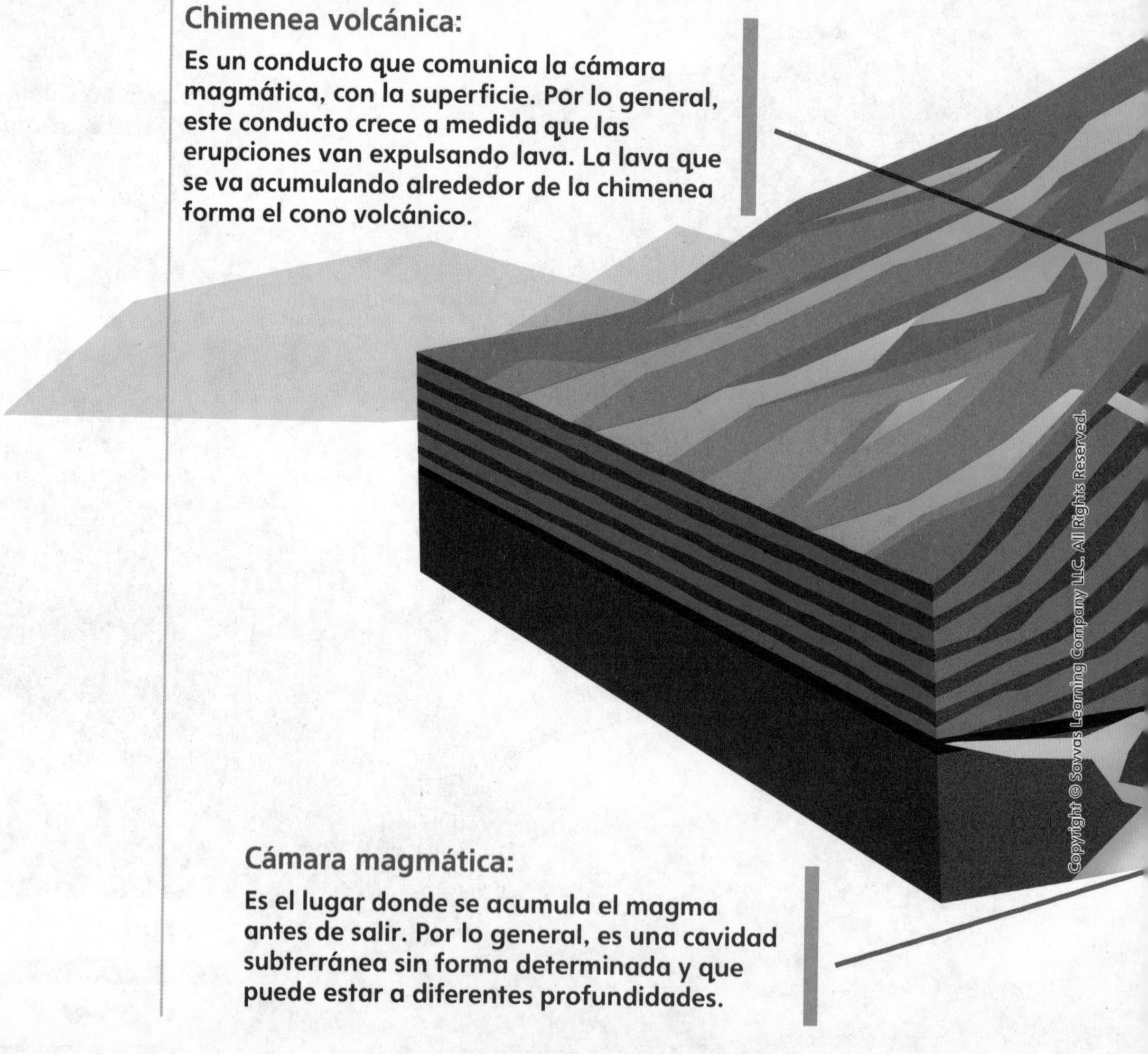

Chimenea volcánica:

Es un conducto que comunica la cámara magmática, con la superficie. Por lo general, este conducto crece a medida que las erupciones van expulsando lava. La lava que se va acumulando alrededor de la chimenea forma el cono volcánico.

Cámara magmática:

Es el lugar donde se acumula el magma antes de salir. Por lo general, es una cavidad subterránea sin forma determinada y que puede estar a diferentes profundidades.

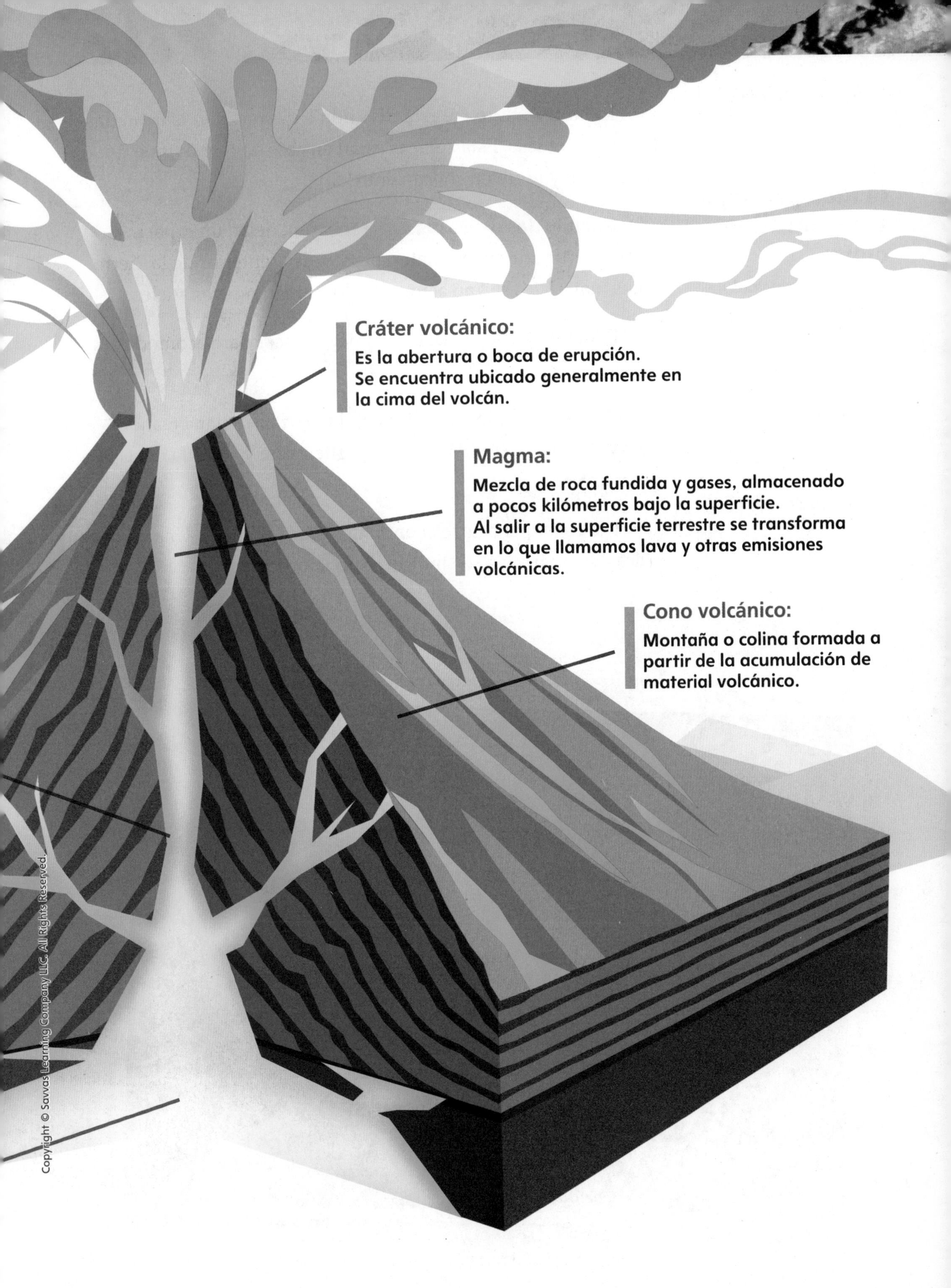
Cráter volcánico:
Es la abertura o boca de erupción.
Se encuentra ubicado generalmente en
la cima del volcán.
Magma:
Mezcla de roca fundida y gases, almacenado
a pocos kilómetros bajo la superficie.
Al salir a la superficie terrestre se transforma
en lo que llamamos lava y otras emisiones
volcánicas.
Cono volcánico:
Montaña o colina formada a
partir de la acumulación de
material volcánico.

LECTURA ATENTA

Analizar la idea principal y los detalles clave

¿Qué idea principal ilustra la imagen?

Subraya la idea que explica la imagen.

diámetro recta que pasa por el centro de una circunferencia y la divide en dos partes iguales

La corteza terrestre está dividida en varias piezas llamadas placas tectónicas. Estas placas están en constante movimiento: se separan y también chocan entre sí.

Cuando dos o más placas se separan, dejan un espacio o grieta por donde suben materiales desde el interior de la Tierra. Estos materiales se van acumulando y crean nuevos suelos.

El diámetro de la Tierra no puede crecer para acomodar más superficie.

Por eso, cuando en un área de la Tierra se están creando nuevos suelos, en otra área, la superficie que ya existía debe desaparecer.

Eso es lo que ocurre cuando dos placas chocan. Una de las placas desaparece o se "hunde" bajo la otra placa.

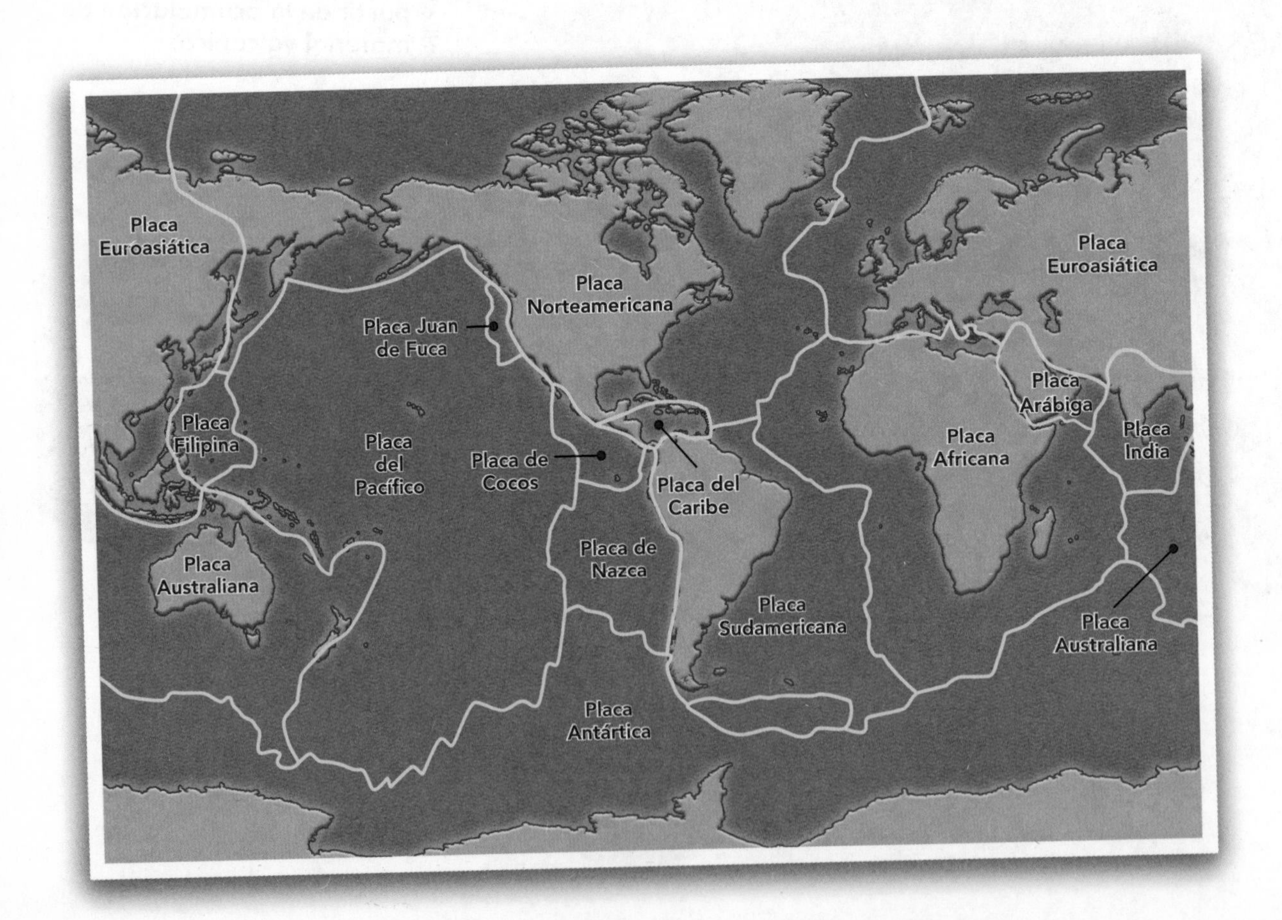

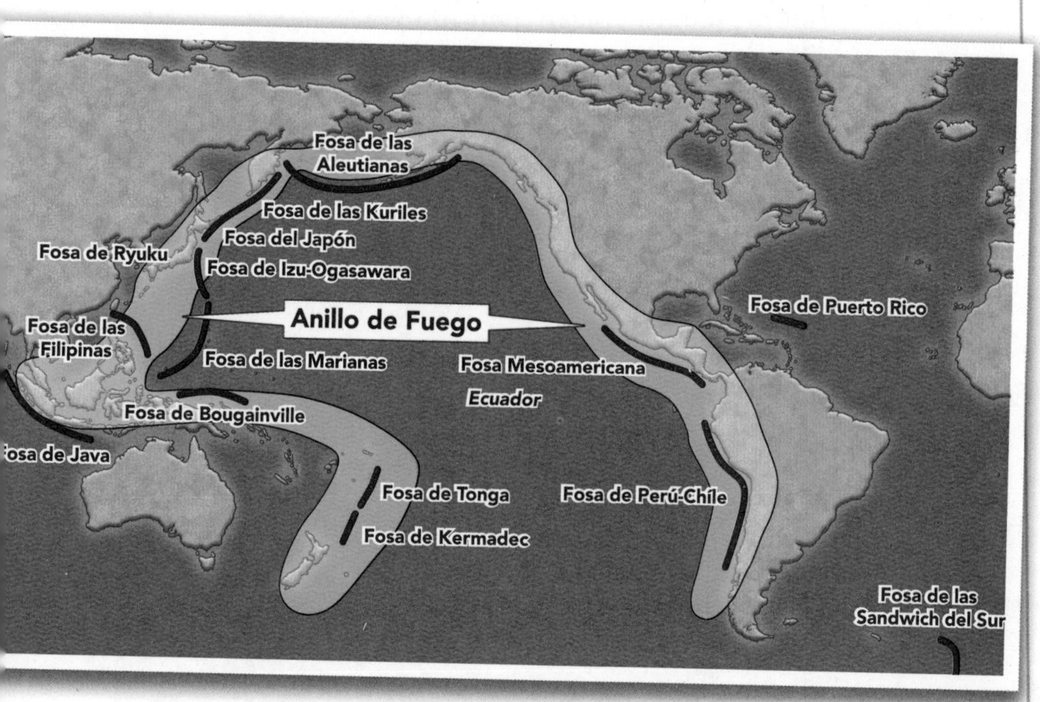

La mayoría de volcanes en nuestro planeta se encuentran en áreas donde las placas tectónicas se unen o separan.

Los volcanes que nacen de la separación de placas son más tranquilos. Sus erupciones tienden a ser constantes y poco explosivas.

Por otro lado, los volcanes que nacen donde dos placas chocan son explosivos y sus erupciones ocurren con menor frecuencia.

El *Anillo de Fuego del Pacífico* es un conjunto de fronteras de placas tectónicas que recorren todo el océano Pacífico, desde las costas de Asia hasta las costas de América. En esta región, se concentran 452 volcanes. Eso representa el 75 % del total de volcanes continentales del mundo.

Supervisar la comprensión

Cuando compruebas tu comprensión prestas atención a las ideas que no comprendes.

Resalta una idea o detalle que sea esencial para tu comprensión de los volcanes.

LECTURA ATENTA

Supervisar la comprensión

¿Cómo puedes usar los elementos del texto para mejorar tu comprensión?

Resalta detalles que te ayudan a entender lo que muestra la imagen acerca de las calderas.

Volcanes invisibles

Al escuchar la palabra volcán, pensamos en enormes montañas capaces de expulsar lava ardiente. Sin embargo, no todos los volcanes tienen forma de cono y no todos son montañas.

Cualquier grieta o hueco en la corteza por el cual salga expulsado el magma terrestre es considerado un volcán.

Al salir a la superficie, el magma se divide en lava, gases y materiales semisólidos. Si la lava se enfría alrededor de la grieta por donde salió, se formará un cono. Así nacieron volcanes, como el Cotopaxi en Ecuador.

Cuando los cráteres son muy grandes, cambian de nombre y se llaman *calderas*. Por lo general, las calderas se forman por el derrumbe del cono volcánico. Esto ocurre cuando las erupciones son de gran volumen.
Durante una erupción explosiva, la cámara magmática expulsa todo su contenido, se vacía y colapsa, dando origen a la caldera.

Sin embargo, cuando las erupciones son muy grandes o la lava no es muy espesa, los volcanes pueden tener formas muy diferentes.

Miles de años atrás, cuando la Tierra era un planeta más caliente, las erupciones eran muy grandes y violentas. De esas erupciones se formaron los supervolcanes.

Algunos de estos volcanes son tan grandes que dentro de sus calderas hay ríos, valles y hasta montañas.

Los supervolcanes o megacalderas, como la caldera de Yellowstone, son inmensos cráteres que por su gran tamaño son difíciles de reconocer.

La caldera de Yellowstone, por ejemplo, se encuentra cubierta por una vasta vegetación.

LECTURA ATENTA

Analizar la idea principal y los detalles clave

Subraya detalles que da el texto acerca de la idea principal de los supervolcanes.

vegetación árboles y plantas que hay en un lugar

La caldera de Yellowstone es considerada como el supervolcán más grande del continente americano.

Analizar la idea principal y los detalles clave

Usa detalles del texto para explicar por qué hay volcanes de todo tipo.

Subraya detalles que apoyen esa idea.

fisura ruptura alargada que se hace sobre un cuerpo

Volcanes de todo tipo

El Cerro Machín se confunde con el paisaje debido a su gran tamaño. A pesar de ser el volcán de menos altura en Colombia, su cráter es tan grande que contiene pequeñas montañas en su interior llamadas domos volcánicos. Es un volcán activo y muy explosivo.

Su última erupción ocurrió hace 850 años y de repetirse podría afectar a más de un millón de personas. Por eso, es considerado el segundo volcán más peligroso del mundo.

Hay volcanes muy importantes que no se parecen en nada a una montaña. Los volcanes de fisura, por ejemplo, no tienen un cráter. Son grietas largas en el suelo por donde sale lava.

Al salir, la lava se riega formando lagos o ríos que cubren todo a su alrededor. Cuando la lava se enfría, la superficie permanece plana o de baja altura.

Laki es una grieta de 27 kilómetros de largo. Su erupción, en el año 1783, es considerada la más catastrófica en la historia de Islandia y la sexta peor erupción a nivel mundial.

La fisura Laki es responsable de la peor erupción en la historia de Islandia.

Ciertas explosiones destruyen al volcán en erupción.

Si el cono volcánico se rompe, queda en su lugar una gran caldera. Cuando esto ocurre decimos que la caldera colapsó.

Yellowstone es una caldera que colapsó. Las islas de Santorini y Krakatoa también lo son.

LECTURA ATENTA

Supervisar la comprensión

¿Qué estrategias puedes usar para mejorar tu comprensión de un texto difícil?

Resalta la información que necesites volver a leer, preguntar o incluir en un resumen.

Vista de la caldera Santorini desde las casas construidas en su borde.

LECTURA ATENTA

Vocabulario en contexto

Los buenos lectores determinan el significado de las palabras poco comunes leyendo atentamente las palabras y oraciones del contexto. Usa claves del contexto para determinar el significado de la palabra *submarino*.

Subraya detalles que apoyen tu definición.

El 75 % de las erupciones ocurren en el fondo de mares y océanos. Como consecuencia, son muchos los volcanes que nacen en el fondo oceánico. Un ejemplo es el Monte Etna en Italia.

En sus inicios, Etna fue un volcán submarino. Con el paso del tiempo, salió a la superficie debido a la gran cantidad de lava que se acumuló, creando el cono volcánico que puedes observar en la foto.

Un archipiélago es un grupo de islas, islotes y otras masas de tierra pequeñas.

Varios archipiélagos alrededor del mundo se han formado por erupciones volcánicas que ocurren en las profundidades de los océanos.

Las zonas rojas del mapa muestran los principales archipiélagos del mundo.

El Etna es considerado el volcán activo más alto de Europa.

Lo peligroso no es solo la lava

Las emisiones volcánicas son el conjunto de materiales expulsados por un volcán. Las emisiones se forman de lava, calor, gases y rocas.

Las corrientes de lava son calientes y queman todo a su paso. Los gases son tóxicos y pueden crear cambios en el clima. Ambos son muy peligrosos. Sin embargo, los sedimentos son los que causan la mayor cantidad de destrucción.

Cuando un volcán nevado entra en erupción, ríos de lodo procedentes de la nieve derretida entierran poblaciones enteras. Rocas, cenizas y otros elementos son arrastrados a gran velocidad formando avalanchas volcánicas.

LECTURA ATENTA

Analizar la idea principal y los detalles clave

Subraya detalles que expliquen por qué lo más peligroso no es la lava.

avalancha masa que se desliza por la ladera de una montaña

LECTURA ATENTA

Analizar la idea principal y los detalles clave

¿Qué ejemplos usa el autor para apoyar su idea principal?

Subraya detalles que expliquen por qué los volcanes son importantes para la vida.

Los volcanes son importantes para la vida

Los volcanes aportan enormes beneficios al hombre. A pesar de la destrucción que pueden provocar, los volcanes son necesarios para nuestro planeta y los seres que lo habitamos.

Las erupciones volcánicas sirven para liberar el calor y la presión que se acumulan bajo la superficie poco a poco. Sin los volcanes, la energía creada en el centro de la Tierra actuaría como una bomba de tiempo destruyéndolo todo.

Los volcanes crean nuevas superficies y promueven la vida en ellas. Los suelos que se crean con las erupciones atraen formas de vida animal y vegetal que utilizan los materiales volcánicos como nutrientes.

Además, la ceniza y la lava volcánica benefician la agricultura. Los suelos volcánicos son ricos en minerales que alimentan la tierra haciéndola muy fértil. Lo mismo ocurre en el suelo marino, donde algas y otras especies dependen de las emisiones volcánicas para sobrevivir.

Los manantiales volcánicos, llamados también aguas termales, son utilizados como baños medicinales por personas que desean mejorar su salud. Estos manantiales deben sus propiedades curativas a la gran cantidad de minerales disueltos en ellos.

Los volcanes de gran altura atrapan la humedad y la convierten en glaciares. Así se originan lagos y cuencas de ríos que se transforman en fuentes de agua para el consumo y la industria.

Los volcanes activos también son una importante fuente de energía térmica. Esta energía es limpia y renovable. Lo que quiere decir que ayuda a nuestro planeta y no destruye el medio ambiente.

Por último, gracias a los volcanes, la atmósfera terrestre es rica en gases necesarios para sostener la vida y transformar el clima.

LECTURA ATENTA

Supervisar la comprensión

Resalta una idea que te resulte sorprendente, confusa o que necesites aclarar.

atmósfera capa de aire y otros gases que recubre la Tierra

Desarrollar el vocabulario

Las **analogías** comparan dos cosas que tienen algo en común. Por ejemplo, considera la analogía **arriba** : **abajo** :: **izquierda** : **derecha**. La relación entre *arriba* y *abajo* es que son antónimos. Lo mismo sucede con la relación entre *izquierda* y *derecha*. Esta analogía podría leerse como "arriba es para abajo lo que izquierda es para derecha". Otras relaciones de analogías incluyen ejemplos y partes de un todo.

Mi TURNO Escribe la palabra para completar cada analogía. En las líneas, explica la relación entre las palabras de cada par.

1. vegetación : plantas :: fauna : animales

   Relación: (sinónimo) Vegetación es a plantas lo que fauna es a animales.

2. diámetro : círculo :: ______ : reloj

   Relación: ______

3. nieve : avalancha :: ______ : mar

   Relación: ______

4. fisura : fractura :: ______ : gritar

   Relación: ______

5. atmósfera : gases :: playa : ______

   Relación: ______

Verificar la comprensión

Mi TURNO Vuelve a mirar el texto para responder a las preguntas.

1. ¿Cómo puedes darte cuenta de que *Volcanes* es un texto informativo?

2. ¿De qué manera Arelis A. Díaz usa los diagramas y las fotografías para apoyar tu comprensión de los volcanes?

3. ¿Qué conclusión puedes sacar acerca del nombre "Anillo de Fuego" del Pacífico? ¿A qué crees que se debe ese nombre?

4. La actividad de los volcanes y las emisiones volcánicas pueden ser muy peligrosas, pero también son muy beneficiosas. ¿Qué ventajas de los volcanes son más importantes que los peligros posibles? Resume información del texto.

Analizar la idea principal y los detalles

Las **ideas principales**, o **centrales**, les brindan a los lectores la información más importante de un texto. Los **detalles**, o **evidencia de apoyo**, añaden información acerca de cada idea. Analiza las ideas centrales y la evidencia de apoyo que usa la autora para conectar la información relacionada acerca de un tema.

1. **Mi TURNO** Vuelve a las notas de Lectura atenta de *Volcanes* y subraya las ideas centrales y la evidencia de apoyo sobre los volcanes.
2. **Evidencia del texto** Usa las partes subrayadas para analizar una idea central. Escribe una idea central y su evidencia de apoyo. Luego, responde a la pregunta.

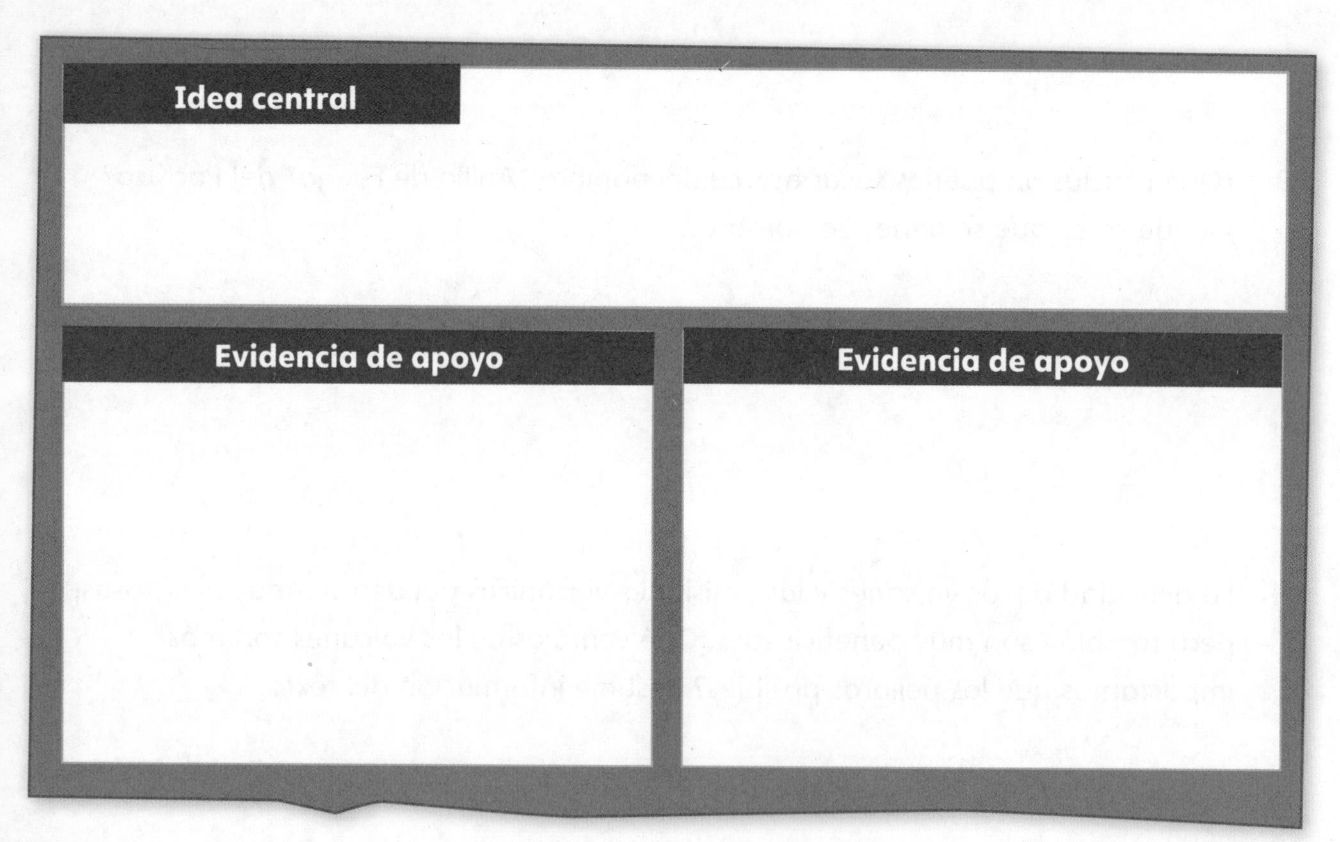

¿Cómo se relaciona la evidencia de apoyo con la idea central?

Supervisar la comprensión

Supervisa la comprensión, o comprueba tu comprensión de un texto, a medida que lees. Cuando no entiendas algo, detén la lectura para ver por qué no lo entiendes. Para supervisar la comprensión a medida que relees *Volcanes*, comienza anotando, o marcando, el texto que no es claro para que puedas volver a él. Luego, haz ajustes para comprender mejor. Por ejemplo:

- Vuelve a leer, lentamente y con atención, para hallar conexiones entre las ideas.
- Usa recursos, como diccionarios, imágenes y tus conocimientos previos, para determinar el significado de una palabra o una idea.
- Haz preguntas. Pregúntale a alguien que sepa más sobre el tema o investiga para obtener respuestas.

Una vez que hayas hecho ajustes, el texto que no era claro debería tener sentido, y puedes continuar leyendo.

1. **Mi TURNO** Vuelve a las notas de Lectura atenta y resalta el texto que no entiendes.

2. **La evidencia del texto** Usa la evidencia resaltada para practicar cómo supervisar la comprensión y decidir cómo hacer ajustes.

Texto que presenta un desafío	Cómo hacer ajustes
Vocabulario no definido: energía térmica	Buscar la definición
Texto no claro:	
Imagen mental no clara:	
Pregunta no respondida:	

Reflexionar y comentar

Escribir basándose en las fuentes

Las erupciones volcánicas son un tipo de desastre natural. Piensa en otros tipos de desastres naturales. ¿Qué impacto tienen en las personas y el medioambiente? Generalmente, ¿influyen de forma positiva o negativa en las personas? Escribe un párrafo de opinión que exprese tu opinión y provea razones y hechos de apoyo. Sigue la guía de esta página.

Usa palabras y frases de transición Cuando escribas un párrafo de opinión, asegúrate de que los lectores puedan seguir tus ideas en un orden lógico. Para lograrlo, usa palabras y frases de transición, o de enlace, para conectar los razonamientos entre sí con tu opinión. Sigue este procedimiento:

- Comienza tu párrafo expresando tu opinión mediante una afirmación.
- Apoya tu afirmación con evidencia.
- Agrega palabras o frases de transición, como *una de las razones es*, *otra razón es* o *además*, para que tu razonamiento sea claro.
- Termina el párrafo con una afirmación que haga pensar a los lectores.

Pregunta de la semana

¿De qué maneras impactan los volcanes en la Tierra?

Vocabulario académico

Un **sinónimo** tiene casi el mismo significado que otra palabra. Un **antónimo** tiene un significado que es opuesto.

Meta de aprendizaje

Puedo desarrollar conocimientos sobre el lenguaje para hacer conexiones entre la lectura y la escritura.

MI TURNO Por cada palabra subrayada:

1. **Escribe** un sinónimo del banco de palabras.
2. **Escribe** un antónimo del banco de palabras.
3. **Revisa** la oración original usando el antónimo.

Banco de palabras

conservar **aburrido** **destruir** **efectos** **causas** **asombrado**

Oración original	Sinónimo	Antónimo	Oración con el antónimo
Los científicos estudian las consecuencias de la erupción.	efectos	causas	Los científicos estudian las causas de la erupción.
Laura me dejó sorprendido con sus juegos de malabares.			
Planean preservar este pantano porque aloja a muchos cocodrilos.			

Los sufijos *-ano*, *-ana*, *-ista*, *-ismo*

Los sufijos son partes de palabras que se añaden al final de una palabra base y le cambian el significado y la función que cumple en la oración.

-ano, -ana	Pueden indicar un gentilicio, o palabra que muestra una relación con un lugar geográfico. También pueden significar "relacionado con".
	Pueden formar adjetivos o sustantivos.
	Ejemplos: *mexicano, colombiana, aldeano, provinciana*
-ista	Puede significar que una persona es partidaria, o apoya, algo. También puede indicar un oficio o una profesión.
	Forma adjetivos y sustantivos.
	Ejemplos: *socialista, optimista, taxista, rescatista*
-ismo	Puede indicar una palabra técnica, una actividad o un deporte.
	Forma sustantivos.
	Ejemplos: *astigmatismo, autoritarismo, montañismo, ciclismo*

Mi TURNO Decodifica y resalta la palabra de cada oración que tiene el sufijo *-ano*, *-ana*, *-ista* o *-ismo*. En las líneas, indica qué clase de palabra es y su definición.

1. Hay una niña cubana en el Club de escritura. adjetivo; que es de Cuba
2. Mi tío Luis es cristiano. ______
3. Mi papá trabaja en un centro médico como dentista. ______
4. Todos los sábados practico atletismo. ______

Leer como un escritor

Los autores escriben textos para transmitir un mensaje, que es una idea que quieren que los lectores recuerden. Los lectores recordarán un mensaje si el autor lo escribe de manera tal que signifique algo para ellos. Para eso, los autores deben comprender quiénes son sus lectores. Luego, los autores eligen un lenguaje literal, o palabras y frases concretas, para relacionar sus mensajes con la vida de los lectores.

¡Demuéstralo! Vuelve a leer el párrafo 1 de la sección "Volcanes de todo tipo" de *Volcanes*.

1. **Identificar** Arelis A. Díaz usa lenguaje literal para contar cómo es uno de los volcanes más peligrosos del mundo.
2. **Preguntar** ¿Por qué me interesa esto como lector?
3. **Sacar conclusiones** Esto me interesa como lector porque aprendo cómo es el Cerro Machín, que es un volcán muy grande que hasta tiene pequeñas montañas en su interior y que es un volcán activo y muy explosivo.

Vuelve a leer el párrafo 2 de la sección "Lo peligroso no es solo la lava" de *Volcanes*.

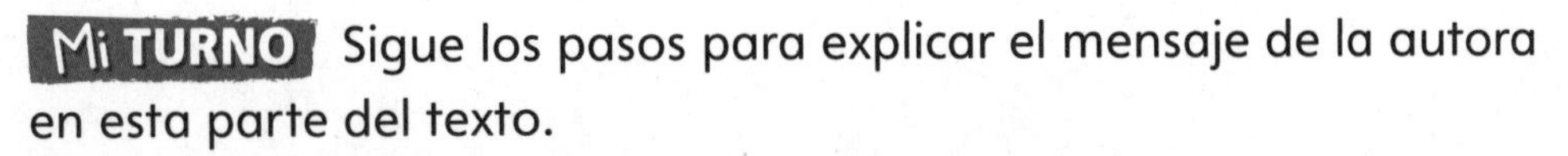

Mi TURNO Sigue los pasos para explicar el mensaje de la autora en esta parte del texto.

1. **Identificar** Arelis A. Díaz usa lenguaje literal para describir ______________________________

____

2. **Preguntar** ¿Por qué me interesa esto como lector?
3. **Sacar conclusiones** Esto me interesa como lector porque ______________________________

____

____

Escribir para un lector

Los autores quieren que los lectores comprendan y recuerden sus mensajes. Esto requiere conocer al público y escribir de manera tal que les interese a los lectores. A menudo, los autores usan lenguaje literal para ayudar a los lectores a hacer conexiones con un texto.

Mi TURNO Piensa cómo Arelis A. Díaz hace que las ideas tengan sentido para los lectores. Ahora identifica cómo puedes mantener el interés de tus lectores de un modo similar.

1. Escribe un mensaje que te gustaría que recuerden los lectores acerca de probarse para un equipo deportivo.

2. Imagina que tus lectores son todos estudiantes de cuarto grado de tu escuela. ¿Qué les interesa a la mayoría de ellos acerca de probarse para un equipo deportivo?

3. Escribe un pasaje informativo de modo que tu mensaje tenga sentido para los lectores. Asegúrate de incluir lenguaje literal en tu pasaje.

Escribir palabras con sufijos

Añadir los **sufijos** *-ano*, *-ana*, *-ista* e *-ismo* después de una palabra base a veces requiere cambios en la ortografía de la palabra base.

país* → *paisano la *i* ya no tiene acento escrito
Venezuela* → *venezolano desaparece la *u* y se reemplaza con la *o*, y la *v* está en minúscula
análisis* → *analista la *a* ya no tiene acento escrito
diente* → *dentista desaparece la *i*

Mi TURNO Lee las palabras. Luego clasifícalas en la columna que corresponda.

PALABRAS DE ORTOGRAFÍA

aldeano	venezolana	paisano	temprano
baqueana	artesana	contramano	humano
artista	lozana	abolicionista	accionista
diluviano	comentarista	paludismo	alfabetismo
andinismo	mayorista	naturalista	pianista

-ano

____
____
____
____
____
____

-ismo

____
____
____

-ana

____
____
____
____

-ista

____
____
____
____
____
____
____

Las reglas sobre el uso de las mayúsculas

Los nombres de eventos y documentos históricos son **sustantivos propios** y, por lo tanto, deben escribirse con mayúscula. Los sustantivos y adjetivos del nombre oficial de instituciones también se escriben con mayúscula. También se escriben con mayúscula los nombres de congresos, exposiciones y eventos similares. Los nombres de los partidos políticos también se escriben con mayúscula.

Ten en cuenta que los idiomas, las razas y las nacionalidades se escriben con minúscula en español.

Norma del uso de la mayúscula	Ejemplos
Nombres de documentos y eventos históricos	la Guerra Civil la Declaración de Derechos
La primera palabra del título de un libro, ensayo o cuento	Las mil y una noches El gato negro
Nombres de congresos, exposiciones y eventos similares	la Exposición Universal de Chicago las Olimpiadas de Los Ángeles la Semana Internacional de la Tecnología
Nombres de los partidos políticos	el Partido Socialista el Partido Laborista

Mi TURNO Corrige este borrador de manera que se usen las mayúsculas en los casos donde correspondan.

La sociedad protectora de animales de yellowstone ayuda a especies en peligro de extinción.

La declaración de independencia de los Estados unidos es un documento redactado por el congreso continental tras la guerra de independencia.

El partido demócrata y el partido republicano van muy parejos en las encuestas para la elección de presidente.

Escribir con ritmo

El **ritmo** es un patrón de sílabas acentuadas. A menudo, el patrón es regular. Eso quiere decir que el mismo patrón se repite verso tras verso. La mejor manera de escribir con ritmo es experimentar diciendo las palabras juntas en voz alta.

Meta de aprendizaje

Puedo usar lo que sé sobre los elementos y la estructura de la poesía para escribir un poema.

Versos	Qué debe notarse
1. Tomás me preguntó dónde fui 2. Quería saber por qué corrí	Cada verso tiene 9 sílabas. Di cada verso en voz alta y escucha el ritmo que hacen las acentuaciones.
Tomás me preguntó dónde fui, él quería saber por qué corrí.	Añade la palabra *él* al verso 2. Este cambio añade una sílaba, pero también mantiene el mismo ritmo y conecta las ideas de los versos.

Mi TURNO Di cada palabra del banco de palabras en voz alta. Luego, experimenta poniendo las palabras juntas para escribir con ritmo. No te preocupes por lo que significan las palabras. Por último, escribe una combinación en la línea. Subraya las sílabas acentuadas.

Banco de palabras

pluma	comienza	fuerte	suave
recuerda	septiembre	escucha	suspira
nuestro	flor	decide	linda

Mi TURNO Aplica ritmo cuando escribas un poema en tu cuaderno de escritura.

Escribir con aliteración y asonancia

Los sonidos repetidos ayudan a que un poema sea fácil de recordar. La **aliteración** es la repetición de sonidos en varias palabras.

Tres **t**ristes **t**igres **t**ragaban **t**rigo en un **t**rigal.

La **asonancia** es la repetición de vocales idénticas en varias palabras (o-o / o-o).

Y**o** p**o**ng**o** l**o**s v**o**t**o**s s**o**l**o** p**o**r R**o**d**o**lf**o**.

En los versos de poesía con aliteración y asonancia, los sonidos solo tienen que repetirse una vez, no en cada palabra.

Mi TURNO Escribe cuatro oraciones. En cada una, usa el sonido repetido que se indica.

1. Aliteración de *v* ______________________________

____

____

2. Asonancia de *a* ______________________________

____

____

3. Aliteración de *m* ______________________________

____

____

4. Asonancia de *e* ______________________________

____

____

Mi TURNO Aplica la aliteración y la asonancia cuando escribas el borrador de un poema en tu cuaderno de escritura.

Escribir con símiles y metáforas

Los símiles y las metáforas son figuras retóricas que hacen comparaciones. Las comparaciones en los poemas a menudo crean imágenes inusuales en la mente de un lector.

Un **símil** compara dos cosas diferentes usando las palabras *tan* o *como*.

La **expresión del perro** era *como* **una sonrisa astuta**. ¡Mi **amiga** es *tan* linda *como* **una flor**!

Una **metáfora** compara dos cosas diferentes sin usar las palabras *tan* ni *como*.

El **béisbol** es **una tarde de verano**. Los **peces** eran **rayos brillantes de la luna**.

Mi TURNO Usa frases del banco de frases para crear un símil y una metáfora. Recuerda usar *tan* o *como* en el símil, pero no en la metáfora.

Banco de frases

caballos corriendo	abrazo de la abuela
cinta angosta	ojos titilantes
río calmo	conejo solitario
collar de perlas	calcetín verde hasta la rodilla

Símil: ______________________________

____

____

Metáfora: ______________________________

____

____

Mi TURNO Usa símiles y metáforas cuando escribas el borrador de tu propio poema.

Escribir con palabras que riman

Puedes usar rimas para crear patrones predecibles de sonido. Las palabras **riman** cuando tienen el mismo sonido en la sílaba final o las sílabas finales. No es necesario que las palabras que riman tengan la misma ortografía. Los sonidos hacen las rimas.

fruta	gruta	hurra	susurra
carta	tarta	presidente	suficiente
canción	mansión	planetario	solitario

A veces, pueden usarse frases con más de una palabra para hacer una rima.

peina tu cabello   te verás más bello

Mi TURNO Escribe por lo menos una palabra que rime debajo de cada palabra en letra negrita.

picando **noche** **llama** **bueno**

Mi TURNO Usa palabras que riman cuando escribas el borrador de un poema en tu cuaderno de escritura.

Usar la repetición

En los poemas, puedes repetir palabras y frases para enfatizar las ideas.

Apenas un pensamiento
le di a tener un escarmiento
aunque un escarmiento conseguí
cuando jugamos al pilla-pilla.

En cambio, corriendo
y riendo y girando y riendo:
apenas pensamientos cuando ¡me dieron un escarmiento!

La repetición de *escarmiento* enfatiza lo que le ocurrió al narrador.

La repetición de *riendo* enfatiza la diversión.

La repetición de *apenas*, *pensamientos* y *escarmiento* hace eco de la primera estrofa y enfatiza la velocidad del juego.

Mi TURNO Escribe versos que incluyan cada ejemplo de repetición.

Ejemplo de repetición	Mis tres versos
La frase *en el bote* dos veces	
El mismo verbo cuatro veces	

Mi TURNO Usa la repetición para enfatizar ideas cuando escribas tu propio poema. Comenta tu poema con tu Club de escritura.

Emisiones CONTAMINANTES

La contaminación, o sustancias que ensucian la tierra y el aire o los vuelven peligrosos, toma muchas formas. Mira el diagrama para aprender más sobre las fuentes de contaminación del aire.

El aire limpio es importante para la salud. Prevenir la contaminación del aire puede hacer que disminuyan muchas clases de enfermedades, entre ellas el asma, la bronquitis, las enfermedades de los ojos y el cáncer de piel.

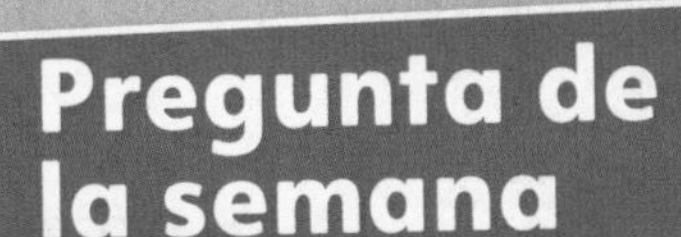

Pregunta de la semana

¿Qué acciones cotidianas pueden ayudar a reducir la contaminación?

¿Sobre qué fuente de emisiones contaminantes piensas que tienen el *menor* control los seres humanos?

____

____

¿Sobre qué fuente de emisiones contaminantes piensas que tienen el *mayor* control los seres humanos?

____

____

INTERCAMBIAR ideas

Habla con un compañero sobre cómo tu escuela y tu comunidad limitan las emisiones peligrosas en tu área. Usa detalles del diagrama para apoyar la conversación.

Naturales

Meta de aprendizaje

Puedo aprender más sobre el tema *Las características* analizando el argumento de un texto argumentativo.

El texto argumentativo

Los autores de **textos argumentativos**, o **persuasivos**, intentan convencer a un público de pasar a la acción o de cambiar creencias o hábitos. Los argumentos incluyen:

- Una **afirmación**, o enunciado de opinión, que el autor apoya o defiende
- **Razones**, o enunciados de por qué el autor hace su afirmación
- **Hechos** y **detalles** que apoyan las razones y hacen que los argumentos sean más sólidos

INTERCAMBIAR ideas Con un compañero, compara y contrasta el propósito del autor en los textos informativos y en los persuasivos. Usa ejemplos de lo que has leído.

Leer con fluidez La lectura oral fluida requiere práctica. Las personas que leen con fluidez lo hacen con precisión y uniformidad. La selección de esta semana incluye citas, que registran de manera exacta y precisa las palabras que dijo una persona.

Cuando leas citas en voz alta:

- Lee las palabras de forma expresiva, como si fuera el autor quien lo estuviera diciendo.
- Incluye cada palabra. Practica leer el texto para evitar saltar accidentalmente palabras pequeñas como *un*, *una*, *unos*, *unas*, *y*, *el*, *la*, *los*, *las* y *de*.
- Presta atención a la puntuación.

Cartel de referencia: Textos argumentativos

Propósito

Hacer que el público piense o actúe de determinada manera

Estructura del texto

Orden de importancia, problema y solución o causa y efecto

Ejemplo:

1) Introducción
   * Afirmación u opinión
2) Una razón
   * Detalles de apoyo
3) Otra razón
   * Detalles de apoyo
4) Opinión o afirmación opuesta
   * Razones que debilitan la opinión opuesta
5) Conclusión
   * Reformula la afirmación u opinión

Características

Usa lenguaje vívido, apela a la lógica y a la emoción, se dirige al lector de forma directa y llama a la acción

Conoce al autor

Nick Winnick
ha publicado libros sobre diversos temas, entre ellos, los animales, las estaciones y la vida ecológica. En la serie *Ser ecológico*, Winnick les da a los lectores consejos sobre cómo desarrollar hábitos ecológicos.

Las 10 mejores maneras de reducir los residuos

Primer vistazo al vocabulario

A medida que lees "Las 10 mejores maneras de reducir los residuos", presta atención a estas palabras de vocabulario. Fíjate cómo aclaran y apoyan la afirmación del autor.

emisiones **excesiva**

subyacen **vatio** **innovadoras**

Lectura

Antes de comenzar, da un vistazo previo al texto y determina el público al que se dirige Nick Winnick. Usa estas estrategias para entender los **textos argumentativos.**

Primera lectura

Nota
las opiniones y los hechos, y cómo estos se relacionan.

Genera preguntas
sobre los puntos principales y los detalles de apoyo.

Conecta
detalles de este texto con sucesos de tu comunidad, como campañas para reciclar aparatos electrónicos.

Responde
diciéndole a un compañero qué ejemplo o cita te pareció más interesante.

Género Texto argumentativo

Las 10 mejores maneras de reducir los residuos

por Nick Winnick

CONTEXTO

En este fragmento, leerás acerca de cómo puedes ayudar al planeta. Este texto ofrece maneras fáciles de reducir la cantidad de desechos que produce tu hogar.

AUDIO

ANOTAR

Analizar el argumento

Identifica y subraya la afirmación de Nick Winnick.

HACER DEL MUNDO UN LUGAR MÁS ECOLÓGICO

1 ¿Qué puedes hacer para que el mundo sea un lugar más ecológico? Puedes ayudar al planeta reduciendo tu huella de carbono. Una huella de carbono es la medida de gases de efecto invernadero producidos por actividades humanas.

2 Los gases de efecto invernadero se crean al quemar combustibles fósiles. Las personas queman combustibles fósiles para obtener electricidad, para calefaccionar sus casas y para hacer funcionar los vehículos. Una de las causas principales del cambio climático es el gas de efecto invernadero conocido como dióxido de carbono. Muchos científicos creen que las emisiones de carbono son más dañinas para la Tierra que cualquier otra clase de contaminación.

emisiones sustancias liberadas; cualquier cosa que se desprende de otra cosa

3 Hay muchas maneras en que puedes reducir tu huella de carbono. Una manera es caminar o montar tu bicicleta en lugar de ir en carro. Puedes apagar las luces cuando sales de una habitación para reducir el derroche de energía. Volver a usar las bolsas de compra de plástico para llevar otros artículos es otra manera de ayudar al medioambiente. Puedes reciclar el papel de periódico y hacer papel nuevo para que se talen menos árboles.

¿CÓMO PUEDES REDUCIR LOS DESECHOS?

4 Reducir los desechos es una de las maneras más fáciles en que puedes ayudar al medioambiente. Una vez que decides reducir la cantidad de desechos que produces, puedes aprender muchas maneras diferentes de hacerlo. Comprar más artículos de los que en realidad necesitas puede llevar a una cantidad excesiva de desechos. Antes de hacer compras, ya sea que compres alimentos o un aparato electrónico nuevo, considera el desecho que va a producir la compra. ¿Tiene el producto alimentario una cantidad excesiva de envoltorio? Si efectivamente tiene envoltorio, ¿es reciclable ese envoltorio o está hecho de materiales reciclados? ¿Necesitas un televisor nuevo o podrías tener uno viejo reparado o comprar uno usado? Estas son las clases de preguntas que se deben hacer cuando tú y tu familia tratan de reducir los desechos.

LECTURA ATENTA

Analizar el argumento

Identifica y subraya una razón que apoye el argumento de Nick Winnick.

excesiva muy grande o más de lo necesario

LECTURA ATENTA

Analizar el argumento

Identifica y subraya una razón que apoye la afirmación del autor.

MIRAR HACIA EL FUTURO

5 En el futuro, es probable que la población del mundo crezca mucho más de lo que es hoy en día. ¿Cómo puede el mundo mantener a más personas y aun así ser más amable con el medio ambiente? La respuesta tiene mucho que ver con reducir los desechos.

MANERAS DE REDUCIR DESECHOS EN EL FUTURO

6 Pensar en las personas

Actualmente, hay casi siete mil millones de personas en la Tierra. La población continúa creciendo y cada persona en el planeta produce desechos. Sin embargo, existen muchas maneras simples en que cada persona puede recortar la cantidad de desechos que produce.

7 Ser eficiente Los productos de energía eficiente usan menos energía, pero funcionan igual de bien, o mejor, que los productos que reemplazan. Un buen ejemplo son los focos eléctricos de bajo consumo. Estos focos se han vuelto populares porque emiten la misma cantidad de luz que un foco incandescente. Sin embargo, duran más tiempo, usan menos electricidad y pueden reciclarse.

"Esta montaña creciente de desechos y basura representa no solo una actitud de indiferencia hacia los recursos naturales valiosos, sino también un problema grave económico y de salud pública".
—*Jimmy Carter, ex presidente de los Estados Unidos*

8 Hacer cambios El poder de reducir la cantidad de desechos está en tus manos. Muchas personas han empezado a hacer cambios para desperdiciar menos en su vida cotidiana. Estos cambios pueden tener un efecto dominó que beneficie al mundo de muchas maneras. Por ejemplo, los alimentos con menos envoltorio son a menudo más saludables. La próxima vez que estés en una tienda de comestibles, piensa en qué alimentos producen más desechos. Otra manera sería hacer una limpieza general de un clóset. Antes de tirar cualquier artículo, piensa si se podría donar a una organización benéfica. ¿Se te ocurren otras ideas que produzcan menos desechos y sean beneficiosas para el planeta?

LECTURA ATENTA

Resumir un texto argumentativo

Resalta detalles que deben estar en un resumen de esta selección.

LECTURA ATENTA

Analizar el argumento

Subraya una razón que da Nick Winnick para su afirmación de que las personas pueden ayudar al planeta reduciendo los desechos.

IDEAS PARA REDUCIR LOS DESECHOS

9 Piensa en todas las veces que has oído a las personas referirse a las "tres R". Las tres R son "reducir, reutilizar, reciclar". Reducir es una de las partes más importantes de ser ecológico.

LECTURA ATENTA

Analizar el argumento

Identifica y subraya datos que usa Nick Winnick para apoyar un argumento.

MANERAS DE REDUCIR LOS DESECHOS QUE PRODUCES

10 **Pensar dos veces** Antes de comprar cualquier producto, pregúntate si realmente lo necesitas. Se crean muchísimos desechos cuando las personas compran productos que no necesitan o no pueden usar. Es una buena idea recordar la frase siguiente cada vez que pienses en comprar un producto: "Compra lo que necesites y usa lo que compres".

"Nuestras elecciones personales como consumidores tienen consecuencias ecológicas, sociales y espirituales. Es tiempo de reexaminar nuestras nociones profundamente arraigadas que subyacen a nuestros estilos de vida". —*David Suzuki, biólogo y ambientalista*

11 **"Preciclar"** Otra manera de reducir los desechos es preciclando. Preciclar se refiere a planificar las compras teniendo en mente reciclar. Por ejemplo, puedes tener que decidir entre dos marcas de huevos. Cuestan el mismo precio, pero una marca viene en un recipiente de poliestireno extruido y la otra, en uno de cartón. El cartón puede reciclarse y, aun si hubiera que desecharlo, es biodegradable. El poliestireno extruido debería desecharse. No se sabe exactamente cuánto tarda en descomponerse, pero, por lo menos, 100 años. Los huevos del recipiente de cartón son la mejor opción para el medioambiente.

subyacen forman la base

12 **Probar una actividad nueva** ¿Pasas mucho tiempo haciendo compras con tus amigos? Algunas personas ven a las compras como una actividad divertida y placentera, o como un pasatiempo. Un resultado de pasar el tiempo libre comprando puede ser comprar cosas cuando realmente no las necesitas. Probar una actividad nueva, como un deporte o la jardinería, puede reducir la cantidad de desechos. Un tomate que has cultivado tú mismo crea muy pocos desechos.

DARLES A LOS OBJETOS
USOS NUEVOS

13 Se puede pensar en reutilizar como en rescatar cosas que de otro modo se desperdiciarían. Una botella de agua podría ser reciclable, pero se podría volver a llenar y reutilizar en lugar de comprar otra botella. Si un teléfono celular o una cámara se rompen, puede ser posible que los reparen en vez de comprar un producto nuevo.

MANERAS DE REUTILIZAR LOS OBJETOS

14 **Hacer preguntas** Mira detenidamente un elemento del cual estás pensando en deshacerte. Tal vez sea una bicicleta con una palanca de cambios rota o una camiseta vieja que ya no te queda bien. Hazte las siguientes preguntas: "¿Puedo usar esto todavía?" y "¿Podría usarlo alguien más?". Si la respuesta a cualquiera de las dos preguntas es "sí", hay muchas maneras en que puedes reutilizar ese objeto.

15 **Buscar usos nuevos** Muchos productos desechables pueden usarse varias veces antes de tirarlos o reciclarlos. Los cuchillos y los tenedores de plástico pueden lavarse y reutilizarse para los almuerzos en la escuela. Las bolsas de compras de plástico pueden usarse como bolsas para la basura o para levantar los excrementos de los perros. Las botellas plásticas de agua o de refresco se pueden volver a llenar y reutilizar. ¿Qué otros objetos se podrían usar más de una vez antes de descartarlos? Cada vez que reutilizas un objeto en lugar de comprar o usar algo nuevo para el mismo propósito, estás reduciendo la cantidad de desechos.

16 **Reparar o donar** Reparar un objeto dañado a menudo puede ser más barato que reemplazarlo. Si no tienes a un miembro de tu familia que sepa cómo hacerlo, considera llamar a la tienda donde compraste el objeto para que te asesoren. Los objetos que ya no puedes usar o que ya no necesitas pueden ser útiles para otras personas. Muchas organizaciones benéficas como Goodwill y el Ejército de Salvación pueden asegurarse de que la ropa y los artículos para el hogar que son donados lleguen a las personas que los necesitan. Una venta de garaje es otra manera de asegurarse de que tus objetos continúen siendo usados.

LECTURA ATENTA

Analizar el argumento

Subraya palabras y frases que te ayuden a identificar el público al que se dirige este texto.

"Una sociedad se define no solo por lo que crea, sino por aquello que se rehúsa a destruir". —*John Sawhill, economista y conservacionista*

Resumir un texto argumentativo

Resalta información que debería incluirse en un resumen de esta selección.

ENERGÍA EFICIENTE

17 La energía proveniente de muchas fuentes hace que nuestro mundo funcione. Hace que anden los carros, ilumina los hogares y cocina la comida. Según cómo se use, la energía puede derrocharse. La energía derrochada es uno de los problemas más fáciles de resolver. Las nuevas tecnologías y las nuevas ideas ayudan a reducir la energía que se derrocha. Estas tecnologías también pueden ahorrarles dinero a las personas.

MANERAS DE CONTROLAR EL USO DE ENERGÍA

18 **Usar regletas eléctricas** ¿Sabías que algunos aparatos usan electricidad cada vez que se los enchufa, estén encendidos o apagados? A estos aparatos absorbentes de energía a veces se los llama "vampiros". Los cargadores de teléfonos celulares, los reproductores de DVD, los hornos de microondas y las máquinas que hacen café pueden ser "vampiros". Hay un par de maneras diferentes en que puedes acabar con estos vampiros. La más simple es desenchufar los aparatos. Muchas personas eligen enchufar sus aparatos en una regleta o barra eléctrica. Las regletas eléctricas tienen varias tomas de corriente con un solo enchufe y un interruptor con el que se puede cortar fácilmente la electricidad de todos los aparatos enchufados allí.

19 **Probar un medidor "matavatios"** Muchas familias de los Estados Unidos han ahorrado dinero y energía instalando un medidor de electricidad llamado "matavatios". Estos medidores se conectan al sistema eléctrico de un hogar y muestran cuánta energía se usa y cuánto cuesta. Con esta información, a muchas personas les resulta más fácil hacer un seguimiento del uso.

20 **Mantener el aislamiento** Piensa en la diferencia entre el chocolate caliente en una taza y el chocolate caliente en un termo. El líquido del termo dura caliente más tiempo porque tiene funcionamiento aislante. La misma idea se aplica a los hogares. Cuando hace frío, los hogares que tienen un buen aislamiento se calientan más rápido y mantienen la temperatura más tiempo que los hogares con un mal aislamiento. Mejorar el aislamiento del hogar sellando los lugares donde hay corrientes de aire o aislando adecuadamente el techo, las paredes y el piso puede ser una de las decisiones financieras y ambientales más inteligentes que se pueden tomar.

LECTURA ATENTA

Vocabulario en contexto

Puedes usar las **claves del contexto** para determinar el significado correcto de palabras con varios significados según cómo se usan en el texto.

Subraya una frase que te ayude a aclarar el significado de *corrientes* según se usa aquí.

vatio unidad de medida para la energía eléctrica

"La contaminación no es más que los recursos que no estamos usando. Permitimos que se dispersen porque hemos ignorado su valor". —*Buckminster Fuller, arquitecto e inventor*

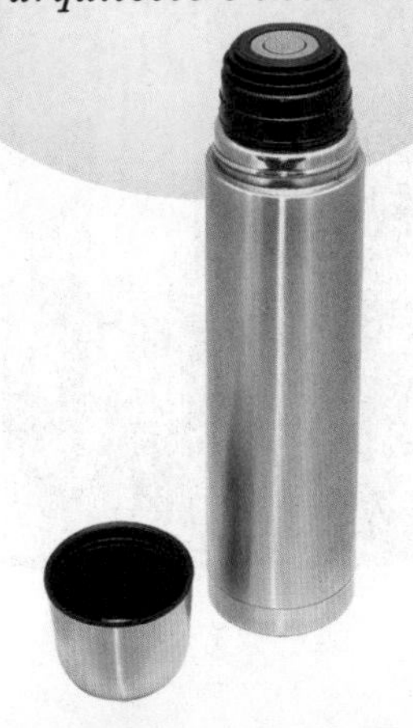

LECTURA ATENTA

Analizar el argumento

Subraya un dato que apoye algo importante que dice Nick Winnick.

innovadoras creativas; que usan ideas o métodos nuevos

USAR MENOS AGUA

21 La Tierra está cubierta de agua, pero solo una pequeña parte de esa agua resulta potable. Dado que todos los seres humanos deben beber agua para sobrevivir, es importante no derrochar este recurso. Los hogares y las empresas modernas pueden usar una gran cantidad de agua dulce y, a menudo, gran parte de esta agua es derrochada. En todo el mundo, las personas buscan maneras simples e innovadoras de ahorrar agua.

MANERAS DE REDUCIR EL USO DE AGUA

22 **Reutilizar el agua gris** Hay tres "tipos" principales de agua en un hogar moderno: el agua potable, el agua residual y el agua que se usa para cocinar, bañarse, limpiar y lavar la ropa, que se llama agua gris. La mayor parte del agua que se utiliza en cualquier hogar se convertirá en agua gris. Muchos desarrolladores inmobiliarios han comenzado a instalar sistemas de tratamiento de agua gris en los hogares.

El agua gris se trata con productos químicos de limpieza y filtros hasta que puede utilizarse de nuevo para muchos fines domésticos. Los hogares que tienen un sistema de tratamiento de agua gris pueden reducir el uso y la factura del agua hasta en más del 50 por ciento. Aun sin un sistema de tratamiento, puedes reutilizar una parte del agua gris. Trata de recolectar el agua de la ducha mientras se calienta y, luego, úsala para regar las plantas.

LECTURA ATENTA

Analizar el argumento

Subraya evidencia que te diga que Nick Winnick quiere persuadir al lector de tomar medidas.

23 **Recolectar el agua de lluvia**

En muchos hogares, las personas complementan su consumo de agua recolectando el agua de lluvia. Esto puede ser tan simple como vaciar el agua de las canaletas de tu hogar en una cubeta para regar el jardín o tan sofisticado como un sistema que filtra y bombea agua al hogar. En la mayoría de las ferreterías se venden barriles para agua de lluvia económicos. La mayoría de estos barriles tienen una pantalla que no deja que se metan hojas u otros restos. Algunos hasta tienen grifos para llenar de manera fácil con el agua del barril las regaderas y los bebederos para pájaros.

"Cuando el pozo se seca, reconocemos el valor del agua". —*Benjamin Franklin, estadista, científico, inventor y autor*

24 **Modificar los retretes** Una gran cantidad del agua que se usa en cualquier hogar se va por el retrete. Sin embargo, hay maneras de reducir la cantidad de agua que se pierde por los desagües de tu hogar. Los nuevos retretes de bajo flujo usan mucha menos agua que los retretes clásicos, y muchos tienen la opción de descargar más agua cuando es necesario. Si tu familia no tiene un retrete nuevo, puedes probar este truco simple. Abre el tanque trasero de tu retrete y coloca un ladrillo o un recipiente de agua sellado en el tanque. El retrete mantendrá el mismo nivel de agua en el tanque sin usar tanta agua en cada descarga.

LECTURA ATENTA

Resumir un texto argumentativo

Resalta una oración que incluya una idea clave sobre reducir la cantidad de desechos sin reciclar.

HACER COMPOST

25 Algunos tipos de desechos pueden ser más difíciles de reducir que otros. No puedes colocar alimentos en mal estado o saquitos de té viejos en un cubo de reciclaje. La mayoría de las familias tiran esta clase de desechos en la basura. Es posible, sin embargo, hallar un uso para muchos tipos de alimentos en mal estado o alimentos no consumidos.

"Cuando las plantas mueren, son recicladas [por organismos del suelo] formando elementos básicos y se convierten en parte de plantas NUEVAS. Es un ciclo cerrado. No hay biorresiduos". —*Alice Friedemann, periodista*

MANERAS DE USAR COMPOST EN EL HOGAR

26 **Usar recipientes de compost** Los hongos y las bacterias pueden hacer que los alimentos se echen a perder. La mayoría de las veces, estos alimentos en mal estado se tiran. Sin embargo, conservar algunos tipos de alimentos en un recipiente especial puede convertirlos en compost. El compost casi siempre se hace al aire libre. Además de los alimentos que se echan a perder, las personas ponen desechos del jardín y partes de alimentos que no pueden

comerse, como las hojas de maíz y la cáscara de huevos, en un recipiente en su jardín. A medida que estos materiales se descomponen, se convierten en un material parecido a la tierra que es útil para las plantas. Cada cierto tiempo, puede sacarse un poco de compost y usarlo como fertilizante. Ten en cuenta que la carne y los productos lácteos no pueden usarse para hacer compost.

LECTURA ATENTA

Analizar el argumento

Subraya datos de los párrafos 26 a 28 que te ayuden a entender de qué manera hacer compost reduce la cantidad de desechos.

27 **Hacer compost para los demás** Muchas personas no tienen un jardín, pero casi todos conocen a alguien que sí. Si no tienes cómo usar compost en tu hogar, pide a tus amigos y a tu familia que averigüen si hay alguien que quiera un poco más de compost. Muchos jardineros estarían contentos por la ayuda, y podrías usar un poco de los desechos de tu hogar para hacer compost para ellos. Los cubos de compost pequeños son económicos, pueden guardarse en la casa o el garaje y son fáciles de transportar hasta la persona que los vaya a usar.

28 **Probar la lombricultura** No todos pueden hacer compost al aire libre. Las personas que viven en apartamentos, por ejemplo, podrían no tener esta opción. En muchos casos, las personas que quieren hacer compost adentro usan la lombricultura. La lombricultura usa una colonia de lombrices, como las lombrices de tierra, para descomponer los alimentos que de otro modo se desecharían. La lombricultura puede resultar difícil de usar porque el hábitat de las lombrices debe mantenerse a una temperatura y a un nivel de humedad determinados. Sin embargo, las lombrices producen un fertilizante beneficioso para las plantas de jardines pequeños o de las macetas de ventanas.

LECTURA ATENTA

Analizar el argumento

Subraya una oración en la que Nick Winnick haga un llamamiento al público.

AYUDAR A TU COMUNIDAD

29 Proteger el medioambiente es un trabajo importante. Realizar acciones individuales es un gran comienzo, pero un grupo grande verá resultados más rápido. Piensa en cómo podrías usar lo que has aprendido sobre reducir la cantidad de desechos para ayudar a tu comunidad.

MANERAS DE REDUCIR DESECHOS EN UNA COMUNIDAD

30 **Campañas** En algunos estados, las personas pueden recibir dinero por devolver botellas y latas vacías para reciclar. El pago es 5 o 10 centavos por lata o botella, lo cual, con el tiempo, se acumulará. Las campañas para recolectar botellas son una gran manera de ganar dinero y ayudar al medioambiente. En una campaña de recolección de botellas, las personas van a los hogares y las empresas de una comunidad y les piden que donen botellas y latas. Muchos grupos, como los equipos deportivos y las organizaciones benéficas, usan este método para ganar dinero para realizar sus actividades.

31 **Conectarse a Internet** La Red puede ser un gran recurso para reducir la cantidad de desechos. La organización sin fines de lucro Freecycle Network es un grupo dedicado a intercambiar objetos gratis y mantener los objetos fuera de los vertederos. Los sitios de algunas comunidades tienen secciones de clasificados gratis donde las personas pueden poner en listas objetos que ya no necesitan. Estos objetos pueden ir desde cajas de mudanza hasta muebles. También puedes encontrar sitios que publican listas de mercados de pulgas y ventas de garaje próximos a realizarse. Si te interesa buscar este tipo de listas, pídele a un adulto que te ayude.

32 **Aportar recursos** Una de las maneras más ecológicas de ayudar a tu comunidad es evitar que los objetos sean desechados, primero que todo. Imagina que tienes ropa, libros o artículos deportivos viejos que ya no necesitas. Quizá no tengas objetos suficientes para hacer una venta de garaje por tu cuenta, pero podrías organizar una con amigos o vecinos. Si todos aportan sus recursos y organizan una venta juntos, puedes ganar dinero, proporcionar a tus amigos y vecinos cosas que podrían necesitar, y evitar que se desechen.

LECTURA ATENTA

Vocabulario en contexto

Usa las **claves del contexto**, evidencia del texto que encuentres en una oración y cerca de una oración que incluya una palabra de varios significados, para aclarar el significado de la palabra.

Subraya palabras y frases que te ayuden a aclarar el significado de *sitios* según se usa en el párrafo 31.

10 MANERAS PARA QUE TU HOGAR SEA ECOLÓGICO

33 Si te interesa reducir la cantidad de desechos, puedes comenzar en tu hogar. Estas son 10 maneras sencillas para hacer que un hogar sea más eficiente.

1

34 **Detén los escapes de aire** El calor se pierde muy rápido a través de los escapes de aire, como ventanas, puertas, interruptores de luz y tomacorrientes. Esto significa que debe usarse más energía para calentar la casa. Las fuentes de pérdida de calor pueden sellarse con gomaespuma, sellador o burletes.

2

35 **Apágalo** Si no lo necesitas, no lo enciendas. En cualquier habitación donde no haya personas, no debe haber luces encendidas ni tampoco aparatos electrónicos funcionando.

3

36 **Ajusta el termostato** Puedes ahorrar dinero en calefacción y energía bajando el termostato cuando estás fuera de la casa o durmiendo. En las ferreterías, venden termostatos con un temporizador que se programa para cambiar la temperatura en momentos predeterminados.

4

37 **Pide la prueba** Los auditores certificados de energía en el hogar pueden probar la hermeticidad en los hogares usando una prueba de "puerta sopladora" ("*blower door*"). Este dispositivo bombea aire hacia el interior de tu casa y ayuda a encontrar áreas mal aisladas o con corrientes de aire. Encontrar estas áreas y repararlas ayudará a que en tu hogar haya un consumo eficiente de la energía.

5

38 **Busca el logo de ENERGY STAR (estrella de energía)** Cuando tu familia compre un electrodoméstico nuevo, busca el logo de ENERGY STAR, que identifica los productos que han sido certificados por la Agencia de Protección Ambiental de los Estados Unidos como productos con un consumo eficiente de energía. Estos productos usan de 10 a 30 por ciento menos de energía que sus competidores.

39 **Reduce el caudal** Instalar cabezales de ducha de bajo flujo ahorrará agua. Estos cabezales son económicos y fáciles de instalar, y pueden hacer que se ahorre dinero en las facturas de agua. 6

40 **Usa focos fluorescentes compactos (CFL)** Reemplazar los antiguos focos incandescentes con los CFL, que tienen una gran eficiencia energética, reducirá la factura de electricidad de tu familia. Si todas las personas de los Estados Unidos hicieran este cambio, la menor necesidad de electricidad podría significar que más de 5 mil millones de toneladas (4.5 mil millones de toneladas métricas) de gases de efecto invernadero no ingresaran a la atmósfera. 7

41 **Limpia la caldera y hazle mantenimiento** Si en tu casa hay una caldera, es una buena idea que tu familia la haga limpiar cada dos años. Esto mejora la eficiencia de la caldera entre 5 y 10 por ciento. También reduce los costos de calefacción y el uso de energía. 8

42 **Planta un árbol** Un árbol, o unos arbustos de sombra que crezcan alto en tu patio delantero, pueden ahorrar costos de aire acondicionado en el verano. Si tu familia planta un árbol frondoso, el árbol permitirá que pase la luz del sol en el invierno cuando sus hojas hayan caído, lo cual ayudará a reducir los costos de calefacción. 9

43 **Cubre el calentador de agua** Poner una cubierta aislante económica alrededor del calentador de agua mantiene al agua caliente durante más tiempo, lo cual puede ahorrar una gran cantidad de energía. Para ahorrar dinero, y reducir el riesgo de quemaduras accidentales, tu familia puede bajar algunos grados la temperatura del calentador de agua. 10

LECTURA ATENTA

Resumir un texto argumentativo

Para que un resumen sea breve, podrías combinar ideas similares manteniendo el significado de la selección.

Resalta dos ideas sobre reducir la cantidad de desechos ajustando la calefacción de una casa.

LECTURA ATENTA

Analizar el argumento

¿Cómo relaciona Nick Winninck la idea de tener una carrera gratificante con la idea de ayudar al medioambiente? Subraya evidencia del texto que vincule este tema con su afirmación.

CARRERAS ECOLÓGICAS

44 Para tener un mundo limpio y saludable en el futuro, debemos empezar a trabajar ahora. Estas son dos de las carreras potenciales para personas a quienes les interesa reducir la cantidad de desechos.

Artista ecológico

45 **Carrera** Los artistas ecológicos combinan su amor por el arte con la pasión por el medioambiente. Estos artistas pueden esculpir con materiales reciclados, crear tejidos con fibras recicladas, diseñar joyas hechas con vidrio usado o hallar cualquier otra manera de crear arte sin dañar a la Tierra. Algunos artistas ecológicos trabajan en el diseño de moda, creando prendas de vestir con algodón orgánico u otras telas naturales. Muchos artistas ecológicos usan su trabajo para educar a los demás sobre diversos temas ambientales. Algunos de estos artistas trabajan por su cuenta. Otros pueden trabajar en compañías de diseño o empresas minoristas.

46 **Educación** Una licenciatura en bellas artes proporcionará una base sólida para muchas carreras artísticas.

Contratista ecológico

47 **Carrera** Los contratistas ecológicos son constructores y comerciantes que se especializan en productos y tecnologías ecológicas. Instalan sistemas de aislamiento, paneles solares, sistemas de tratamiento de agua gris y otras tecnologías diseñadas para hogares con un uso más eficiente de energía y respetuosos con el medioambiente. Estas personas deben aprender técnicas especializadas asociadas con gremios importantes de la construcción, como electricidad y plomería.

48 **Educación** En todos los estados de los EE. UU. se exige que los contratistas tengan una licencia. Los requisitos varían, pero la mayoría de los contratistas deben aprobar un examen.

HORA DE DEBATIR

TEMA ¿Deberían las ciudades financiar la recolección puerta a puerta de materiales para programas de reciclaje?

49 La mayoría de las personas estarían de acuerdo con que reducir la cantidad de desechos es una buena idea. Sin embargo, hay muchas maneras diferentes de hacerlo y los detalles a menudo son temas de debates acalorados, en general, centrados en el financiamiento de programas de manejo de los desechos. ¿Deberían los contribuyentes de una ciudad, por ejemplo, pagar por la recolección puerta a puerta de materiales reciclables? ¿Debería la ciudad ahorrar el dinero y confiar en que las personas depositen los materiales reciclables por su cuenta?

LECTURA ATENTA

Analizar el argumento

Identifica y subraya las dos afirmaciones opuestas que están abiertas al debate.

A FAVOR

1. Se enviarán muchos menos materiales potencialmente reciclables a los vertederos.
2. Una participación más fácil alentará a más personas a formar parte de programas de reciclaje locales.
3. La recolección de materiales reciclables podría fusionarse con otras actividades de recolección de desechos para ahorrar dinero.

EN CONTRA

1. La recolección puerta a puerta aumentará los impuestos para los propietarios de inmuebles.
2. Hay un costo ambiental adicional en forma de más camiones de gran tamaño en las calles de la ciudad.
3. Los cubos para recolección de materiales reciclables no son atractivos a la vista.

Desarrollar el vocabulario

A veces, la definición de una palabra es tan específica que siempre aparecerá en un solo contexto, sobre un solo tema. Otras palabras tienen definiciones que se aplican a más de un tema. Por ejemplo, las palabras *innovadores* o *innovadoras* pueden aplicarse en cualquier contexto en el que las personas inventen objetos nuevos o maneras nuevas de hacer las cosas.

MI TURNO Define cada palabra y luego úsala para escribir una oración sobre un tema de la lista. En tu oración, subraya el tema de la lista.

Lista de temas

motores de gasolina **focos eléctricos** **computadoras**

ruido **hojas en descomposición** **conceptos científicos**

1. **emisiones**
   Definición cosas liberadas
   Oración Manejar menos reducirá las emisiones de los motores de gasolina.

2. **excesiva**
   Definición
   Oración

3. **subyacen**
   Definición
   Oración

4. **innovadoras**
   Definición
   Oración

5. **vatio**
   Definición
   Oración

Verificar la comprensión

Mi TURNO Vuelve a mirar el texto para responder a las preguntas.

1. ¿Cómo sabes que este texto es argumentativo en lugar de informativo? Da tres ejemplos para apoyar tu respuesta.

2. ¿Quién forma parte del público de este texto? ¿Cómo puedes darte cuenta de que Nick Winnick escribió para este público?

3. ¿Cómo podrías evaluar, o juzgar, cuán bien Nick Winnick convence a los lectores de cambiar sus hábitos y reducir la cantidad de desechos? Usa evidencia del texto para apoyar tu respuesta.

4. Vuelve a leer la cita del círculo de Buckminster Fuller cerca del párrafo 20. ¿Piensas que la cita siempre es verdadera o se te ocurren ejemplos para mostrar que a veces es falsa?

Analizar el argumento

Para analizar un argumento, identifica la afirmación del autor, identifica las razones de apoyo y evalúa los datos que usa el autor. Luego, determina cuán efectivamente el argumento convence al público al que se dirige el texto.

1. **Mi TURNO** Vuelve a las notas de Lectura atenta de "Las 10 mejores maneras de reducir los residuos" y subraya las afirmaciones y las razones del autor.

2. **La evidencia del texto** Usa las partes subrayadas para completar el organizador gráfico. Luego, responde a la pregunta.

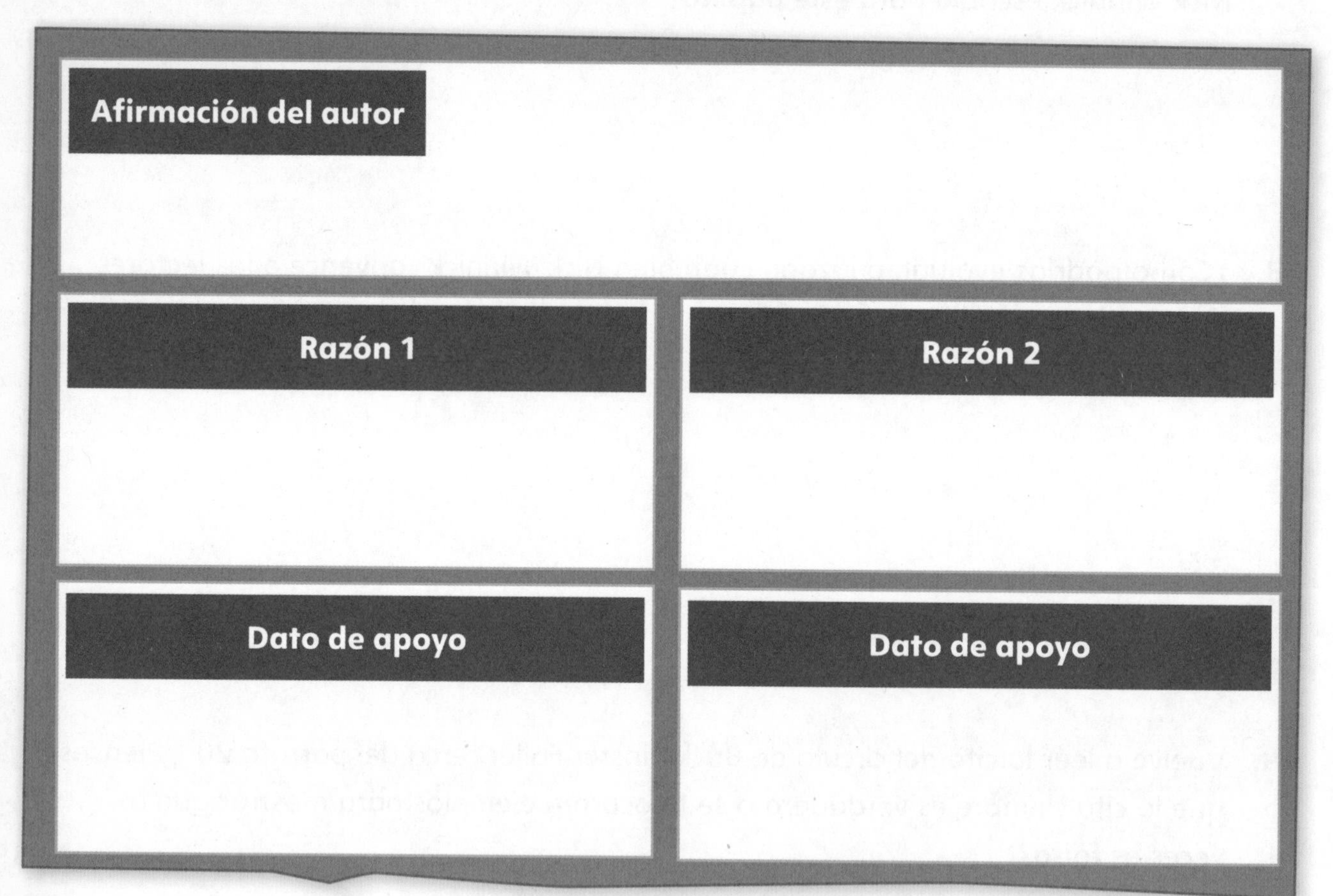

Mi análisis ¿Cuán bien convencen a los lectores las razones de Nick Winnick?

Resumir un texto argumentativo

Resumir un texto argumentativo te ayudará a decir en pocas palabras qué afirma el autor y cuáles son sus razones más convincentes. Cuando resumes un texto debes ser breve, usar tus propias palabras, no incluir tu opinión y mantener un orden lógico.

1. **Mi TURNO** Vuelve a las notas de Lectura atenta y resalta la información que se incluiría en un resumen sobre las maneras de reducir la cantidad de desechos en el hogar.

2. **La evidencia del texto** Usa el texto resaltado para planificar y crear un resumen.

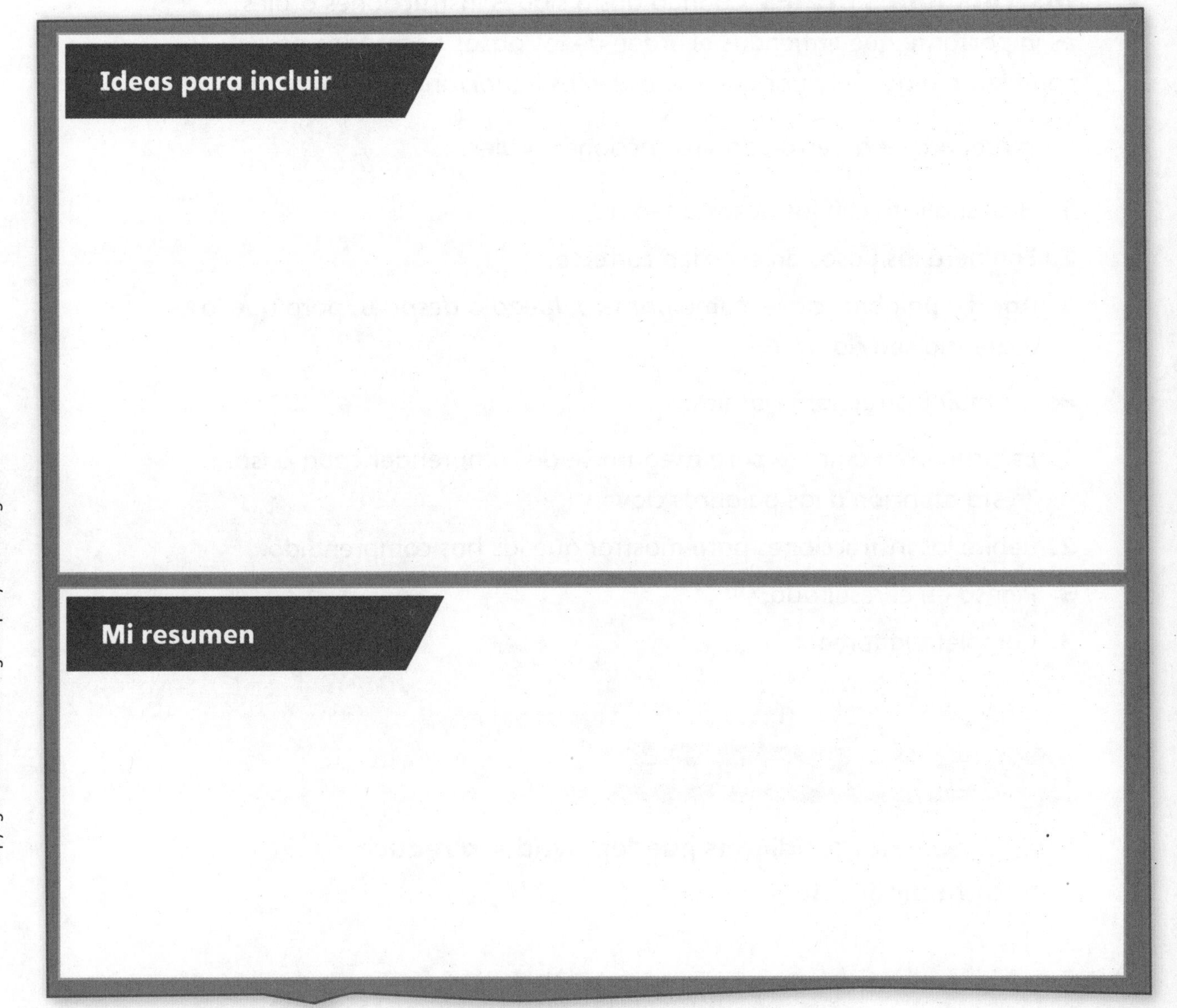

Reflexionar y comentar

En tus palabras Piensa en los tipos de desperdicios sobre los que leíste esta semana: agua, energía, alimentos, materiales y otros. Escoge uno y prepara unas instrucciones para que siga una persona que quiera reducir o eliminar el desperdicio de ese recurso en tu escuela. Júntate con un compañero y digan sus instrucciones. Luego, sigue las instrucciones para reducir los desperdicios en tu escuela. Usa la guía de esta página.

Instrucciones orales Cuando das o sigues instrucciones orales, es importante que entiendas el orden de los pasos necesarios para completar la acción y por qué ese orden es importante.

Para prepararte antes de dar instrucciones orales:

1. Haz una lista con los pasos a seguir.
2. Enumera los pasos en el orden correcto.
3. Agrega palabras clave, como *primero*, *luego* o *después*, para que la secuencia sea clara.

Para seguir instrucciones orales:

1. Escucha atentamente para asegurarte de comprender cada paso. Presta atención a las palabras clave.
2. Repite las instrucciones para mostrar que las has comprendido.
3. Piensa en el resultado.
4. Completa la tarea.

Pregunta de la semana

¿Qué acciones cotidianas pueden ayudar a reducir la contaminación?

Vocabulario académico

Meta de aprendizaje

Puedo usar el lenguaje para hacer conexiones entre la lectura y la escritura.

Las **claves del contexto** ayudan a los lectores a averiguar el significado de palabras difíciles o poco comunes.

Mi TURNO En cada oración:

1. **Resalta** una palabra o frase que sea una clave del contexto para el significado de la palabra en letra negrita.
2. **Escribe** una oración que explique cómo se relacionan la palabra y la clave.

La estudiante imprimió el nombre de cada planeta para usar como **rótulo** en su modelo del sistema solar.

Explicación: ______________________________

____

Martín quedó **sorprendido** cuando Henry dijo que había memorizado todo el libro de ciencias de la Tierra.

Explicación: ______________________________

____

Los trabajadores no pueden llevar las computadoras fuera de las **fronteras** del complejo espacial.

Explicación: ______________________________

____

¿Qué **consecuencias** le seguirían a construir una ciudad en la Luna?

Explicación: ______________________________

____

El museo promete **preservar** el pedazo de roca lunar que donó Darryl.

Explicación: ______________________________

____

El acento diacrítico

Todas las palabras se acentúan en una sílaba. Las reglas de acentuación determinan cuando estas sílabas llevan o no acento gráfico.

Hay palabras que se escriben igual, pero que tienen significados diferentes según lleven acento o no. Este acento se llama **diacrítico**; por ejemplo *el*, que es un artículo (*el libro*), y *él*, que es un pronombre personal (*Él me dijo que vendría*). Estas palabras son **homófonas**.

Podemos usar el **acento diacrítico** para distinguir y decodificar el significado de palabras que se escriben igual. Otro ejemplo común es el uso del acento diacrítico para diferenciar los pronombres relativos (*Esa es la escuela donde estudiamos*) de los interrogativos o exclamativos (*¿Dónde vives?* , *¡Cuánto te extrañamos!*). Además, en algunos textos más antiguos, pueden llegar a encontrar el uso del acento diacrítico para diferenciar los pronombres demostrativos (*ese*, *este*) de los determinativos (*ése*, *éste*), aunque esa norma ya no es válida.

Mi TURNO Decodifica cada oración. Distingue entre las dos opciones y escribe la palabra en letra negrita con o sin el acento diacrítico según corresponda. Puedes usar un diccionario impreso o en línea para verificar los significados.

1. tu/tú

_____ tienes una gran habilidad para jugar al fútbol.

Nos gusta ir a la piscina de _____ casa.

2. sí/si

_____ tienes tiempo, por favor llámame por la tarde.

_____, me encantaría ir a tu fiesta de cumpleaños.

3. se/sé

El hijo _____ parecía mucho más a su padre.

Yo _____ que aprobaré todos los exámenes.

4. cuando/cuándo

¿_____ vas a venir a mi casa?

_____ vengas a mi casa, podemos nadar en la piscina.

5. qué/que

Lo _____ debes hacer para mejorar es seguir practicando.

¡ _____ paisaje tan hermoso!

Leer como un escritor

Los escritores persuasivos pueden usar el punto de vista de la primera persona para desarrollar una relación con los lectores. Esto significa usar los pronombres y adjetivos *yo*, *me*, *mi*, *mis*, *mío*, *míos*, *nosotros*, *nos*, *nuestro* y *nuestros*. Para fortalecer la relación, los escritores persuasivos también pueden dirigirse a los lectores como "tú" o "ustedes". Este punto de vista de la segunda persona hace que los lectores sientan que el autor les está hablando personalmente a ellos.

¡Demuéstralo! Lee este fragmento de "Las 10 mejores maneras de reducir los residuos".

> La energía proveniente de muchas fuentes hace que nuestro mundo funcione.

punto de vista de la primera persona

1. **Identificar** Nick Winnick usa el punto de vista de la primera persona.
2. **Preguntar** ¿Por qué usa este punto de vista?
3. **Sacar conclusiones** Usa el punto de vista de la primera persona para recordar a los lectores que él y ellos viven en el mismo mundo.

Vuelve a leer el párrafo 27 del texto.

Mi TURNO Sigue los pasos para analizar el texto. Describe cómo usa el autor este recurso literario del punto de vista.

1. **Identificar** Nick Winnick usa el punto de vista de la ______
2. **Preguntar** ¿Por qué usa este punto de vista?
3. **Sacar conclusiones** ______

______

Escribir para un lector

¡Tus lectores quieren saber quién eres!

Los escritores eligen un punto de vista para determinar cómo se relacionan los lectores con un texto.

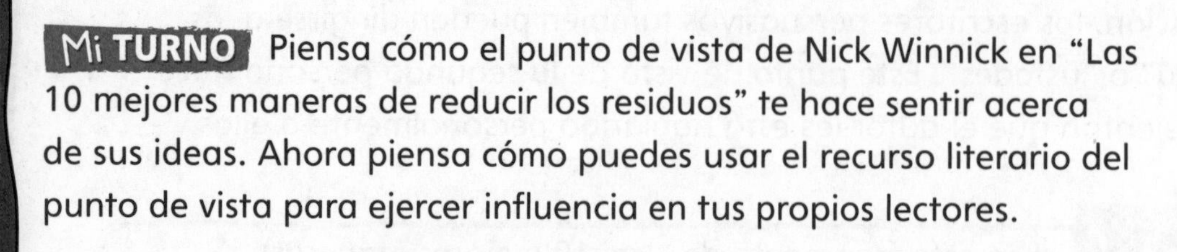

Mi TURNO Piensa cómo el punto de vista de Nick Winnick en "Las 10 mejores maneras de reducir los residuos" te hace sentir acerca de sus ideas. Ahora piensa cómo puedes usar el recurso literario del punto de vista para ejercer influencia en tus propios lectores.

1. Imagina que te presentas como candidato para presidente de la clase. Escribe una oración desde el punto de vista de la primera persona para persuadir a los lectores de firmar una petición para que te incluyan en la boleta de votación.

2. Ahora escribe una oración persuasiva con la misma razón usando el punto de vista de la segunda persona.

3. Escribe una carta corta a tus compañeros de clase para persuadirlos de que te elijan como presidente de la clase. Usa el recurso literario del punto de vista para determinar cómo los lectores se relacionarán con la carta.

Escribir palabras con acento diacrítico

El **acento diacrítico** sirve para distinguir el significado de palabras que se escriben o pronuncian de la misma forma (homógrafos y homófonos) y así poder decodificar su significado. Por ejemplo, *qué*, que es un pronombre interrogativo/exclamativo (*¿**Qué** quieres comer?*) y *que*, que es un pronombre relativo (*Esta es la manta* ***que*** *me tejió mi abuela*). Recuerda que anteriormente se usaba el acento diacrítico para diferenciar a los pronombres demostrativos (*esa*, *esta*) de los determinativos (*ésa*, *ésta*). Esta norma ya no es válida.

Mi TURNO Distingue el significado de cada palabra y colócalas donde correspondan. Luego, decodifica las oraciones para verificar el significado de cada una. Puedes verificar tus respuestas con un diccionario.

PALABRAS DE ORTOGRAFÍA

aún	de	el	mas
mi	se	si	te
tu	qué	aun	dé
él	más	mí	sé
sí	té	tú	que

que/qué

1. ¿________ fue lo ________ te quería contar Raúl ayer?

mi/mí

2. Para ________ es importante ver a ________ familia feliz.

aun/aún

3. ________ puedes comprar un boleto para el sorteo. Tienes hasta el martes, ________ el miércoles podrías comprarlo.

mas/más

4. Regresé a la casa por ________ vasos ________ no para quedarme a cenar.

de/dé

5. ________ todo lo que puedo decir, lo más importante es que primero te ________ un consejo.

El uso de mayúsculas en los títulos

Sigue estas reglas para usar mayúsculas en las palabras de títulos de documentos históricos, libros, cuentos, ensayos y similares.

- Siempre se escribe con mayúscula la primera palabra del título y de los subtítulos de un libro, artículo, obra teatral, película y similares.
- También se escriben con mayúscula los nombres propios.
- Si un título tiene dos frases que están separadas por dos puntos, la primera palabra de la segunda frase se escribe con mayúscula.
- No se escriben con mayúscula las demás palabras, como los artículos (*un, uno, una, unos, unas, el, la, los, las*), los pronombres (*el, ella, ellos, ellas*), las preposiciones (*de, entre, durante, hacia, sobre*), etcétera.

Los ejemplos siguientes muestran estas reglas.

Un estudio sobre los osos del Ártico. *La amistad: Reflexiones de un grupo de amigos*

Mineros del Oeste en huelga. *Caperucita Roja*

Mi TURNO Revisa este párrafo para corregir los errores en el uso de las mayúsculas. Escribe tres rayas cortas (≡) debajo de cada letra que debe escribirse con mayúscula.

benjamin franklin, que ayudó a redactar la declaración de independencia, publicó *el almanaque del pobre richard* durante veinticinco años, desde el año 1732. Su trabajo más importante, ahora conocido como *la autobiografía de benjamin franklin*, fue originalmente publicado en francés. La primera traducción al inglés tenía el largo título de *la vida privada del difunto benjamin franklin, LL. D., originalmente escrita por él mismo y ahora traducida desde el francés.*

Escribir con saltos de línea

Meta de aprendizaje

Puedo usar lo que sé sobre los elementos y la estructura de la poesía para escribir un poema.

Los saltos de línea ayudan a los lectores a leer un poema. Cuando un verso termina, el lector hace una pausa pequeña. Esto influye en los sonidos y las ideas del poema, y en las imágenes que enfatiza. Mira dónde terminan los versos en estos ejemplos.

Poema 1

Las tostadas saben mejor
cuando las prepara Rafael con amor
o mermelada o miel
o queso crema.

Poema 2

Las tostadas saben mejor cuando las
prepara Rafael
con amor o mermelada o miel
o queso
crema.

En el Poema 1, los dos primeros versos enfatizan *mejor* y *amor*. El sonido de la segunda sílaba, *jor* en *mejor* y *mor* en *amor*, enfatiza el buen sentimiento. En el Poema 2, el primer verso termina en *Rafael*, que termina igual que *miel*. El último verso de una palabra enfatiza que el queso crema es diferente de los otros ingredientes.

Mi TURNO Lee las siguientes oraciones en voz alta. Después, experimenta separándolas en versos diferentes. Marca los versos para mostrar dónde van tus saltos de línea favoritos. Por último, responde a las preguntas.

El sol brilla por mi ventana y puedo ver a mi abuela anciana sentada en el jardín. Hoy a la tarde es la fiesta de cumpleaños de mi hermano Martín y habrá música y amigos en este hermoso jardín.

1. ¿Qué sonidos enfatizan los saltos de línea de tus versos?

2. ¿Qué idea o ideas enfatizan tus saltos de línea?

Ordenar las estrofas

Una **estrofa** es un grupo de versos de un poema. Hay una pausa más larga al final de una estrofa que al final de un verso. La pausa al final de una estrofa significa que la atmósfera o el pensamiento del poema está cambiando.

Las estrofas pueden tener dos o más versos. No es necesario que todas las estrofas tengan la misma cantidad de versos. Se pueden mezclar versos únicos con estrofas. No es necesario que las estrofas terminen cuando termina una oración.

Mi TURNO Divide estos versos en estrofas que tengan pensamientos separados. Subraya el último verso de cada estrofa que formes.

Una multitud espera en la parada de autobuses.
Los buses llegan, seis en fila.
La multitud forma seis filas.
Encuentro la mía
para las otras la gente desfila.
Para el autobús, mi fila sube seis escalones
mientras en los altoparlantes se escuchan canciones.
La puerta se abre chillando y se cierra igual.
Llego a casa donde me espera una cena formal.

Mi TURNO Aplica la destreza de ordenar las estrofas cuando escribas un poema en tu cuaderno de escritura.

Las estrofas pueden separar las ideas de maneras inesperadas.

Elegir la puntuación

Elige la puntuación por la manera en que influye en el ritmo y las pausas de tu poema. Por ejemplo, una coma obliga al lector a hacer una pausa o leer más lento.

Ejemplo	Explicación
Corriendo, corriendo y respirando fuerte gané la carrera.	La falta de puntuación hace que la carrera suene como si se desarrollara muy rápido.
Corriendo, y corriendo, y respirando fuerte, gané la carrera.	Las comas hacen que el verso se lea más lentamente, lo cual hace que la carrera parezca difícil.

También puedes elegir la puntuación por la manera en que influye en las ideas.

Ejemplo	Explicación
Eso es todo. ¿Eso es todo?	Con un punto, este enunciado da una respuesta final. Con los signos de interrogación, el verso pide una respuesta.

Mi TURNO Añade signos de puntuación a estos versos para separar las ideas y para controlar cuán rápido lee el lector.

Antes de que suene el timbre   estamos listos para salir

Nuestros libros están todos cerrados ya no los queremos abrir

Nuestras mochilas están listas y nos pusimos los abrigos

En tan solo unos minutos   saldremos a jugar con nuestros amigos

Mi TURNO Elige la puntuación adecuada cuando escribas tu propio poema.

Establecer un esquema de rima

Algunos poemas tienen rimas. Las rimas al final de los versos siguen un patrón llamado **esquema de rima.**

Mi amiga y yo tuvimos una linda y larga **charla**	**a**
sobre qué hacer para **divertirnos.**	**b**
Su padre nos dio una pelota para que jugáramos a **lanzarla**	**a**
qué divertido estuvo; ¡era imposible **aburrirnos!**	**b**

Cada rima al final de un verso tiene una letra.

- *Charla* rima con *lanzarla*, y esa rima tiene la letra *a*.
- *Divertirnos* rima con *aburrirnos*, y esa rima tiene la letra *b*.
- El esquema de rima se escribe *abab*.

Mi TURNO Busca el esquema de rima de la primera estrofa y escríbelo en la línea. Luego, añade palabras a la segunda estrofa para que tenga el mismo esquema de rima.

El árbol era frondoso
parecía que estaba escondido un oso
de repente miedo sentí
y salí corriendo de ahí.

Esquema de rima ______

El copo de nieve era chiquito
parecía un ______
pero igual lo podíamos ______
así que con él pudimos jugar.

Mi TURNO Aplica un esquema de rima cuando escribas el borrador de un poema en tu cuaderno de escritura.

Elegir un género

El género de la poesía tiene muchos subgéneros. En otras palabras, la poesía viene en muchas formas. Algunas formas, como las de la tabla, siguen reglas detalladas.

Forma	Reglas	Ejemplo
Pareado	Dos versos que riman y manifiestan un pensamiento completo	Practicamos en el piano día tras día antes de que nos invitara a tocar la maestra, mi tía.
Haiku	Tres versos, sin rima El primer verso con 5 sílabas, el segundo verso con 7 sílabas, el tercer verso con 5 sílabas	Rayos BOOM truenos: ay, el aire revuelto y mucho polvo.

Mi TURNO Lee el siguiente párrafo. Elige un género de la tabla y escribe un poema en ese género basándote en el párrafo.

> A Myeong le encanta hacer pájaros con arcilla de modelar. Busca imágenes de un pájaro que le gusta, por ejemplo, un pinzón. Normalmente, busca más de una imagen, así puede ver el pájaro desde diferentes ángulos. Luego, usa herramientas para presionar, pellizcar y cortar la arcilla hasta formar exactamente el mismo pájaro. Cuando está seco, lo pinta.

Mi TURNO Identifica un tema, un propósito y un público. Luego, elige cualquier género y planifica un borrador haciendo una lluvia de ideas.

LA COLABORACIÓN entre las naciones

La Declaración sobre el Medioambiente y el Desarrollo fue aprobada por la Organización de las Naciones Unidas durante la Cumbre de Río de Janeiro en 1992. Está basada en la Declaración sobre el Desarrollo Sustentable emitida en Estocolmo en 1972. La Declaración intenta impulsar una nueva forma de cooperación entre los estados, las instituciones y las personas.

Declaración de Río de Janeiro sobre el Medioambiente y el Desarrollo, 1992

Reconociendo la naturaleza integral e interdependiente de la Tierra, nuestro hogar, la Conferencia de las Naciones Unidas sobre el Medioambiente y el Desarrollo proclama que:

Principio 1

Los seres humanos constituyen el centro de las preocupaciones relacionadas con el desarrollo sustentable. Tienen derecho a una vida saludable y productiva en armonía con la naturaleza.

Principio 2

De conformidad con la Carta de las Naciones Unidas y los principios del derecho internacional, los estados tienen el derecho soberano de aprovechar sus propios recursos y la responsabilidad de velar por que las actividades realizadas bajo su control no causen daños al medioambiente de otros estados.

Principio 3

El derecho al desarrollo debe ejercerse en forma tal que responda equitativamente a las necesidades de desarrollo y ambientales de las generaciones presentes y futuras.

Principio 4

A fin de alcanzar el desarrollo sustentable, la protección del medioambiente deberá constituir una parte integral del proceso de desarrollo y no podrá considerarse en forma aislada.

SEMANA 4

Pregunta de la semana

¿Por qué es importante la colaboración entre las naciones para preservar el medioambiente?

INTERCAMBIAR ideas

Habla con un compañero sobre diferentes acciones que lleva a cabo tu país para preservar el medioambiente. Investiga otras medidas internacionales dedicadas a la protección de los entornos naturales.

Meta de aprendizaje

Puedo aprender más sobre textos informativos al explicar ideas de un texto.

Enfoque en el género

Texto informativo

Los autores de **textos informativos** usan la estructura del texto para organizar ideas. Al leer textos informativos, busca:

- **Palabras clave**, como *primero*, *luego*, *porque*, *solución*, *como* y *al igual que*
- **Temas**
- **Elementos del texto,** como encabezados y subtítulos

En general, los textos informativos tienen una estructura de texto principal; no obstante, textos más extensos y complejos pueden incorporar más de una. Los autores eligen una o más estructuras de texto para apoyar su propósito de escritura.

INTERCAMBIAR ideas Piensa en otro texto informativo que hayas leído. ¿Cuál era su estructura? Usa el Cartel de referencia para comentar la estructura del texto con un compañero. Toma apuntes para reforzar tu comprensión sobre cómo los autores usan la estructura del texto.

Mis APUNTES

CARTEL DE REFERENCIA: TEXTO INFORMATIVO

Tomar notas sobre las estructuras de los textos informativos

1. Identificar el tema
2. Identificar la estructura del texto
3. Elegir un organizador gráfico
4. Evaluar los detalles

SECUENCIA DE SUCESOS

U orden cronológico

Comienzo

Desarrollo

Final

COMPARACIÓN y CONTRASTE

CAUSA Y EFECTO

¿POR QUÉ OCURRIÓ? → ¿QUÉ OCURRIÓ?

O PROBLEMA Y SOLUCIÓN

Conoce  autor

René Colato Laínez es un autor salvadoreño de muchos libros multiculturales para niños. Es maestro en la escuela primaria Fernangeles en Sun Valley, California, donde les enseña a los niños cómo cuidar nuestro planeta Tierra. René siembra esfuerzo, esperanza y amor en sus libros infantiles.

La deforestación y sus efectos

Primer vistazo al vocabulario

A medida que lees "La deforestación y sus efectos", presta atención a estas palabras de vocabulario. Fíjate cómo te ayudan a entender ideas relacionadas con las características de la Tierra.

arrasando **absorben** **diversidad**
adornados **símbolo**

Lectura

Echa un vistazo a los encabezados y a las fotografías para establecer un "marco" a medida que leas el texto. Los lectores activos de **textos informativos** siguen estas estrategias cuando leen un texto por primera vez.

Primera lectura

Nota	**Genera preguntas**
cómo los elementos del texto permiten organizar ideas y detalles.	a medida que leas y marca partes del texto que te resulten confusas.
Conecta	**Responde**
datos de este texto con lo que ya sabes sobre las características de la Tierra.	y comenta el texto con un compañero a medida que leas.

LA DEFORESTACIÓN y sus efectos

por René Colato Laínez

AUDIO

ANOTAR

LECTURA ATENTA

Vocabulario en contexto

Para definir el significado de una palabra poco común, busca las claves del contexto, pueden ser reafirmaciones dadas por el autor.

Subraya una clave del contexto que te ayude a definir el significado de *deforestación*.

arrasando destruyendo

1 ¿Has escuchado hablar alguna vez de la deforestación? Se trata del proceso de quitar árboles de los bosques y selvas del planeta Tierra. Una manera de hacerlo es usando serruchos, machetes o máquinas especiales llamadas topadoras. Otra manera que puede ser más rápida es quemar los árboles en vez de cortarlos. Ambas maneras de deforestación nos están dejando sin árboles.

2 Las personas comenzaron a quitar árboles para tener lugar para sembrar cultivos, criar animales, y construir casas y carreteras para transportar y vender sus productos. Con el aumento de la población, siglo tras siglo, la necesidad de deforestar fue aumentando. El problema es que está arrasando los bosques y las selvas del planeta Tierra de manera alarmante. Esto causa un inmenso daño en el hábitat de los animales y en el medioambiente.

3 Es nuestro deber actuar para salvar nuestro planeta, pues es el lugar donde vivimos. El planeta Tierra es nuestra única casa y si la destruimos, ¿dónde viviremos?

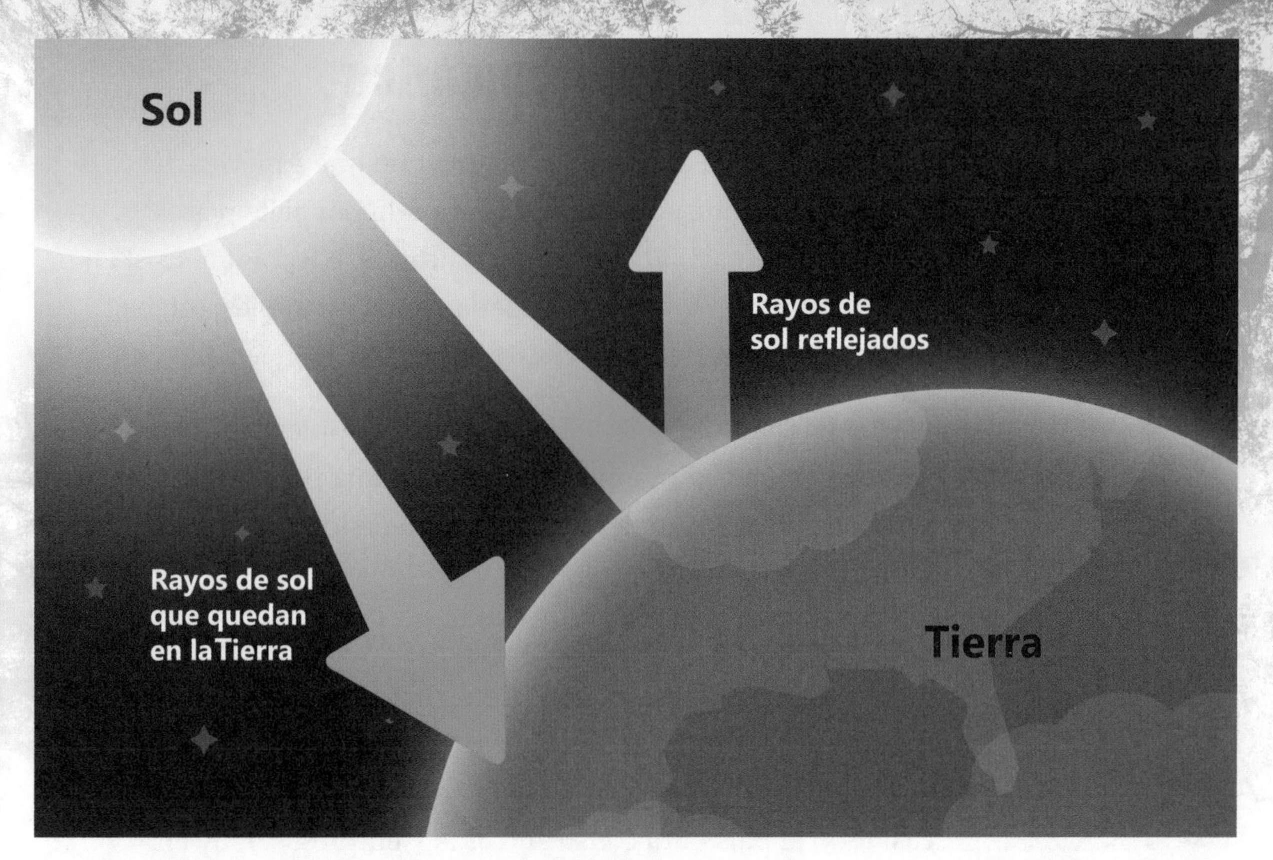

El dióxido de carbono es necesario para mantener la temperatura de la Tierra, pero en exceso es perjudicial.

4 ¿Sabes qué es el dióxido de carbono? Se trata de un gas sin color y sin olor. Es vital para la vida en nuestro planeta. Se encuentra en la atmósfera de la Tierra y nos ayuda a mantener el calor evitando que nuestro planeta se congele.

5 Pero el exceso de dióxido de carbono es malo para el planeta. Hace que los rayos del sol queden atrapados y la Tierra se caliente mucho más de lo adecuado. Los bosques y las selvas ayudan a mantener niveles aceptables de dióxido de carbono en la atmósfera. Las ramas de los árboles y las hojas de las plantas absorben una gran cantidad de este gas. Lo usan, junto con el agua y la luz del sol, para producir su alimento y crecer. Cuando se elimina un bosque o una selva, una importante cantidad de dióxido de carbono ya no es atrapado y se queda en la atmósfera.

LECTURA ATENTA

Explicar las ideas

Subraya los procesos naturales que incluirías en una explicación acerca de la importancia de los bosques para la atmósfera de la Tierra.

absorben consumen enteramente algo

LECTURA ATENTA

Inferir

¿De qué modo se relaciona el aumento de la población en El Salvador con la deforestación?

Resalta detalles que te ayuden a inferir la respuesta.

diversidad variedad, gran cantidad de varias cosas

Las selvas de Centroamérica

1 Centroamérica es como un puente que une América del Norte con América del Sur. Está formada por siete países: Belice, Guatemala, El Salvador, Honduras, Nicaragua, Costa Rica y Panamá. Antes de la llegada de los españoles, estaba totalmente cubierta de selvas tropicales.

2 Hoy en día, solo el 30 % de esas selvas tropicales sobreviven en Centroamérica. Esta pequeña porción de selvas tropicales aún tiene una gran diversidad de flora y fauna que debemos proteger.

3 El Salvador es el país más pequeño de Centroamérica, pero es el más poblado de la zona. Tiene más de 6 millones de habitantes. ¿Cómo pueden vivir y trabajar tantas personas en un país tan pequeño? Sus habitantes han deforestado casi todo el país para construir casas y empresas. Hoy en día, El Salvador solamente conserva un 12 % de sus selvas tropicales.

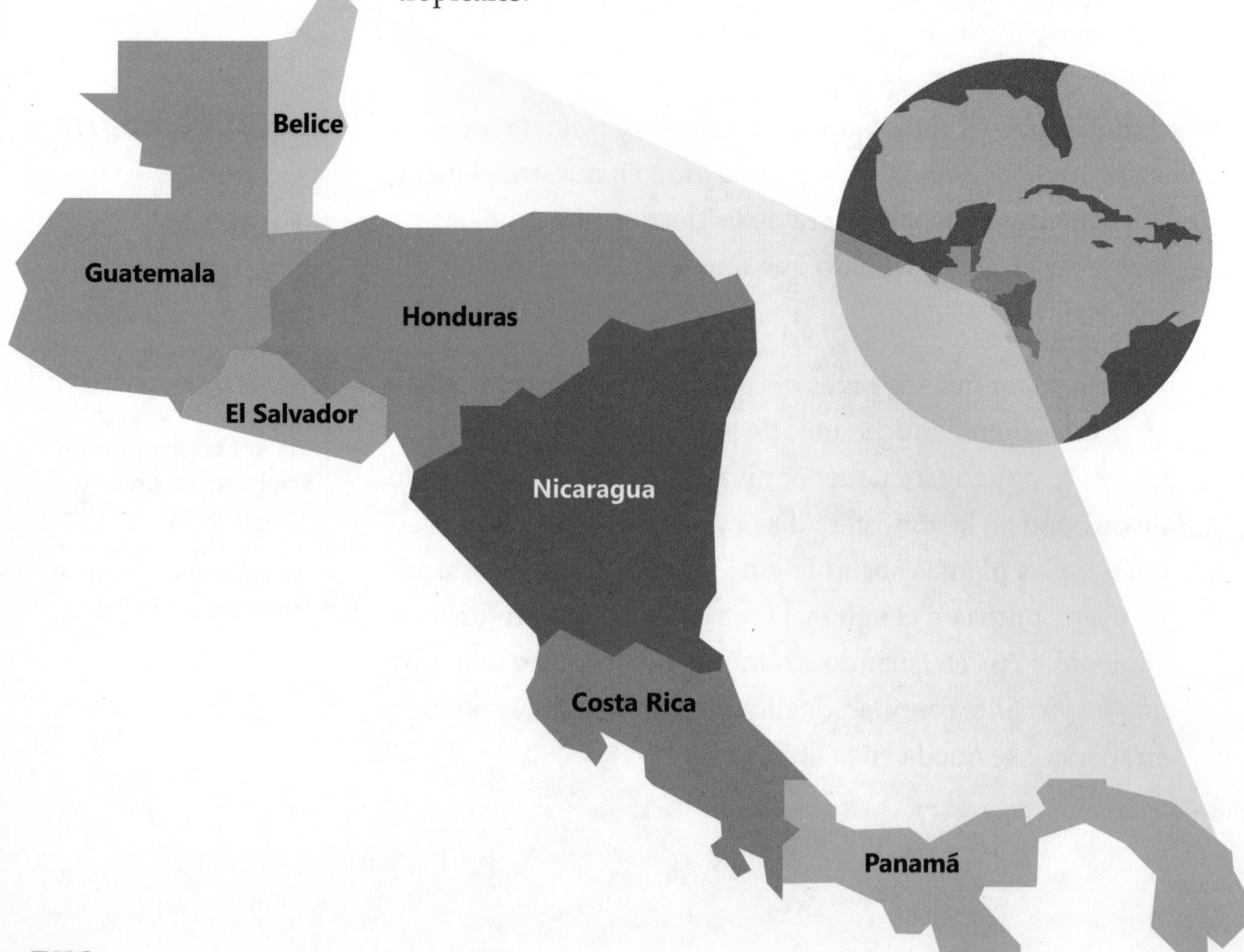

4 Centroamérica tiene una cordillera montañosa que cruza toda la región de norte a sur. Es una zona de clima tropical, ya que se encuentra cerca del ecuador. Las montañas centroamericanas están cubiertas de mucha vegetación.

5 Las costas centroamericanas del océano Pacífico y del mar Caribe tienen palmeras, helechos y lianas. La humedad y las fuertes lluvias de la región favorecen su crecimiento. Además, es hogar de muchos animales: tortugas, ranas, armadillos, zarigüeyas, monos, cocodrilos, serpientes, iguanas, pumas y ocelotes. Los cielos están adornados de muchas aves, incluyendo papagayos, tucanes y quetzales. Quizás conozcas los papagayos y los tucanes, pero, ¿conoces el quetzal?

LECTURA ATENTA

Explicar las ideas

Subraya tres ejemplos de vocabulario de dominio específico que podrías utilizar en una explicación de las ideas en los párrafos 4 y 5.

adornados embellecidos

Las selvas de Centroamérica están llenas de animales salvajes.

Explicar las ideas

Subraya detalles que te permitan explicarle a otra persona por qué el quetzal es considerado un ave sagrada en Centroamérica.

símbolo emblema representativo de un lugar o una idea

Un ave muy importante

1 Existe un ave en Centroamérica que es considerada sagrada y es un símbolo de las selvas tropicales de la región. Vive en la región que va desde el sur de México hasta el oeste de Panamá. Se llama "quetzal".

2 El quetzal es un ave de cola larga, de color blanco o negro. Las plumas de su cabeza, sus alas y su espalda son verdes con un poco de azul. Su pecho es totalmente rojo. Su nombre viene de la palabra en náhuatl *quetzalli*, que significa "cola larga de plumas brillantes".

3 Para los mayas y los aztecas, el quetzal era sagrado y sus plumas se usaban para decorar la ropa de los reyes y sacerdotes. Esta ave representa a los dioses Quetzalcóatl y Kukulkán.

4 El quetzal es el ave nacional de Guatemala y simboliza la libertad. Se encuentra en la bandera y el sello del país. También se lo menciona en el himno nacional y da nombre a la moneda del país. El quetzal se encuentra en muchos mitos y leyendas guatemaltecas y de otros países de Centroamérica.

5 El quetzal es un ave omnívora. Esto significa que puede alimentarse de animales y plantas. Come insectos, gusanos, lagartijas y ranas. También come muchas frutas, pero su comida favorita es el tepeaguacate, una clase de aguacate.

6 Forma sus nidos en huecos abandonados por pájaros carpintero. Suele poner dos huevos de color verde azulado con manchitas café. Ambos padres se turnan para empollar los huevos durante 18 o 19 días.

7 En las selvas tropicales de las zonas montañosas, el quetzal construye su nido en la cima de las montañas. Allí, su alimento es abundante. Cuando el clima es muy frío y el alimento escasea, migra hacia las partes más bajas de las montañas.

8 Debido a la escasez de árboles, el quetzal tiene problemas para encontrar huecos donde hacer nidos para sus crías. En los últimos años, los espacios de anidación del quetzal se han reducido en un 70 %. La deforestación también disminuye su posibilidad de hallar comida. Cada vez quedan menos plantas y árboles de tepeaguacate.

LECTURA ATENTA

Inferir

Resalta detalles que puedas usar para hacer una inferencia acerca de la situación actual del quetzal.

Como a ti, al quetzal también le gusta el aguacate.

LECTURA ATENTA

Inferir

¿Qué inferencias puedes hacer sobre la importancia de las reservas ecológicas?

Resalta detalles que apoyen tu inferencia.

La importancia de las reservas ecológicas

1 Los países centroamericanos saben del gran problema que representa la deforestación de las selvas tropicales. Están tratando de ayudar construyendo centros biológicos.

2 El Corredor Biológico del Bosque Nuboso se encuentra a 3 horas de la ciudad de Guatemala. Allí conservan un área de selva tropical donde los animales pueden vivir en libertad. El objetivo principal es ayudar a la conservación de la selva tropical y la supervivencia de su ave nacional, el quetzal.

3 Costa Rica es el país con más reservas biológicas en toda Centroamérica. Una de ellas es la Reserva Biológica Bosque Nuboso Monteverde, en la provincia de Puntarenas. Esta reserva también está dentro de la selva tropical y protege a animales como anfibios, lagartijas y serpientes. También es el hogar de aves como papagayos, tucanes y quetzales. En la reserva biológica hay murciélagos, monos, jaguares, ocelotes y tapires, entre otros animales.

4 Hay muchos centros biológicos en otras partes del mundo. El objetivo principal de todos ellos es salvar nuestros bosques y nuestras selvas tropicales, conservar a los animales y sus hábitats.

Guatemala
Corredor
Biológico del
Bosque Nuboso
Costa Rica
Reserva
Biológica Bosque
Nuboso Monteverde

LECTURA ATENTA

Explicar las ideas

Subraya detalles en ambas páginas que te ayuden a explicar una idea sobre cómo los humanos pueden proteger el medioambiente.

Una gran idea

1 En 1999, dos niñas de nueve años, Janine Licare y Aislin Livingstone, tuvieron una gran idea para ayudar a salvar la selva tropical. Todo empezó cuando caminaban por la carretera que atraviesa la selva tropical, en Costa Rica. Casi siempre se encontraban animales atropellados por los automóviles que recorrían la carretera a toda velocidad. Muchos de estos animales eran monos ardilla que trataban de cruzar al otro lado de la selva.

2 Las niñas comenzaron a pintar pequeñas piedras con mensajes como "Salvemos nuestras selvas" y "Protejamos a nuestros animales". Luego, vendían las piedras a los turistas que visitaban la zona. Con el dinero, compraron lazos y los amarraron en los árboles que estaban a la orilla de la carretera. De esta manera, hicieron puentes colgantes para que los monos pudieran atravesar la carretera por el aire sin ser atropellados por los automóviles.

3 Esta idea les pareció fabulosa a los habitantes de la zona y comenzaron a ayudarlas a amarrar más lazos de árbol a árbol. Así nació la fundación "Niños salvando la selva tropical".

4 Como estas niñas, cualquiera puede ayudar al planeta. No importa si vives en una gran ciudad, en una provincia o en un desierto. Desde el lugar donde vives siempre hay manera para ayudar a nuestro planeta.

5 El prefijo *de-* o *des-* es una parte de las palabras que indica negación, privación o sentido contrario de algo. Por ejemplo, *descomponer*, *deshacer* y *deslucir*. Al contrario, el prefijo *re-* significa repetición, aumento, cambio o resistencia. Lo encuentras en *repoblar*, *reelegir* y *recargar*.

6 Yo te propongo cambiar en nuestras acciones el prefijo *de-* de la palabra *deforestación* por el prefijo *re-* y así convertirla en *reforestación*. ¡Ya verás cómo reverdece nuestro planeta!

LECTURA ATENTA

Explicar las ideas

Subraya en cada página una idea importante que puedas explicar utilizando los detalles del texto.

7 Hay tres palabras con el sufijo *re-* que son especiales: *reducir*, *reutilizar* y *reciclar*.

8 *Reducir* significa usar menos cantidad de algo para salvar el medioambiente. Trata de comprar solo lo que necesitas y usarlo hasta que se termine. Puedes darles tu ropa chica a tus vecinos o hermanos menores para que la vuelvan a utilizar. *Reutilizar* significa tomar una cosa y darle otro uso. Una botella de plástico puede convertirse en un florero. Una llanta de automóvil puede convertirse en un columpio. Y *reciclar* es, por ejemplo, separar la basura en plástico, aluminio y papel. Así es más fácil de procesar en los depósitos de basura.

9 Pero cuando hablamos de *reverdecer* también podemos *remover*, *reparar*, *recuperar*, *recobrar*, *renovar*, *restablecer*, *replantar* y *recolocar*, entre otras cosas más. Como ves, hay muchos caminos para hacer reverdecer las selvas tropicales.

10 Debemos poner manos a la obra para ayudar al medioambiente. Si no vives cerca de una selva tropical, tú y tus amigos pueden plantar árboles en tu vecindario. Recuerda que los árboles nos ayudan a mantener estables los niveles de dióxido de carbono. También son el hogar de pájaros y ardillas.

11 Otra idea es escribir cartas a organizaciones que se encargan de cuidar el medioambiente. Puedes darles tus ideas para que el planeta pueda reverdecer y preguntarles cómo puedes ayudar. Otra manera de colaborar es hacer pancartas y dibujos que muestren cómo ayudar a las selvas tropicales. Si los pones en tu ventana, en el patio de tu casa o en la escuela, otras personas los verán y se unirán. Las redes sociales también son un medio muy eficaz para difundir el mensaje de salvar nuestras selvas tropicales, en Centroamérica y en el resto del mundo.

12 Pero la mejor manera de ayudar a nuestro planeta es pensar que todos los días es el Día de la Tierra. ¡Ayudemos todo el año!

Desarrollar el vocabulario

Las palabras concretas identifican cosas que una persona puede sentir o medir, como un libro. Las palabras abstractas nombran cosas que no se pueden tocar, como las ideas. Muchos sustantivos concretos se pueden usar en lenguaje figurado. Por ejemplo: "Sus palabras fueron *puñales* que se clavaron en mi pecho".

Mi TURNO Usa las palabras concretas que aparecen en el banco de palabras de una manera figurada o abstracta. Luego, define la palabra según el uso que le diste.

Banco de palabras

chispa **nube** **sol** **rayo** **cascada**

1. **Oración** Su aparición fue la chispa que necesitaba para continuar.

   Definición impulso, incentivo, origen de algo

2. **Oración**

   Definición

3. **Oración**

   Definición

4. **Oración**

   Definición

5. **Oración**

   Definición

Verificar la comprensión

Mi TURNO Vuelve a mirar el texto para responder a las preguntas.

1. ¿"La deforestación y sus efectos" es un texto puramente informativo o tiene alguna parte argumentativa? Explica tu respuesta.

2. René Colato Laínez dice que "Centroamérica es como un puente". ¿A qué se refiere?

3. ¿Has realizado algún experimento que involucre dióxido de carbono o has oído hablar de alguno? ¿Puedes describirlo brevemente?

4. ¿De qué manera las fotografías y los diagramas que aparecen en "La deforestación y sus efectos" ayudan a explicar la importancia de los bosques para la salud de la Tierra?

Explicar las ideas

Explicar las ideas clave significa aclararlas mediante ejemplos y definiciones de vocabulario. Puedes usar detalles específicos de un texto para explicar las ideas, como qué ocurre y por qué.

1. **MI TURNO** Lee las notas de Lectura atenta de "La deforestación y sus efectos" y subraya los detalles que te ayuden a determinar las ideas clave.

2. **La evidencia del texto** Imagina que te piden que expliques ideas basándote en detalles específicos del texto. Usa tu evidencia para completar el diagrama.

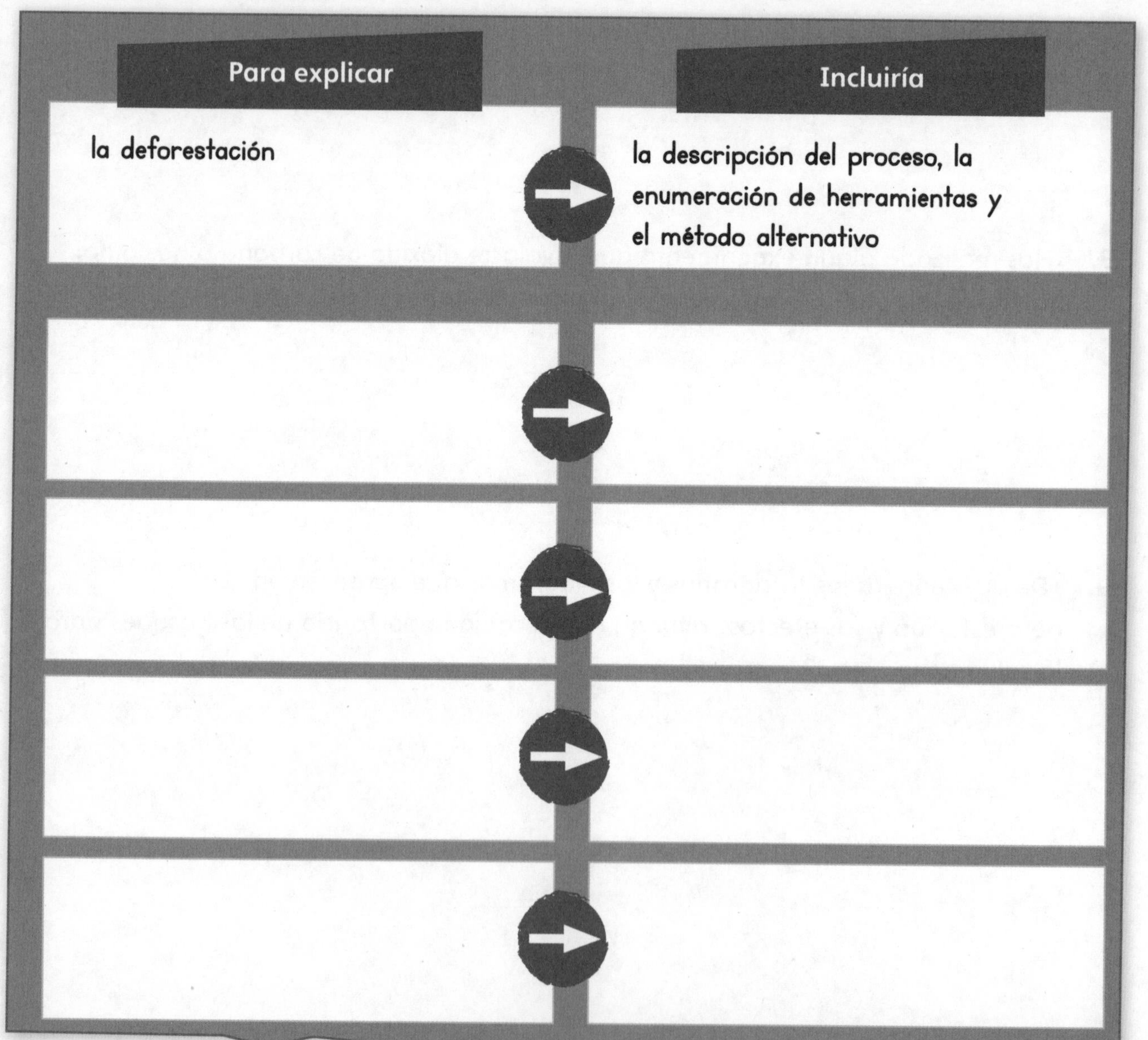

Para explicar	Incluiría
la deforestación	la descripción del proceso, la enumeración de herramientas y el método alternativo

Inferir

Para hacer inferencias, reúne evidencia de un texto con lo que ya sabes para desarrollar una profunda comprensión de una idea o un concepto.

1. **Mi TURNO** Vuelve a leer las notas de Lectura atenta y resalta evidencia que te ayude a hacer inferencias sobre la deforestación.
2. **La evidencia del texto** Parafrasea el texto que resaltaste para apoyar una inferencia sobre la relación entre el aumento de la población y la deforestación. Usa evidencia para apoyar tu comprensión del texto.

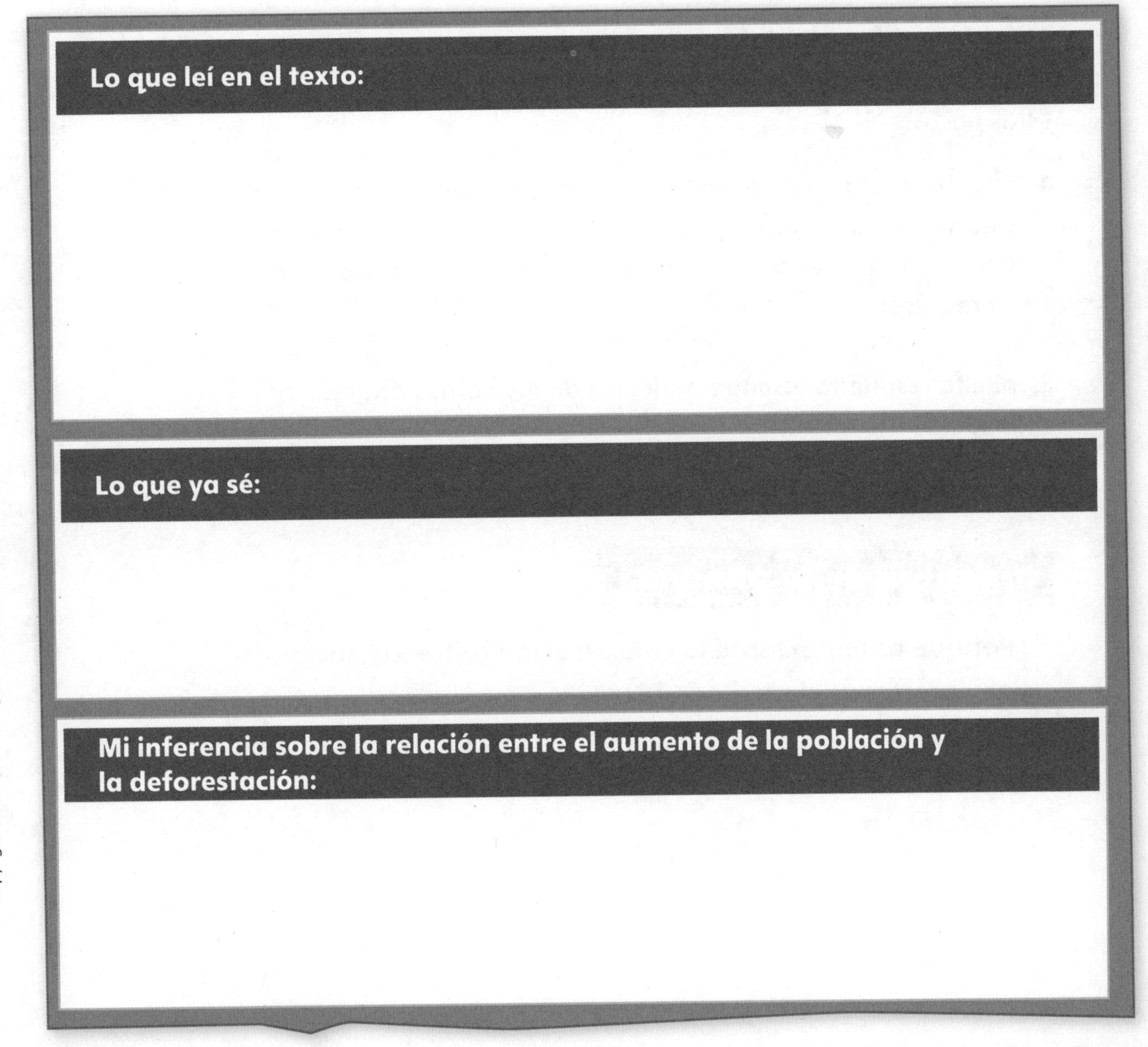

Reflexionar y comentar

Escribir basándose en las fuentes Tanto las selvas tropicales y los bosques como las especies y los recursos que dependen de ellos están desapareciendo de la Tierra debido a las prácticas de deforestación. ¿Qué podemos hacer para detener y revertir los daños ocasionados a nuestro planeta? Usa evidencia de textos que hayas leído esta semana para escribir y apoyar una respuesta adecuada.

Usar la evidencia del texto A medida que reúnas evidencia de tu lectura, anota datos, ejemplos y citas en tarjetas. Luego, sigue estos pasos:

1. Organiza tus notas. Ubica las ideas relacionadas en grupos.
2. Decide cuáles de las ideas quieres incluir en tu respuesta escrita.
3. Coloca tus grupos de notas en el orden que quieras usarlas para tu respuesta.

Escribe tu respuesta, usando evidencia de tus notas para apoyar cada idea.

Pregunta de la semana

¿Por qué es importante la colaboración entre las naciones para preservar el medioambiente?

Vocabulario académico

Meta de aprendizaje

Puedo usar el lenguaje para hacer conexiones entre la lectura y la escritura.

Lenguaje figurado Los símiles son un tipo de lenguaje figurado mediante los cuales se comparan dos cosas que no se parecen pero se asemejan en alguna cualidad. La comparación contiene las palabras *como*, *tal como* o *cual*. Puedes usar símiles para enfocar la atención en ideas que deseas expresar. Por ejemplo, el guarda de un parque podría decir: "Los antílopes inundan el valle como botes que entran al puerto antes de una tormenta". Este símil compara dos cosas que no se parecen, antílopes y botes, y enfoca la atención en el movimiento de los antílopes.

Banco de palabras

paraguas **diente de león** **crayones** **pececito**

Mi TURNO En cada palabra numerada:

1. **Elige** una palabra del banco de palabras.
2. **Escribe** una oración con un símil que use tanto la palabra de vocabulario académico numerada como la palabra que elegiste.
3. **Identifica** la idea que expresa el símil.

1. rótulo El rótulo "Esponjoso" suena tan temible como una flor de diente de león.
   Idea: "Esponjoso" no suena temible.

2. frontera ______

   Idea: ______

3. consecuencias ______

   Idea: ______

Los prefijos *ex-*, *pos(t)-*, *bi-*, *tri-*

El prefijo *ex-* tiene varias acepciones. Puede significar "fuera" o "más allá", con relación al espacio o al tiempo (por ejemplo, *extender*), puede indicar privación (*exánime*) y puede referir a algo o alguien "que fue y ha dejado de serlo" (*expresidente*).

El prefijo *pos(t)-* significa "detrás de" o "después de". Puesto que la *t* precedida de *s* en posición final de sílaba, cuando va seguida de otra consonante, es de difícil articulación en español, se recomienda usar la forma simplificada *pos-*. Solo en los casos en que este prefijo se une a palabras que comienzan por *s-* se aconseja conservar la *t*, como en *postsocialismo*.

El prefijo *bi-* significa "dos" o "dos veces" (*bimensual*) y *tri-*, "tres" o "tres veces" (*trimotor*).

Mi TURNO Lee las palabras que aparecen en la primera columna, añádeles uno de los prefijos (*ex-*, *pos(t)-*, *bi-*, *tri-*) y luego, intenta crear una definición en base al significado del prefijo adecuado.

Palabra	Palabra con prefijo	Definición
temporáneo	extemporáneo	fuera de tiempo, inoportuno

Leer como un escritor

Los autores usan elementos del texto como encabezados, títulos o subtítulos para ayudar a los lectores a hallar información.

¡Demuéstralo! Lee este texto de “La deforestación y sus efectos”.

> **Las selvas de Centroamérica**
> Centroamérica es como un puente que une América del Norte con América del Sur.

encabezado

1. **Identificar** René Colato Laínez usa el encabezado “Las selvas de Centroamérica”.
2. **Preguntar** ¿Sobre qué aprenderé en el texto que aparece debajo de este encabezado?
3. **Sacar conclusiones** Aprenderé sobre las características de las selvas en los territorios de los países de Centroamérica.

Lee este texto.

> **Un ave muy importante**
>
> Existe un ave en Centroamérica que es considerada sagrada y es un símbolo de las selvas tropicales de la región.

Mi TURNO Sigue los pasos para analizar un encabezado.

1. **Identificar** René Colato Laínez usa el encabezado ______
2. **Preguntar** ¿Sobre qué aprenderé en el texto que aparece debajo de este encabezado?
3. **Sacar conclusiones** Aprenderé sobre ______

______

Escribir para un lector

Los elementos del texto, como listas de contenidos, títulos de capítulos, encabezados y subtítulos, ayudan a los lectores a entender la estructura de un texto. Indican sobre qué tratan las secciones de un texto.

MI TURNO Piensa en cómo los encabezados de "La deforestación y sus efectos" de René Colato Laínez te permiten saber sobre qué leerás. Ahora piensa cómo puedes usar encabezados en tu propia escritura para que los lectores sepan sobre qué leerán.

1. En una sección en la que escribas sobre los sabores de los vegetales, ¿qué encabezado podrías usar para ayudar a los lectores?

____

____

2. Escribe un breve pasaje sobre el mejor sándwich que hayas comido. Después de escribir el pasaje, escribe un encabezado que les indique a los lectores sobre qué tratará.

Encabezado: ___________________________________

____

____

____

____

____

____

____

____

____

____

Escribir palabras con prefijos

Añadir un prefijo, como ***ex-***, ***pos(t)***, ***bi-*** *o* ***tri-***, a una palabra base no cambia la ortografía de la palabra base.

Mi TURNO Lee las palabras. Luego, clasifícalas y escríbelas en orden alfabético.

PALABRAS DE ORTOGRAFÍA

exalumno	expresidente	extraer	extendido
excéntrico	excelente	posponer	posterior
posdata	posnatal	posmoderno	bianual
biangular	bilingüe	bilabial	bicentenario
triple	triángulo	triatlón	tridente

Las reglas sobre el uso de la coma

La coma se puede usar en oraciones compuestas, para unir dos oraciones simples por yuxtaposición, y en oraciones complejas, delante de algunas conjunciones subordinantes. Además, se usa:

1. Ante conjunciones coordinantes como *pero, mas, aunque, sino (que)* en oraciones compuestas: *Puedes ir si quieres, pero lloverá mucho.* No se usa coma ante las conjunciones coordinantes llamadas copulativas (*y/e, ni, que*) y disyuntivas *o/u*.
2. Ante conjunciones subordinantes como *conque, así que, de manera que* en oraciones compuestas: *Estoy cerca de casa, así que iré caminando.*
3. Antes y después de una explicación que se intercala en una oración: *Ella, entre mis amigos, es la más alta.*
4. Ante cláusulas explicativas, como *Ha llovido, porque el suelo está mojado.* Estas se diferencian de las causales puras (que no llevan coma) porque no presentan la causa real, sino que señalan un hecho que nos permite deducir la causa.

Mi TURNO Corrige el siguiente borrador teniendo en cuenta el uso de la coma en oraciones compuestas y complejas.

> En el oeste de Texas, hay más de cuarenta cadenas de montañas aunque, solo puedes explorar partes de siete de ellas. Las cadenas no se parecen entre sí, porque se formaron de diferentes maneras. Por ejemplo, las montañas Guadalupe parecen cerros, o montañas pero, son los restos de un arrecife.

Usar verbos

Meta de aprendizaje

Puedo usar el conocimiento sobre elementos y estructura de la poesía para escribir un poema.

En muchos casos, la selección de verbos contribuye a especificar o dar matices a significados.

Por ejemplo, los verbos auxiliares dan información adicional a un verbo de significado completo. Típicamente, el verbo auxiliar lleva las desinencias de número y persona gramatical y el verbo al que acompaña queda en infinitivo, gerundio o participio. Tal es el caso de los **tiempos verbales progresivos,** que refieren a acciones en progreso, tanto en el presente como en el pretérito y en el futuro:

- **Presente progresivo** *Estamos caminando.*
- **Pretérito progresivo** *Estábamos caminando.*
- **Futuro progresivo** *Estaremos caminando.*

Los llamados **verbos modales** ayudan a definir el significado de otro verbo y así expresar posibilidad, necesidad u obligación.

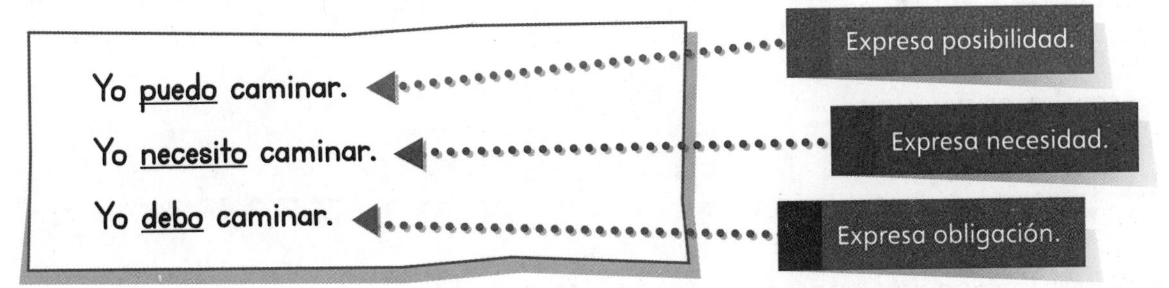

Los verbos modales más comunes son: *poder, querer, saber, soler, necesitar, deber.*

MI TURNO Indica en la línea debajo de cada oración cuál es el matiz o significado que se expresa a través de la elección de verbos. Las opciones son:

tiempo progresivo	**posibilidad**	**obligación**

1. El humo tóxico puede recorrer largas distancias debido a los vientos.

____

2. El presidente estaba brindando una charla sobre cuidado ambiental.

____

3. Los estudiantes deben presentar el proyecto antes de que comiencen las vacaciones.

____

Corregir la estructura

Cambiar la estructura de un poema cambia el efecto que provoca sobre los lectores. El cambio puede implicar:

- Poner ideas en un orden diferente
- Añadir o eliminar rimas
- Añadir, eliminar o reorganizar palabras concretas
- Hacer los ritmos más evidentes

Primera estructura: cuarteto, cuatro versos con rima consonante

Luz del alma, luz divina,
faro, antorcha, estrella, sol...
Un hombre a tientas camina,
lleva a la espalda un farol.

Segunda estructura: haiku, tres versos sin rima con 5, 7 y 5 sílabas, respectivamente.

Este camino
solo el crepúsculo
lo recorría.

Mi TURNO Corrige este poema de manera que tenga la estructura de un cuarteto o un haiku.

Oye ese viento que sopla y juega a hacer sonar la ventana.

Un silbido, un oboe, una flauta y un oboe otra vez,

luego llegan las cuerdas, que suben el tono hasta un chillido.

El juego recién comienza, la tormenta ha llegado.

Mi TURNO Corrige la estructura cuando revises los borradores de tus poemas.

Revisar la selección de palabras

Elegir nuevas palabras para un poema aclara sus ideas. También cambia el efecto que provoca en los lectores. Revisar la selección de palabras podría implicar:

- Añadir o eliminar palabras concretas
- Reorganizar detalles sensoriales
- Usar nuevas palabras para crear ritmo e imágenes
- Añadir y eliminar rimas

Poema original

Soy Neptuno, el planeta
más alejado del Sol.
¡No porque tenga miedo!
¡Sino porque da calor!

Poema en el que se revisó la selección de palabras

Neptuno es el octavo planeta,
el más alejado del Sol,
su distancia lo hace helado,
para existir no necesita el calor.

El cambio fundamental es que, con la nueva selección de palabras, se transforma el poema original en un poema impersonal y más formal. Las ideas principales no se modifican, pero se expresan de diferente manera. Además, se añaden datos adicionales como que Neptuno es "el octavo planeta" y que es "helado".

Mi TURNO En tu cuaderno de escritura, revisa uno de tus borradores para mejorar la selección de palabras.

Corregir los adjetivos

Un adjetivo describe un sustantivo o un pronombre.

Cuando se usa una serie de adjetivos dentro de una oración, se ordenan de acuerdo a los patrones convencionales (por ejemplo *un pequeño bolso marrón v. un marrón bolso pequeño*). El grado comparativo de los adjetivos se utiliza para comparar entre sí dos o más sustantivos. El grado superlativo de los adjetivos se utiliza para expresar la característica que representa ese adjetivo en su grado máximo.

Tipo de construcción comparativa	Estructuras	Ejemplo
de igualdad	*tan... como,* *igual que/a*	Es *tan amable como* su madre. Este perro es *igual a* Toby.
de superioridad	*más... que*	La realidad es *más fascinante que* la ficción.
de inferioridad	*menos... que*	El último libro es *menos entretenido que* los anteriores.

Tipo de construcción superlativa	Estructuras	Ejemplo
adverbios que modifican el adjetivo	(el/la/los/las) *más* (el/la/los/las) *menos*	Pedro es el *más alto* de la clase. Powell River es la ciudad *menos contaminada* del mundo.
sufijos	*-ísimo/a,* *-érrimo/a*	Los mensajes llegaron *tardísimo*. La ayuda recibida fue *misérrima*.

Mi TURNO Corrige el uso de construcciones de grado comparativo y superlativo de los adjetivos en tus borradores de poemas.

Corregir las frases preposicionales

Las **frases preposicionales** son conjuntos de dos o más palabras que cumplen la función de una **preposición** simple.

En la siguiente tabla, se muestran varios ejemplos de frases preposicionales y la preposición de la que cumplen la función.

Frase preposicional	Preposición que reemplaza	Ejemplo
a causa de	por	El planeta sufre a causa de tantos maltratos.
rumbo a	hacia	Vamos rumbo a la escuela.
acerca de	sobre	Hablemos acerca de tu conducta.
en favor de	por	Los proteccionistas actúan en favor de los intereses de animales.
por encima de	sobre	El nivel de toxinas está por encima de los límites permitidos.
a fin de	para	Tuvieron en cuenta la opinión de todos a fin de lograr un acuerdo.
en vista de	por	En vista de la situación actual, se restringió el uso de bolsas plásticas.
por medio de	por	La organización se financia por medio de donaciones.
delante de	ante	No se deberían poner los intereses por delante de las necesidades.
en medio de	entre	El país se encuentra en medio de una crisis.
en virtud de	por	Los basureros ilegales fueron clausurados en virtud de las leyes actuales.

Mi TURNO Corrige las frases preposicionales de los borradores de tus poemas. Comparte algunas de tus frases preposicionales favoritas con tu Club de escritura.

INTERACTIVIDAD

EL PROBLEMA con la basura oceánica

¿QUÉ HAY EN EL OCÉANO? Algunos de los objetos que se encuentran comúnmente en el océano son:

- microplásticos (trozos diminutos que se desprenden de objetos más grandes, o minicuentas elaboradas para el uso en productos de cuidado personal),
- botellas de plástico,
- bolsas de plástico,
- utensilios y platos desechables,
- pajillas y agitadores.

¿CÓMO LLEGA HASTA AHÍ? Las cosas que desechamos siempre van a algún lugar. El viento y la lluvia pueden transportar los residuos y objetos desde los vertederos.

Pregunta de la semana

¿Qué ocurre con lo que desechamos?

¿QUÉ PODEMOS HACER?

- Rechazar y reducir. Limita la cantidad de objetos descartables que usas con botellas o vasos que se puedan volver a llenar. Evita utensilios que se pueden usar solo una vez.
- Reutilizar. No deseches algo después de usarlo una sola vez. Busca una manera de volver a usarlo. ¡Usa tu creatividad!
- Reciclar. Averigua más sobre las reglas de reciclado en tu comunidad. Respeta las reglas y ayuda a otros a hacer lo mismo.
- Escribir. Comunícate con legisladores de tu zona y pregúntales qué hacer para crear leyes que protejan nuestros océanos.
- Desechar de manera responsable. No arrojes residuos a la calle. Usa contenedores con tapa; no dejes que la basura se vuele o derrame con la lluvia.

Ilustrar ¿Qué métodos o procesos se utilizan en tu comunidad para limitar la cantidad de residuos que se producen? Dibuja y rotula tu respuesta.

Meta de aprendizaje

Puedo aprender más sobre textos informativos si explico conceptos de un texto.

Enfoque en el género

Texto informativo y video

Al igual que los textos impresos, los **textos digitales**, o electrónicos, pueden presentarse de muchas formas. Los sitios web, las páginas individuales, los enlaces a otras páginas dentro del sitio, las imágenes y los videos de los sitios web y los libros electrónicos son ejemplos de textos digitales.

Otras características comunes son:

- Se debe acceder a ellos desde un dispositivo electrónico.
- Están interconectados y, en general, vinculan varios recursos en un texto.
- Son navegables y usan elementos como registros de fecha y hora y vistas en miniatura en videos para orientar al usuario.

INTERCAMBIAR ideas Con un compañero, compara y contrasta las características de textos informativos impresos y textos digitales. Describe cómo te referirías a una ubicación específica de evidencia en cada tipo de texto. Toma apuntes durante la conversación.

Mis APUNTES ______________________________

CARTEL DE REFERENCIA:

TEXTO DIGITAL

Elementos

La dirección o URL (localizador)

- Es la ubicación del texto digital
- Puede ser una dirección de internet
- Podría ser la ubicación en una computadora

El vínculo (link) o hipervínculo (hiperlink)

- Conduce a una parte diferente del texto o
- Conduce a un texto diferente

Imagen

- Se puede ampliar
- Se puede corregir y modificar

Video

- Se puede pausar, retroceder y volver a mirar
- Generalmente, incluye audio

Conoce a la autora

Rukhsana Khan es autora y narradora de literatura infantil. Creció en el pequeño pueblo de Dundas, Ontario, donde soñaba con convertirse en escritora. Su mayor anhelo es que sus cuentos ayuden a crear entendimiento entre culturas y reducir los conflictos en el mundo.

Un paraíso a la basura

Primer vistazo al vocabulario

A medida que lees "Un paraíso a la basura", presta atención a estas palabras de vocabulario. Fíjate cómo brindan información precisa sobre conceptos clave.

estropeada	**desechables**	**tóxicas**
crudo	**fenómeno**	

Lectura

Antes de comenzar a leer, da un vistazo al texto. Observa que un **texto informativo** impreso es fijo, o inalterable. Si quisieras hallar más información sobre el tema de este texto, ¿cómo encontrarías y accederías a los recursos? Usa estas estrategias cuando leas el texto por primera vez.

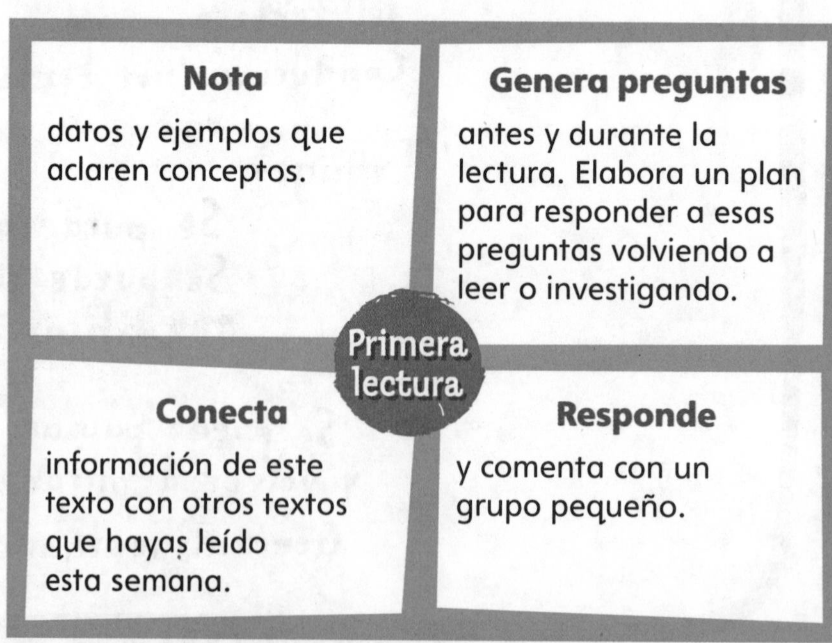

Género Texto informativo

Un *paraíso* a la basura

Por Rukhsana Khan

AUDIO

ANOTAR

LECTURA ATENTA

Comparar y contrastar los informes

Identifica y subraya el concepto que es el tema principal de esta selección.

estropeada dañada; desmejorada; arruinada

1 Cierra los ojos e imagina que estás en la isla tropical de Bali, en Indonesia. Imagina un cielo azul y palmeras; arena blanca que se escurre como polvo entre tus dedos. El aroma de orquídeas y cocos se funde con una suave brisa que viene del océano Índico. Olas gigantes y azules se encrespan a la distancia. Las personas nadan, practican surf, bucean y se empapan de la atmósfera tropical.

2 Esa es la isla de Bali que muchas personas recrean en su mente; es la que existió durante la mayor parte de la historia de la isla.

3 Ahora imagina otra versión de Bali; una estropeada por la basura. Los desechos se amontonan a los costados de los caminos, flotan en el océano turquesa, y la corriente del mar los dispersa por las playas de arenas blancas. El olor a basura reemplaza el aroma de las flores. Desafortunadamente, esta es la realidad de Bali hoy. La basura y, en especial, los desechos plásticos están convirtiendo este paraíso en una pesadilla medioambiental.

4 Durante gran parte de su historia, Bali fue un verdadero paraíso. Los balineses casi no generaban residuos. Utilizaban bolsas de tela para llevar lo que necesitaban. Aprovechaban las cáscaras de plátanos y cocos, y otros artículos naturales como envoltorios y platos para sus alimentos. La mayoría de lo que desechaban era biodegradable; esto significa que se descomponía, o pudría. No creaba contaminación. El medioambiente de Bali estaba en equilibrio.

5 Luego, la comodidad llegó a Bali, y llegó en la forma de envases plásticos desechables, bolsas plásticas y otros productos que no son biodegradables. Pronto, todos bebían de botellas plásticas. En las tiendas se comenzó a poner incluso las compras más pequeñas, como un paquete de goma de mascar, en sus propias bolsas de plástico.

6 Lo mismo sucedía en todo el mundo, incluidos, por supuesto, los Estados Unidos. El plástico, en particular, demostró ser prácticamente irresistible. Es duradero, liviano y a prueba de agua. Casi de la noche a la mañana, las bolsas de plástico se convirtieron en una comodidad básica de la vida moderna. Pocos sabían o se tomaron el tiempo para preguntar sobre las consecuencias de la comodidad.

LECTURA ATENTA

Vocabulario en contexto

Las **claves de contexto**, como las reformulaciones, los ejemplos y los antónimos, pueden ayudarte a entender el significado de una palabra.

Usa las oraciones de los párrafos 4 y 5 para determinar el significado de *biodegradable*.

Subraya claves que apoyen tu definición.

desechables de un único uso; diseñados para ser desechados

Comparar y contrastar los informes

Subraya detalles sobre las diferencias entre el plástico y otros materiales.

crudo petróleo líquido sin refinar

7 El plástico se fabrica a partir de sustancias químicas que los científicos toman del crudo que se extrae de la profundidad de los suelos. Luego, mediante reacciones, lo transforman usando otras sustancias químicas. De esta manera obtienen poliuretano y otros tipos de plástico. Para crear las bolsas plásticas, el poliuretano se convierte en bolitas que, a su vez, se derriten para formar una película delgada. Las películas se cortan con máquinas y se les da la forma de las bolsas. El problema es que los plásticos son diferentes de cualquier otro elemento producido naturalmente. Esto implica que a la naturaleza se le dificulta mucho descomponerlo. De hecho, el plástico demora cientos o miles de años en biodegradarse; y, en algunos casos, nunca lo logra.

Los productos plásticos desechables no se descomponen como lo hacen otros objetos hechos con materiales naturales.

8 Por diferentes razones, Bali ha sentido los efectos de este aumento en el uso de plástico de manera más intensa y visible que muchos otros lugares.

9 Una de esas razones es que Bali es una isla pequeña. Con poco más que 2,000 millas cuadradas, tiene aproximadamente el tamaño del estado de Delaware. Cualquiera podría recorrer en carro la isla completa en un solo día. La basura se amontona rápidamente en un lugar tan pequeño.

10 Otra de las razones es que los balineses están acostumbrados a deshacerse de las cosas simplemente arrojándolas al suelo. Cuando las personas llevaban alimentos en cáscaras de plátanos, eso no era un inconveniente. Una cáscara de plátano se descompone pronto y se mezcla con el suelo; un envase plástico, no. No obstante, los hábitos aprendidos hace tiempo son difíciles de modificar. Además, muchas personas simplemente no tienen en cuenta el daño que le provocan al medioambiente.

11 Los turistas son la tercera (y gran) razón del problema de la basura. Más de 3 millones de turistas visitan Bali cada año. Representan un gran porcentaje de los cientos de toneladas de desechos plásticos que la isla produce todos los días. Beben de innumerables botellas o bolsas plásticas (muchos restaurantes pequeños sirven bebidas en bolsas de plástico, con popotes, por conveniencia). Compran comida rápida que viene en envases plásticos y recuerdos que se entregan en bolsas. En general, desechan la basura sin pensar demasiado. La arrojan desde los carros de alquiler o la dejan en las playas. Al no vivir en Bali, muchos turistas no se sienten responsables del cuidado y de la limpieza de la isla.

LECTURA ATENTA

Usar la evidencia del texto para explicar conceptos

Resalta la evidencia del texto que te ayudaría a explicar por qué arrojar residuos en el suelo es peligroso para Bali.

LECTURA ATENTA

Usar la evidencia del texto para explicar conceptos

Resalta la evidencia del texto que te ayude a explicar por qué la cantidad de basura está aumentando en Bali.

12 Pero también hay que decir que realmente no existe ninguna buena manera de deshacerse de los residuos en la isla. Esa es la cuarta razón de los problemas de basura de Bali. Según una fuente, el 75 por ciento de los desechos no es recolectado por ningún servicio. Los servicios de recolección y tratamiento de desperdicios de Bali simplemente no pueden responder a las cantidades de basura que producen los residentes y turistas. ¿Cuánta basura? De acuerdo con la organización sin fines de lucro ROLE (*Rivers, Oceans, Lands, Ecology*), una organización indonesia que trabaja para proteger el medioambiente, en promedio, una persona en Bali produce aproximadamente 6 libras de residuos sólidos potencialmente dañinos por día. Eso es más del doble que el promedio en la capital de Indonesia, Yakarta.

13 En su mayor parte, los balineses, al igual que otras personas de todo el mundo, no han desarrollado sistemas adecuados de tratamiento de desechos. En cambio, esconden o eliminan la basura de cualquier manera.

14 Muchos negocios balineses, como hoteles y restaurantes, queman basura, incluidos los plásticos, en lugares públicos. Bali no es el único lugar donde se siguen estas prácticas; expertos estiman que el 40 por ciento de los residuos del mundo son eliminados a través de la incineración. Para expresarlo de manera suave, no es una solución segura. Los productos plásticos están hechos de polietileno, un tipo de gas. Al quemarlos, sustancias químicas tóxicas, llamadas dioxinas, se liberan al aire, que las esparce en distancias cortas o largas, contaminando tanto la tierra como el agua. Estas toxinas están vinculadas a enfermedades como el cáncer, defectos congénitos y trastornos respiratorios, tanto para la flora y la fauna como para las personas. En la incineración de residuos también se libera dióxido de carbono. Algunos estudios relacionan los altos niveles de dióxido de carbono con el cambio climático.

15 Otras empresas y personas en Bali simplemente arrojan basura a ríos o a la vera de los caminos. En muchos casos, no están dispuestos a pagar las tarifas que se requieren para el uso de basureros legales.

LECTURA ATENTA

Comparar y contrastar los informes

Subraya detalles del texto que te ayuden a explicar las desventajas de quemar basura.

tóxicas venenosas

Sin maneras seguras y confiables de deshacerse de los residuos, Bali sufre la acumulación de objetos desechados.

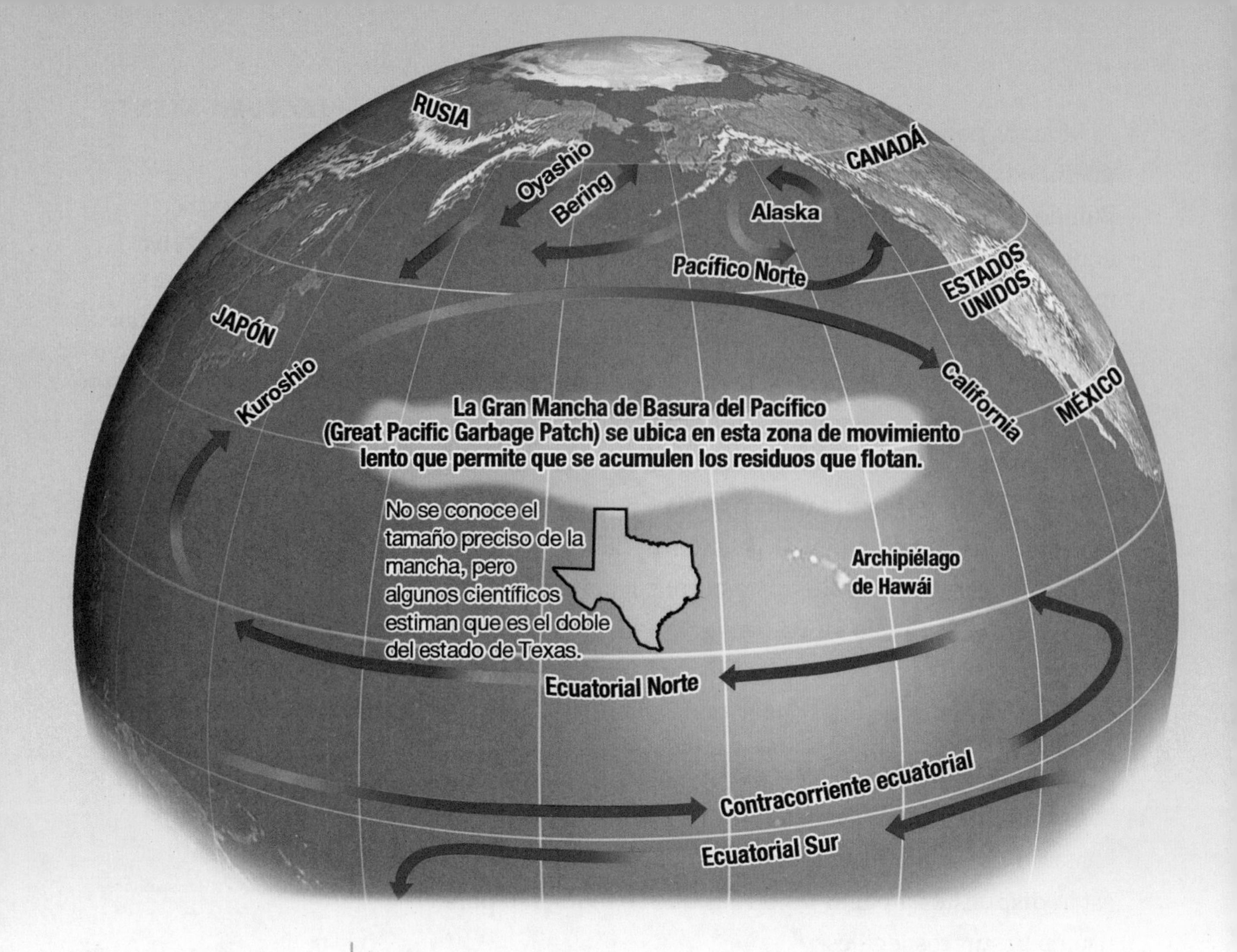

LECTURA ATENTA

Vocabulario en contexto

Usa claves del contexto en el párrafo 18 para determinar el significado de *vida marina*.

Subraya ejemplos que apoyen tu definición del término.

16 ROLE informa que cada 24 horas, los balineses desechan aproximadamente 530,000 pies cúbicos de basura a los costados de los caminos y en basureros ilegales. Esta cantidad equivale a seis piscinas olímpicas llenas. Los hoteles que están cerca de las playas, en general, entierran residuos debajo de la arena. En poco tiempo la marea crece y arrastra la basura hacia el océano. Los desperdicios arrojados a los ríos a menudo también llegan al mar. Allí se mezclan con los que llegan por agua o por aire de las costas de Bali.

17 Con el tiempo, el mar devuelve a la costa muchos de estos residuos. Algunos flotan lejos de la isla y, quizás, terminan en la Gran Mancha de Basura del Pacífico, en el océano Pacífico Norte. Esta área de basura flotante tiene una superficie de al menos 2 millones de millas cuadradas y, aproximadamente, el 90 por ciento es plástico. La mancha es una de cinco dispersas por los océanos de la Tierra.

18 La basura tiene un efecto letal en la vida marina. El plástico es, por mucho, el peor agresor. El plástico no se biodegrada en el océano. La luz solar y las olas desintegran algunas piezas plásticas en partes cada vez más pequeñas, pero nunca desaparecen por completo. Estas diminutas partes tienen casi el mismo tamaño que el plancton y las algas que sirven de alimento a muchas criaturas marinas. Cuando las aves o los peces consumen estos trozos plásticos, pueden enfermarse y morir. Si las personas comen los peces que consumieron plástico, también pueden enfermarse.

19 Muchos animales confunden pedazos más grandes de plástico con alimento también. Las tortugas laúd son un ejemplo de esto. Estas tortugas existen en la Tierra desde hace más de 100 millones de años, pero en la actualidad están en peligro de extinción; en parte, porque confunden bolsas plásticas que encuentran en el mar con medusas, su alimento favorito. Cuando intentan tragar una bolsa de plástico, se asfixian. Los científicos han descubierto, además, rastros de plástico en los huevos de las tortugas. Las aves también comen grandes trozos de plástico porque confunden cosas como tapas de botellas con comida. Las aves madres incluso alimentan por error a sus pichones con pedazos de plástico. A veces, el estómago de las aves se llena de plástico. Esto les da la señal de que están satisfechas; entonces, dejan de comer alimento real y mueren de hambre.

20 Se ha descubierto plástico en el estómago de focas, rayas y tiburones de punta negra. Además, las bolsas de plástico se enredan alrededor de estos animales marinos y les impiden nadar. Las bolsas incluso asfixian el hermoso coral vivo en el suelo del océano Índico.

LECTURA ATENTA

Comparar y contrastar los informes

Subraya detalles en los párrafos 19 y 20 que te indiquen por qué el plástico es peligroso para los animales. ¿En qué se compara esta razón para solucionar la contaminación producida por las bolsas de plástico con las razones que se exponen en el video?

Los residuos plásticos pueden ser peligrosos para la vida marina.

LECTURA ATENTA

Comparar y contrastar los informes

Subraya una idea principal sobre la economía del turismo de Bali que se apoye con detalles del texto.

21 La naturaleza hace su parte para empeorar o, al menos, poner más en evidencia el problema de Bali con la basura. Como Bali es una isla tropical, está muy afectada por las mareas y los patrones estacionales del tiempo. Durante la temporada de lluvias, gran parte de los residuos son arrastrados por la marea hacia el mar. Luego, durante el invierno, desde diciembre hasta febrero o marzo, el viento, las olas y fuertes corrientes devuelven los desechos a la costa, y estos se depositan en la arena o cerca del agua. Esta es la razón por la cual el invierno en Bali pasó a llamarse la "estación de la basura". El ciclo se repite todos los años. No obstante, la cantidad de desperdicios que entra y sale del mar es cada vez mayor. Nunca desaparece por completo.

22 Claramente, toda esta basura es perjudicial para el negocio del turismo de Bali. Nadie quiere nadar, bucear, practicar surf o tomar sol en playas infestadas de residuos. La disminución de la cantidad de turistas podría ayudar a desacelerar la acumulación de desechos, pero también dañaría la economía de la isla. Gran parte de la economía de Bali se basa en los dólares de los turistas, que son el soporte de muchas tiendas, restaurantes, hoteles y otros comercios de la isla.

23 Quienes pescan —ya sea para alimentar a sus familias o para vender— también padecen el problema de la basura. Todo aquel que conozca los efectos del plástico en los peces dudará en comer alimentos que provengan de las aguas que rodean Bali. Asimismo, el plástico se enreda en las redes de pesca y daña las hélices de los botes y otros equipos.

24 El gobierno balinés tardó en enfrentar el problema de la basura en la isla. Al parecer, fue igual de lento para entender las causas. El gobernador de Bali, Made Mangku Pastika, consideró el problema un "fenómeno natural". Culpó a las lluvias y a las mareas por el reiterado ciclo en el cual el mar arrastra y devuelve residuos, pero no se abocó al problema de dónde provienen esos residuos en primer lugar. Comprensiblemente, no quería señalar y culpar a los turistas, o a los hoteles, restaurantes, o a cualquier otro grupo. Sin embargo, para provocar un cambio, todos en la isla tenían que ser conscientes del problema, y debían reconocer su participación en su origen.

LECTURA ATENTA

Usar la evidencia del texto para explicar conceptos

Resalta la evidencia del texto que puedas usar para explicar la reacción del gobierno.

fenómeno algo que se puede estudiar u observar; suceso

Comparar y contrastar los informes

Identifica y subraya detalles en esta página y la siguiente que te indiquen qué inspiró a las hermanas Wijsen a hacer algo con el problema de la basura.

25 Como el gobierno no estaba haciendo nada, quedó en manos de las personas comenzar a actuar. En 2013, dos hermanas llamadas Melati e Isabel Wijsen, que en ese momento tenían 13 y 10 años, decidieron ayudar a su isla. Estaban horrorizadas con la cantidad de desechos plásticos que se amontonaban o aparecían en las mareas. Querían convencer a las personas de que modificaran la manera en que se comportaban frente a la basura. Al principio, no estaban seguras de cómo abordar un problema tan grande. Luego, decidieron enfocarse en una parte crucial del conflicto: las bolsas de plástico. Según Melati e Isabel, las bolsas no solo eran un enemigo letal, sino también absolutamente innecesarias.

26 Las hermanas denominaron el proyecto "Adiós, bolsas de plástico". Encontraron un grupo de niños con ideas similares a las de ellas y trabajaron en conjunto. Luego, crearon peticiones y desarrollaron presentaciones educativas para concientizar. Hablaban en mercados y festivales. Organizaban eventos para limpiar las playas. Entregaban bolsas de red o bolsas fabricadas con periódicos reciclados u otros materiales orgánicos para reemplazar el plástico.

27 Luego, Melati e Isabel hicieron un video para exponer el problema. En la organización sin fines de lucro TED (*Techonology, Entertainment, and Design*) vieron el video. Se pusieron en contacto con las niñas y les pidieron que dieran una conferencia en Londres. La charla fue grabada y la vieron personas de todo el mundo.

28 Melati e Isabel llamaron la atención de muchas personas. Ese fue el primer y fundamental paso para lograr un cambio real en Bali. Las hermanas se entrevistaron con el presidente de Naciones Unidas y con Jane Goodall, quien les dio consejos sobre cómo hacer crecer una red de seguidores y activistas. Finalmente, lograron tener al gobernador de Bali de su lado, quien firmó un compromiso de que Bali se convertiría en un lugar libre de bolsas plásticas para 2018. En 2016, los funcionarios del aeropuerto de Bali comenzaron a asegurarse de que los turistas no trajeran bolsas plásticas a la isla.

LECTURA ATENTA

Usar la evidencia del texto para explicar conceptos

Resalta detalles en esta página y la anterior que te ayuden a explicar cómo influyeron las hermanas Wijsen.

29 El proyecto de Melati e Isabel se extendió de Bali a otras partes de Indonesia. Hoy, muchas ciudades indonesias trabajan para eliminar las bolsas plásticas. En varios lugares, las personas deben pagar una tarifa adicional para conseguir una bolsa plástica en una tienda. Esta política ha demostrado ser muy eficaz para lograr que las personas lleven su propia bolsa de tela o reciclable cuando van de compras.

LECTURA ATENTA

Usar la evidencia del texto para explicar conceptos

Resalta detalles adicionales que podrías usar para explicar los efectos de lo que comenzaron las hermanas Wijsen.

30 Las hermanas actualmente se encuentran concentradas en crear un libro educativo para alumnos de la escuela primaria. Estará repleto de información sobre contaminación, tratamiento de residuos y alternativas a bolsas y otros productos de plástico. Melati señaló: "El cambio solo llega de la mano de la educación".

31 Muchas otras personas y organizaciones se están involucrando ahora también. Por ejemplo, grupos de surfistas y empresas que venden equipos de surf han organizado días regulares de limpieza de las playas en Bali. En un evento reciente, recolectaron más de 1 millón de libras de basura de las playas de Kuta, Legian, Seminak, Jimbaran y Kedonganan. Otras organizaciones, como el grupo sin fines de lucro Bali Fokus, comparten el mensaje "Libera a Bali del plástico". Alientan tanto a residentes como a turistas para que encuentren alternativas a desechar productos. Bali Fokus y otras organizaciones locales también trabajan para desarrollar mejores instalaciones para el tratamiento de residuos para la isla.

Las personas pueden unirse y trabajar juntas para lograr un cambio positivo en el medioambiente.

32 El futuro de Bali depende del trabajo de estas personas y grupos. También depende de la colaboración de los residentes de Bali y sus visitantes. Los ambientalistas instan a los turistas a que planifiquen hacer una visita lo más ecológica posible. Antes de reservar una habitación, por ejemplo, los turistas deberían asegurarse de que el hotel siga los procedimientos adecuados para el tratamiento de residuos. Como los extranjeros no deben beber agua local (que puede enfermarlos), también deberían confirmar que los hoteles tengan dispensadores de agua hervida, que se puede beber con seguridad. De esta manera, pueden evitar comprar botellas de agua en las tiendas locales.

33 Cada elección y cada cambio, pequeño o grande, desde rechazar un popote de plástico para beber hasta construir una nueva instalación de tratamiento de residuos, todo contribuye a que Bali sea un lugar más limpio para visitar y para vivir. Si todos trabajan juntos, un día la isla tal vez se convierta nuevamente en un paraíso de la vida real.

LECTURA ATENTA

Comparar y contrastar los informes

Subraya el concepto principal, o central, de esta selección.

Conoce al autor

Los escritores de guiones son personas que escriben textos cuyo propósito no es ser leídos. En cambio, esos textos sirven para hacer videos informativos como el que vas a ver. Los escritores hacen investigaciones muy rigurosas antes de escribir para asegurarse de que el contenido de los videos sea correcto, y para que los niños y los adultos puedan usarlos para aprender.

El agua. Cuidemos nuestro planeta

Primer vistazo al vocabulario

A medida que miras "El agua. Cuidemos nuestro planeta", presta atención a esta palabra de vocabulario. Fíjate cómo se relaciona con temas que se trataron en el texto "Un paraíso a la basura".

petróleo

Ver y comparar

Antes de comenzar, piensa en tu propósito para ver el video. Piensa en este propósito y usa estas estrategias cuando mires el video por primera vez.

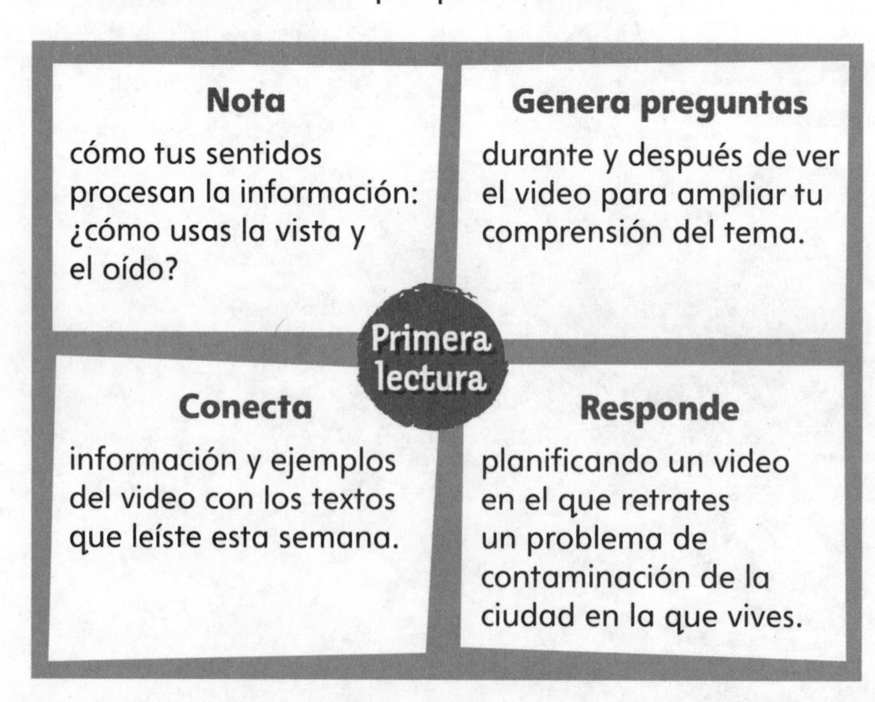

Nota
cómo tus sentidos procesan la información: ¿cómo usas la vista y el oído?

Genera preguntas
durante y después de ver el video para ampliar tu comprensión del tema.

Primera lectura

Conecta
información y ejemplos del video con los textos que leíste esta semana.

Responde
planificando un video en el que retrates un problema de contaminación de la ciudad en la que vives.

Género Video

El agua. Cuidemos nuestro planeta

por Happy Learning Español

CONTEXTO

Happy Learning es un canal de videos educativos para niños de todas las edades. En este canal, padres, maestros y alumnos pueden encontrar más información sobre temas que se estudian en la escuela. Su objetivo es educar entreteniendo. Enseñan temas de una manera divertida, abriendo las puertas para que todos los niños descubran el maravilloso mundo del saber.

VIDEO

LECTURA ATENTA

Explicar los sucesos

Comenta con tus compañeros cuál de los datos del video les resultó más sorprendente.

Haz una lista de las acciones nombradas en el video que explican maneras de ayudar a la Tierra y de prevenir la contaminación del agua.

petróleo líquido que se extrae del interior de la Tierra y se usa para fabricar plástico y gasolina

Desarrollar el vocabulario

En los textos informativos, los autores eligen palabras para influir en la manera en que los lectores interpretan o piensan los datos. Las palabras tienen definiciones de diccionario que se llaman **denotaciones**. Las palabras también tienen **connotaciones**, que son las sensaciones que tienen los lectores cuando leen las palabras.

Las connotaciones dependen de las experiencias de los lectores. Una palabra puede tener una connotación positiva para algunos lectores y una connotación negativa para otros lectores.

Mi TURNO Lee cada palabra en contexto y su denotación. Escribe si la connotación de la palabra es negativa, neutral o positiva. Luego, responde a la pregunta.

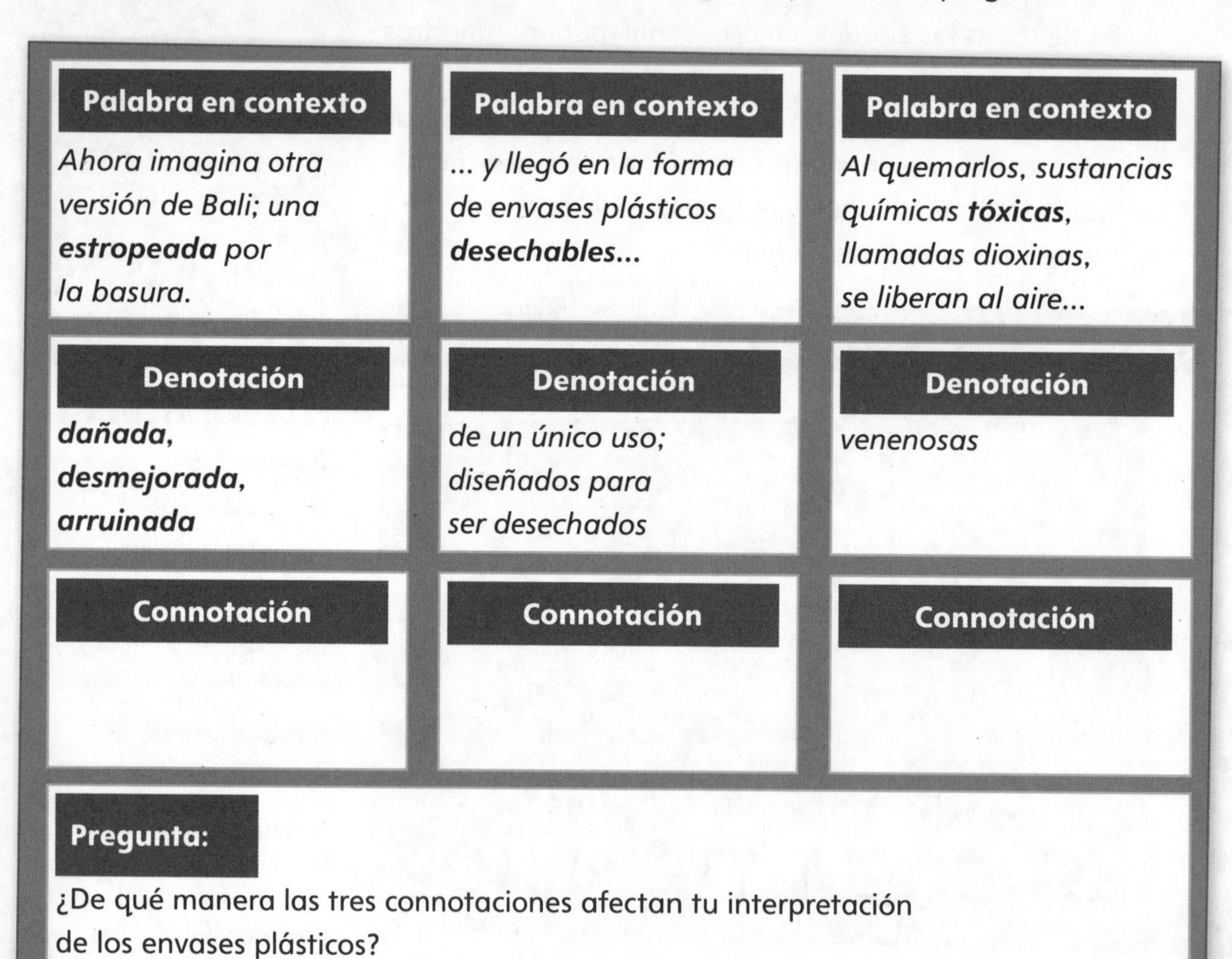

Palabra en contexto	Palabra en contexto	Palabra en contexto
*Ahora imagina otra versión de Bali; una **estropeada** por la basura.*	*... y llegó en la forma de envases plásticos **desechables**...*	*Al quemarlos, sustancias químicas **tóxicas**, llamadas dioxinas, se liberan al aire...*
Denotación	**Denotación**	**Denotación**
dañada, desmejorada, arruinada	*de un único uso; diseñados para ser desechados*	*venenosas*
Connotación	**Connotación**	**Connotación**

Pregunta:

¿De qué manera las tres connotaciones afectan tu interpretación de los envases plásticos?

Verificar la comprensión

Mi TURNO Vuelve a mirar los textos para responder a las preguntas.

1. ¿Qué características comparten el texto informativo "Un paraíso a la basura" y el texto digital "El agua. Cuidemos nuestro planeta"?

2. ¿De qué manera los turistas y residentes de Bali hicieron que la isla fuera menos atractiva que antes? Brinda ejemplos del texto para apoyar tu respuesta.

3. ¿Por qué las personas de todo el mundo deberían conocer el problema que Bali tiene con la basura y el proyecto de las hermanas Wijsen? Usa al menos una cita del texto para apoyar tu respuesta.

4. Si estuvieras a cargo de comunicar datos sobre una manera nueva y conveniente de desechar residuos, ¿crearías un texto informativo impreso o uno digital? Explica tu elección, usando un ejemplo de cada texto para apoyar tu respuesta.

Explicar los sucesos

Para explicar los sucesos, los lectores cuentan qué ocurrió y por qué. Las explicaciones se basan en detalles específicos del texto.

1. **MI TURNO** Lee las notas de Lectura atenta de "Un paraíso a la basura" y de "El agua. Cuidemos nuestro planeta". Subraya y observa detalles que indiquen qué ocurrió y por qué.

2. **La evidencia del texto** Usa tu texto subrayado para explicar los sucesos de la tabla. Escribe qué ocurrió en la columna rotulada "Efectos" y por qué ocurrió en la columna rotulada "Causas".

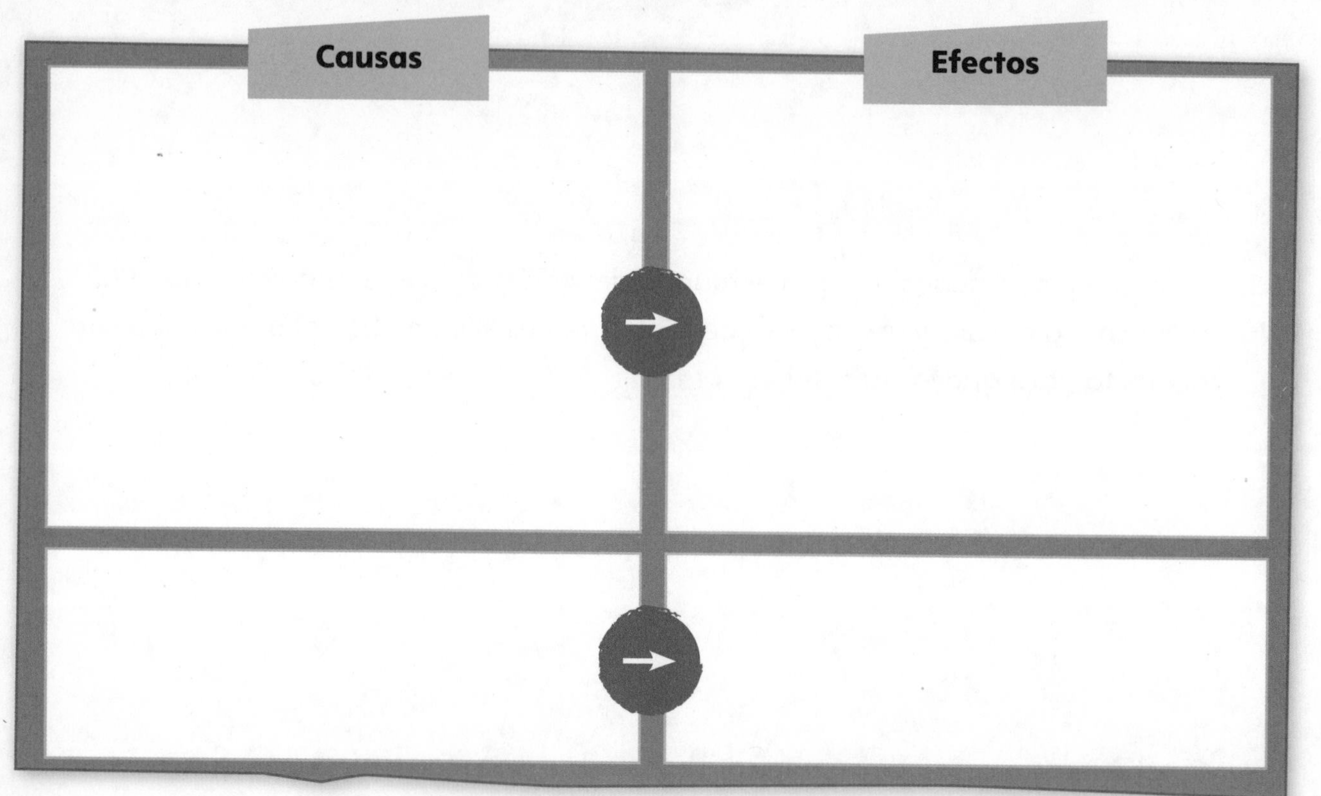

Explica un suceso: Elige un suceso sobre el cual tomaste notas y escribe una oración que lo explique.

Usar la evidencia del texto para explicar conceptos

Para explicar conceptos de un texto, los lectores usan detalles específicos, datos y ejemplos para aclarar y relacionar ideas abstractas.

1. **MI TURNO** Vuelve a leer las notas de Lectura atenta y resalta ideas que te ayuden a explicar conceptos.

2. **La evidencia del texto** Clasifica en la categoría correcta la evidencia del texto que resaltaste. Luego, usa la evidencia del texto para explicar un concepto a un compañero.

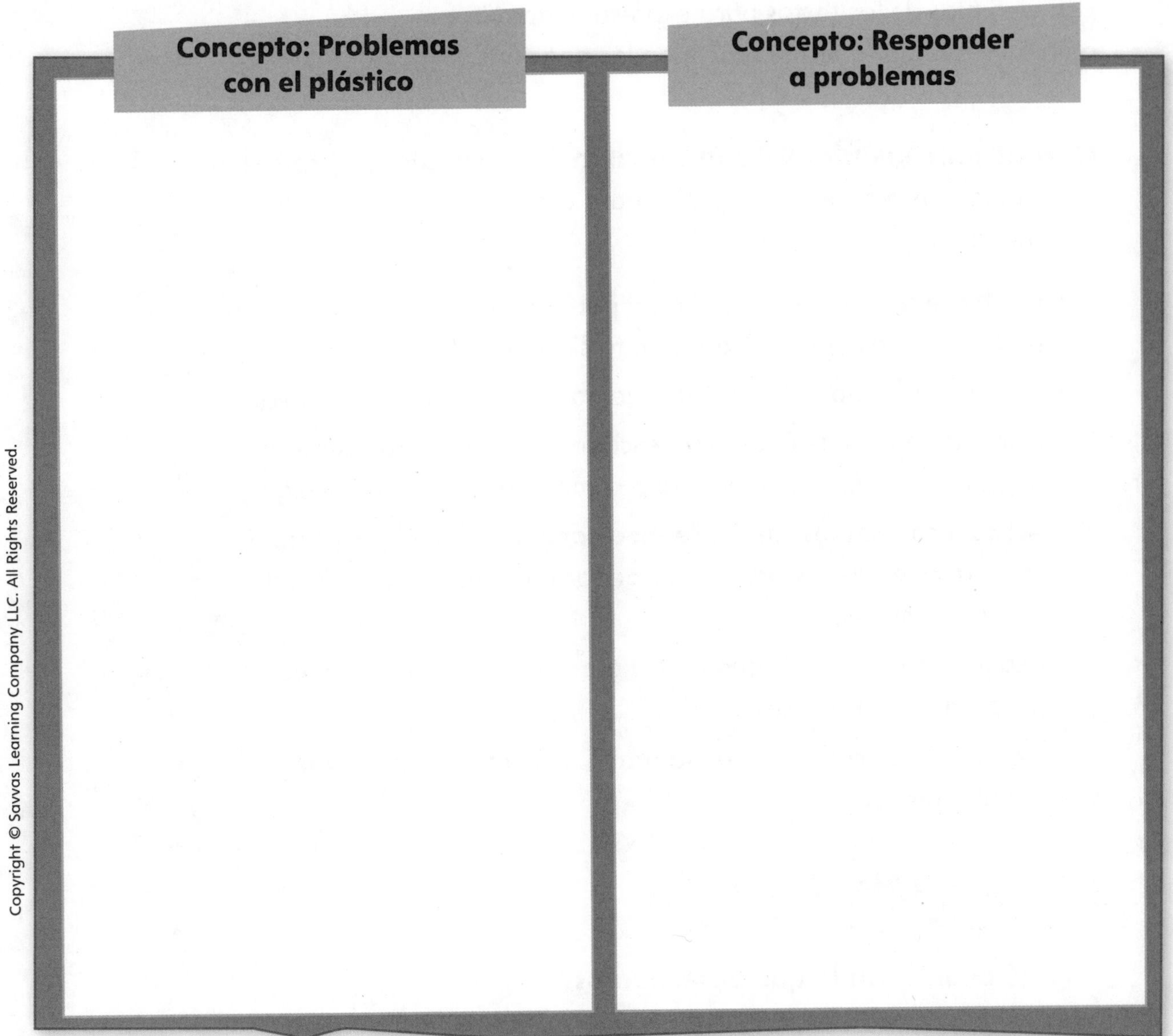

Reflexionar y comentar

En tus palabras En el video "El agua. Cuidemos nuestro planeta", aprendiste los terribles efectos de la contaminación del agua. En "Un paraíso a la basura" aprendiste sobre acciones que iniciaron las residentes de Bali, Melati e Isabel, porque estaban horrorizadas con la cantidad de basura que veían. ¿Qué otros textos has leído en los cuales el medioambiente de las personas haya servido como inspiración para entrar en acción? ¿Por qué las personas se preocupan por su medioambiente? Usa ejemplos de los textos para expresar y apoyar tu opinión sobre por qué se preocupan las personas.

Comunicar las ideas de manera eficiente Cuando expreses tu opinión, emplea destrezas orales para asegurarte de que otros te entiendan.

- Establece contacto visual. Mira al público a los ojos. Cuando miras a alguien a los ojos, se transmite tu sinceridad.
- Habla a un ritmo natural. Trata de no hablar demasiado rápido.
- Habla a un volumen de conversación. No grites, pero asegúrate de hablar lo suficientemente alto como para que todos te oigan.
- Articula correctamente. De ser necesario, habla más despacio de manera que puedas pronunciar de forma clara palabras largas o poco comunes.
- Usa las normas del lenguaje. Usa oraciones claras y completas para expresar tus ideas.

Debate tu opinión con tu pequeño grupo. Apoya tu opinión con información precisa.

Pregunta de la semana

¿Qué ocurre con lo que desechamos?

Vocabulario académico

Meta de aprendizaje

Puedo usar el lenguaje para hacer conexiones entre la lectura y la escritura.

El significado y la ortografía de una palabra cambian levemente según la función que cumple como clase de palabra. Por ejemplo, el verbo *caminar* significa andar una determinada distancia usando las piernas. El sustantivo es *caminata* y se refiere al recorrido que se hace caminando. El contexto te ayuda a determinar qué clase de palabra es.

Mi TURNO En cada oración:

1. **Identifica** qué clase de palabra es cada una que está en letra negrita: sustantivo, verbo o adjetivo.
2. **Escribe** tu propia oración usando la palabra de la misma manera.

______ 1. La **frontera** entre Canadá y los Estados Unidos pasa por el centro del río St. Clair.

______ 2. El río Grande es el río **fronterizo** más largo del mundo.

______ 3. Por favor, mira el **rótulo** con información nutricional que está en la bolsa de arroz.

______ 4. El investigador **rotula** cada muestra a medida que la obtiene.

Las raíces y los afijos latinos y griegos

Los prefijos latinos y griegos ***trans-***, ***tele-*** y el afijo griego ***-grafo, grafo-*** brindan claves sobre el significado de la palabra donde aparecen. Por ejemplo:

- El prefijo *trans-* significa "al otro lado de" o "a través de". El término *transcontinental* refiere a lo que está al otro lado de un continente.
- El prefijo *tele-* significa "a distancia". El *telemando* es el control a distancia del funcionamiento de un aparato.
- El afijo *-grafo* significa "que escribe" o "que describe". El *bolígrafo* es un instrumento para escribir.

Asimismo, las raíces griegas ***foto-***, ***bio-***, ***metro-*** y ***-metro*** también ayudan a entender el significado de las palabras que las contienen: *foto-* significa "luz" (*fotoalergia*, "alergia a la luz"), *bio-* significa "vida" (*biografía*, "historia de la vida de una persona") y *metro-* o *-metro* significa "medida" o "para medir" (*pluviómetro*, "aparato para medir la cantidad de lluvia").

MI TURNO Usa tu conocimiento sobre prefijos y afijos como base para identificar el significado de cada palabra. Puedes usar un diccionario para verificar. Luego, en una hoja aparte, escribe una oración propia con una de las palabras del ejercicio.

Palabra	Definición
transpacífico	
telecompra	
homógrafo	
fotofobia	
biotecnología	
tensiómetro	

Leer como un escritor

El **propósito del autor** es la razón que tiene para escribir. Un autor puede seleccionar lenguaje literal, o directo y exacto, para lograr su propósito. El propósito puede ser entretener, informar, persuadir o expresar ideas y sentimientos. En un mismo texto, el autor puede tener más de un propósito.

¡Demuéstralo! Lee este texto de "Un paraíso a la basura".

Para crear las bolsas plásticas, el poliuretano se convierte en bolitas que a su vez se derriten para formar una película delgada. Las películas se cortan con máquinas y se les da la forma de las bolsas. El problema es que los plásticos son diferentes de cualquier otro elemento producido naturalmente. Esto implica que a la naturaleza se le dificulta mucho descomponerlo.

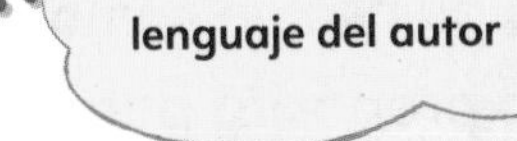

1. **Identificar** Rukhsana Khan usa lenguaje literal para explicar cómo se hacen las bolsas. Luego, enfoca la atención en un problema.
2. **Preguntar** ¿Qué propósito sugiere el lenguaje de la autora?
3. **Sacar conclusiones** El propósito principal es informar porque se usan datos y detalles.

Vuelve a leer el párrafo 21 de "Un paraíso a la basura".

Mi TURNO Sigue los pasos para analizar el pasaje. Explica el propósito de la autora según su elección de palabras.

1. **Identificar** Rukhsana Khan usa lenguaje literal para explicar ______

______

2. **Preguntar** ¿Qué propósito sugiere el lenguaje de la autora?

3. **Sacar conclusiones** Su lenguaje sugiere ______

______

Escribir para un lector

En su sitio web, Rukhsana Khan dice: "Todas mis historias han dependido de lo que se requería escribir en el momento en que las escribía". Los autores escriben con un propósito, y escogen sus palabras para lograr ese propósito.

Mi TURNO Piensa en cómo el uso de lenguaje literal de Rukhsana Khan sugiere su propósito para escribir "Un paraíso a la basura". Ahora piensa en cómo puedes usar lenguaje literal para comunicar tu propio propósito para escribir.

1. Imagina que quieres informar a los lectores que se interrumpirá el suministro de agua de la escuela durante una hora para que se pueda reparar un caño roto. ¿Qué palabras podrías usar para comunicar con claridad tu propósito?

2. Escribe un anuncio para tus compañeros de clase sobre un próximo período de una hora sin suministro de agua. Usa lenguaje literal para revelar tu propósito.

Escribir palabras con raíces y afijos latinos y griegos

Los prefijos latinos y griegos *trans-*, *tele-* y **el afijo griego** *-grafo* brindan claves sobre el significado de la palabra donde aparecen. El prefijo *trans-* significa "al otro lado de" o "a través de". El prefijo *tele-* significa "a distancia". El afijo *-grafo* significa "que escribe" o "que describe". Asimismo, las raíces griegas *foto-*, *bio-*, *metro-* y *-metro* también ayudan a entender el significado de las palabras que las contienen: *foto-* significa "luz", *bio-* significa "vida" y *metro-* o *-metro* significa "medida" o "para medir".

Mi TURNO Lee las palabras e identifica el significado de la raíz o el afijo. Luego, escoge cuatro de las palabras de ortografía y escribe una oración propia con cada una.

PALABRAS DE ORTOGRAFÍA

transacción	transferencia	transformar	televisión
telecomunicación	telefonía	fotomontaje	fotografía
biopsia	biología	metropolitano	metrología
fonógrafo	transparente	telepatía	teleférico
biométrico	termómetro	cronómetro	apógrafo

1. ______________________________.

2. ______________________________.

3. ______________________________.

4. ______________________________.

La puntuación del diálogo

El diálogo es una conversación escrita. Las palabras que dicen los personajes se llaman discurso directo. El discurso directo siempre va precedido por una raya, o guion largo, ("—", distinta del signo menos "-") y **nunca** termina en raya, sino en el signo de puntuación correspondiente: punto y aparte o cierre de interrogación o exclamación. Por ejemplo:

—Estoy cansada.

Observa que no se deja espacio entre la raya y la primera letra.

Cuando el narrador introduce comentarios en las intervenciones de los personajes, se deben tener en cuenta las siguientes reglas:

Regla	Ejemplo
Se deja un espacio en blanco entre el final de la frase del personaje y se añade una nueva raya. Luego, va el comentario del narrador que comienza en minúscula y no hay espacio entre este y la raya. El signo de puntuación correspondiente a la frase del personaje se cierra tras la aclaración del narrador.	—Estoy cansada —dijo la niña.
Se escriben dos rayas, una de apertura y otra de cierre, cuando las palabras del narrador interrumpen la intervención del personaje y esta continúa inmediatamente después. El signo de puntuación que corresponda al enunciado interrumpido se debe colocar tras la raya que cierra el comentario del narrador.	—Estoy cansada —dijo la niña—. Creo que me iré a dormir.
Si el comentario del narrador no tiene nada que ver con un verbo del habla, las palabras del personaje deben cerrarse con punto y el comentario del narrador debe iniciarse con mayúscula.	—Estoy cansada. —Cerró la puerta de la habitación y se acostó.

Mi TURNO Corrige este borrador de manera que la puntuación del diálogo sea la correcta.

—Nos vemos esta tarde en la playa —dijo la niña con una sonrisa.—

No olvides llevar los rastrillos y las escobas—

Añadir y borrar ideas para lograr coherencia y claridad

Los poetas añaden y borran ideas de manera que sus poemas tengan los ritmos, las rimas y los significados que desean. Por ejemplo, borran y añaden palabras, partes de estrofas y versos para que sus poemas sean más claros.

Meta de aprendizaje

Puedo usar lo que sé sobre los elementos y la estructura de la poesía para escribir un poema.

Idea poco clara borrada
Correr es lo único que desea mi labrador dorado
alrededor ~~de la orilla~~ del lago.
Agita su larga cola y dice "¡Vamos, ahora!
¡Salgan conmigo, corran a mi lado!".

Idea más clara añadida
Correr es lo único que desea mi labrador dorado
por los campos y alrededor del lago.
Agita su larga cola y dice: "¡Vamos, ahora!
¡Salgan conmigo, corran a mi lado!".

Mi TURNO Tacha la idea menos clara en cada pareado. Añade una idea para hacer que el pareado sea más claro.

El maestro nos dijo vigoroso:

El lugar a donde vamos es hermoso.

Cabras balan y gansos hacen ruido sin parar,

la siesta de hoy no encontrará su lugar.

Mi TURNO Revisa uno de tus borradores y añade y borra ideas para lograr claridad y coherencia según sea necesario.

Prepararse para la celebración

El objetivo de un poeta es lograr un poema que contenga exactamente los sonidos, las imágenes y las ideas que desea incluir, sin nada que confunda a los lectores. Por tanto, a medida que los poetas completan sus poemas, los leen tanto en silencio como en voz alta para asegurarse de que sean correctos.

Mi TURNO Escribe tu poema en cursiva. Asegúrate de poder leer cada palabra. Luego, léelo en voz alta. Haz los cambios que sean necesarios. Vuelve a leer el poema en voz alta.

Sigue el proceso que aparece en la lista para completar tu poema.

MI POEMA ESTÁ COMPLETO CUANDO:

- ☐ He elegido saltos de línea.
- ☐ He elegido la puntuación.
- ☐ He organizado versos en estrofas si lo deseo.
- ☐ He tomado decisiones sobre ritmo, sonidos de letras repetidos y rimas.
- ☐ He leído mi poema en voz alta para asegurarme de que suene de la manera en que quiero que suene.
- ☐ He repetido estos pasos hasta estar satisfecho con mi poema.
- ☐ He hecho correcciones finales y escrito una copia limpia en letra cursiva legible.

¡Confía en tu oído!

Publicar y celebrar

Antes de publicar, piensa en qué público disfrutaría más de tu poema. ¿Otros poetas, compañeros de clase, estudiantes más jóvenes u otras personas? En general, los poetas leen en voz alta su trabajo publicado a un grupo. Grabar un audio es otra manera de publicar tu poema.

Organiza una lectura, grábate leyendo o publica tu poema de una forma adecuada para tu público.

Mi TURNO Completa estas oraciones sobre tu experiencia de escritura.

El público al que quiero dirigir la publicación de mi poema es ______________________

____

____

Publicaré mis poemas en ______________________

____

____

La forma de poesía que más me gustó usar es ______________________

____

____

Mis selecciones de palabras más descriptivas fueron ______________________

____

____

Prepararse para la evaluación

Mi TURNO Sigue un plan como preparación para escribir un poema que responda de manera adecuada a las instrucciones. Usa tu propia hoja.

1. **Estudia las instrucciones.**

   Recibirás una asignación llamada instrucciones para la escritura. Léela con atención. Resalta el tipo de escritura que debes hacer. Subraya el tema sobre el que debes escribir.

   Instrucciones: Escribe un poema breve sobre cómo un astronauta ve el planeta Tierra.

2. **Haz una lluvia de ideas.**

   Menciona al menos seis cosas que sean únicas sobre la manera en que un astronauta ve la Tierra. Encierra en círculos tres ideas que pienses que captarán la atención de los lectores.

3. **Escribe libremente tu poema.**

   Durante cinco minutos, escribe sobre las tres ideas que encerraste en círculos. No prestes atención a la ortografía, la gramática, los versos, las estrofas o la puntuación.

4. **Haz el borrador de tu poema.**

   Determina la forma de tu poema. Aplica tus elecciones sobre ritmo, aliteración, asonancia, rima, símiles y metáforas, saltos de línea, estrofas y puntuación.

5. **Revisa tu poema.**

   Busca maneras de fortalecer la estructura, la selección de palabras y las ideas de tu poema.

6. **Finaliza tu poema.**

   Presenta tu poema leyéndolo en voz alta. Aplica las destrezas y las reglas que has aprendido para perfeccionar tu poema.

Evaluación

MI TURNO Antes de escribir un poema para tu evaluación, califica cuán bien comprendes las destrezas que has aprendido en esta unidad. Vuelve y revisa todas las destrezas en las que hayas marcado "No".

		¡Sí!	No
Ideas y organización	• Puedo entender cómo se ve y cómo suena un poema.	☐	☐
	• Puedo hacer una lluvia de ideas y escribir libremente para obtener ideas para un poema.	☐	☐
	• Puedo seleccionar una forma para un poema.	☐	☐
	• Puedo crear ritmos y repetición en un poema.	☐	☐
	• Puedo usar aliteración y asonancia en un poema.	☐	☐
	• Puedo elegir saltos de línea y estrofas para un poema.	☐	☐
	• Puedo determinar el esquema de ritmo de un poema.	☐	☐
Técnica	• Puedo usar símiles y metáforas en un poema.	☐	☐
	• Puedo usar puntuación para lograr un efecto.	☐	☐
	• Puedo revisar la estructura de un poema.	☐	☐
	• Puedo revisar la selección de palabras en un poema.	☐	☐
	• Puedo añadir y borrar ideas para lograr claridad.	☐	☐
Normas	• Puedo usar adverbios de manera correcta.	☐	☐
	• Puedo usar frases preposicionales de manera correcta.	☐	☐
	• Puedo usar verbos modales de manera correcta.	☐	☐

TEMA DE LA UNIDAD

Las características

INTERCAMBIAR *ideas*

Hacer conexiones con el tema

En esta unidad, aprendiste muchas palabras nuevas para hablar sobre las **características** de la Tierra. Con un compañero, repasa cada selección para hallar y citar la oración del texto que mejor ilustre la palabra de vocabulario académico. Prepárate para explicar por qué elegiste esa oración de cada texto.

SEMANA 3

"Las 10 mejores maneras de reducir los residuos"

preservar

____

____

____

SEMANA 2

Volcanes

rótulo

____

____

____

SEMANA 1

de **El planeta Tierra**

sorprendido

____

____

____

SEMANA 4

"La deforestación y sus efectos"

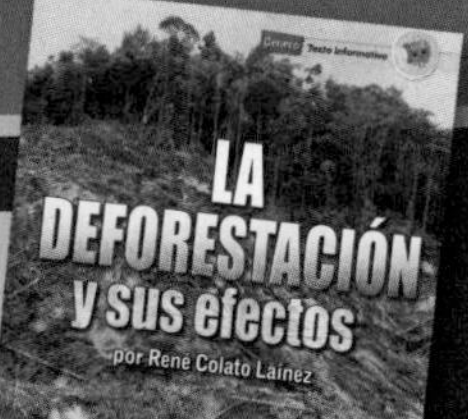

frontera

"Un paraíso a la basura" y "El agua. Cuidemos nuestro planeta"

SEMANA 5

consecuencias

Pregunta esencial

Mi TURNO

En tu cuaderno, responde a la Pregunta esencial: ¿Por qué es importante comprender nuestro planeta?

Proyecto

SEMANA 6

Ahora es momento de aplicar lo que aprendiste sobre *Las características* en tu PROYECTO DE LA SEMANA 6: ¡Peligro inminente!

¡Peligro inminente!

Actividad

Los fenómenos meteorológicos extremos pueden llevar a resultados extremos. Las tormentas y los acontecimientos ambientales como tornados, tormentas de nieve, huracanes e inundaciones pueden destruir y redefinir las características de la Tierra. ¿Cuál de estos fenómenos crees que plantea el peligro más grande? Escribe un artículo de opinión para compartir tu respuesta y apóyala con datos.

INVESTIGACIÓN

Artículos de investigación

Con tu compañero, lee "¡Advertencia! ¡Advertencia!" para hacer y aclarar preguntas sobre cómo las señales de advertencia de la naturaleza pueden predecir fenómenos extremos. Luego, desarrolla un plan de investigación para crear tu artículo de opinión. Comparte responsabilidades con tu compañero.

1. **¡Advertencia! ¡Advertencia!**
2. **¿Dependemos demasiado de la tecnología?**
3. **Vivir cerca de un volcán**

Generar preguntas

COLABORAR Después de leer "¡Advertencia! ¡Advertencia!", usa la información del artículo para hacer preguntas sobre señales de advertencia de la naturaleza y cómo predecir fenómenos meteorológicos. Escribe tres de tus preguntas aquí.

1. ______________________________.

2. ______________________________.

3. ______________________________.

Usar el vocabulario académico

COLABORAR En esta unidad, aprendiste muchas palabras relacionadas con el tema *Las características*. Trabaja en colaboración con tu compañero y añade más palabras de vocabulario académico a cada categoría. Si corresponde, usa este nuevo vocabulario cuando planifiques, investigues y elabores tu artículo de opinión.

Vocabulario académico	Estructura de las palabras	Sinónimos	Antónimos
rótulo	rotulado rotulación rotulador	nombre descripción etiqueta	ignoto desconocido confundido
sorprendido	sorprender sorprendente sorpresa	asombrado admirado maravillado	aburrido indiferente desganado
frontera	fronterizo frontero	límite linde divisoria	centro medio foco
consecuencias	consecuencia consecuente consecuentemente	resultados efectos costos	causas razones orígenes
preservar	preservación preservante preservado	proteger salvar conservar	destruir dañar eliminar

Acercamiento a la afirmación

Las personas escriben **textos argumentativos** para persuadir a los lectores de que piensen o hagan algo. Busca estos elementos cuando leas artículos de opinión:

- Una afirmación
- Razones y evidencia que apoyen la afirmación
- Un orden lógico, como el orden de importancia

COLABORAR Con tu compañero, lee "¿Dependemos demasiado de la tecnología?". Luego, responde a estas preguntas sobre el texto.

1. ¿Cuál es la afirmación del escritor?

____

____

2. ¿Qué evidencia usa el escritor para persuadir a los lectores?

____

____

____

3. ¿El escritor presenta la evidencia más sólida al principio o al final? ¿Cómo hace esto que la argumentación sea más persuasiva?

____

____

____

____

Planifica tu investigación

COLABORAR Antes de comenzar a investigar fenómenos meteorológicos peligrosos, debes desarrollar y seguir un plan de investigación. Usa esta tabla para escribir una afirmación y planifica cómo buscarás evidencia.

Definición	Ejemplos
AFIRMACIÓN Una afirmación es una declaración de la perspectiva u opinión del escritor. Una afirmación eficaz: • Define el objetivo de un escritor. • Es clara y específica. • Está apoyada por datos y otra evidencia. Lee los dos ejemplos que aparecen en la columna de la derecha. Luego, con tu compañero, escribe una afirmación para tu artículo de opinión sobre fenómenos meteorológicos peligrosos.	Este escritor escribe un texto argumentativo sobre cuevas. • ¡Las cuevas son geniales! Demasiado general y vago • Mammoth Cave es el accidente geográfico más impresionante de los Estados Unidos. Claro y específico Mi afirmación sobre fenómenos meteorológicos peligrosos: ____________________ ____________________
EVIDENCIA La información que apoya tu afirmación es evidencia. Podrías incluir: • Datos • Estadísticas • Citas • Ejemplos	**Dato:** Un famoso pozo en Mammoth Cave se llama Bottomless Pit ("hoyo sin fondo"). **Estadísticas:** Se han explorado más de 400 millas de cueva en Mammoth. **Cita:** El guía de la cueva, Stephen Bishop, dijo que Mammoth Cave es "magnífica, lúgubre y peculiar". **Ejemplo:** Las cuevas son impresionantes porque o bien no ingresa luz natural o es insuficiente.

Con tu compañero, enumera algunas fuentes posibles en las cuales buscar evidencia que apoye tu afirmación sobre fenómenos meteorológicos peligrosos.

Consulta a un profesional

Los expertos pueden ayudarte a reunir evidencia para apoyar tu afirmación. Podrías ponerte en contacto con uno de estos expertos en meteorología:

- Un pronosticador del tiempo local
- Un científico meteorólogo

Encuentra una dirección de contacto Puedes buscar direcciones de correo electrónico en sitios web profesionales o educativos.

Escribe tu correo electrónico Al escribir tu correo electrónico:

- Usa un tono formal y amable.
- Haz una o dos preguntas específicas.
- Aclara tus preguntas para asegurarte de que tengan sentido.

EJEMPLO Layna envió este correo electrónico a un guía de turismo.

Mensaje nuevo X

Para a_graner@nps.email

Tema Información para un informe de la escuela

El tema le indica al lector sobre qué trata el correo electrónico.

Estimado Abel Graner:

Mi compañero y yo estamos escribiendo un artículo sobre Mammoth Cave. Como usted es un experto en esta cueva, nos gustaría incluir algunas de sus ideas en nuestro artículo.

La escritora explica por qué escribe.

¿Qué es lo más maravilloso de trabajar en Mammoth Cave? ¿Qué es lo más extraño que ocurrió durante alguna de sus visitas guiadas?

La escritora hace preguntas específicas que solo este experto puede responder.

Gracias por leer este correo.

COLABORAR Con tu compañero, piensa en dos tipos de expertos a los que les podrías escribir cuando reúnas evidencia para tu artículo de opinión sobre fenómenos meteorológicos peligrosos. Luego, haz y aclara preguntas formales con tu compañero.

	Experto 1	Experto 2
Tipo de experto y especialización		
Dónde buscar la dirección de correo electrónico		
Preguntas específicas que solo este experto puede responder		

Trabajen juntos para escribir a los expertos correos electrónicos amables y claros. Cuando obtengan una respuesta, conversen sobre qué evidencia podría apoyar mejor su afirmación.

Defender tu afirmación

Un **artículo de opinión** intenta persuadir a los lectores para que crean una afirmación. La mayoría de los artículos de opinión siguen este plan básico:

- La **introducción** presenta la afirmación del escritor, o la declaración de opinión.
- El **desarrollo** del artículo presenta evidencia para apoyar la afirmación.
- La **conclusión** vuelve a plantear la afirmación y deja a los lectores con algo sobre lo cual pensar.

Los párrafos del desarrollo pueden presentar evidencia de diferentes maneras. Algunos artículos presentan la evidencia más sólida al principio. Otros artículos desarrollan ideas que ofrecen el mejor apoyo. Cuando los escritores presentan el apoyo más sólido al comienzo o al final, utilizan la organización según el orden de importancia. Los escritores incluyen transiciones para ayudar a los lectores a seguir la organización.

COLABORAR Lee el Modelo del estudiante. Trabaja con tu compañero para reconocer los elementos de los textos argumentativos.

¡A intentarlo!

Sigue los pasos para redactar tu artículo de opinión. Vuelve a expresar los puntos que aparecen en la lista. Usa tu lista para dar instrucciones a tu compañero para asegurarte de que tu artículo incluya todas las partes fundamentales del texto argumentativo.

Asegúrate de que tu artículo de opinión:

- ☐ Plantee una afirmación específica.
- ☐ Presente datos, estadísticas, citas o ejemplos como evidencia.
- ☐ Siga un orden lógico, como el orden de importancia.
- ☐ Incluya una conclusión sólida que vuelva a plantear tu afirmación.

Modelo del estudiante

En los Estados Unidos, puedes ver cascadas espectaculares, enormes desiertos o cañones increíblemente profundos. Sin embargo, de todos los accidentes geográficos, el Parque Nacional de Mammoth Cave, en Kentucky, es el más impresionante.

Subraya la oración que presenta la afirmación del escritor.

Mammoth Cave es el sistema de cuevas más extenso del mundo. Incluye más de 400 millas de pasajes subterráneos. Más de 2 millones de personas visitan este parque nacional cada año.

Resalta dos estadísticas.

Algunas de las cuevas son lo suficientemente grandes como para que las personas puedan caminar en su interior. En otras, debes avanzar gateando para explorarlas. Y otras son demasiado pequeñas; no se puede ingresar de ninguna manera.

Uno de los primeros guías de la cueva, Stephen Bishop, definió Mammoth Cave como "magnífica, lúgubre y peculiar". Abel Graner es actualmente guía allí. "La cueva es mi lugar favorito del mundo", dijo, "pero no es para cualquiera. He visto personas desmayarse porque se asustan. En cambio, a otras personas les encanta, como a mí".

Subraya dos citas.

Mammoth Cave es diferente a casi cualquier otro lugar de los Estados Unidos. Las cuevas subterráneas incluyen formaciones de rocas como estalactitas y estalagmitas.

Resalta la oración que vuelve a plantear la afirmación.

Si quieres ver el lugar más inspirador de los Estados Unidos, definitivamente deberías colocar Mammoth Cave en lo más alto de tu lista de lugares para visitar.

Fuentes fantásticas

Una gran investigación incluye una variedad de fuentes. Cuando busques información, pregúntate: ¿cuándo se creó este material y quién lo creó?

- Las **fuentes primarias** son creadas al momento de un suceso. Las personas que presencian un suceso y lo documentan producen fuentes primarias.
- Las **fuentes secundarias** son creadas una vez que un suceso ha terminado por personas que no lo presenciaron directamente.

Esta tabla ofrece algunos ejemplos de fuentes primarias y secundarias.

Fuentes primarias	Fuentes secundarias
• Un diario escrito por alguien que vive cerca de un volcán • Una foto de un volcán en erupción • Un artículo de periódico escrito al momento de la erupción de un volcán • Un discurso pronunciado por un líder para persuadir a los ciudadanos para que abandonen un lugar peligroso • Una película filmada mientras un volcán está en erupción	• Un artículo de enciclopedia sobre volcanes • Un diagrama que muestra las partes de un volcán • Un artículo de revista que describe las causas y los efectos de una erupción • Una biografía de un líder escrita por un autor moderno • Un documental sobre los volcanes

INVESTIGACIÓN

COLABORAR Lee el artículo “Vivir cerca de un volcán”. Luego, crea una tabla de T en una hoja aparte. Trabaja con un compañero para identificar fuentes primarias y secundarias usadas en el artículo. Anótalas en tu tabla de T.

COLABORAR Lee este párrafo. Luego, responde a las preguntas.

Stephen Bishop, experto en cuevas

por Elena Núñez

Stephen Bishop era un adolescente en situación de esclavitud cuando llegó a Mammoth Cave en 1838. Pronto se convirtió en uno de los más grandes expertos en esta área subterránea. Bishop exploró muchas partes de la cueva que nadie había visto antes. Comenzó a realizar visitas guiadas por las cuevas. Bayard Taylor, una de las personas que él guio, escribió que Bishop era "un guía modelo: rápido, audaz, entusiasta, perseverante, con un vívido afecto por las maravillas que muestra". Bishop se transformó en un hombre libre en 1856, pero murió apenas un año después.

1. Identifica la fuente primaria mencionada en el párrafo. ¿Cómo puedes saber que es una fuente primaria?

Fuente primaria: ______________________

Cómo lo sé: ______________________

____

2. ¿El párrafo de Elena Núñez es una fuente primaria o secundaria? ¿Por qué?

____

____

____

Hallar DATOS en archivos en línea

Un **archivo en línea** es una colección de artículos y otros recursos. Muchos periódicos, revistas y sitios de Internet tienen archivos en línea que puedes consultar.

Usa los mismos métodos de búsqueda que usas cuando eliges palabras clave para buscar información en un motor de búsqueda en línea. Encierra frases entre comillas para encontrar resultados que incluyan una frase exacta.

Cuando encuentres información, escribe el material citado entre comillas o usa tus propias palabras para parafrasear las ideas que encuentres. Cita tus fuentes.

Layna buscó artículos sobre Mammoth Cave en el archivo en línea de *The Daily Times*. Este ejemplo muestra sus resultados.

Haz clic en *Más nuevos* para ver primero las fuentes más recientes. Haz clic en *Más viejos* para ver primero las fuentes más viejas. Haz clic en *Relevancia* para ver primero las fuentes más relacionadas con tu búsqueda. Elige el rango de fechas para tu búsqueda.

Búsqueda en línea en *The Daily Times*

Tu búsqueda: "Mammoth Cave"

Ordenar por: Más nuevos Más viejos **Relevancia**

Rango de fechas:
Todo desde 1900
Últimas 24 horas
Últimos 7 días
Últimos 30 días
Últimos 12 meses

Tipo de resultado:
Todos
Artículos
Publicación en blog
Multimedia

GRANDES DESCUBRIMIENTOS EN MAMMOTH CAVE

El geólogo Dr. Shannon McBridge comparte hallazgos de un estudio reciente de formaciones rocosas en el Parque Nacional de Mammoth Cave.

29 de julio de 2015

Fechas específicas ÁLBUM DE RECORTES DE MAMMOTH CAVE

Imágenes reunidas por periodistas durante los últimos 25 años.

7 de septiembre de 2012

Elige los tipos de resultados que incluirá tu búsqueda.

Haz clic en un título para ver esa fuente.

COLABORAR Con tu compañero, piensa en cómo puedes usar archivos en línea para hallar más información para tu artículo de opinión. Completa la tabla de planificación para guiar tu investigación.

Nombre del archivo en línea: Dirección web del archivo (URL):	Palabras clave de la búsqueda: Rango de fechas: ¿Qué tipos de resultados buscamos?
Nombre del archivo en línea: Dirección web del archivo (URL):	Palabras clave de la búsqueda: Rango de fechas: ¿Qué tipos de resultados buscamos?
Nombre del archivo en línea: Dirección web del archivo (URL):	Palabras clave de la búsqueda: Rango de fechas: ¿Qué tipos de resultados buscamos?

Revisa

Revisa la afirmación y la evidencia Vuelve a leer tu artículo de opinión con tu compañero.

- ☐ ¿Planteaste claramente la afirmación?
- ☐ ¿Incluiste datos, estadísticas, citas y ejemplos sólidos?
- ☐ ¿Usaste la organización según el orden de importancia y palabras o frases de transición para vincular ideas?

Añadir fundamentación y palabras o frases de transición

Los escritores del artículo de opinión del modelo del estudiante añadieron más información sobre Abel Graner y su trabajo en Mammoth Cave. Además, agregaron una frase introductoria para que el orden de su fundamentación fuera más claro.

Uno de los primeros guías de la cueva, Stephen Bishop, definió Mammoth Cave como "magnífica, lúgubre y peculiar". Abel Graner es actualmente guía allí. ^"La cueva es mi lugar favorito en el mundo", dijo...

Disfruta de organizar visitas con luz eléctrica y otras donde la única luz proviene de las lámparas de parafina que llevan los visitantes.

La razón más importante por la cual deberías conocer Mammoth Cave es que

^~~Mammoth Cave~~ es diferente a casi cualquier otro lugar de los Estados Unidos. Las enormes y hermosas cuevas subterráneas incluyen formaciones de rocas como estalactitas y estalagmitas.

Corrige

Normas Vuelve a leer tu artículo de opinión. ¿Usaste las normas correctas?

- [ ] Ortografía
- [ ] Puntuación
- [ ] Uso de mayúsculas en nombres y lugares
- [ ] Comillas para ideas citadas de la investigación
- [ ] Uso correcto del grado comparativo y el grado superlativo de los adjetivos

Evaluación entre compañeros

COLABORAR Intercambia los artículos de opinión con otro grupo. Usa la tabla para evaluar un artículo. Escribe la afirmación y, luego, identifica la evidencia fundamental. Califica la evidencia de la más persuasiva a la menos persuasiva. Compara tu calificación con el orden que usaron los escritores para compartir estas ideas.

AFIRMACIÓN
EVIDENCIA

¡A celebrar!

COLABORAR Ahora presentarás tu artículo de opinión a otro grupo. Para prepararte, decide si tu presentación será oral, multimedio o en un video. Durante tu presentación, recuerda establecer contacto visual con el público y hablar a un ritmo y un volumen naturales. Escucha los comentarios y preguntas del público después de finalizar.

¿Cuán persuasivos encontró el público tu afirmación y artículo? Escribe aquí algunas de sus reacciones.

Reflexiona sobre tu proyecto

Mi TURNO Piensa en tu artículo de opinión. ¿Qué partes de tu artículo crees que son las más sólidas? ¿Qué áreas podrías mejorar la próxima vez? Escribe aquí lo que piensas.

Fortalezas

Áreas para mejorar

Reflexiona sobre tus metas

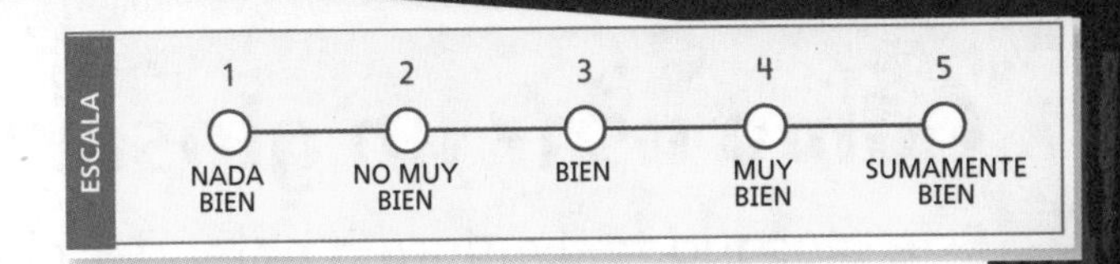

Vuelve a mirar tus metas de la unidad. Usa un color diferente para volver a calificarte.

Reflexiona sobre tus lecturas

¿Cuál es la idea de la unidad que más te gustaría compartir con un amigo o miembro de tu familia que no haya leído los textos? ¿Por qué?

Reflexiona sobre tu escritura

Revisa lo que escribiste durante esta unidad. ¿Qué texto te hace sentir más orgulloso y quisieras incluirlo en tu portafolio de este año? ¿Por qué?

Cómo usar un glosario

Este glosario te ayudará a entender el significado y a conocer la clase de palabra a la que corresponden y la separación en sílabas, o separación silábica, de algunas de las palabras en este libro. Las entradas en este glosario están ordenadas alfabéticamente. Las palabras guía en la parte superior de cada página te indican cuál es la primera y la última palabra de esa página. Si no puedes encontrar una palabra, puedes usar un diccionario impreso o en línea.

Ejemplo de entrada del glosario:

La palabra a definir está en letra negrita. Puedes ver cómo se escribe la palabra y cómo se separa en sílabas.

Entre paréntesis está la separación en sílabas de la palabra. Además, la sílaba tónica está en mayúsculas.

ab•sor•ben (ab-SOR-ben), *verbo.*
Consumen enteramente algo.

También incluye a qué clase de palabra pertenece.

La definición nos dice qué significa la palabra.

Mi TURNO

Busca y escribe el significado de la palabra *desafío*. Di la palabra en voz alta.

____

Separa la palabra en sílabas. ___________________________
Usa la guía para separar las palabras en sílabas para ayudarte.
¿Qué otras palabras conoces que pertenezcan a la misma familia de palabras?

____

____

INTERCAMBIAR ideas Comenta con un compañero de qué manera puedes usar el diccionario impreso o en línea para hallar el significado de una palabra que no está en el glosario.

Aa

ab•sor•ben (ab-SOR-ben) *verbo.* Consumen enteramente algo.

a•bun•dan•tes (a-bun-DAN-tes) *adjetivo.* Copiosos; que ocurren comúnmente.

ac•ción (ac-CIÓN) *sustantivo.* Algo que se hace; un acto que se realiza.

a•cen•tuó (a-cen-TUÓ) *verbo.* Resaltó; dirigió la atención.

a•dop•ta•do (a-dop-TA-do) *adjetivo.* Idea o método que se comienza a usar.

a•dor•na•dos (a-dor-NA-dos) *adjetivo.* Embellecidos.

a•par•ce•ro (a-par-CE-ro) *sustantivo.* Persona que explota un campo.

Guía para separar las palabras en sílabas

Utiliza esta guía siempre que necesites separar una palabra en sílabas. Recuerda que una **sílaba** es un conjunto de letras que se pronuncian juntas al decir una palabra en voz alta. Hablamos de **hiato** cuando en una palabra hay dos vocales juntas, pero en distintas sílabas. Puede ser una combinación de vocales abiertas o fuertes (a, e, o), como en *cacao*, o de una vocal abierta y una cerrada o débil (i, u) que está acentuada, como en *río*. Los **diptongos** y **triptongos** son el encuentro de dos o tres vocales dentro de una misma sílaba. Los diptongos son la combinación de una vocal cerrada y otra abierta, como en *hueco* o *aire*, o de dos cerradas, como en *cuidado*. Los triptongos son la combinación de dos vocales cerradas con una abierta, como en *buey* o *Nahuel*.

HIATO	DIPTONGO	TRIPTONGO
rí-o	hue-vo	es-tu-diáis
pa-ís	ciu-dad	U-ru-guay
ca-o-ba	bai-lar	lle-guéis
te-a-tro	pei-ne	

OTRAS PALABRAS SEPARADAS EN SÍLABAS

sí-la-ba	te-lé-fo-no	pan-ta-lla	ma-de-ra
pa-la-bra	fá-bu-la	be-lle-za	cua-der-no

ar•que•an•do (ar-que-AN-do) *verbo.* Dando a algo forma de arco.

a•rra•san•do (a-rra-SAN-do) *verbo.* Destruyendo.

a•som•bro (a-SOM-bro) *sustantivo.* Un sentimiento de gran sorpresa.

as•tu•to (as-TU-to) *adjetivo.* Inteligente; que muestra buen criterio.

at•mós•fe•ra (at-MÓS-fe-ra) *sustantivo.* Capa de aire y otros gases que recubre la Tierra.

a•va•lan•cha (a-va-LAN-cha) *sustantivo.* Masa que se desliza por la ladera de una montaña.

Cc

cir•cu•la (cir-CU-la) *verbo.* Se mueve a través de un sistema.

co•me•je•nes (co-me-JE-nes) *sustantivo.* Termitas, insectos que comen madera.

com•pla•ci•da (com-pla-CI-da) *adjetivo.* Agradecida, satisfecha.

com•pos•tu•ra (com-pos-TU-ra) *sustantivo.* El control calmo de uno mismo.

con•flic•to (con-FLIC-to) *sustantivo.* Desacuerdo o enfrentamiento.

con•fun•di•da (con-fun-DI-da) *adjetivo.* Que no entiende o está desorientada.

con•se•cuen•cias (con-se-CUEN-cias) *sustantivo.* Resultados, efectos.

con•tra•dic•to•rias (con-tra-dic-TO-rias) *adjetivo.* Que chocan o están en desacuerdo.

cre•ar (CRE-ar) *verbo.* Hacer o producir algo.

cru•do (CRU-do) *adjetivo.* Petróleo líquido sin refinar.

Dd

de•sa•fí•o (de-sa-FÍ-o) *sustantivo.* Algo difícil de realizar o una competencia.

de•se•cha•bles (de-se-CHA-bles) *adjetivo.* De un único uso; diseñados para ser desechados.

di•á•me•tro (DIÁ-me-tro) *sustantivo.* Recta que pasa por el centro de una circunferencia y la divide en dos partes iguales.

di•ver•si•dad (di-ver-si-DAD) *sustantivo.* Variedad, gran cantidad de varias cosas.

dor•mi•tan•do (dor-mi-TAN-do) *verbo.* Medio dormido o con un sueño ligero.

Ee

em•bau•car (em-bau-CAR) *verbo.* Hacer creer algo falso.

e•mi•sio•nes (e-mi-SIO-nes) *sustantivo.* Sustancias liberadas; cualquier cosa que se desprende de otra cosa.

e•mo•cio•nan•te (e-mo-cio-NAN-te) *adjetivo.* Interesante y placentero.

en•co•mia•ble (en-co-MIA-ble) *adjetivo.* Digno de alabar.

en•ga•ña•do (en-ga-ÑA-do) *verbo.* Convencido de algo que no es verdad.

es•pon•tá•ne•a•men•te (es-pon-TÁ-ne-a-men-te) *adverbio.* Sin que alguien lo pida.

es•tro•pe•a•da (es-tro-pe-A-da) *adjetivo.* Dañada; desmejorada; arruinada.

ex•ce•si•va (ex-ce-SI-va) *adjetivo.* Muy grande o más de lo necesario.

ex•pan•dir (ex-pan-DIR) *verbo.* Ampliar; aumentar de tamaño.

Ff

fa•bu•lo•so (fa-bu-LO-so) *adjetivo.* Extraordinario, maravilloso.

fe•nó•me•no (fe-NÓ-me-no) *sustantivo.* Algo que se puede estudiar u observar; suceso.

fes•ti•val (fes-ti-VAL) *sustantivo.* Serie organizada de sucesos y presentaciones especiales.

fi•su•ra (fi-SU-ra) *sustantivo.* Ruptura alargada que se hace sobre un cuerpo.

fron•te•ra (fron-TE-ra) *sustantivo.* Línea o límite, borde que separa.

frus•tra•do (frus-TRA-do) *adjetivo.* Disgustado o contrariado por ser incapaz de cambiar algo.

fun•di•da (fun-DI-da) *adjetivo.* Derretida; lo suficientemente caliente para estar en forma líquida.

Hh

he•ren•cia (he-REN-cia) *sustantivo.* Relacionado con tradiciones importantes del pasado.

Ii

i•lus•trar (i-lus-TRAR) *verbo.* Aclarar algo con palabras o imágenes.

im•pul•si•va•men•te (im-pul-si-va-MEN-te) *adverbio.* Hecho de repente sin pensar con cuidado en las consecuencias.

i•nau•gu•ra•ción (i-nau-gu-ra-CIÓN) *sustantivo.* Una ceremonia oficial para algo creado para un propósito especial.

in•fer•nal (in-fer-NAL) *adjetivo.* Desagradable; relacionado con el infierno.

in•no•va•do•ras (in-no-va-DO-ras) *adjetivo.* Creativas; que usan ideas o métodos nuevos.

in•sis•tió (in-sis-TIÓ) *verbo.* Demandó o exigió algo con fuerza.

ins•pi•ra•ción (ins-pi-ra-CIÓN) *sustantivo.* Algo que da a alguien el deseo de hacer algo.

ins•tin•ti•va•men•te (ins-tin-ti-va-MEN-te) *adverbio.* Hecho sin pensar en cómo se hace.

in•ter•cam•biar (in-ter-cam-BIAR) *verbo.* Dar una cosa a cambio de otra.

in•ter•pre•tar (in-ter-pre-TAR) *verbo.* Explicar el sentido de algo según nuestra visión.

in•trin•ca•do (in-trin-CA-do) *adjetivo.* Complicado; muy detallado.

i•rri•ta•ba (i-rri-TA-ba) *verbo.* Hacía sentir ira, agravaba.

i•rri•ta•ble (i-rri-TA-ble) *adjetivo.* Que se enoja o se molesta fácilmente.

Ll

lo•grar (lo-GRAR) *verbo.* Conseguir o alcanzar lo que se intenta o desea.

Mm

man•to (MAN-to) *sustantivo.* La capa de la Tierra entre la corteza y el núcleo.

mi•se•ra•ble (mi-se-RA-ble) *adjetivo.* Profundamente infeliz o incómodo.

Oo

o•ber•tu•ra (o-ber-TU-ra) *sustantivo.* Pieza de música instrumental con que se da inicio a una ópera.

or•na•men•ta•da (or-na-men-TA-da) *adjetivo.* Muy decorada; compleja y elaborada.

Pp

pa•ra•pe•to (pa-ra-PE-to) *sustantivo.* Pared baja que se pone al borde de una estructura para evitar caídas.

par•ti•ci•par (par-ti-ci-PAR) *verbo.* Formar parte.

par•tí•cu•la (par-TÍ-cu-la) *sustantivo.* Parte muy pequeña de alguna cosa.

pe•tró•le•o (pe-tró-LE-o) *sustantivo.* Líquido que se extrae del interior de la Tierra y se usa para fabricar plástico y gasolina.

piz•car (piz-CAR) *verbo.* Tomar un pedazo pequeño de algo.

pre•de•cir (pre-de-CIR) *verbo.* Anunciar algo antes de que suceda.

pre•o•cu•par•se (pre-o-cu-PAR-se) *verbo.* Prestarle atención o inquietarse.

pre•sen•ta•ción (pre-sen-ta-CIÓN) *sustantivo.* Actuación pública para entretener a un público.

pre•ser•var (pre-ser-VAR) *verbo.* Proteger en un área a plantas o animales; mantener, conservar o guardar.

Rr

ren•cor (ren-COR) *sustantivo.* Un sentimiento fuerte de desagrado hacia alguien que te trató mal.

re•pu•ta•ción (re-pu-ta-CIÓN) *sustantivo.* La opinión que tienen muchas personas acerca de alguien.

re•ve•lar (re-ve-LAR) *verbo.* Destapar algo que había estado escondido.

ró•tu•lo (RÓ-tu-lo) *verbo.* Identificación, nombre o descripción.

Ss

sa•bo•re•an•do (sa-bo-re-AN-do) *verbo.* Disfrutando inmensamente.

sa•tis•fe•chos (sa-tis-FE-chos) *adjetivo.* Conformes o contentos con algo.

sen•si•bles (sen-SI-bles) *adjetivo.* Capaces de responder a un estímulo; que algo les afecta fácilmente.

se•quí•a (se-QUÍ-a) *sustantivo.* Período largo de escasas lluvias o carencia total de precipitaciones.

se•re•na•ta (se-re-NA-ta) *sustantivo.* Música creada para ser cantada al aire libre, generalmente, para alabar a una persona.

sím•bo•lo (SÍM-bo-lo) *sustantivo.* Emblema representativo de un lugar o una idea.

sor•pren•di•do (sor-pren-DI-do) *adjetivo.* Maravillado, impresionado, admirado.

sub•ya•cen (sub-YA-cen) *verbo.* Forman la base.

Tt

tem•pe•ra•men•tos (tem-pe-ra-MEN-tos) *sustantivo.* Personalidades; actitudes o conductas ordinarias.

tó•xi•cas (TÓ-xi-cas) *adjetivo.* Venenosas.

tra•di•cio•nal (tra-di-cio-NAL) *adjetivo.* Que se transmite de generación en generación y forma parte de las costumbres de un pueblo.

tran•ce (TRAN-ce) *sustantivo.* Estado mental parecido al de un sueño.

tra•to (TRA-to) *sustantivo.* Un acuerdo entre personas sobre lo que cada una dará o recibirá.

Vv

va•ci•lan•te (va-ci-LAN-te) *adjetivo.* Que se mueve hacia adelante y hacia atrás.

va•tio (VA-tio) *sustantivo.* Unidad de medida para la energía eléctrica.

ve•ge•ta•ción (ve-ge-ta-CIÓN) *sustantivo.* Árboles y plantas que hay en un lugar.

Zz

zig•zag (zig-ZAG) *sustantivo.* Línea quebrada compuesta por segmentos unidos que forman ángulos entrantes y salientes.

Textos

21: from *Fuera de mí* by Sharon M. Draper, text copyright © 2010 Sharon M. Draper. Reprinted with the permission of Atheneum Books for Young Readers, an imprint of Simon & Schuster Children's Publishing Division. All rights reserved.
49: from *La ventana de mamá* by Lynn Rubright, text copyright © 2008 by Lynn Rubright. Permission arranged with Lee & Low Books, Inc. All rights not specifically granted herein are reserved.
83: *Trombone Shorty* by Troy Andrews and Illustrated by Bryan Collier, text copyright © 2015 Troy Andrews and Bill Taylor. Illustrations copyright © 2015 Bryan Collier. Used with the permission of Express Permissions on behalf of Abrams Books for Young Readers, an imprint of Harry N. Abrams, Inc. All rights reserved.
123: *Weslandia* by Paul Fleischman, text copyright © 1999 by Paul Fleischman. Illustrations copyright © 1999 by Kevin Hawkes. Reproduced by permission of the publisher, Candlewick Press.
137: *Cajas de cartón* by Francisco Jiménez. Spanish translation copyright © 2000 by Francisco Jimenez. Reprinted by permission of Houghton Mifflin Harcourt Publishing Company. All rights reserved.
171: "Voy a ser químico: Mario José Molina" by Alma Flor Ada, text copyright 2014. Pomelo Books. Used with permission of the author.
223: *¿Puedes adivinar mi nombre?* By Judy Sierra and illustrations by Stefano Vitale. Illustrations copyright ©StefanoVitale/lindgrensmith.com. Used with the permission from Judy Sierra.
256: "Disparate" de María de la Luz Uribe. Copyright © Herederos de Maria de la Luz Uribe. Reprinted with permission.
261: *Thunder Rose* by Jerdine Nolen and illustrated by Kadir Nelson, text copyright © 2003 by Jerdine Nolen. Illustrations copyright © 2003 by Kadir Nelson. Reprinted by permission of Houghton Mifflin Harcourt Publishing Company. All rights reserved.
297: "La culebra" by Pamela Gerke from *Obras de teatro multiculturales para niños*. Reprinted by permission from Smith & Kraus Publishers.
371: "Pandora" from *Las hermosas historias de la vida* retold by Cynthia Rylant. Text copyright© 2009 by Cynthia Rylant. Reprinted by permission of Houghton Mifflin Harcourt Publishing Company. All rights reserved.
381: *Carrera a la cima* from *La piscina de cristal: Mitos y leyendas del mundo, un mito maorí* by Geraldine McCaughrean, first published in the UK by Orion Childrens Books, an imprint of Hachette Childrens Books, Carmelite House.
435: from *El planeta Tierra* by Christine Taylor-Butler. Reprinted by permission of Children's Press an imprint of Scholastic Library Publishing, Inc. All rights reserved
469: Volcanes by Arelis A. Díaz, text copyright © 2014 by Arelis A. Diaz. Reprinted with permission.
503: *Las 10 mejores maneras de reducir los residuos* by Nick Winnick. Reproduced by permission from AV2 Weigl, The Top 10 Ways You Can Reduce Waste (New York, NY AV2 by Weigl, 2011)
595: *El Agua. Cuidemos Nuestro Planeta*, video copyright © by Happy Learning TV, S.L. Reprinted with permission.

Fotografías

Photo locators denoted as follows Top (T), Center (C), Bottom (B), Left (L), Right (R), Background (Bkgd)

10 Rawpixel/Shutterstock, Jim West/Alamy Stock Photo; **20** Susan Walsh/AP Images; **21** R. Classen/ Shutterstock; **26** Fotolia; **44** JoannaTkaczuk/ Shutterstock, Asusena/Shutterstock, Joseph Calev/ Shutterstock, NagyG/Shutterstock; **78** (T) Dreamer Company/Shutterstock, (B) Kzenon/Shutterstock, (Bkgd) Amy Harris/REX/Shutterstock; **79** (T) Val Thoermer/Shutterstock, (B) Scharfsinn/Shutterstock; **82** Cliff Lipson/CBS Photo Archive/Getty Images; **118** (T) Simon Tang/Shutterstock, (C) Iam Prawit/ Shutterstock, (BL) Zeljko Radojko/Shutterstock, (BC) Thanakorn Hongphan/Shutterstock, (BR) Regreto/ Shutterstock; **119** (T) S.Borisov/Shutterstock, (B) UfaBizPhoto/Shutterstock; **122** Photo by Patty Brown, © 2011.; **136** Copyright by Francisco Jimenez. Used with author's permission.; **137** 123RF, (Bkgd) Library of Congress Prints and Photographs Division [LC-DIG-highsm-21738]; **138** Nsf/Alamy Stock Photo; **140** Bettmann/Getty Images; **141** Underworld/Shutterstock; **143** Jaroslaw Pawlak/ Alamy Stock Photo; **144** Rappensuncle/E+/Getty Images; **146** Randy Vaughn-Dotta/Design Pics Inc/Alamy Stock Photo; **147** Age Fotostock/Alamy Stock Photo; **149** Caimacanul/Shutterstock; **166** (T) Michael Harder/Alamy Stock Photo, (C) Zev Radovan/ BibleLandPictures/Alamy Stock Photo, (B) Blend Images/Shutterstock; **166** Radka1/Shutterstock; **167** (T) Igor Kyrlytsya/Shutterstock, (B) Pingvin_house/ Shutterstock; **195** Aisyaqilumar/Fotolia; **196** Aisyaqilumar/Fotolia; **200** (T) Wavebreakmedia/ Shutterstock, (B) Tyler Olson/Shutterstock; **202** Poznyakov/Shutterstock; **204** Pinkcandy/ Shutterstock; **206** (L) Dotshock/Shutterstock, (C) Bruce Rolff/123RF, (R) Liudmila Matvienco/123RF; **209** Jaren Wicklund/123RF; **212** (B) Iofoto/Shutterstock, (Bkgd) Elgreko/Shutterstock; **213** Marilyn Smith/ AnimalsClipArt.com; **218** (T) Ssuaphotos/Shutterstock, (C) Marekuliasz/Shutterstock, (B) Fer Gregory/ Shutterstock, (Bkgd) Jag_cz/Shutterstock; **219** (T) Lightspring/Shutterstock, (B) Cosma/Shutterstock; **222** Elizabeth Sattelberger; **297** Marilyn Smith/ AnimalsClipArt.com; **326** Imtmphoto/Shutterstock; **366** (T) Aperture75/Shutterstock, (C) Scottchan/ Shutterstock, (BL) Ollyy/Shutterstock, (BC) Iakov Filimonov/Shutterstock, (BR) Rob Byron/Shutterstock; **366** (Bkgd) Manbetta/Shutterstock, Flas100/

Shutterstock, Robert_S/Shutterstock; **367** Aslysun/ Shutterstock; **380** Used with permission from Little Brown.; **407** Ron and Joe/Shutterstock; **408** Ron and Joe/Shutterstock; **414** Richard Cavalleri/Shutterstock; **416** Focal Point/Shutterstock; **418** MTaira/ Shutterstock; **421** Darrin Henry/Shutterstock; **424** Nobra/Shutterstock; **424** (Bkgd) Triff/Shutterstock, (BL) Nobra/Shutterstock; **430** (T) Jixin Yu/Shutterstock, (B) Designua/Shutterstock; **430** Kokliang/Shutterstock, (Bkgd) Harvepino/Shutterstock; **431** Designua/ Shutterstock; **435** Johan Swanepoel/Shutterstock; **436** Mopic/Shutterstock; **437** Spencer Sutton/ Science History Images/Alamy Stock Photo; **438** (TL) Merkushev Vasiliy/Shutterstock, (BR) Spencer Sutton/ Science History Images/Alamy Stock Photo; **439** (B) Claus Lunau/Science Source; **440** Designua/123 RF; **441** (TL) B.A.E. Inc./Alamy Stock Photo, (BR) Snowbelle/Shutterstock; **442** Dalmingo/Shutterstock; **444** Stocktrek/Stockbyte/Getty Images; **445** Ma Ping/ XINHUA/AP Images; **446** Carsten Peter/ National Geographic/Getty Images; **447** (TR) SPL/ Science Source; **464** Yulia Moiseeva/Shutterstock; **464** Ammit/123RF; **465** Kasimova/Shutterstock; **469** Beboy/ Shutterstock; **474** Stocktrek/Photodisc/Getty Images; **475** Ed Austin/Herb Jones/1987/NPS; **476** Rudolf Tepfenhart/Shutterstock; **477** Giuseppe Masci/AGF Srl/ Alamy Stock Photo; **478** Thomas Stankiewicz/LOOK-foto/Getty Images; **479** (T) Budkov Denis/Shutterstock, (C) Arctic-Images/Corbis Documentary/Getty Images, (B) World History Archive/Alamy Stock Photo; **480** (L) CM Dixon/Heritage Image Partnership Ltd/Alamy Stock Photo, (R) Gerth Roland/Prisma by Dukas Presseagentur GmbH/Alamy Stock Photo; **481** Mark Newman/Science Source/Getty Images; **503** Valeria Evteeva/EyeEm/Getty Images; **505** Elena Elisseeva/ Shutterstock, Prapass/Shutterstock; **506** C Michael Blann/Stone/Getty Images; **507** (TC) Richard I'Anson/ Lonely Planet Images/Getty Images, (CL) Tuanyick/ Shutterstock, (BR) Rob Simmons/NASA; **508** (C) Taxi/ Getty Images; **509** (TC) Jamie Grill/The Image Bank/ Getty Images, (CR) Alex Staroseltsev/Shutterstock, (BR) Charriau Pierre/The Image Bank/Getty Images; **510** Mark Viker/The Image Bank/Getty Images; **511** (TC) Brian Chase/Shutterstock, (CR) Anki21/ Shutterstock, (BR) Ralf Herschbach/Shutterstock; **512** Stuart Dee/The Image Bank/Getty Images; **513** (TL) Anthony Berenyi/Shutterstock, (C) Electronistock/ Alamy Stock Photo, (BR) Ugorenkov Aleksandr/ Shutterstock; **514** (C) Tim Graham/The Image Bank/ Getty Images, (BL) Newphotoservice/Shutterstock; **515** (C) Nils-Johan Norenlind/Nordic Photos/Getty Images, (BR) Shmeliova Natalia/Shutterstock; **516** (C) Barbro Bergfeldt/Shutterstock; **517** (TC) Alzbeta/ Shutterstock, (CR) J. Bicking/Shutterstock, (BR) Peter Anderson/Dorling Kindersley Ltd.; **518** Jupiterimages/ Photolibrary/Getty Images; **519** (TC) Dylan Ellis/ The Image Bank/Getty Images, (CR) Rob Marmion/ Shutterstock, (BR) Apple Tree House/Photodisc/Getty Images; **520** (TL) Greg McGill/Shutterstock, (CL) Feng Yu/123 RF, John Lamb/The Image Bank/Getty Images, (BL) Ben Arnoldy/The Christian Science Monitor/Getty Images, Justin Sullivan/Getty Images; **521** (TC) Boris Sosnovyy/Shutterstock, Jim Ballard/Photographer's Choice/Getty Images, (CR) Alan Myers/Alamy Stock Photo, (BR) Africa Rising/Shutterstock, Lisa F. Young/ Shutterstock; **523** Prapass/Shutterstock; **540** Matej Kastelic/Shutterstock; **541** Dusan Po/Shutterstock; **545** KYTan/Shutterstock; **546** (L) Antonio Jorge Nunes/ Shutterstock, (R) Rosanne Tackaberry/Alamy Stock Photo; **546** Smileus/Shutterstock; **549** (TL) Soft_light/ Shutterstock, (TR) Duangnapa_b/Shutterstock, (BL) Michael Lane/123RF, (BR) Svetlana Bykova/ Shutterstock; **550** Ondrej Prosicky/Shutterstock; **551** (R) Ivan Vdovin/Alamy Stock Photo; **552** (L) Juan Luis Elgueta/Shutterstock; **553** Anders Carlsson ACP/ Alamy Stock Photo; **554** Mauro Rodrigues/123RF; **555** Anucha Sirivisansuwan/Shutterstock; **556** (L) Wavebreakmedia Ltd/Getty Images Plus/Getty Images, (R) D. Hurst/Alamy Stock Photo; **557** (T) KidStock/Blend Images/Getty Images, (B) R_Tee/ Shutterstock; **574** Musicalryo/Shutterstock; **574** (T) Rich Carey/Shutterstock, (B) Kanvag/Shutterstock; **574-575** (Bkgd) Thailerderden10/Shutterstock, Yurchenko Yulia/Shutterstock; **575** (Bkgd) Arsen Luben/Shutterstock, (L) Kamomeen/Shutterstock, (C) Aha-Soft/Shutterstock, (R) Tawatchai.m/Shutterstock; **579** Yuxuan Wang/Moment/Getty Images; **579** (T) Lisa S./Shutterstock, (C) Paris Spellson/Alamy Stock Photo, (B) Dusit Kachatong/Shutterstock; **582** Mike Lane/NHPA/Photoshot/Newscom; **585** Mike Lane/ NHPA/Photoshot/Newscom; **584** (L) Micah Wright/ Age Fotostock/Alamy Stock Photo, (R) Charles O. Cecil/ Alamy Stock Photo; **585** Peter-Verreussel/iStock/Getty Images; **586** Maschietto/MCT/Newscom; **587** Paulo Oliveira/Alamy Stock Photo; **589** Agung Parameswara/ Getty Images; **590** RibeirodosSantos/iStock/Getty Images; **592** Agung Parameswara/Getty Images; **595** Isaravut/Shutterstock; **613** Vasin Lee/Shutterstock; **614** Vasin Lee/Shutterstock; **618** Dennis Hallinan/ Alamy Stock Photo; **620** Adam Jones/Danita Delimont/ Alamy Stock Photo; **622** Kenneth Dedeu/Shutterstock; **624** Tramvaen/Shutterstock;

Ilustraciones

19, 256, 369, 433 Ken Bowser; **23-27** Shane Rabenscheid; **47, 81, 169, 295, 467, 501** Olga & Aleksey Ivanov; **49-61** Ale + Ale; **121, 329, 543** Ilana Exelby; **171-177** Jui Ishida; **221, 381-389, 577** Valeria Cis; **225, 231, 235, 297, 331, 371, 381, 470-471** Karen Minot; **256-257** Lee Cosgrove; **292-293** Ian Joven; **298-309** Jago; **331-349** Fabricio vanden Broeck; **371-379** Martin Wickstrom; **412, 418, 472, 473, 477, 478** Rob Schuster; **465** Jun Park; **547, 548, 553** Yulia Vysotsakaya; **582** Mapping Specialists.